Erfindereinkünfte im deutschen Ertragsteuerrecht

Europäische Hochschulschriften

Publications Universitaires Européennes
European University Studies

Reihe II
Rechtswissenschaft

Série II Series II
Droit
Law

Bd./Vol. 4166

PETER LANG
Frankfurt am Main · Berlin · Bern · Bruxelles · New York · Oxford · Wien

Katja Mingau

Erfindereinkünfte im deutschen Ertragsteuerrecht

PETER LANG
Europäischer Verlag der Wissenschaften

Bibliografische Information Der Deutschen Bibliothek
Die Deutsche Bibliothek verzeichnet diese Publikation in der Deutschen Nationalbibliografie; detaillierte bibliografische Daten sind im Internet über <http://dnb.ddb.de> abrufbar.

Zugl.: Augsburg, Univ., Diss., 2004

D 384
ISSN 0531-7312
ISBN 3-631-53235-0

www.peterlang.de

Meinen Eltern

Vorwort

Die Abhandlung hat im Sommersemester 2004 der Juristischen Fakultät der Universität Augsburg als Dissertation vorgelegen. Bei der Erstellung dieser Arbeit habe ich zahlreiche Unterstützung erfahren, für die ich mich an dieser Stelle bei allen Beteiligten bedanken möchte.

Mein herzlicher Dank gilt an erster Stelle meinem Doktorvater, Herrn Prof. Dr. Wolfgang Jakob, für die sehr gute Betreuung der Dissertation. Ebenso danke ich Herrn Prof. Dr. Klaus Offerhaus für die außerordentlich zügige Erstellung des Zweitgutachtens.

Ganz herzlich danken möchte ich auch Frau Rita Vogt, die als wissenschaftliche Mitarbeiterin am Lehrstuhl von Prof. Jakob die Entstehung dieser Arbeit mit hilfreichen Anregungen und sehr viel Geduld begleitet hat.

Besonders danke ich auch Herrn Rechtsanwalt und Steuerberater Dr. Armin Hergeth von der Dissmann Orth Rechtsanwaltsgesellschaft Steuerberatungsgesellschaft GmbH, München. Er gab mir die Anregung zu diesem Thema und hat mir mit wertvollen Ratschlägen zur Seite gestanden.

Den MitarbeiterInnen der Bibliothek des Bundesfinanzhofes, insbesondere Frau Fingerle, danke ich für die Unterstützung bei der Literaturrecherche, Frau Vera Schmidt und Herrn Wolfgang Schmidt für das Korrekturlesen.

Danken möchte ich auch meinem Lebensgefährten Olaf Grenz für den liebevollen moralischen Beistand sowie sein Verständnis.

Mein ganz besonderer Dank gilt schließlich meinen Eltern, Petra und Lutz Mingau. Sie haben mir den gesamten Weg zu dieser Arbeit durch ihre einzigartige Unterstützung überhaupt erst ermöglicht und gaben mir immer den nötigen Rückhalt.

München, im Januar 2005 Katja Mingau

Inhaltsverzeichnis

Abschnitt 4 Erfindungen im Betriebsvermögen

Abkürzungsverzeichnis

a. A.	anderer Ansicht
a. E.	am Ende
a. F.	alter Fassung
Abs.	Absatz
Abschn.	Abschnitt
AG	Aktiengesellschaft
AktG	Aktiengesetz
Anm.	Anmerkung
AO	Abgabenordnung
ArbNErfG	Gesetz über Arbeitnehmererfindungen vom 25.07.1957
ArbNErfVO	Verordnung über die steuerliche Behandlung der Vergütungen für Arbeitnehmererfindungen vom 6. Juni 1951; BStBl I 1951, 184 (siehe Anhang 3)
Art.	Artikel
Aufl.	Auflage
Az.	Aktenzeichen
BAG	Bundesarbeitsgericht
BAnz	Bundesanzeiger
BB	Betriebs-Berater
bearb.	bearbeitet
begr.	begründet
BFH	Bundesfinanzhof
BFH / NV	Sammlung der Entscheidungen des Bundesfinanzhofes mit allen amtlich veröffentlichten und den nicht amtlich veröffentlichten Entscheidungen
BFH GrS	Großer Senat des Bundesfinanzhofes
BFHE	Sammlung der Entscheidungen des BFH
BGBl	Bundesgesetzblatt
BGH	Bundesgerichtshof
BMBF	Bundesministerium für Bildung und Forschung
BStBl	Bundessteuerblatt
BT-Drucks.	Bundestagsdrucksache
bzw.	beziehungsweise
c. p.	ceteris paribus

d. h.	das heißt
DB	Der Betrieb
DPMA	Deutsches Patent- und Markenamt
DStR	Deutsches Steuerrecht
DStRE	DStR-Entscheidungsdienst; Beilage zu Deutsches Steuerrecht
DStZ	Deutsche Steuer-Zeitung
DVO	Durchführungsverordnung
EFG	Entscheidungen der Finanzgerichte
EinkStG	Einkommensteuergesetz vom 10. August 1925
EPÜ	Übereinkommen über die Erteilung europäischer Patente vom 05.10.1973; auch Münchener Patentübereinkommen (MPÜ) genannt
ErfVO	Verordnung über die einkommensteuerliche Behandlung der freien Erfinder vom 30. Mai 1951, BStBl I 1951, 181 (siehe Anhang 4)
EStG	Einkommensteuergesetz
F&E	Forschung und Entwicklung
f.	folgende (Seite / Randnummer)
ff.	folgende (Seiten / Randnummern)
FG	Finanzgericht
fortgef.	fortgeführt
FR	Finanzrundschau
GbR	Gesellschaft bürgerlichen Rechts
GebrMG	Gebrauchsmustergesetz i. d. F. vom 28.08.1986; geändert durch Gesetz vom 02.09.1994
gem.	gemäß
GenG	Gesetz betreffend die Erwerbs- und Wirtschaftsgenossenschaften
GeschmMG	Gesetz betreffend das Urheberrecht an Mustern und Modellen (Geschmacksmustergesetz) vom 11.01.1876
GewStG	Gewerbesteuergesetz
GG	Grundgesetz
ggf.	gegebenenfalls
GmbH	Gesellschaft mit beschränkter Haftung
GmbHG	Gesetz betreffend die Gesellschaften mit beschränkter Haftung
GmbHR	GmbH-Rundschau
GmbH-StB	GmbH-Steuerberater

GPÜ	Übereinkommen über das europäische Patent für den gemeinsamen Markt; auch Gemeinschaftspatentübereinkommen (GPÜ)
GRUR	Gewerblicher Rechtsschutz und Urheberrecht
GWB	Gesetz gegen Wettbewerbsbeschränkungen vom 20.02.1990
h. A.	herrschende Ansicht
h. M.	herrschende Meinung
HFR	Höchstrichterliche Finanzrechtsprechung
HGB	Handelsgesetzbuch
HHR	Herrmann / Heuer / Raupach (siehe Literaturverzeichnis)
HRG	Hochschulrechtsrahmengesetz
hrsg.	herausgegeben
i. d. R.	in der Regel
i. d. S.	in dem Sinne
i. e. S.	im engeren Sinne
i. S.	im Sinne
i. S. d.	im Sinne des
i. S. e.	im Sinne eines / einer
i. S. v.	Im Sinne von
i. w. S.	im weiteren Sinne
i.V.m.	in Verbindung mit
insbes.	insbesondere
InsO	Insolvenzordnung
IPR	Intellectual Property Rights
KFR	Kommentierte Finanzrechtsprechung
KG	Kommanditgesellschaft
KÖSDI	Kölner Steuerdialog
krit.	kritisch
KStG	Körperschaftsteuergesetz
LStDV	Lohnsteuer-Durchführungsverordnung
m. E.	meines Erachtens
m. w. Nachw.	mit weiteren Nachweisen
MüKo	Münchener Kommentar
n. F.	neuer Fassung
Nr(n).	Nummer(n)
NWB	Neue Wirtschaft-Briefe

o. a.	oder andere(s)
o. ä.	oder ähnliches
o. g.	oben genannte
OHG	offene Handelsgesellschaft
o. V.	ohne Verfasser
PatG	Patentgesetz i. d. F. vom 16.12.1980; geändert durch Gesetz vom 25.10.1994
PatGebG	Gesetz über die Gebühren des Patentamtes und des Patentgerichtes – Patentgebührengesetz vom 18.08.1976
PCT	Patent Cooperation Treaty (Vertrag über die internationale Zusammenarbeit auf dem Gebiet des Patentwesens
PrämienVO	Verordnung über die steuerliche Behandlung von Prämien für Verbesserungsvorschläge vom 18. Februar 1957; BGBl I 1957, 33
PVÜ	Pariser Verbandsübereinkunft zum Schutze des gewerblichen Eigentums vom 20.03.1883
RdA	Recht der Arbeit
Rev.	Revision
RFH	Reichsfinanzhof
RIW/AWD	Recht der Internationalen Wirtschaft, Außenwirtschaftsdienst des Betriebs-Beraters
rkr.	rechtskräftig
RL 1959	Richtlinien über die Vergütung von Arbeitnehmererfindungen im privaten Dienst vom 20.07.1959, BAnz. Nr. 156 geändert durch Richtlinie vom 1. September 1983, BAnz. Nr. 169
RL 1960	Richtlinien über die Vergütung von Arbeitnehmererfindungen im öffentlichen Dienst vom 01.12.1960, BAnz. Nr. 237
RLen	Richtlinien
Rn.	Randnummer
s. o.	siehe oben
s. u.	siehe unten
sog.	sogenannte(n)
SortenschutzG	Sortenschutzgesetz i. d. F vom 19.12.1997
Sp.	Spalten
st. Rspr.	ständige Rechtsprechung
str.	strittig
StRK	Steuerrechtskartei

StuW	Steuer und Wirtschaft.
SZ	Süddeutsche Zeitung
u. a.	unter anderem
u. U.	unter Umständen
UrhG	Gesetz über Urheberrecht und verwandte Schutzrechte (Urheberrechtsgesetz) vom 09.09.1965.
UWG	Gesetz gegen unlauteren Wettbewerb
v. a.	vor allem
vGA	verdeckte Gewinnausschüttung(en)
vgl.	vergleiche
VO	Verordnung
vs.	versus
z. T.	zum Teil
z. T.	zum Teil
z. Zt.	zur Zeit
zugl.	zugleich

Einleitung

A. Motivation und Vorgehensweise

Der Schwerpunkt der zahlreichen zur Besteuerung von Erfindereinkünften existierenden Literatur und der dazu ergangenen Urteile lag bis zum Ende der 80er Jahre auf Fragestellungen im Zusammenhang mit der Arbeitnehmererfinderverordnung (ArbNErfVO) bzw. der Erfinderverordnung (ErfVO). Diese beinhalteten steuerrechtliche Privilegien wie Halbierung der auf erfinderische Einkünfte anfallenden Einkommensteuer, für betriebliche Tätigkeiten darüber hinaus Bewertungsfreiheit für alle der Erfindertätigkeit dienenden Wirtschaftsgüter und die Möglichkeit eines erweiterten Verlustabzuges. Da die Geltung von ArbNErfVO und ErfVO über den 31.12.1988 hinaus nicht mehr verlängert wurde, sind diese weitreichenden Vergünstigungen entfallen.
Seit dem 01.01.1989 gelten damit für die aus einer Erfindertätigkeit resultierenden Einkünfte keine sondergesetzlichen Bestimmungen mehr. Die Erfindertätigkeit wird folglich steuerlich wie jede andere Tätigkeit behandelt. Da für erfinderische Tätigkeiten potentiell alle sieben Einkunftsarten in Frage kommen, sind die Einkünfte aus Erfindungen nunmehr „lediglich" der zutreffenden Einkunftsart zuzuordnen. Dementsprechend ist der Fokus der steuerrechtlichen Betrachtung erfinderischer Tätigkeiten nunmehr auf das Vorliegen einzelner Tatbestandsmerkmale gerichtet.

Im Rahmen dieser Arbeit soll eine Einordnung der aus Erfindungen hervorgehenden Verwertungsergebnisse für verschiedene Formen erfinderischen Tätigwerdens – im Rahmen eines Arbeitsverhältnisses, des selbständig oder im Zusammenschluss mit anderen tätigen Erfinders, von Anteilseignern bzw. Organmitgliedern juristischer Personen – in das Einkünftesystem vorgenommen werden. Durch spezifische Charakteristika der Erfindertätigkeit ist deren Einordnung anhand der Tatbestandsmerkmale nicht in allen Fällen stringent möglich. Genau diese „Zweifelsfälle" sollen dabei den Gegenstand der nachfolgenden Betrachtungen ausmachen.
Namentlich zählen zu diesen Besonderheiten beispielsweise die Eigenschaft der Erfindung als „Zufallsprodukt", d. h. auch bei systematischem Betreiben der erfinderischen Tätigkeit, von Forschung und Entwicklung ist nicht vorhersehbar, ob und wann aus der Tätigkeit eine Erfindung hervorgehen wird. Somit ist der Erfolg des Auffindens einer initialen erfinderischen Idee überhaupt nicht planbar.
Daraus resultierend kann sich des weiteren eine extreme zeitliche Verschiebung von anfallenden Aufwendungen und Einnahmen ergeben, wogegen sonstige Tätigkeiten typischerweise durch eine gewisse zeitliche Konnexität von Aufwendungen und Erträgen gekennzeichnet sind.

Des weiteren ist für die Zuordnung der Einnahmen aus einer erfinderischen Tätigkeit ein Widerspruch aufzulösen, der sich aus der Charakteristik einer Erfindung als geistiges Eigentum im Einzelfall zum allgemeinen Prinzip der steuerrechtlichen Zurechnung von Einkünften ergeben kann.

Untersuchungsgegenstand des ersten Teils dieser Arbeit ist die Qualifikation der einzelnen auf dem Arbeitnehmererfindungsgesetz beruhenden Vergütungen als Arbeitslohn. In der folgenden Betrachtung wird die Abgrenzung der Privatsphäre gegen die betriebliche Sphäre sowie von Gewinn- und Überschusseinkunftsarten dargestellt. Der Schwerpunkt liegt dabei auf der Liebhaberei – bzw. dem Erfordernis der Einkünfteerzielungsabsicht – sowie auf der steuerrechtlichen Einordnung sog. Zufallserfindungen. Für die dem Privatvermögen zuzuordnenden Erfindungen soll anschließend für die verschiedenen Verwertungseinkünfte eine Einordnung innerhalb der Überschusseinkunftsarten vorgenommen werden.
Gegenstand des dritten Abschnitts ist die Untersuchung der im Zusammenhang mit betrieblichen Erfindungen auftretenden steuerrechtlichen Fragestellungen. Dabei wird eine Abgrenzung selbständiger und gewerblicher erfinderischer Tätigkeiten vorgenommen sowie auf die Einkünftequalifikation und der Zuordnung von Erfindungen bei Ausübung der Erfindertätigkeit im Rahmen einer Mitunternehmerschaft eingegangen. Für die Erfindungen von Anteilseignern oder Organmitgliedern einer juristischen Person sollen schließlich die verschiedenen in diesem Zusammenhang möglichen Erscheinungsformen verdeckter Gewinnausschüttungen (vGA) beleuchtet werden. Das abschließende Kapitel ist der Erfindungsverwertung im Rahmen der Betriebsaufspaltung gewidmet.

B. Einführung in Grundlagen des gewerblichen Rechtsschutzes

Zum besseren Verständnis der im Rahmen dieser Arbeit diskutierten steuerrechtlichen Fragestellungen, wird zunächst eine Einordnung der Erfindung auf dem Gebiet des gewerblichen Rechtsschutzes vorgenommen. Dafür werden die für eine Erfindung in Frage kommenden Möglichkeiten des Rechtsschutzes sowie die Möglichkeiten ihrer Verwertung kurz dargestellt.

I. Einordnung von Erfindungen in das System der IPR

1. Definition „Erfindung“

Das Vorliegen einer Erfindung ist Mindestvoraussetzung für die Erteilung eines Patentes, bzw. eines Gebrauchsmusters.[1] PatG und GebrMG definieren jedoch den Begriff der Erfindung nicht positiv[2], sondern nehmen lediglich eine negative

[1] § 1 Abs. 1 PatG, Art. 52 Abs. 1 EPÜ bzw. § 1 Abs. 1 GebrMG.
[2] Dies soll zur Flexibilität des Patentrechts beitragen im Hinblick auf den jeweiligen Stand von Technik und Naturwissenschaft, BGH, GRUR 1969, 672.

Abgrenzung gegen andere Geisteswerke wie wissenschaftliche Theorien und mathematische Methoden, ästhetische Formschöpfungen, Programme für Datenverarbeitungsanlagen[3] vor.
Abgeleitet aus diesen Negativmerkmalen sowie aus § 3 Abs. 1 und § 4 PatG wird eine Erfindung nunmehr verstanden als Lehre zum praktischen Handeln[4], deren beanspruchter Gegenstand technischer Natur[5], realisierbar und wiederholbar ist, und die die Lösung einer Aufgabe durch technische Überlegung darstellt[6] – oder kurz: als Lehre zum technischen Handeln zur Lösung eines technischen Problems.[7]

2. Gewerbliche Schutzrechte

a) Abgrenzung zu kulturellen Schutzrechten und Einordnung von Erfindungen

Intellectual Property Rights – Rechte aus geistigem Eigentum – werden typischerweise in gewerbliche und kulturelle Schutzrechte unterteilt. Während letztgenannte dem Schutz der persönlichen geistigen Schöpfungen, wie Werken der Literatur, Wissenschaft und Kunst dienen und im Urhebergesetz normiert sind, existieren für die gewerblichen Schutzrechte – Patente, Gebrauchsmuster[8], Geschmacksmuster, Halbleitertopographien, Pflanzensorten und Marken – jeweils Sonderschutzgesetze.
Erfindungsschutz auf technischem Gebiet kann dabei grundsätzlich nur durch Patente oder Gebrauchsmuster erfolgen. Für Software können nach deutschem und europäischem Recht weder Patente noch Gebrauchsmuster erteilt werden.[9] Sie unterfällt damit i.d.R. dem Urheberrechtsschutz.[10]

---

[3] § 1 Abs. 2 PatG, Art. 52 Abs. 2 EPÜ, § 1 Abs. 2 GebrMG.

[4] Als Abgrenzung zu abstrakten, theoretischen Erkenntnissen (§ 1 Abs. 2 lit. a PatG).

[5] Nach st. Rspr. des BGH seit BGH, GRUR 1969, 672: „[...] ist eine Lehre technischer Natur, wenn sie unter Einsatz beherrschbarer Naturkräfte unmittelbar zur Erreichung eines kausal übersehbaren Erfolges führt."

[6] Schulte, PatG, § 1 Rn. 16 ff.

[7] Mes, PatG, § 1 Rn. 9 ff. zu weiteren Definitionsversuchen siehe: Bartenbach / Volz, ArbNErfG, § 2 Rn. 2 – 5.

[8] Sog. „kleine Patente"

[9] § 1 Abs. 3 PatG und Art. 52 Abs. 3 EPÜ sowie § 1 Abs. 2 Nr. 3 GebrMG schließen mangels Technizität die Patentierbarkeit aus, soweit sich die Anmeldung auf die Programme für Datenverarbeitungsanlagen „als solche" bezieht. Der Rechtsschutz kann sich jedoch auf ein Computerprogramm miterstrecken, das Bestandteil einer Gesamterfindung ist, die einen technischen Effekt erzielt – selbst wenn das Computerprogramm den eigentlich prägenden Wert der Erfindung ausmacht. Schulte, PatG, § 1 Rn. 99, 108.

[10] § 69a – 69g UrhG; Ausgehend von US-Softwarepatenten wird jedoch derzeit die Patentierbarkeit von Software nach deutschem Recht diskutiert.

b) Inhaber und Entstehung gewerblicher Schutzrechte

Patente und Gebrauchsmuster entstehen durch den Verwaltungsakt der Schutzrechtserteilung. Das Recht auf die Erteilung des Schutzrechtes entsteht grundsätzlich in der Person des Erfinders.[11] Erfinder ist die natürliche Person, die die fertige Erfindung verlautbart hat.[12] Grundsätzlich wird dieser auch Inhaber des Patentes. Der Erfinder kann seine Rechte an der Erfindung und damit das Recht auf das Schutzrecht bzw. das Schutzrecht selbst aber auch durch Vertrag oder aufgrund gesetzlicher Bestimmungen übertragen.

3. Ungeschütztes technisches Wissen

Besteht für eine Erfindung kein gewerbliches Schutzrecht, ist der Erfinder gegen ihre Übernahme durch Nachahmer nur wettbewerbsrechtlich geschützt. Im technischen Bereich wird ungeschütztes Wissen als Know-how bezeichnet, das somit Oberbegriff für technisch geprägte Betriebsgeheimnisse[13] und nicht geheimes Erfahrungswissen, nämlich das jeweils branchenspezifische Grundwissen, ist.[14] Know-how ist somit jenes Wissen, das gegenüber Dritten einen Vorteil gewährt – also schlicht Wissensvorsprung.[15] Die Schutzfähigkeit bzw. der Geheimnisschutz sind somit nach dieser umfassenden Definition keine Voraussetzung, sondern nur Bewertungsfaktoren des Know-hows.[16] Lediglich im Wettbewerbs- und Kartellrecht[17] ist eine eingeschränkte Anwendbarkeit der Know-how betreffenden Normen auf technische Betriebsgeheimnisse gegeben.[18]

II. Schutzrechtsstrategien und Verwertung von Erfindungen

1. Strategieentscheidung über Anmeldung eines Schutzrechts

Die Geheimhaltung von technischem Wissen stellt grundsätzlich eine Alternative zur Erwirkung von Schutzrechten dar. Diese birgt jedoch die Gefahr, technischen Vorsprung infolge der Erkennbarkeit einer Lösung am Endprodukt oder Geheimnisverrat einzubüßen oder sogar in der Anwendung einer selbst entwickelten Lösung dadurch gehindert zu werden, dass andere Marktteilnehmer auf jenes Verfahren oder Produkt Schutzrechte anmelden.[19]

Eine Nichtanmeldung zum Schutzrecht ist jedoch sinnvoll, wenn geheimes Know-how der Öffentlichkeit nicht zugänglich ist oder wenn der Lebenszyklus

---

[11] § 6 S. 1 PatG, Art. 6 Abs. 1 EPÜ, § 13 Abs. 3 GebrMG.

[12] Mes, PatG, § 6 Rn. 2.

[13] Konstruktionszeichnungen, Rezepturen, spezielle Verfahrensweisen etc.

[14] Bartenbach / Gennen (2001), Rn. 2545.

[15] Bartenbach / Gennen (2001), Rn. 2547 f.

[16] Bartenbach / Gennen (2001), Rn. 2546 f.

[17] §§ 17 ff. UWG, §§ 18 Nr. 1 GWB; GrFVO-TT.

[18] Bartenbach / Gennen (2001), Rn. 2551 – 2553, 2556.

[19] Rebel (1997), Teil I, 2.2.1, S. 43.

des Produktes, in welches die technische Lösung einfließt, so kurz ist, dass die Zeitspanne zur Patenterteilung länger wäre als die bis zur Markteinführung.[20]

2. Verwertung von Erfindungen und daraus resultierende Einnahmen

a) Passive Verwertung von Schutzrechten (sog. Sperr- und Vorratspatente)

Schutzrechte können allein zu dem Zweck erwirkt werden, Wettbewerber an der Anwendung einer technischen Lösung zu hindern, sog. Sperrpatente. Die aktive Benutzung unterbleibt bei diesen Schutzrechten, weil der Betrieb entweder schon ein gleichartiges Schutzrecht benutzt oder ohne Bestehen eines solchen eine entsprechende Erzeugung im Betrieb bereits stattfindet bzw. bevorsteht.[21]
Auch die alleinige Erwartung der Verwertung einer Erfindung zu einem späteren Zeitpunkt kann Grund für eine Schutzrechtsanmeldung sein, um so die technische Entwicklung abwarten zu können, sog. Vorratspatente.

b) Verwertung durch Lizenzvergabe

aa) Lizenzverträge: Gegenstände und Beschränkungen

Durch Lizenzvertrag kann die Benutzung einer Erfindung geregelt werden.[22] Vertragsgegenstand können dabei geschützte[23] oder ungeschützte[24] Erfindungen (Know-how) sein. Neben der Einräumung der Schutzrechtsbenutzung bzw. der Know-how-Nutzung kann der Lizenzgeber zur Erbringung weiterer Leistungen, beispielsweise zur Überlassung von Zeichnungen und Unterlagen oder von Know-how neben dem lizenzierten Schutzrecht, verpflichtet sein.[25]
Das durch Lizenzvertrag eingeräumte Benutzungsrecht kann zum einen auf bestimmte gem. § 9 PatG vorgesehene Benutzungsarten beschränkt werden, so bei der Herstellungslizenz[26], der Vertriebslizenz[27] oder der Gebrauchslizenz.[28]

---

[20] Rebel (1997), Teil I, 2.2.1, S. 43.

[21] RL 1959 Nr. 18.

[22] Nach der h. M. ein Vertrag sui generis; Stumpf / Groß (1998), A.II. 1 Rn. 19; Schulte, PatG, § 15 Rn. 28. Die Lizenz stellt grundsätzlich ein positives Benutzungsrecht dar, so dass sich die vertraglichen Pflichten des Lizenzgebers auch beim Bestehen von Schutzrechten nicht darin erschöpfen, auf die Geltendmachung von Ansprüchen aus der Verletzung des Schutzrechtes zu verzichten (sog. negatives Verbietungsrecht); Henn (1999), Rn. 41, Fn. 8 m. w. Nachw., Rn. 61 ff.

[23] § 15 Abs. 2 PatG, § 22 Abs. 2 GebrMG.

[24] Stumpf / Groß (1998), A.I.2. Rn. 17, 18.

[25] Stumpf / Groß (1998), C.I.6. Rn. 132 f.

[26] Stumpf / Groß (1998), A.III.2. Rn. 33.

[27] Dabei erfolgt die Herstellung allein durch den Lizenzgeber bzw. einen von ihm eingeschalteten Unternehmer wogegen der Lizenznehmer lediglich zum Verkauf der Ware im eigenen Namen berechtigt ist. Stumpf / Groß (1998), A.III.2. Rn. 27 – 33.

[28] Diese berechtigt nur zur Benutzung des Lizenzgegenstandes, i.d.R. gegeben, wenn der Lizenzgeber dem Lizenznehmer eine Produktionsanlage zur Verfügung stellt. Stumpf / Groß (1998), A.III.2. Rn. 34.

Zum anderen sind räumliche, zeitliche oder mengenmäßige Beschränkungen denkbar.[29] Überschreitet der Lizenznehmer diesen Rahmen des vertraglich eingeräumten Benutzungsrechtes, verletzt er das Patent.[30]

bb) Ausschließliche, alleinige und nicht ausschließliche Lizenz

Nach der Anzahl der (mit)berechtigten Lizenznehmer unterscheidet man ausschließliche und nicht ausschließliche Lizenzen. Die *ausschließliche Lizenz*[31] verleiht dem Lizenznehmer im Rahmen des Vertrages ein gegen jedermann wirkendes Ausschlussrecht, welches sowohl das positive Benutzungsrecht als auch bei Schutzrechten das negative Verbietungsrecht beinhaltet und somit als (quasi) dingliches Recht anzusehen ist. Während bei der ausschließlichen Lizenz nicht einmal der Lizenzgeber selbst den Lizenzgegenstand nutzen darf, steht im Unterschied dazu dem Lizenzgeber bei der *alleinigen Lizenz* ein eigenes Nutzungsrecht zu.[32]
Die *einfache Lizenz*[33] gewährt lediglich einen schuldrechtlichen Anspruch auf Benutzung der Erfindung. Der Lizenznehmer hat kein Verfügungsrecht und kann somit auch keine Unterlizenzen an Dritte erteilen. Dem Lizenzgeber stehen dabei weiterhin alle Nutzungsrechte zu.[34]

cc) Einnahmen aus Lizenzverträgen

Die Lizenzgebühr kann pauschal bemessen werden (Pauschallizenz), entweder einmalig oder jeweils für einen bestimmten Zeitraum. Alternativ oder daneben[35] kann deren Höhe aber auch prozentual an den Umsatz (Umsatzlizenz), die Anzahl der aufgrund der Lizenz hergestellten bzw. vertriebenen Stücke (Stücklizenz) oder an den Gewinn (Gewinnlizenz) gekoppelt werden.[36] Bei stück- oder umsatzbezogenen Lizenzen können vertraglich auch eine Mindestlizenz[37] bzw. eine Ausübungspflicht vereinbart werden.[38]

c) Veräußerung von Erfindungen

Eine weitere Möglichkeit der Verwertung einer Erfindung liegt in ihrer Veräußerung. Dabei können sowohl das Schutzrecht (§ 15 Abs. 1 S. 2 PatG; § 22 Abs. 1 S. 2 GebrMG) als auch das Recht auf Schutzrechtserteilung (§ 15

[29] Schulte, PatG, § 15 Rn. 42.
[30] Schulte, PatG, § 15 Rn. 40, 41.
[31] Lizenzen bei Bestehen eines Schutzrechtes: § 15 Abs. 2 S. 1 Alt. 1 PatG, § 22 Abs. 2 GebrMG.
[32] Auch als semi-ausschließliche Lizenz bezeichnet, Stumpf / Groß (1998), A.III.4. Rn. 38.
[33] § 15 Abs. 2 S. 1 Alt. 2 PatG, § 22 Abs. 2 GebrMG.
[34] Stumpf / Groß (1998), A.III.5. Rn. 39; Schulte, PatG, § 15 Rn. 38.
[35] Stumpf / Groß (1998), C.I.1.e) Rn. 113 – 116.
[36] Stumpf / Groß (1998), C.I.1.c) Rn. 103 – 110, 117.
[37] Stumpf / Groß (1998), C.I.1.g) Rn. 118 – 120.
[38] Stumpf / Groß (1998), C.II.1. Rn. 149 ff.

Abs. 1 S. 1 Alt. 2 i.V.m. S. 2 PatG; § 22 Abs. 1 S. 1 Alt. 2 i.V.m. S. 2 GebrMG) veräußert werden. Ebenso ist die (Mit-)Übertragung nicht schutzfähigen Knowhows denkbar.

d) Eigenverwertung

Schließlich ist eine Erfindung durch eigene gewerbliche Verwertung nutzbar. Dabei findet sie im Gewerbebetrieb des Inhabers Anwendung, indem sie in ein hergestelltes Produkt oder in den Produktionsprozess eingeht.

III. Anmeldung von Patenten u. a. gewerblichen Schutzrechten

1. Patente

a) Voraussetzungen der Patenterteilung

Erfindungen sind nach § 1 Abs. 1 PatG patentierbar, wenn sie „... neu sind, auf einer erfinderischen Tätigkeit beruhen und gewerblich anwendbar sind.“[39]
Eine Erfindung ist neu, wenn sie nicht zum Stand der Technik gehört, § 3 PatG, d. h. der Öffentlichkeit nicht zugänglich ist.[40] Das Erfordernis einer erfinderischen Tätigkeit nach § 4 PatG ist erfüllt, „wenn sie sich für den Fachmann nicht in naheliegender Weise aus dem Stand der Technik ergibt“, d. h. in Abgrenzung zur „normalen“ technischen Fortentwicklung muss sie eine entsprechende Erfindungshöhe aufweisen.[41] Für die gewerbliche Anwendbarkeit genügt, dass die Erfindung „auf irgendeinem gewerblichen Gebiet ... hergestellt oder genutzt werden kann“ (§ 5 Abs. 1 PatG).

b) Sachliche und zeitliche Wirkung des Patents

Nach § 9 S. 1 PatG hat der Patentinhaber das alleinige Nutzungsrecht an der patentierten Erfindung.[42] Dieses positive Benutzungsrecht findet seine Entsprechung in den in § 9 S. 2 und § 10 PatG normierten Verbietungsrechten, wonach jedem Dritten ohne Zustimmung des Patentinhabers die dort genannten Benutzungsarten der patentierten Erfindung verwehrt sind.
Die Patentdauer beträgt i. d. R. 20 Jahre ab Patentanmeldung (§ 16 Abs. 1 PatG).[43] Das Patent erlischt nach § 20 Abs. 1 PatG früher bei Verzicht (Nr. 1),

---

[39] § 1 Abs. 1 PatG.

[40] Schulte, PatG, § 3 Rn. 49 ff.; Mes, PatG, § 3 Rn. 9, 10. Eine Erfindung ist der Öffentlichkeit zugänglich, wenn für einen nicht überschaubaren, unbegrenzten Personenkreis, für den die Offenbarung der technischen Lehre verständlich ist (Durchschnittsfachmann auf dem maßgeblichen Gebiet), nach Lebenserfahrung die Möglichkeit der Kenntnisnahme besteht, dagegen nicht, wenn die Möglichkeit der Kenntnisnahme auf einen bestimmten Personenkreis beschränkt ist und sichergestellt ist, dass diese Kenntnis nicht hinausdringt.

[41] Schulte, PatG, § 4 Rn. 8; Mes, PatG, § 4 Rn. 1, 2.

[42] Der Schutzbereich des Patents bestimmt sich dabei nach § 14 PatG.

[43] Für Erzeugnisse, die einer staatlichen Zulassung bedürfen (Arzneimittel, Pflanzenschutzmittel), besteht die Möglichkeit zur Verlängerung der effektiven Schutzdauer durch

infolge nicht rechtzeitiger Erfinderbenennung (Nr. 2) und aufgrund Nichtzahlung der Jahresgebühren (Nr. 3) sowie nach § 21 PatG bei Widerruf.

c) Räumliche Wirkung des Patents

Für jedes vom DPMA erteilte Patent gilt das Territorialitätsprinzip, d. h. dessen Schutz endet an den Grenzen der Bundesrepublik Deutschland.[44] Die vom DPMA erteilten Patente, können somit nur im Inland durch Vornahme der in § 9 S. 2, § 10 PatG genannten Handlungen verletzt werden.[45]
Es gibt zur Zeit weder ein weltweites Patent noch wenigstens ein *europäisches Gemeinschaftspatent*. Zwar existiert bereits eine Vereinbarung über europäische Gemeinschaftspatente (GPÜ)[46], dieses ist jedoch mangels Ratifizierung nie in Kraft getreten.[47] Durch EPÜ und PCT wurden jedoch Verfahrensvereinfachungen für den Fall geschaffen, dass für eine Erfindung die Patenterteilung in mehreren Staaten begehrt wird.
Das EPÜ gewährleistet dabei in allen Mitgliedstaaten ein einheitliches Patenterteilungssystem. Beim EPA kann somit ein einheitlicher Antrag auf Erteilung eines *europäischen Patents* gestellt werden. In diesem Antrag sind diejenigen Vertragsstaaten anzugeben, in denen Patentschutz begehrt wird. Nach Erteilung zerfällt dieses europäische Patent in eine Vielzahl nationaler Patente, deren Wirkung dann dementsprechend den jeweiligen nationalen Patentvorschriften unterliegt.[48]
Durch das PCT haben sich die wesentlichen Industriestaaten auf ein internationales Anmeldeverfahren geeinigt. In einem vorläufigen Prüfungsverfahren wird die Schutzfähigkeit geprüft mit dem Ergebnis eines für die Mitgliedstaaten unverbindlichen Prüfungsberichtes. Ein rechtsverbindlicher Erteilungsbeschluss ist im PCT-Verfahren nicht vorgesehen.

2. Gebrauchsmuster

Der Schutz als Gebrauchsmuster kann für Erfindungen erteilt werden, die neu sind, auf einem „erfinderischen Schritt" beruhen und gewerblich anwendbar sind (§ 1 Abs. 1 GebrMG). Kennzeichnend im Unterschied zur Patenterteilung sind dabei die geringeren Anforderungen an die Erfindungshöhe[49] sowie das Fehlen

---

Beantragung eines ergänzenden Schutzzertifikates, §§ 16a, 49a PatG. Von der Patentdauer zu unterscheiden ist die Schutzdauer des Patents (mit den Wirkungen der §§ 9 ff., 139 ff. PatG), die erst mit der Veröffentlichung der Patenterteilung im Patentblatt eintritt (§ 58 Abs. 1 S. 3 PatG).

[44] Schulte, PatG, § 9 Rn. 80 f.; Mes, PatG, § 9 Rn. 8.

[45] Schulte, PatG, § 9 Rn. 80 f.; Mes, PatG, § 9 Rn. 8.

[46] Erstmals seit der Regierungskonferenz in Luxemburg 1975 und zweimal revidiert durch Regierungskonferenzen 1985 und 1989.

[47] Haertel / Kolle in: Kolle / Strebel, EPÜ, Einführung, I.6 sowie V.3.; Henn (1999), Rn. 5.

[48] D. Grundmann in: Hasselblatt (2001), § 35 Rn. 48.

[49] „Erfinderische Tätigkeit", § 1 Abs. 1 PatG.

einer umfassenden Prüfung des Vorliegens der Voraussetzungen.[50]
Umfang von Benutzungs- und Ausschließungsrecht entsprechen dem des Sachpatents gem. § 9 S. 1, S. 2 Nr. 1, § 10 PatG. Der Gebrauchsmusterschutz dauert drei Jahre ab dem Tag der Anmeldung (§ 23 Abs. 1 GebrMG), wobei durch Zahlung der Gebühr (PatGebG) eine Verlängerung um 3 bzw. 2 Jahre bis auf höchstens 10 Jahre möglich ist (§ 23 Abs. 2 GebrMG).

[50] § 8 Abs. 1 S. 2 GebrMG, Mes, GebrMG, § 8 Rn. 6, 7. Bei Nichtvorliegen dieser Voraussetzungen kann vielmehr jedermann einen Löschungsanspruch gem. § 15 - 17 GebrMG geltend machen.

Abschnitt 1 Arbeitnehmererfindungen

Den Arbeitnehmererfindungen kommt im Hinblick darauf, dass 80 – 90 % aller im Inland eingereichten Patentanmeldungen auf Arbeitnehmererfindungen beruhen[51], eine besondere Bedeutung zu. In diesem Abschnitt werden zunächst die nach dem Arbeitnehmererfindungsgesetz (ArbNErfG) unterschiedenen Erfindungen und die sich jeweils für die Arbeitsvertragsparteien ergebenden Rechte und Pflichten dargestellt. Im sich daran anschließenden Kapitel sollen dann die für die Arbeitnehmererfindungen bzw. Verbesserungsvorschläge vom Arbeitgeber nach ArbNErfG zu zahlenden Vergütungen hinsichtlich ihrer einkommensteuerlichen Einordnung beurteilt werden.

Kapitel 1 Rechtsbeziehungen aufgrund des ArbNErfG

A. Geltungsbereich und Zielsetzungen des ArbNErfG

I. Zielsetzung ArbNErfG

Das ArbNErfG soll den Interessenwiderstreit zwischen Arbeitnehmer und Arbeitgeber lösen, der sich bei Erfindungen eines Arbeitnehmers durch die kollidierenden Regelungen des Arbeitsrechtes und des Patentrechtes ergibt. Während nämlich nach arbeitsrechtlichen Gesichtspunkten das Ergebnis der Arbeit grundsätzlich dem Arbeitgeber gebührt, steht nach dem Erfinderprinzip (§ 6 S. 1 PatG, § 13 Abs. 3 GebrMG) das Recht an einer Erfindung dem Erfinder zu.

II. Geltungsbereich des ArbNErfG

1. Sachlicher Geltungsbereich

Der sachliche Geltungsbereich des ArbNErfG umfasst nach § 1 ArbNErfG nur technische Neuerungen – nämlich Erfindungen i. S. d. § 2 ArbNErfG und technische Verbesserungsvorschläge (§ 3 ArbNErfG).

a) Patent- oder gebrauchsmusterfähige Erfindungen, § 2 ArbNErfG

Das ArbNErfG ist nur auf solche technischen Neuerungen anwendbar, die patent- oder gebrauchsmusterfähig (§§ 1 – 5 PatG, §§ 1 – 3 GebrMG) sind.[52] Auf sonst schutzfähige Arbeitnehmerleistungen[53] sind die Regelungen des ArbNErfG auch nicht analog anwendbar.[54]

---

[51] Bartenbach / Volz, ArbNErfG, Einleitung Rn. 2 Fn. 3 m. w. Nachw.

[52] Erfindungen i. S. d. § 2 ArbNErfG.

[53] Für diese gelten ausschließlich die in den entsprechenden Gesetzen vorgesehenen Sonderregelungen: Urheberrechte: §§ 7, 43 i.V.m. §§ 31 ff. UrhG und § 69a UrhG; Geschmacks-

Die Wirkungen des ArbNErfG treten dabei unabhängig von einer bindenden Entscheidung[55] über die Schutzfähigkeit ein. Es kommt vielmehr aufgrund der zahlreichen Bestimmungen des ArbNErfG, die zeitlich vor der Schutzrechtsanmeldung liegende Pflichten begründen, nur auf die potentielle Schutzfähigkeit an.[56]

b) Technische Verbesserungsvorschläge, § 3 ArbNErfG

Technische[57] Verbesserungsvorschläge sind technische Neuerungen, die nicht patent- oder gebrauchsmusterfähig[58] sind.[59] Damit werden an den Grad der schöpferischen Leistung (Erfindungshöhe) niedrigere Anforderungen gestellt als nach § 1 GebrMG oder § 4 PatG.[60]
Wegen des ungeschriebenen Tatbestandsmerkmals der Unternehmensbezogenheit[61] wird für die Beurteilung der Erfindungshöhe auf den unternehmensbezogenen Stand der Technik abgestellt.[62] Ferner muss die vorgeschlagene technische Neuerung im Unternehmen (gewerblich[63]) verwertbar sein. [64]

---

muster: §§ 1, 2 GeschmMG; Halbleitererzeugnisse: § 2 Abs. 1, Abs. 2 HalbleiterschutzG; Sortenschutz nicht patentfähiger Pflanzenzüchtungen: § 8 Abs. 1 S. 1 SortenschutzG, § 950 BGB. Danach entstehen die Nutzungsrechte zumeist in der Person des Arbeitnehmers und gehen per Gesetz auf den Arbeitgeber über, ohne dass dem Arbeitnehmer hierfür eine Vergütung zustünde.

[54] Bartenbach / Volz, ArbNErfG, § 2 Rn. 7; Bartenbach / Volz (1996), C.I.2. – C.I.5. Einzige Ausnahme: analoge Anwendung des § 20 ArbNErfG für sortenschutzfähige Pflanzenzüchtungen. (Bartenbach / Volz (1996), C.I.6. m. w. Nachw.)

[55] Bei Patenten im Patenterteilungsverfahren (§§ 35 ff. PatG) bzw. im Beschwerdeverfahren (§§ 73 ff. PatG) oder Rechtsbeschwerdeverfahren (§§ 100 ff. PatG), bei Gebrauchsmustern erst im Löschungsverfahren oder Verletzungsstreit (§§ 17 f., 19 GebrMG)

[56] Bartenbach / Volz, ArbNErfG, § 2 Rn. 16 – 19.

[57] Zum Begriff der Technik sei verwiesen auf Fußnote 5. Auf Verbesserungsvorschläge nichttechnischer Art findet das ArbNErfG weder direkte noch analoge Anwendung (Bartenbach / Volz (1996), C. I.1. Rn. 40).

[58] Bartenbach / Volz, ArbNErfG, § 3 Rn. 9.

[59] Es handelt sich somit bei Verbesserungsvorschlägen um Erfindungen i.w.S., so wie oben (I.1.) definiert, im Gegensatz zu den nach ArbNErfG definierten Erfindungen i. e. S., die Schutzfähigkeit voraussetzen.

[60] Bartenbach / Volz , ArbNErfG, § 3 Rn. 7, 10; so auch schon von § 1 Abs. 2 PatG und § 1 Abs. 2 GebrMG von vornherein aus dem Erfindungsbegriff – unabhängig von deren Schutzfähigkeit – ausgegrenzt.

[61] Bartenbach / Volz, ArbNErfG, § 3 Rn. 11.

[62] Bartenbach / Volz, ArbNErfG, § 3 Rn. 11.

[63] Darunter sollen auch technische Neuerungen fallen, die in Betrieben verwertbar sind, die kein Gewerbe betreiben (freie Berufe / öffentlicher Dienst), Bartenbach / Volz, ArbNErfG, § 3 Rn. 14; Volmer / Gaul, ArbNErfG, § 3 Rn. 29.

[64] Bartenbach / Volz, ArbNErfG, § 3 Rn. 14; Reimer / Schade / Schippel (1993), § 3 ArbNErfG Rn. 8.

2. Persönlicher Geltungsbereich, § 1 ArbNErfG

Das ArbNErfG ist anwendbar auf Arbeitnehmer im privaten und im öffentlichen Dienst, Beamte und Soldaten, § 1 ArbNErfG.

a) Arbeitnehmer

Dem ArbNErfG liegt der im Arbeitsrecht geltende Arbeitnehmerbegriff zugrunde.[65] Das ArbNErfG gilt somit grundsätzlich nicht für arbeitnehmerähnliche Personen[66], freie Mitarbeiter[67], Ruheständler[68], Handelsvertreter i. S. d. § 84 Abs. 1 HGB[69], für gesetzliche Vertreter von juristischen Personen (arbeitgeberähnliche Person), Liquidatoren (§ 66 GmbHG, § 83 GenG) und Insolvenzverwalter (§ 56 InsO) sowie vertretungs- oder geschäftsführungsberechtigte Gesellschafter von Personengesellschaften.[70] Stehen Gesellschafter sonst (im Falle nicht persönlicher Haftung) in einem Arbeitsverhältnis zur Gesellschaft, finden die Bestimmungen des ArbNErfG Anwendung.[71] Dasselbe gilt für leitende Angestellte.[72]

b) Vertragliche Vereinbarung der Anwendbarkeit des ArbNErfG

Erfindungen von Personen, die nicht in den Anwendungsbereich des ArbNErfG fallen, unterliegen der freien Vereinbarung.[73] Dabei besteht die Möglichkeit im Dienstvertrag die Anwendbarkeit des ArbNErfG[74] zu vereinbaren.[75] Anstelle einer solchen Einbeziehung des ArbNErfG kann der Dienstverpflichtete aber auch über seine zukünftigen Erfindungen im voraus verfügen, sich zur Übertragung der Erfindung verpflichten bzw. der Gesellschaft eine Option einräumen, wobei jeweils eine gesonderte Vergütung vereinbart oder ausgeschlossen werden kann.[76]

---

[65] Bartenbach / Volz, ArbNErfG, § 1 Rn. 9 – 17; Schaub (2000), § 8 Rn. 10 ff.

[66] Bartenbach / Volz, ArbNErfG, § 1 Rn. 24 – 27; Reimer / Schade / Schippel (1993), § 1 ArbNErfG Rn. 6.

[67] Bartenbach / Volz, ArbNErfG, § 1 Rn. 44.

[68] Bartenbach / Volz, ArbNErfG, § 1 Rn. 77.

[69] Bartenbach / Volz, ArbNErfG, § 1 Rn. 50.; Reimer / Schade / Schippel (1993), § 1 ArbNErfG Rn. 7.

[70] Per Gesetz, oder Gesellschaftsvertrag; Bartenbach / Volz, ArbNErfG, § 1 Rn. 68, 100; Bartenbach / Volz (1996), C.II. Rn. 55.

[71] Bartenbach / Volz, ArbNErfG, § 1 Rn. 71; Bartenbach / Volz (1996), C.II. Rn. 56.

[72] Bartenbach / Volz, ArbNErfG, § 1 Rn. 64 – 67.

[73] Bartenbach / Volz, ArbNErfG, § 1 Rn. 72, 93 – 94.

[74] Allerdings nur der materiellen Bestimmungen, §§ 2 – 26 ArbNErfG.

[75] Gaul, GmbHR 1982, 101, 104; Bartenbach / Volz (1996), C.II. Rn. 71; Reimer / Schade / Schippel (1993), § 1 ArbNErfG Rn. 4 a. E.

[76] Bartenbach / Volz, ArbNErfG, § 1 Rn. 72, 73.

3. Zeitlicher Geltungsbereich, § 26 ArbNErfG

Dem ArbNErfG unterliegen alle bis zur Beendigung des Arbeitsverhältnisses fertiggestellten Erfindungen – unabhängig davon, ob später fertiggestellte Erfindungen unter Nutzung der Kenntnisse und Erfahrungen aus der früheren Tätigkeit entstanden sind.[77] Nach § 26 ArbNErfG bleiben alle Rechte und Pflichten aus dem ArbNErfG von der Auflösung des Arbeitsverhältnisses unberührt.[78]

B. Behandlung der einzelnen technischen Neuerungen nach dem ArbNErfG

I. Gebundene Erfindungen (Diensterfindungen), § 4 Abs. 1, 2, 4 ArbNErfG

1. Vorliegen einer Diensterfindung, § 4 Abs. 2 ArbNErfG

Diensterfindungen sind nach § 4 Abs. 2 ArbNErfG die während der Dauer des Arbeitsverhältnisses gemachten Auftrags- (§ 4 Abs. 2 Nr. 1 ArbNErfG) oder Erfahrungserfindungen (§ 4 Abs. 2 Nr. 2 ArbNErfG).

a) Erfindung während der Dauer des Arbeitsverhältnisses, § 4 Abs. 2 ArbNErfG

Voraussetzung für das Vorliegen einer Diensterfindung ist deren Fertigstellung während der Dauer des Arbeitsverhältnisses.[79] Erfolgt die Fertigstellung[80] vor Begründung[81] oder nach Beendigung des Arbeitsverhältnisses[82] liegen grundsätzlich freie Erfindungen vor.

---

[77] Bartenbach / Volz, ArbNErfG, § 26 Rn. 2; Bartenbach / Volz (1996), C. II. Rn. 69.

[78] Bartenbach / Volz, ArbNErfG, § 26 Rn. 21 – 29.

[79] Gleichgültig, ob während der regulären Dienstzeit, Überstunden, Freizeit, Krankheit, Urlaub, Suspendierung, ob zu Hause oder im Betrieb und mit welchen Hilfsmitteln. Reimer / Schade / Schippel (1993), § 4 ArbNErfG Rn. 16; Bartenbach / Volz (1996), E.II.1 Rn. 90 – 92.

[80] Nach dem Schutzzweck des PatG, „eine Erfindung vor der Gefährdung durch Dritte zu schützen", gilt diese als fertiggestellt, „sobald sie derart verlautbart ist, dass sie dem Durchschnittsfachmann bei objektiver Betrachtung eine konkrete ausführbare Lehre zum technischen Handeln offenbart", BGH, GRUR 1971, 211; Reimer / Schade / Schippel (1993), § 5 ArbNErfG Rn. 18; Bartenbach / Volz, ArbNErfG, § 4 Rn. 16 – 18.3; Volmer / Gaul, ArbNErfG, § 4 Rn. 68 – 73 m. w. Nachw.

[81] Bartenbach / Volz, ArbNErfG, § 4 Rn. 11; Bartenbach / Volz (1996), E.I.1. Rn. 89.

[82] Selbst dann, wenn die Erfindung in entscheidendem Maße auf Erfahrungen aus dem beendeten Arbeitsverhältnis beruht; Volmer / Gaul, ArbNErfG, § 4 Rn. 50; Bartenbach / Volz, ArbNErfG, § 4 Rn. 12.

b) Auftrags- oder Aufgabenerfindungen, § 4 Abs. 2 Nr. 1 ArbNErfG

Eine Aufgabenerfindung i. S. d. § 4 Abs. 2 Nr. 1 ArbNErfG liegt vor, wenn sie aus der dem Arbeitnehmer im Betrieb[83] oder in der öffentlichen Verwaltung[84] obliegenden Tätigkeit[85] entstanden ist. Die Erfindung kann dabei als Ergebnis aus einem konkreten Forschungs- und Entwicklungsauftrag hervorgehen.[86] Eine Aufgabenerfindung liegt aber auch bereits dann vor, wenn eine dem Arbeitnehmer übertragene Tätigkeit – die nicht notwendig auf technischem Gebiet angesiedelt sein muss – Probleme aufwirft oder zu Überlegungen veranlasst, die in die Erfindung münden. Dabei ist es nicht erforderlich, dass die Lösung derartiger Probleme zu den speziellen Aufgaben des Arbeitnehmers gehört; ebenso wie es unerheblich ist, woher der Arbeitnehmer die Kenntnisse besitzt, die ihn zur Erfindung befähigt haben.[87]

c) Erfahrungserfindungen, § 4 Abs. 2 Nr. 2 ArbNErfG

Erfahrungserfindungen als zweite Art der Diensterfindungen sind solche, die maßgeblich auf Erfahrungen oder Arbeiten des Betriebes[88] oder der öffentlichen Verwaltung[89] beruhen (§ 4 Abs. 2 Nr. 2 ArbNErfG). Die Beurteilung ihres Vorliegens erfolgt somit orientiert am unternehmensinternen Stand der Technik.[90] Erfahrungen erfassen dabei sämtliches im Unternehmen vorhandenes technisches Know-how, Informationen und Kenntnisse ebenso wie negative Erfahrungen – unabhängig vom Ob bzw. Wie ihrer Fixierung.[91] Unter Arbeiten werden dagegen sämtliche praktischen Ergebnisse verstanden, die – sei es auch nur bei irgendeiner Betätigung – auf technischem Gebiet angefallen sind.[92] Schließlich kann die Erfindung eines Arbeitnehmers nur dann „maßgeblich auf Erfahrungen oder Arbeiten ... beruhen", wenn ihm dieses Wissen überhaupt zugänglich war[93] und außerbetriebliche oder private Erfahrungen des Erfinders keinen überwiegenden Einfluss auf die Erfindung hatten.[94]

---

[83] Bartenbach / Volz, ArbNErfG, § 4 Rn. 20.

[84] Bartenbach / Volz, ArbNErfG, § 4 Rn. 21.

[85] Reimer / Schade / Schippel, § 4 ArbNErfG Rn. 8; Bartenbach / Volz (1996), E.II.2 Rn. 95.

[86] Bartenbach / Volz, ArbNErfG, § 4 Rn. 22.

[87] Bartenbach / Volz, ArbNErfG, § 4 Rn. 23 – 32; Reimer / Schade / Schippel (1993), § 4 ArbNErfG Rn. 9.

[88] Bartenbach / Volz, ArbNErfG, § 4 Rn. 20.

[89] Bartenbach / Volz, ArbNErfG, § 4 Rn. 21.

[90] Reimer / Schade / Schippel (1993), § 4 ArbNErfG Rn. 11; Bartenbach / Volz, ArbNErfG, § 4 Rn. 36.

[91] Volmer / Gaul, ArbNErfG, § 4 Rn. 112 – 116; Bartenbach / Volz, ArbNErfG, § 4 Rn. 39 – 40; Reimer / Schade / Schippel (1993), § 4 ArbNErfG Rn. 12.

[92] Bartenbach / Volz, ArbNErfG, § 4 Rn. 41; Volmer / Gaul, ArbNErfG, § 4 Rn. 120 – 121.

[93] Bartenbach / Volz, ArbNErfG, § 4 Rn. 43.

[94] Reimer / Schade / Schippel (1993), § 4 ArbNErfG Rn. 13; Bartenbach / Volz, ArbNErfG, § 4 Rn. 44 – 45.

2. Meldepflicht des Arbeitnehmers bei Diensterfindungen, § 5 ArbNErfG

Bei Vorliegen einer Diensterfindung trifft den Arbeitnehmererfinder nach § 5 ArbNErfG unverzüglich nach deren Fertigstellung[95] eine Meldepflicht gegenüber dem Arbeitgeber. In dieser Meldung ist u.a. anzugeben, in welchem Umfang dienstliche Weisungen oder Richtlinien, Erfahrungen oder Arbeiten des Betriebes oder andere Mitarbeiter zur Erfindung beigetragen haben (§ 5 Abs. 2 ArbNErfG).[96]

3. Pflicht des Arbeitgebers zur Schutzrechtsanmeldung, § 13 ArbNErfG

Der Arbeitgeber ist verpflichtet, für jede vom Arbeitnehmer gemeldete Diensterfindung ein inländisches Schutzrecht[97] anzumelden (§ 13 Abs. 1 ArbNErfG). Dies soll der frühestmöglichen Sicherung von Prioritätsrechten dienen und bewirkt in erster Linie den Schutz des Arbeitnehmers vor neuheitsschädlichen Veröffentlichungen.[98] Diese Anmeldepflicht entfällt nur bei Freiwerden der Diensterfindung (§ 8 Abs. 1 ArbNErfG), bei Zustimmung des Arbeitnehmers oder bei Vorliegen eines Betriebsgeheimnisses (§§ 13, 17 Abs. 2 ArbNErfG).

4. Recht der Inanspruchnahme durch den Arbeitgeber, § 6 ArbNErfG

a) Notwendigkeit und Ausübung des Inanspruchnahmerechts

aa) Notwendigkeit des derivativen Erwerbs

Der sonst übliche originäre Rechtserwerb des Arbeitgebers an den Arbeitsergebnissen scheidet für Erfindungen aufgrund des gesetzlich verankerten Erfinderprinzips[99] aus. Das Recht zur Inanspruchnahme (§ 6 Abs. 1 ArbNErfG) eröffnet dem Arbeitgeber jedoch die Möglichkeit des derivativen Erwerbs der Diensterfindung, um so aufgrund des Anteils des Unternehmens an dieser Erfindung dessen wirtschaftlichem Interesse Rechnung zu tragen.[100] Das Inanspruchnahmerecht ist somit ein der Diensterfindung von vornherein anhaftendes gesetzliches Optionsrecht, das nicht übertragbar und nur durch den Arbeitgeber ausübbar ist.[101]

---

[95] Bartenbach / Volz, ArbNErfG, § 5 Rn. 28 f.

[96] Bartenbach / Volz, ArbNErfG, § 5 Rn. 35 ff., 65 ff.

[97] Zu Art und Umfang der Schutzrechtsanmeldung siehe Bartenbach / Volz, ArbNErfG, § 13 Rn. 10 – 17.

[98] Bartenbach / Volz, ArbNErfG, § 13 Rn. 2.

[99] § 6 S. 1 PatG bzw. Art. 60 Abs. 1 EPÜ; § 13 Abs. 3 GebrMG.

[100] Reimer / Schade / Schippel (1993), § 6 ArbNErfG Rn. 2; Bartenbach / Volz, ArbNErfG, § 6 Rn. 1.

[101] Bartenbach / Volz, ArbNErfG, § 6 Rn. 8.

bb) Ausübung des Inanspruchnahmerechts

Grundsätzlich kann der Arbeitgeber die Erfindung unbeschränkt (§ 7 Abs. 1 ArbNErfG) oder beschränkt (§ 7 Abs. 2 ArbNErfG) in Anspruch nehmen oder auf eine Inanspruchnahme verzichten (§ 8 Abs. 1 Nr. 1 und Nr. 3 ArbNErfG). Bei Diensterfindungen von Arbeitnehmern im öffentlichen Dienst, Beamten oder Soldaten kann bei vorheriger Vereinbarung anstelle der Inanspruchnahme auch eine Ertragsbeteiligung des Arbeitgebers erfolgen, (§ 40 Nr. 1 i.V.m. § 41 ArbNErfG).
Die beschränkte oder unbeschränkte Inanspruchnahme, die jeweils nur geschlossen für die ganze Erfindung, also nicht nur für einen Teil von ihr möglich ist[102], hat durch schriftliche[103] Erklärung gegenüber dem Arbeitnehmer zu erfolgen (§ 6 Abs. 2 S. 1 ArbNErfG).

b) Unbeschränkte Inanspruchnahme durch den Arbeitgeber

aa) Wirkung der unbeschränkten Inanspruchnahme, § 7 Abs. 1 ArbNErfG

Bei unbeschränkter Inanspruchnahme gehen mit Zugang der Inanspruchnahmeerklärung alle Rechte an der Diensterfindung auf den Arbeitgeber über (§ 7 Abs. 1 ArbNErfG), ohne dass es einer Mitwirkung des Arbeitnehmers bedarf. Der Arbeitgeber wird somit hinsichtlich aller vermögenswerter Rechte[104] an der Diensterfindung einschließlich etwaiger vom Arbeitnehmer bereits erworbener Schutzrechtpositionen unmittelbarer Rechtsnachfolger des Arbeitnehmers.[105] Diese Rechtsüberleitung entfaltet Außenwirkung gegenüber jedermann und hat damit quasi-dingliche Wirkung.[106] Der Arbeitgeber kann fortan über die Erfindung frei verfügen: für sie ausländische Schutzrechtsanmeldungen tätigen (§ 14 Abs. 1 ArbNErfG)[107], sie in allen Benutzungsarten i. S. d. § 9 PatG selbst nutzen, sie an Dritte übertragen oder Nutzungsrechte daran vergeben.[108] Das nach dem ArbNErfG zwischen Arbeitnehmer und Arbeitgeber begründete Rechtsverhältnis wird durch Übertragung der Erfindung auf Dritte jedoch nicht beseitigt.[109]

[102] Reimer / Schade / Schippel (1993), § 6 ArbNErfG Rn. 10; Bartenbach / Volz, ArbNErfG, § 6 Rn. 22.
[103] Reimer / Schade / Schippel (1993), § 6 ArbNErfG Rn. 13 – 21; Bartenbach / Volz, ArbNErfG, § 6 Rn. 27 – 39.
[104] Von der unbeschränkten Inanspruchnahme unberührt bleibt das (höchstpersönliche, unübertragbare) Erfinderpersönlichkeitsrecht des Arbeitnehmers, Volmer / Gaul, ArbNErfG, § 6 Rn. 5; Bartenbach / Volz, ArbNErfG, § 7 Rn. 24 – 26.1.
[105] Bartenbach / Volz, ArbNErfG, § 7 Rn. 5; Reimer / Schade / Schippel (1993), § 7 ArbNErfG Rn. 2, 3.
[106] Bartenbach / Volz, ArbNErfG, § 6 Rn. 11.
[107] Bartenbach / Volz (1996), E.IV.3 Rn. 155 – 158.
[108] Bartenbach / Volz, ArbNErfG, § 7 Rn. 6.
[109] Bartenbach / Volz, ArbNErfG, § 7 Rn. 7.

bb) Entstehung, Fälligkeit und Dauer des Vergütungsanspruchs nach §§ 9, 11 ArbNErfG

Der Vergütungsanspruch des Arbeitnehmers entsteht bei unbeschränkter Inanspruchnahme dem Grunde nach mit Zugang der Inanspruchnahmeerklärung (§ 9 Abs. 1 ArbNErfG).[110] Obwohl er von einer Verwertungshandlung des Arbeitgebers ebenso unabhängig ist wie von einer positiven Entscheidung über die Schutzrechtserteilung, wird der Vergütungsanspruch jedoch erst fällig (§ 12 ArbNErfG), wenn die wirtschaftliche Verwertbarkeit feststeht, da erst dann die für die Vergütungsbemessung entscheidenden Kriterien bekannt sind.[111] Die Vergütungsdauer ist regelmäßig an die Laufzeit des Schutzrechtes geknüpft.[112] Bei bindender Feststellung der Schutzunfähigkeit der Erfindung[113] entfällt der Vergütungsanspruch ex nunc.[114]

cc) Vergütungsbemessung, §§ 9, 11 ArbNErfG i.V.m. RL 1959 bzw. RL 1960

Die vom Arbeitgeber zu zahlende Vergütung muss angemessen sein (§ 9 Abs. 1 ArbNErfG), wobei der Begriff der Angemessenheit durch die Richtlinien[115] ausgefüllt werden soll. Die Ermittlung der Vergütungshöhe entsprechend der Richtlinien ist in Anhang 1 dargestellt. Sie wird insbesondere durch die Verwertbarkeit der Erfindung (sog. Erfindungswert), Aufgaben und Stellung des Arbeitnehmers im Betrieb sowie den Anteil des Betriebes am Zustandekommen der Erfindung (zusammengefasst als sog. Anteilsfaktor) bestimmt (§ 9 Abs. 2 ArbNErfG).

c) Beschränkte Inanspruchnahme durch den Arbeitgeber, § 6 Abs. 1 ArbNErfG

aa) Wirkung der beschränkten Inanspruchnahme

Mit Zugang der Erklärung der beschränkten Inanspruchnahme erwirbt der Arbeitgeber ein nichtausschließliches Recht zur Benutzung der Diensterfindung (§ 7 Abs. 2 S. 1 ArbNErfG). Bezüglich aller sich darüber hinaus aus der Diensterfindung ergebenden Rechte wird diese nach § 8 Abs. 1 Nr. 2 ArbNErfG frei.

---

[110] Bartenbach / Volz, ArbNErfG, § 9 Rn. 11.
[111] Bartenbach / Volz, ArbNErfG, § 9 Rn. 12, 20.
[112] Bartenbach / Volz, ArbNErfG, § 9 Rn. 33.
[113] Siehe Kapitel 1 B.I.1.
[114] Bartenbach / Volz (1996), F.III Rn. 215; Bartenbach / Volz, ArbNErfG, § 9 Rn. 34.
[115] RL 1960 (für den öffentlichen Dienst) erklärt RL 1959 (für den privaten Dienst) für entsprechend anwendbar, wodurch dem in §§ 40, 41 ArbNErfG verankerte Gleichstellungsgrundsatz verwirklicht wird. Diese RLen sind weder Rechtsnormen noch Verwaltungsvorschriften, folglich kann jeder Arbeitgeber nach Belieben interne Richtlinien erlassen. Bartenbach / Volz, ArbNErfG, § 9 Rn. 341 ff., § 11 Rn. 5 ff, 13 ff.

Das vom Arbeitgeber erworbene Benutzungsrecht umfasst alle Nutzungsarten, auf die sich auch ein erteiltes Schutzrecht erstrecken würde.[116] Es ist mit einer einfachen Lizenz[117] vergleichbar und somit nur schuldrechtlicher Art.[118] Folglich kann es allein durch den Arbeitgeber genutzt werden, d. h., dieser kann das Nutzungsrecht weder übertragen noch Unterlizenzen vergeben.[119]

bb) Entstehung und Dauer des Vergütungsanspruchs, § 10 ArbNErfG

Bei beschränkter Inanspruchnahme entsteht der Vergütungsanspruch erst mit tatsächlicher Verwertung durch den Arbeitgeber (§ 10 Abs. 1 ArbNErfG). Er besteht dann jedoch unabhängig davon, ob der Arbeitnehmer für diese Erfindung ein Schutzrecht anmeldet[120], außer die Schutzunfähigkeit ist rechtskräftig festgestellt worden (§ 10 Abs. 2 S. 1 Hs. 2 ArbNErfG).
Die Pflicht zur Vergütungszahlung endet grundsätzlich mit Ende der tatsächlichen Benutzungshandlung des Arbeitgebers.[121]

cc) Vergütungsbemessung, §§ 10 Abs. 1, 9 Abs. 2, 11 ArbNErfG i.V.m. RL 1959

Für die Bemessung der Vergütung ist § 9 Abs. 2 ArbNErfG entsprechend anzuwenden (§ 10 Abs. 1 S. 2 ArbNErfG). Dabei ist jedoch anders als bei unbeschränkter Inanspruchnahme auf die tatsächliche Verwertung durch den Arbeitgeber abzustellen (§ 10 Abs. 1 S. 1 ArbNErfG). Dementsprechend ist die unausgenutzte wirtschaftliche Verwertbarkeit bei der Ermittlung des Erfindungswertes nicht zu berücksichtigen (RL Nr. 25).[122]

d) Ertragsbeteiligung im öffentlichen Dienst, § 40 Nr. 1 (i.V.m. § 41) ArbNErfG

aa) Voraussetzungen der Ertragsbeteiligung

Für Erfindungen von Arbeitnehmern im öffentlichen Dienst[123], Beamten und Soldaten besteht für den Arbeitgeber bei entsprechender vorheriger Vereinbarung die Möglichkeit, anstatt der Inanspruchnahme der Erfindung (§§ 6, 7 ArbNErfG) eine angemessene Beteiligung am Ertrag der Diensterfindung in An-

---

116 Siehe § 9 PatG; Bartenbach / Volz, ArbNErfG, § 7 Rn. 32.
117 § 15 Abs. 2 S. 1 PatG, § 22 Abs. 2 GebrMG.
118 Bartenbach / Volz, ArbNErfG, § 6 Rn. 11; § 7 Rn. 29 – 33.
119 Bartenbach / Volz, ArbNErfG, E.V.3. Rn. 178; Schulte, PatG, § 15 Rn. 37.
120 Wobei es wg. §§ 8 Abs. 1 Nr. 2 i.V.m. 13 Abs. 4 ArbNErfG aber in der alleinigen Entscheidungsmacht des Arbeitnehmers liegt, ein Schutzrechtserteilungsverfahren überhaupt zu betreiben.
121 Bartenbach / Volz, ArbNErfG, § 10 Rn. 14.
122 Bartenbach / Volz, ArbNErfG, § 10 Rn. 31.
123 Bartenbach / Volz, ArbNErfG, § 40 Rn. 3 – 4.

spruch zu nehmen (§§ 40, 41 ArbNErfG).[124] Dies soll dem Umstand Rechnung tragen, dass der öffentlichen Hand eine eigene Auswertung der Erfindung oft nicht möglich ist, eine Inanspruchnahme demnach also zwecklos wäre. Durch die Ertragsbeteiligung sollte dennoch eine Möglichkeit geschaffen werden, Ersatz für die aufgewendeten öffentlichen Mittel, die zur Erfindung beigetragen haben, zu erlangen.[125]

bb) Wirkung der Ausübung des Ertragsbeteiligungsrechts

Mit Ausübung der Option zugunsten der Ertragsbeteiligung entsteht jeweils für die konkrete Diensterfindung ein schuldrechtlicher Beteiligungsanspruch des Arbeitgebers.[126] Dieser verliert seine Inanspruchnahmerechte aus §§ 6, 7 ArbNErfG und die Erfindung wird nach § 8 Abs. 1 Nr. 1 ArbNErfG zwingend frei.[127]

cc) Höhe der Beteiligung des Arbeitgebers

Die Beteiligungshöhe kann nach § 40 Nr. 1 S. 2 ArbNErfG im voraus[128] bindend vereinbart, ansonsten nach § 40 Nr. 1 S. 3 ArbNErfG durch den Arbeitgeber einseitig festgesetzt werden. Bei fehlender Vereinbarung wird als Obergrenze der Beteiligung auf jeden Fall der dem Dienstherren für die Fertigstellung der Erfindung entstandene Sach- und Personalaufwand anzusehen sein (sog. Deckungsprinzip).[129]

e) Frei gewordene Diensterfindungen

Eine Erfindung kann frei werden

1. durch ausdrückliche Freigabe des Arbeitgebers (§ 8 Abs. 1 Nr. 1 ArbNErfG);
2. bei Ablauf der Inanspruchnahmefrist (§ 6 Abs. 2, § 8 Abs. 1 Nr. 3 ArbNErfG);
3. bei beschränkter Inanspruchnahme (§ 8 Abs. 1 Nr. 2 ArbNErfG);

---

[124] Durch Individualabreden oder kollektivrechtliche Regelungen – entweder für eine konkret in Aussicht stehende Erfindung oder generell für alle zukünftigen Erfindungen eines Arbeitnehmers.

[125] Amtliche Begründung zum Regierungsentwurf vom 19. August 1955 zu § 40 Nr. 1 ArbNErfG, BT-Drucks. Nr. 1648; Bartenbach / Volz, ArbNErfG, § 40 Rn. 15.

[126] Bartenbach / Volz, ArbNErfG, § 40 Rn. 19, 22.

[127] Bartenbach / Volz, ArbNErfG, § 40 Rn. 24.

[128] Nicht notwendig als Bestandteil der Optionsvereinbarung i. S. v. § 40 Nr. 1 ArbNErfG, sondern - in Abgrenzung zum einseitigen Festsetzungsrecht des Arbeitgebers (§ 40 Nr. 1 S. 3 ArbNErfG) - jederzeit vor Fertigstellung der Erfindung oder nach Optionsausübung.

[129] Auch wenn es in § 40 Nr. 1 ArbNErfG an einer Regelung, wie sie in § 42 Abs. 2 S. 3 ArbNErfG a. F. vorgesehen war, fehlt (so der Einwand gegen das Deckungsprinzip, Bartenbach / Volz, ArbNErfG, § 40 Rn. 28), so spricht doch der hinter der Möglichkeit der Ertragsbeteiligung stehende Zweck, Ersatz für die aufgewandten öffentlichen Gelder zu erlangen, für die Weitergeltung dieses Prinzips.

4. bei Inanspruchnahme einer Ertragsbeteiligung im öffentlichen Dienst (§ 40 Nr. 1 i.V.m. § 8 Abs. 1 Nr. 1 ArbNErfG)[130];
5. bei Freigabe der Diensterfindung für ausländische Staaten, in denen der Arbeitgeber keine Schutzrechte erwerben will, (§ 14 Abs. 2 ArbNErfG) und
6. durch Aufgabe von Schutzrechtspositionen gem. § 16 Abs. 1 und 2 ArbNErfG.

In den unter Nrn. 1 – 4 genannten Fällen bleibt der Arbeitnehmer Inhaber der an der Diensterfindung im Ganzen[131] bestehenden Erfindungsrechte.[132] Die Erfindung ist damit als eine von Anfang an freie zu behandeln.[133] Folglich kann der Arbeitnehmer über diese nach Belieben verfügen.[134]

Im Gegensatz dazu bezieht sich die nach den Nrn. 5 oder 6 erfolgte Freigabe nicht auf die gesamten an einer Diensterfindung bestehenden Rechte, sondern nur auf die vom Arbeitgeber nicht genutzten Rechte. Insoweit erfolgt eine Rückübertragung einzelner Rechtspositionen an der Erfindung vom Arbeitgeber auf den Arbeitnehmer.[135]

II. Freie Erfindungen, § 4 Abs. 1, 3, 4 ArbNErfG

1. Vorliegen einer freien Erfindung, § 4 Abs. 3 ArbNErfG

Nach § 4 Abs. 3 ArbNErfG sind alle Erfindungen frei, die nicht unter § 4 Abs. 2 Nr. 1 oder Nr. 2 ArbNErfG fallen – folglich solche, die zwar während der Dauer des Arbeitsverhältnisses fertiggestellt wurden, aber weder aus dem Aufgabenbereich des Arbeitnehmers entstanden sind noch maßgeblich auf betrieblichen Erfahrungen oder Arbeiten beruhen. Derartige Erfindungen stellen sich somit überhaupt nicht als betriebliches Arbeitsergebnis dar und sind dem außerbetrieblichen Lebensbereich des Arbeitsnehmers zuzurechnen.[136]

---

130 Bei Ausübung der Beteiligungsoption auch ohne ausdrückliche Freigabeerklärung: Bartenbach / Volz, ArbNErfG, § 40 Rn. 24.

131 Bartenbach / Volz, ArbNErfG, § 8 Rn. 5.

132 Ex tunc-Wirkung der Freigabe. Bartenbach / Volz (1996), E.VI.1 Rn. 183.

133 Bartenbach / Volz, ArbNErfG, § 8 Rn. 6.

134 Zu Einschränkungen der Verwertung durch § 25 ArbNErfG i.V.m. Wettbewerbsverbot bzw. Verschwiegenheitspflicht sowie durch § 40 Nr. 3 ArbNErfG für den öffentlichen Dienst, siehe Bartenbach / Volz, ArbNErfG, § 8 Rn. 47, 52 – 56, § 40 Rn. 34 ff; Reimer / Schade / Schippel (1993), § 25 ArbNErfG Rn. 16 – 23.

135 Ex nunc-Wirkung der Freigabe; Bartenbach / Volz, ArbNErfG, § 8 Rn. 7; § 14 Rn. 15 f., § 16 Rn. 3.

136 Bartenbach / Volz, ArbNErfG, § 4 Rn. 47; Reimer / Schade / Schippel (1993), § 4 ArbNErfG Rn. 22.

2. Mitteilungspflicht und Anbietungspflicht des Arbeitnehmers, §§ 18, 19 ArbNErfG

Nach § 18 Abs. 1 ArbNErfG besteht für freie Erfindungen eine Mitteilungspflicht gegenüber dem Arbeitgeber.[137] Ferner hat der Arbeitnehmer dem Arbeitgeber gem. § 19 Abs. 1 ArbNErfG zu angemessenen Bedingungen[138] mindestens ein nichtausschließliches Recht zur Benutzung anzubieten, bevor er die Erfindung während der Dauer des Arbeitsverhältnisses anderweitig verwertet[139], und vorausgesetzt, dass diese in den Arbeitsbereich des arbeitgeberischen Unternehmens fällt.[140]

3. Einnahmen des Arbeitnehmers aus freien Erfindungen

Der Arbeitnehmer kann über freie Erfindungen auch frei verfügen, folglich alle unter Einleitung B.II.2 beschriebenen Verwertungshandlungen vornehmen, mit Dritten Vertragsverhältnisse eingehen und auf diese Weise Einnahmen erzielen.
Nimmt der Arbeitgeber das Angebot des Arbeitnehmers zur Einräumung eines nichtausschließlichen Nutzungsrechtes (§ 19 Abs. 1 ArbNErfG) an, kommt zwischen ihm und dem Arbeitnehmer ein Vertrag zustande, der einem mit unternehmensexternen Vertragspartnern geschlossenen Lizenzvertrag gleicht[141] und selbständig neben dem Arbeitsvertrag steht.[142] Auch der Umstand, dass das Bestehen des Arbeitsverhältnisses Anlass für das Zustandekommen des Lizenzvertrages war, rechtfertigt es nicht, die Zahlungsansprüche des Arbeitnehmers dem Arbeitsverhältnis zuzurechnen. Folglich sind diese auch unabhängig vom Fortbestehen des Arbeitsverhältnisses.[143]
Die Höhe der vom Arbeitnehmer zu fordernden angemessenen Vergütung ist dementsprechend auch an den Marktverhältnissen orientiert. Die für Diensterfindungen geltenden Regelungen des ArbNErfG einschließlich der RL finden somit auf freie Erfindungen keine Anwendung.[144]

---

[137] Der Grund dafür ist in der Vermeidung von Zwistigkeiten zwischen den Arbeitsvertragsparteien zu sehen. Bartenbach / Volz, ArbNErfG, § 18 Rn. 3.

[138] Bartenbach / Volz, ArbNErfG, § 19 Rn. 20 – 28.

[139] Bartenbach / Volz, ArbNErfG, § 19 Rn. 31 – 37.

[140] Bartenbach / Volz, ArbNErfG, § 19 Rn. 38 – 42.

[141] Rechte und Pflichten in Bezug auf die Erfindung bestimmen sich nach Inhalt des Lizenzvertrages, u.U. kann jedoch die arbeitsrechtliche Treue- und Fürsorgepflicht Nebenpflichten konkretisieren.

[142] Bartenbach / Volz, ArbNErfG, § 19 Rn. 9, 56.

[143] Bartenbach / Volz, ArbNErfG, § 19 Rn. 56.

[144] Bei fehlender Vereinbarung sollen jedoch die Grundsätze zur Bestimmung des Erfindungswertes (RL Nrn. 6 ff.) herangezogen werden können, dem eine angemessene Vergütung dann nahe kommen soll. Bartenbach / Volz, ArbNErfG, § 19 Rn. 28.

III. Technische Verbesserungsvorschläge, §§ 3, 20 ArbNErfG

1. Qualifizierte technische Verbesserungsvorschläge, § 20 Abs. 1 ArbNErfG

a) Voraussetzungen der Vergütungspflicht, § 20 Abs. 1 ArbNErfG

Von § 20 Abs.1 ArbNErfG werden die sog. qualifizierten technischen Verbesserungsvorschläge erfasst. Das sind jene technischen Neuerungen, die zwar nicht patent- oder gebrauchsmusterfähig sind (s.o., A.II.1.b)), die dem Arbeitgeber aber eine ähnliche Vorzugsstellung wie ein gewerbliches Schutzrecht – also eine monopolähnliche Stellung[145] – gewähren. Alle sonstigen Verbesserungsvorschläge unterliegen nicht dem ArbNErfG (§ 20 Abs. 2 ArbNErfG).

b) Anspruchsentstehung und Vergütungsdauer

Der Vergütungsanspruch des Arbeitnehmers entsteht – ohne dass es einer Erklärung der Inanspruchnahme durch den Arbeitgeber bedarf – mit der Aufnahme der tatsächlichen Verwertung durch den Arbeitgeber. Darunter fallen interne Verwertungshandlungen entsprechend § 9 PatG, § 11 Abs. 1 GebrMG wie auch externe Verwertung durch Vergabe von Nutzungsrechten oder Veräußerung des Know-hows.[146] Die Vergütungspflicht bleibt bestehen, solange die tatsächliche Verwertung und die schutzrechtsähnliche Stellung andauern.[147]

c) Vergütungshöhe

Zur Bestimmung der angemessenen Vergütung sind die §§ 9 und 12 ArbNErfG (s. o. I.4.b)cc) sowie Anhang 1) sinngemäß anzuwenden (§ 20 Abs. 1 S. 2 ArbNErfG). Bei der Ermittlung des Wertes des Verbesserungsvorschlages sind nach RL Nr. 29 die gleichen Methoden anzuwenden wie zur Ermittlung des Erfindungswertes (RL Nrn. 6 ff.), wobei jedoch allein auf die tatsächliche Verwertung durch den Arbeitgeber abzustellen ist.[148] Bei der Ermittlung des Anteilsfaktors (RL Nrn. 30 ff.) ist zu beachten, dass der Verbesserungsvorschlag vielfach Teil der arbeitsvertraglich geschuldeten Leistungspflicht ist.[149]

2. Einfache technische Verbesserungsvorschläge

Einfache technische Verbesserungsvorschläge sind solche, die dem Arbeitgeber keine monopolähnliche Stellung vermitteln. Nach § 20 Abs. 2 ArbNErfG kommt eine Vergütungspflicht grundsätzlich nur bei Bestehen entsprechender kollektivrechtlicher Regelungen in Betracht.[150]

---

[145] Bartenbach / Volz, ArbNErfG, § 20 Rn. 1, 11 ff.
[146] Bartenbach / Volz, ArbNErfG, § 20 Rn. 27.
[147] Bartenbach / Volz, ArbNErfG, § 20 Rn. 33.
[148] Bartenbach / Volz, ArbNErfG, § 20 Rn. 39 – 49.
[149] Bartenbach / Volz (1996); G.III.1 Rn. 356.
[150] Bartenbach / Volz, ArbNErfG, § 20 Rn. 51 – 62, 66.

IV. Vertragliche Überleitung von Arbeitnehmererfindungen auf den Arbeitgeber

Eine frei gewordene Diensterfindung (s. o., I.4.e)) kann auch nach Ablauf der Inanspruchnahmefrist durch vertragliche Vereinbarung auf den Arbeitgeber als „unbeschränkt in Anspruch genommene" übergeleitet werden.[151] Dasselbe gilt für freie (§ 4 Abs. 3 ArbNErfG) Erfindungen und solche, die vor Beginn des Arbeitsverhältnisses fertiggestellt wurden.[152]

Die Bestimmung der Erfindervergütung unterliegt hierbei grundsätzlich der Parteiabsprache. Auch wenn es an einer ausdrücklichen Vereinbarung bezüglich einer Vergütungspflicht fehlt, ist dabei jedoch vom Bestehen einer solchen auszugehen.[153] Bei Übertragung per se freier Erfindungen[154] ist die stillschweigende Vereinbarung eines marktüblichen Entgeltes anzunehmen.[155] Eine Anwendung der in ArbNErfG und in den RL niedergelegten Grundsätze, wie die Berücksichtigung des Anteilsfaktors, scheidet dabei schon deshalb aus, weil in diesen Fällen kein betrieblicher Beitrag am Zustandekommen der Erfindung besteht.

Dagegen ist bei der Überleitung frei gewordener Diensterfindungen der Höhe nach eine stillschweigend vereinbarte Vergütung wie bei unbeschränkter Inanspruchnahme nach den Grundsätzen der §§ 9 – 12 ArbNErfG anzunehmen – für den Arbeitgeber soll also die Berechtigung bestehen, über den Anteilsfaktor (RL Nrn. 30 ff.) die in die Erfindung eingegangenen betrieblichen Leistungen berücksichtigen zu dürfen.[156]

C. Erfindungen von Hochschullehrern und -assistenten

I. Sonderbehandlung der Hochschullehrer nach § 42 a. F. ArbNErfG

1. Bisherige Behandlung der Erfindungen von Hochschullehrern und -assistenten

§ 42 Abs. 1 ArbNErfG a. F. stellte eine spezialgesetzliche, damit dem § 4 ArbNErfG vorgehende, Regelung dar. In der Hochschulforschung geschaffene Erfindungen sollten danach im Grundsatz freie Erfindungen sein. Hochschullehrern und -assistenten standen damit an Erfindungen im Rahmen ihrer wissen-

---

[151] Reimer / Schade / Schippel (1993), § 9 ArbNErfG Rn. 18; Bartenbach / Volz, ArbNErfG, § 6 Rn. 57 ff.; Volmer / Gaul, ArbNErfG, § 6 Rn. 100 – 103, § 25 Rn. 124.

[152] Bartenbach / Volz, ArbNErfG, Einleitung vor §§ 9 – 12 Rn. 12 ff.

[153] Reimer / Schade / Schippel (1993), § 9 ArbNErfG Rn. 18; Bartenbach / Volz, ArbNErfG, Einleitung vor §§ 9 - 12 Rn. 12 f.

[154] Nach § 4 Abs. 3 ArbNErfG freie oder vor Beginn des Arbeitsverhältnisses fertiggestellte Erfindungen.

[155] Bartenbach / Volz, ArbNErfG, Einleitung vor §§ 9 – 12 Rn. 14, 15.

[156] Volmer / Gaul, ArbNErfG, § 6 Rn. 100; Bartenbach / Volz (1996), E.V.1 Rn. 170; Reimer / Schade / Schippel (1993), § 9 ArbNErfG Rn. 18.

schaftlichen Lehr- und Forschungstätigkeit alle Rechte in eigener Person zu. Sie konnten somit selbst über wirtschaftliche Nutzung oder Nichtnutzung von Forschungsergebnissen entscheiden.
Lediglich wenn der Dienstherr für die zur Erfindung führenden Forschungsarbeiten besondere Mittel aufgewendet hatte, bestand ihm gegenüber eine Mitteilungspflicht und dieser konnte eine angemessene Ertragsbeteiligung[157] – höchstens jedoch in Höhe der aufgewendeten Mittel – beanspruchen (§ 42 Abs. 2 ArbNErfG a. F.)

2. Begründung der bisherigen Regelung

§ 42 ArbNErfG a. F. wurde als Ausfluss der verfassungsrechtlich garantierten Wissenschaftsfreiheit (Art. 5 Abs. 3 GG) angesehen.[158] Durch diese seien neben der Forschung auch die Weitergabe und Verbreitung von Forschungsergebnissen geschützt, womit auch deren wirtschaftliche Verwertung einhergehen könne. Anderenfalls, bei einem Verwertungszugriff durch Staat oder Hochschulen, könne die Entschließungsfreiheit der Wissenschaftler bezüglich der Bearbeitung bestimmter Fragestellungen gefährdet werden.[159]

II. Neuregelung, § 42 ArbNErfG n. F.

Mit Inkrafttreten des Gesetzes zur Änderung des ArbNErfG[160] am 7. Februar 2002 wurde dieses nach § 42 ArbNErfG a. F. bestehende sog. Hochschullehrerprivileg abgeschafft. § 42 ArbNErfG findet in seiner neuen Fassung auf alle Erfindungen, die nach dem 6. Februar 2002 gemacht[161] worden sind, Anwendung.[162]

1. Ziel der Neuregelung

Nach der bisher geltenden Regelung hatte die Hochschule auf die Entscheidung über die Nutzung der Erfindung keinen Einfluss. Von den Hochschullehrern wurden meist keine Aktivitäten zur Kommerzialisierung der Forschungsergebnisse unternommen. So betrug das Patentaufkommen an den deutschen Hochschulen unter 2 % aller Anmeldungen.[163] Der Grund dafür wurde v. a. in dem in der Entwicklung bis zur Verwertungsreife liegenden hohen finanziellen Risiko gesehen.[164] Damit wurden in vielen Fällen zwar öffentliche Mittel zur Erarbei-

---

[157] Bartenbach / Volz, ArbNErfG, § 42 Rn. 30 f., 35 – 41.
[158] Bartenbach / Volz (1996), C.II Rn. 65 m. w. Nachw.
[159] Frieling, GRUR 1987, 407, 408 m. w. Nachw.
[160] Vom 18.01.2002 BGBl I, 414.
[161] Abzustellen auf Fertigstellung, s.o.
[162] § 43 Abs. 1 S. 1 ArbNErfG n. F. Für vor dem 18. Juli 2001 geschlossene Drittmittelverträge blieb § 42 ArbNErfG in seiner alten Fassung bis zum 3. Februar 2003 anwendbar, § 43 Abs. 1 S. 2 ArbNErfG n. F.
[163] Bartenbach / Volz, ArbNErfG, § 42 n. F. Rn. 2.
[164] BMBF-Patentserver 01/2002, siehe Anhang 2.

tung neuen Wissens eingesetzt, mangels dessen Weiterentwicklung zu verwertbaren Produkten oder Verfahren konnten sich diese Mittel jedoch nicht rentieren, sondern gingen unwiederbringlich verloren. Die Neuregelung soll nun diesem verschwenderischen Umgang mit öffentlichen Ressourcen Einhalt gebieten.[165]

2. Behandlung nach § 42 ArbNErfG n. F.

a) Gleichbehandlung mit übrigen Arbeitnehmererfindungen

Nach der Neuregelung des § 42 ArbNErfG sollen für Erfindungen an Hochschulen nun grundsätzlich dieselben Regelungen gelten wie für alle übrigen Arbeitnehmererfindungen. Damit ist jede von Hochschulbeschäftigten gemachte Diensterfindung meldepflichtig und kann vom Dienstherren in Anspruch genommen werden. Zu den Diensterfindungen zählen insbesondere auch Ergebnisse der Drittmittelforschung (§ 25 HRG) und unter den Voraussetzungen des § 4 Abs. 2 ArbNErfG auch Erfindungen, die bei Forschungsarbeiten in Nebentätigkeit entstanden sind.

b) Modifizierung durch § 42 ArbNErfG n. F.

Im Hinblick auf den verfassungsrechtlichen Schutz von Forschung und Lehre[166] werden die allgemeinen Regelungen des ArbNErfG durch § 42 ArbNErfG n. F. modifiziert. Nach § 42 Nr. 1 ArbNErfG n. F. kann der Wissenschaftler abweichend von § 24 Abs. 2 ArbNErfG[167] seine Forschungsergebnisse veröffentlichen, wenn er die Diensterfindung gegenüber seinem Dienstherren zwei Monate zuvor angezeigt hat. Die weitergehende Benutzung der in der Erfindung liegenden Forschungsergebnisse wird gewährleistet, indem dem Erfinder ein nichtausschließliches Verwertungsrecht eingeräumt wird, das unabhängig von der Art der Verwertung durch die Hochschule bestehen bleibt (§ 42 Nr. 3 ArbNErfG). § 42 Nr. 2 ArbNErfG n. F. soll schließlich die Wissenschaftsfreiheit auch in negativer Hinsicht sicherstellen. Danach wird der Wissenschaftler von seiner Meldepflicht befreit, sofern und solange er die Offenbarung seiner Erfindung ablehnt.

c) Erfindervergütung

Bei Verwertung der Erfindung durch die Hochschule hat der Erfinder einen Anspruch auf Erfindervergütung (§§ 9 ff. ArbNErfG), die der Höhe nach 30 % der

[165] BMBF-Patentserver 01/2002, siehe Anhang 2.

[166] Dieser sei nach Ansicht des Gesetzgebers durch die Neuregelung nicht verletzt, denn die Forschungsfreiheit umfasse nicht das Recht auf kommerzielle Nutzung von Wissenschaftserfindungen, sondern nur das Recht auf Publikationsfreiheit. Amtl. Begründung, BT-Drucks. 14/5975 vom 9.5.2001.

[167] Nach dieser Regelung hat der Arbeitnehmererfinder seine Erfindung bis zum Freiwerden geheim zu halten.

Verwertungseinnahmen[168] beträgt (§ 42 Nr. 4 ArbNErfG n. F.). Durch diese Regelung sind Hochschulbeschäftigte deutlich günstiger gestellt als andere Arbeitnehmererfinder, deren Vergütung nach den Richtlinien immer auf Basis des dem Betrieb (aus der Erfindung) verbleibenden Nettonutzens ermittelt wird.
Schließlich ist die Vergütungsregelung des § 40 Nr. 1 ArbNErfG für den Hochschulbereich nicht anwendbar (§ 42 Nr. 5 ArbNErfG n. F.), wodurch die Hochschule zu einer klaren Entscheidung bezüglich der Inanspruchnahme gezwungen werden soll.[169]

[168] Folglich ohne Abzug der Kosten, die dem Dienstherren (der Hochschule) durch die Verwertung entstandenen sind.
[169] BMBF-Patentserver 01/2002, siehe Anhang 2.

Kapitel 2 Steuerrechtliche Behandlung der Vergütungen nach ArbNErfG

In diesem Abschnitt soll die einkommensteuerliche Einordnung der Vergütungen für die verschiedenen oben beschriebenen Szenarien der Verwertung von Arbeitnehmererfindungen und -verbesserungsvorschlägen behandelt werden. Zunächst soll dargestellt werden, welchen Einkunftsarten diese Arbeitnehmererfindervergütungen in den einzelnen Verordnungen[170] bzw. in Literatur und Rechtsprechung zugeordnet werden. Anschließend soll diskutiert werden, ob diese Zuordnungen in Einklang mit den jeweiligen Tatbeständen des EStG stehen.

A. Anzutreffende Einordnungen der Arbeitnehmererfindervergütungen

I. Steuerrechtliche Behandlung der nach ArbNErfG zu zahlenden Vergütungen

1. ErfVO, ArbNErfVO und PrämienVO

Die aus dem Jahre 1951 stammenden ErfVO[171] und ArbNErfVO[172] sowie die PrämienVO aus dem Jahre 1957 regelten die steuerliche Behandlung von freien Erfindern, Vergütungen für Arbeitnehmererfindungen bzw. Prämien für Verbesserungsvorschläge mit dem hauptsächlichen Inhalt der Halbierung des Steuersatzes für Einnahmen des Erfinders.

Dabei bezeichneten ArbNErfVO (§§ 1, 2) und PrämienVO (§§ 1, 3) die vom „Arbeitgeber auf Grund gesetzlicher Vorschriften [...] für eine schutzfähige Erfindung“ gezahlten Vergütungen und Prämien für Verbesserungsvorschläge als „Arbeitslohn“ und trafen dementsprechende Regelungen zum Lohnsteuerabzug. Dagegen sollte nach § 1 Abs. 1 ErfVO eine Behandlung des Arbeitnehmererfinders als freier Erfinder erfolgen, „soweit ... die Erfindung außerhalb des Arbeitsverhältnisses verwertet“ wurde.

Folglich wurden nach den genannten Verordnungen die für in Anspruch genommene Diensterfindungen (§ 4 Abs. 2 ArbNErfG) sowie für Verbesserungsvorschläge (§§ 3, 20 Abs. 1 ArbNErfG) vom Arbeitgeber gezahlten Vergütungen als Einnahmen aus nichtselbständiger Arbeit („Arbeitslohn“) behandelt. Die Verwertung freier oder frei gewordener Erfindungen wurde dagegen den Einkunftsarten selbständige Arbeit bzw. Gewerbebetrieb zugeordnet (§ 2 ErfVO).

170 ErfVO, ArbNErfVO und PrämienVO.

171 Siehe Anhang 3.

172 Siehe Anhang 4.

Dabei ist jedoch zu beachten, dass die ArbNErfVO älter war als das ArbNErfG[173], folglich die bei Erlass der Verordnung ins Auge gefassten Erfindervergütungen „auf Grund gesetzlicher Vorschriften" nicht auf dem ArbNErfG basieren konnten. Vielmehr waren bis zum Inkrafttreten des ArbNErfG für die Vergütung von Arbeitnehmererfindungen die Verordnung über die Erfindungen von Gefolgschaftsmitgliedern[174] und die dazu ergangene DVO[175] maßgebend.[176]

2. Literatur und Rechtsprechung

Diesen in o. g. Verordnungen vorgenommenen einkommensteuerrechtlichen Einordnungen folgen Rechtsprechung und Literatur bis heute, ohne sie in Zweifel zu ziehen.
Lediglich in einem Urteil des BFH vom 28.01.1976 sind Überlegungen anzutreffen, dass durch die Inanspruchnahme der Erfindung ein „kaufähnlicher Vermögensübergang vollzogen" werde und die dafür gezahlten Vergütungen „nicht für die Tätigkeit ... im Dienst der Gesellschaft gezahlt" werden, sondern „Entgelt für den Übergang eines Vermögenswertes" darstellen. Jedoch war im genannten Fall nicht zu entscheiden, ob diese Vergütungen als Einkünfte aus nichtselbständiger Arbeit zu qualifizieren sind.[177]
In anderen Entscheidungen des BFH wurde die einkommensteuerliche Einordnung von Erfindervergütungen allein anhand des Kriteriums des Vorliegens einer Diensterfindung vorgenommen und bei dessen Bejahung die Vergütung den Einkünften aus nichtselbständiger Arbeit zugerechnet.[178] Problematisiert wurden in den dazu ergangenen Entscheidungen lediglich Einzelfragen des Lohnsteuerabzugs. Die Einkunftsart des § 19 EStG wurde also stillschweigend vorausgesetzt.[179]
Auch in der Literatur wird bei Vergütungen für die Inanspruchnahme von Diensterfindungen deren Klassifizierung als Arbeitslohn (§ 19 EStG) unterstellt,

---

173 Inkrafttreten am 01.10.1957, § 49 ArbNErfG.
174 vom 12.07.1942, RGBl I, 466.
175 vom 20.03.1943, RGBl I, 257.
176 Hueck, BB 1948, 437; Labus, BB 1951, 331; Reimer / Schade / Schippel (1993), Einleitung, S. 68.
177 BFH, BStBl II 1976, 746 – 748.
178 BFH / NV 1995, 102. So wohl auch BFH, BStBl II 1970, 824; im entschiedenen Fall ging es zwar um die Erfindung eines nicht unter das ArbNErfG fallenden Vorstandes, jedoch wurde auch dort die Annahme zugrunde gelegt, dass bei Vergütungen für Erfindungen die „im Rahmen eines Dienstverhältnisses entwickelt" wurden, eine Einordnung als Einkünfte aus selbständiger Arbeit ausscheide und die für deren Zurverfügungstellung gezahlten Vergütungen den Einkünften aus nichtselbständiger Arbeit zuzurechnen seien.
179 So beispielhaft BFH, BStBl II 1983, 300.

indem allenfalls auf Probleme des Lohnsteuerabzugsverfahrens eingegangen wird.[180] Zwar zitiert *Barein* noch das oben erwähnte BFH-Urteil (siehe Fn. 177):

> „Die Vergütung wird nicht für die dienstliche Tätigkeit gezahlt, sondern als Entgelt für die Inanspruchnahme ..."[181]

Er behandelt die Erfindervergütung aber dennoch an selbiger Stelle als Arbeitslohn.[182]

II. Rechtsnatur der Erfindervergütung im Zivilrecht und gewerblichen Rechtsschutz

In der Literatur zum ArbNErfG wird der gesetzliche Anspruch auf Erfindervergütung als Anspruch eigener Art angesehen.[183] Die Erfindervergütung stelle keine arbeitsvertraglich geschuldete Gegenleistung des Arbeitgebers zum Ausgleich der vertraglichen Arbeitsleistung des Arbeitnehmers dar und sei folglich kein Arbeitsentgelt, auch wenn sie ihren Ursprung im Arbeitsverhältnis finde.[184] Der BGH hat in mehreren Entscheidungen betreffs Arbeitnehmererfindervergütungen deren Charakter als Gegenleistung für vom Arbeitnehmer geleistete Dienste verneint. So wurde in einer zu den Verjährungsregelungen §§ 195 - 197 BGB a. F. ergangenen Entscheidung ausgeführt, dass die Vergütung für Diensterfindungen „keine Gegenleistung für die ... Leistung von Diensten im Sinne von § 196 Abs. 1 Nr. 1, 7, 8, 9 BGB" sei, sondern für die dem Arbeitgeber erwachsenden Verwertungsmöglichkeiten erfolge, die nicht durch den Arbeitslohn abgegolten sind. Diese Rechtsbeziehungen seien zwar mit den sich aus dem Arbeitsverhältnis ergebenden Rechten und Pflichten verknüpft, werden aber wesentlich durch die aus dem Arbeitsverhältnis nicht geschuldete Verschaffung einer Monopolstellung, die „einen rechtlichen Vorgang eigener Art" darstelle, und deren wirtschaftliche Folgen geprägt.[185] Ebenso wurde für die Erfindervergütung der Lohnpfändungsschutz (§ 850 Abs. 4 ZPO) versagt, der jede dem

---

[180] HWB StRe / Boeker, Bd. 1, „Erfinder"; Stahl, KÖSDI 1984, 5628, 5631; Blümich / Thürmer, § 19 EStG Rn. 280, ABC des Arbeitslohns, „Arbeitnehmererfindungen"; Schmidt / Drenseck, EStG, § 19 Rn. 50, ABC der Einnahmen, „Erfindervergütung"; HHR / Pflüger, § 19 EStG Anm. 600, ABC der Einkünfte aus nichtselbständiger Arbeit, „Erfindervergütungen", Huttegger (1986), 2.3.2, S. 47; Felix / Stahl (1981), Rn. 304; Mohr (1985), S. 116 ff.; Klein / Flockermann / Kühr / Flockermann, EStG, § 19 Rn. 139.

[181] Littmann / Bitz / Pust / Barein, EStG, § 19 Rn. 173.

[182] Littmann / Bitz / Pust / Barein, EStG, § 19 Rn. 173: „Die Vergütung für eine ArbN-Erfindung ist auch beim Vorstand einer AG Arbeitslohn."

[183] Bartenbach / Volz, ArbNErfG, § 9 Rn. 3; Reimer / Schade / Schippel (1993), § 9 ArbNErfG Rn. 17; a. A. Volmer / Gaul, ArbNErfG, § 9 Rn. 4.

[184] Bartenbach / Volz, ArbNErfG, § 9 Rn. 3.

[185] BGH, GRUR 1981, 263, 265; BGH, DB 1977, 2093. Ferner BAG DB 1979, 2187: betreffend tarifvertragliche Ausschlussfristen für Ansprüche aus einem Arbeitsverhältnis.

Arbeitnehmer aus der Arbeits- oder Dienstleistung zustehende Vergütung erfasst.[186]

B. Tatbestand der Einkünfte aus nichtselbständiger Arbeit, § 19 EStG

Aufgrund der dargestellten, scheinbar auseinanderklaffenden Qualifizierungen der Erfindervergütung im Steuerrecht (s. o., A.I) und auf den Gebieten des gewerblichen Rechtsschutzes bzw. Zivilrechts (s. o., A.II), soll nachfolgend untersucht werden, ob die für Diensterfindungen gezahlten Vergütungen steuerrechtlich tatsächlich – wie derzeit praktiziert – den Einkünften aus nichtselbständiger Arbeit (§ 2 Abs. 1 S. 1 Nr. 4 i.V.m. § 19 EStG) zuzurechnen sind.
Die o. g. Verordnungen (A.I.1) sind für diese Beurteilung ohne Aussagekraft, denn diese sind zum einen seit dem 01.01.1989 nicht mehr anwendbar.[187] Zum anderen könnte aus ihnen ohnehin keine dem EStG widersprechende steuerliche Behandlung der Erfindervergütungen folgen. Auch die oben zitierte BGH-Rechtsprechung (A.II) kann nicht unmittelbar für die einkommensteuerliche Qualifikation herangezogen werden, da den Vorschriften der kurzen Verjährung[188] und des Pfändungsschutzes[189] eine jeweils eigene ratio zu Grunde liegt, die sich von den Wertungsgesichtspunkten unterscheidet, auf denen das Steuerrecht basiert.
Die für Diensterfindungen gezahlten Vergütungen müssen folglich und notwendig die tatbestandlichen Voraussetzungen des § 19 EStG erfüllen, um einkommensteuerrechtlich als Einnahmen aus nichtselbständiger Arbeit behandelt zu werden.

I. Nichtselbständige Arbeit

Als nichtselbständige Arbeit werden nach §§ 1, 2 LStDV Leistungen qualifiziert, die ein Arbeitnehmer im Rahmen eines Dienstverhältnisses für einen Arbeitgeber erbringt.[190]
Im Anwendungsbereich des ArbNErfG (s. o., Kapitel 1 A.II.2) ist ein Dienstverhältnis, bei dem die Arbeitskraft gegenüber dem Arbeitgeber[191] in abhängiger Stellung (§ 1 Abs. 2 LStDV)[192], ohne eigenes unternehmerisches Risiko[193] ge-

[186] BGH, GRUR 1985, 785.
[187] Zuletzt wurden diese verlängert bis zum 31.12.1988 durch Artikel 10 des Steuerbereinigungsgesetzes 1985 vom 14. Dezember 1984, BGBl I, 1984, 1493, 1503.
[188] Abwicklung von typischerweise massenhaft vorkommenden Ansprüchen, BGH, GRUR 1981, 263, 265.
[189] Sicherung der Lebensgrundlage des Arbeitnehmers.
[190] HHR / Pflüger, § 19 EStG Rn. 52.
[191] Derjenige, demgegenüber der Arbeitnehmer weisungsgebunden ist und in dessen betriebliche Organisation der Arbeitnehmer eingegliedert ist. HHR / Pflüger, § 19 EStG Anm. 62.
[192] Blümich / Thürmer, § 19 EStG Rn. 66 – 68; HHR / Pflüger, § 19 EStG Anm. 71 – 73.
[193] Blümich / Thürmer, § 19 EStG Rn. 69 – 72; Schmidt / Drenseck, EStG, § 19 Rn. 11; HHR / Pflüger, § 19 EStG Anm. 74.

schuldet wird, stets gegeben. Auch sind Personen, die in den persönlichen Anwendungsbereich des ArbNErfG[194] fallen, steuerrechtlich als Arbeitnehmer (§ 1 Abs. 1 LStDV) zu qualifizieren.[195] Somit ist bei der aufgrund des Arbeitsvertrages vom Arbeitnehmer geschuldeten Leistung regelmäßig das Merkmal nichtselbständiger Arbeit erfüllt.[196]

Dies lässt jedoch noch keine Aussage darüber zu, ob die für die Erfindung zu zahlende Vergütung ebenso wie das regulär zu zahlende Arbeitsentgelt als Arbeitslohn anzusehen ist, d. h. für die in abhängiger Stellung geschuldete Arbeitskraft erfolgt.

II. Einnahmen aus nichtselbständiger Arbeit

1. Auslegung durch § 2 LStDV

Nach § 2 Abs. 1 S. 1 LStDV sind Arbeitslohn[197] alle Einnahmen, die einem Arbeitnehmer „aus dem Dienstverhältnis" zufließen. Der Wortlaut des § 19 Abs. 1 S. 1 Nr. 1 EStG, wonach die Einnahmen „für eine Beschäftigung" gewährt sein sollen, enthält jedoch eine engere Definition, weshalb an der Rechtsgültigkeit der in der LStDV vorgenommenen Begriffsbestimmung Zweifel geäußert wurden.[198]

2. „Für eine Beschäftigung": Auslegung des § 19 Abs. 1 Nr. 1 EStG

a) Maßgeblichkeit des Veranlassungszusammenhanges, § 4 Abs. 4 EStG analog

Der Streit um die Rechtsgültigkeit des § 2 Abs. 1 S. 1 LStDV kann jedoch seit der Grundsatzentscheidung des BFH vom 17. September 1982[199] dahinstehen. In dieser sind die Voraussetzungen der Charakterisierung einer Zuwendung als

---

[194] Dem ArbNErfG liegt der arbeitsrechtliche Arbeitnehmerbegriff zugrunde (s. o. Abschnitt 1 Kapitel 1 A.II.2.a)), der indizielle Wirkung für den eigenständigen steuerrechtlichen Arbeitnehmerbegriff entfaltet. Schmidt / Drenseck, EStG, § 19 Rn. 4; Blümich / Thürmer, § 19 EStG Rn. 50 f.

[195] Da der steuerrechtliche Arbeitnehmerbegriff weiter reicht [Er umfasst auch Personen, die Arbeitslohn aus einem früheren Dienstverhältnis beziehen (§ 1 Abs. 1 S. 1 LStDV) sowie gesetzliche Vertreter juristischer Personen (BFH in st. Rspr., z.B. BStBl II 1970, 824; II 1968, 435).] als der arbeitsrechtliche, der dem ArbNErfG zugrunde liegt, ist bei Anwendbarkeit des ArbNErfG stets die Arbeitnehmereigenschaft im steuerrechtlichen Sinne gegeben.

[196] So auch Littmann / Bitz / Pust / Barein, EStG, § 19 Rn. 136, ABC der Arbeitnehmerschaft, „Erfinder".

[197] Die Begriffe Arbeitslohn, § 2 Abs. 1 S. 1 LStDV, und Einnahmen *aus* nichtselbständiger Arbeit sind gleichbedeutend; HHR / Pflüger, § 19 EStG Anm. 52.

[198] Offerhaus, BB 1982, 1061, 1063; HHR / Pflüger, § 19 EStG Anm. 101.

[199] BFH, BStBl II 1983, 39.

Arbeitslohn durch „Auslegung gesetzlicher Tatbestandsmerkmale"[200] konkretisiert worden. In Übereinstimmung mit der herrschenden Literaturmeinung[201] soll demnach für die Bestimmung der Einnahmen – wie bei Betriebsausgaben (§ 4 Abs. 4 EStG), Betriebseinnahmen sowie Werbungskosten – das Veranlassungsprinzip (analog § 4 Abs. 4 EStG) maßgeblich sein.

b) Veranlassungszusammenhang bei Einkünften aus nichtselbständiger Arbeit

Eine Veranlassung in diesem Sinne liegt vor, wenn der vom Arbeitnehmer erlangte geldwerte Vorteil nur mit Rücksicht auf das Dienstverhältnis eingeräumt wird[202] und wenn er sich „im weitesten Sinne als Gegenleistung für die Zurverfügungstellung („für die Beschäftigung") der individuellen Arbeitskraft (Dienste) erweist".[203] „Es genügt nicht, daß ... ein sachlicher Zusammenhang mit der beruflichen Tätigkeit besteht."[204]
Im Ergebnis muss sich die Zuwendung somit als Ertrag für die Arbeitskraft, als Frucht der vom Arbeitnehmer erbrachten Dienstleistung[205] erweisen, wobei unerheblich ist, ob sie für Haupt- oder Nebenpflichten[206], für geschuldete oder weitergehende Leistungen[207] gewährt wird. Dies wird auch mit dem im Steuerrecht geltenden Leistungsfähigkeitsprinzip begründet, nach dem durch §§ 2 Abs. 1 Nr. 4, 19 EStG gerade die Erhöhung der wirtschaftlichen Leistungsfähigkeit des Steuerpflichtigen erfasst werden soll, die durch seine (unselbständigen) Dienstleistungen eintritt.[208]
Das Bestehen eines Veranlassungszusammenhanges ist bei Bestehen eines arbeitsrechtlichen Anspruchs auf die Zuwendung indiziert.[209] Jedoch bedarf es zur Bejahung der Veranlassung nicht notwendig eines solchen rechtlichen Zusammenhangs. Abzustellen ist vielmehr auf einen tatsächlichen Zusammenhang zwischen Einnahmen und Dienstverhältnis. Dieser kann auch mittelbarer

---

200 BFH, BStBl II 1985, 641.

201 Offerhaus, BB 1982, 1061, 1063; HHR / Pflüger, § 19 EStG Anm. 101, 150; Schmidt / Drenseck, EStG, § 19 Rn. 25; Blümich / Thürmer, § 19 EStG Rn. 190; Littman / Bitz / Pust / Barein, EStG, § 19 Rn. 139.

202 BFH, BStBl II 1983, 642.

203 BFH, BStBl II 1983, 39, 41; II 1988, 726; II 1990, 472; II 1991, 337; so auch HHR / Pflüger, § 19 EStG Anm. 150, 154; Offerhaus, BB 1982, 1061, 1064; HHR / Pflüger, § 19 EStG Anm. 154; Schmidt / Drenseck, EStG, § 19 Rn. 26; Dietrich, DB 1976, 309.

204 BFH, BStBl II 1991, 337.

205 BFH, BStBl II 1983, 712, 1991, 720; HHR / Pflüger, § 19 EStG Anm. 154; Littmann / Bitz / Pust / Barein, EStG, § 19 Rn. 140.

206 Schmidt / Drenseck, EStG, § 19 Rn. 24.

207 Dietrich, DB 1976, 309; BFH, BStBl II 1985, 641, 644.

208 HHR / Pflüger, § 19 EStG Anm. 154.

209 BFH, BStBl II 1985, 641, 643; Schmidt / Drenseck, EStG, § 19 Rn. 24; Blümich / Thürmer, § 19 EStG Rn. 191: Rechtsanspruch aus dem Arbeitsvertrag.

Art sein, so dass auch die bei Gelegenheit der Dienstleistung erzielten geldwerten Vorteile Arbeitslohn sind.[210]
An einer Veranlassung durch das individuelle Dienstverhältnis fehlt es, wenn die Zuwendung wegen besonderer persönlicher Beziehungen, aufgrund anderer Rechtsbeziehungen als dem Dienstverhältnis oder überwiegendem eigenbetrieblichen Interesse des Arbeitgebers erfolgt.[211]

C. Vergütungen für Diensterfindungen

Nachfolgend soll untersucht werden, ob dieser Veranlassungszusammenhang bei der für die Inanspruchnahme einer Diensterfindung zu zahlenden Vergütungen gegeben ist, ob diese also im weitesten Sinne eine Gegenleistung für vom Arbeitnehmer erbrachte Dienste und damit Arbeitslohn darstellen.
Zwar besteht ein arbeitsrechtlicher Anspruch[212] auf die Erfindervergütung, was für das Bestehen eines Veranlassungszusammenhangs sprechen könnte. Diese Tatsache gilt aber regelmäßig nur als Indiz (s. o., B.II.2.b)). Dieses wäre widerlegt, wenn die nach ArbNErfG zu zahlende Vergütung im konkreten Fall trotz ihres sachlichen Zusammenhangs zum Arbeitsverhältnis eine Gegenleistung für die Überlassung von Rechten an der Erfindung darstellt und nicht für arbeitsvertraglich geschuldete oder darüber hinausgehende Dienste des Arbeitnehmers erfolgt.

I. Vergleich mit der Vergütung für die Überlassung kultureller Schutzrechte

Im Folgenden soll anhand eines Vergleichs mit der steuerrechtlichen Qualifikation der für die Überlassung von Urheberrechten vom Arbeitgeber gezahlten Vergütungen untersucht werden, ob die für die Überlassung von Diensterfindungen gezahlten Vergütungen als Gegenleistung für arbeitsvertraglich geschuldete Dienste in Frage kommen.

1. Übergang von Urheberrechten aufgrund des Wesens des Arbeitsverhältnisses

Der BFH hat sich bisher lediglich in einem Urteil, das die Vergütung für die Übertragung urheberrechtlicher Leistungsschutzrechte auf den Arbeitgeber betraf, eingehend mit der Frage der Veranlassung dieser Vergütung durch die Arbeitsleistung und damit einhergehend mit der Einkunftsart befasst.[213] Nach

[210] Offerhaus, BB 1982, 1061, 1064 m. w. Nachw. in Fn. 36; Blümich / Thürmer, § 19 EStG Rn. 191; Schmidt / Heinicke, EStG, § 4 Rn. 482.
[211] Schmidt / Drenseck, EStG, § 19 Rn. 29 - 32; HHR / Pflüger, § 19 EStG Anm. 102, 150; Blümich / Thürmer, § 19 EStG Rn. 190 - 192.
[212] ArbNErfG ist ein arbeitsrechtliches Schutzgesetz, Bartenbach / Volz, ArbNErfG, Einleitung Rn. 3.
[213] BFH, BStBl II 1995, 471.

diesem Urteil sind die nach den §§ 73 ff. UrhG vom Arbeitgeber zu zahlenden Vergütungen für die Überlassung von Leistungsschutzrechten kein Arbeitslohn, sondern Einkünfte aus selbständiger Arbeit, § 18 EStG, wenn diese Schutzrechte „nicht bereits aufgrund des Arbeitsvertrages auf den Arbeitgeber übergegangen" sind und wenn die Vergütungshöhe in gesonderten Vereinbarungen festgelegt ist.
Im entschiedenen Fall bestand für den Arbeitnehmer eine tarifvertragliche Pflicht zur Überlassung solcher Leistungsschutzrechte, die *nicht* aufgrund des Arbeitsvertrages auf den Arbeitgeber übergegangen sind und für welche eine gesonderte Vergütung gezahlt wurde. Der BFH entschied, dass diese Vergütung nicht „für eine Beschäftigung", sondern zur Abgeltung von „originär in der Person des Künstlers entstandenen Rechten" gezahlt wurde.
Im Ausnahmefall könnten auch Zuwendungen für die Abgeltung von Leistungsschutzrechten als Gegenleistung für das Zurverfügungstellen der Arbeitskraft zu werten sein; ein solcher sei jedoch nur gegeben, „wenn die Leistungsschutzrechte bereits ohne weiteres aufgrund des Wesens des Arbeitsverhältnisses auf den Arbeitgeber übergegangen sind."[214] Dagegen gelte eine Vergütung als für die Übertragung von Leistungsschutzrechten und nicht für die Beschäftigung erbracht, wenn das Arbeitsverhältnis von solcher Art ist, dass die Leistungsschutzrechte beim Arbeitnehmer verbleiben und eine Übertragung gegen gesondert vereinbarte Zahlungen des Arbeitgebers erfolgt.[215]
Für den Übergang der Rechte an einer Erfindung auf den Arbeitgeber durch Inanspruchnahme nach dem ArbNErfG ist somit zu untersuchen, ob und inwieweit dieser Rechtsübergang im „Wesen des Arbeitsverhältnisses" begründet liegt. Insoweit wären nämlich die dafür gezahlten Vergütungen Gegenleistung für das Zurverfügungstellen der Arbeitskraft und damit Arbeitslohn.

2. Unterschiedliche gesetzliche Regelung für gewerbliche und kulturelle Schutzrechte

Dazu soll zunächst dargestellt werden, wie die sich aus Schöpferprinzip bzw. Erfinderprinzip und dem Recht am Arbeitsergebnis ergebenden Differenzen durch das Urheberrechtsgesetz bzw. ArbNErfG unterschiedlich gelöst werden.

a) Rechtsübergang auf den Arbeitgeber nach dem UrhG

Aufgrund des Schöpferprinzips (§ 7 UrhG) entstehen die Urheberrechte an einer kulturellen Leistung in der Person des Arbeitnehmers. Nach § 43 UrhG[216] wird eine Pflicht des Arbeitnehmers angenommen, dem Arbeitgeber soweit

[214] BFH, BStBl II 1995, 471, 472.
[215] BFH, BStBl II 1995, 471, 472.
[216] § 79 UrhG trifft eine dem § 43 UrhG entsprechende Regelung für ausübende Künstler i. S. v. § 73 UrhG; Schricker / Rojahn, UrhG, § 79 Rn. 3.

Nutzungsrechte einzuräumen[217], wie bestimmte Werke in Erfüllung der Dienstleistungsverpflichtung aus dem Arbeitsverhältnis geschaffen werden[218] und der Arbeitgeber diese nur unter Einräumung entsprechender Nutzungsrechte (wesensnotwendige Nutzungsrechte) in der arbeitsvertraglich bestimmten Weise nutzen kann. Die in diesem Umfang eingeräumten Nutzungsrechte beruhen dann auf dem Wesen des Arbeitsverhältnisses (§ 43 Hs. 2 UrhG). Sie sind durch die für die Dienstleistung erfolgte laufende Gehaltszahlung abgegolten. Einkommensteuerrechtlich stellt sich damit die Vergütung für diese (wesensnotwendigen) Nutzungsrechte als Gegenleistung für die vom Arbeitnehmer erbrachte Dienstleistung dar.
Für alle anderen Rechte an dem durch das Erbringen der arbeitsvertraglichen Dienste erstellten Werk[219] besteht gegenüber dem Arbeitgeber vorbehaltlich anderweitiger Regelungen keine Pflicht zur Einräumung von Nutzungsrechten. Der Arbeitnehmer kann dann nach §§ 31 ff. UrhG[220] dem Arbeitgeber gegen gesonderte Vergütung weitergehende Nutzungsrechte am Werk einräumen. Diese gesonderte Vergütung ist somit nicht mehr als Gegenleistung für die erbrachte Dienstleistung, sondern für die Überlassung dieser Leistungsschutzrechte anzusehen.
Im Urheberrecht lässt man folglich dem Arbeitgeber das ihm zustehende Arbeitsergebnis zukommen, indem nur genau die Nutzungsrechte bereits per arbeitsvertraglicher Pflicht vom Arbeitnehmer auf den Arbeitgeber übertragen werden, die dieser benötigt, um die von ihm gegen Arbeitsentgelt „erworbene" Dienstleistung überhaupt nutzen zu können (§ 43 Hs. 2 UrhG, wesensnotwendige Nutzungsrechte).

b) Rechtsübergang auf den Arbeitgeber nach dem ArbNErfG

Bei unbeschränkter Inanspruchnahme einer Diensterfindung erfolgt eine Überleitung ausnahmslos aller an einer Erfindung bestehenden Rechte auf den Arbeitgeber[221], ungeachtet dessen wie hoch der Anteil des Betriebes und der des Arbeitnehmers an der Erfindung ausfallen. Es findet somit für den Übergang der Rechte an der Erfindung keine „Aufteilung" danach statt, ob sie dem Arbeitgeber (wirtschaftlich) als Ergebnis der geschuldeten Dienstleistung (Arbeits-

---

217 Schricker / Rojahn, UrhG, § 7 Rn. 4: ausdrücklich oder stillschweigend durch Arbeitsvertrag.

218 Schricker / Rojahn, UrhG, § 43 Rn. 21, 23, z.B. Texte eines Werbetexters, Artikel eines angestellten Redakteurs oder Fotos eines Fotografen; nach § 79 UrhG: Bühnenangehörige bzgl. der Mitwirkung an einer Inszenierung, dagegen nicht für deren Aufnahme und Übertragung.

219 Z.B. bei Bühnenangehörigen für die Aufnahme und Übertragung einer Inszenierung.

220 Entsprechend §§ 73 ff. UrhG für ausübende Künstler.

221 Die nach dem Erfinderprinzip originär beim Erfinder entstehenden Rechte (§ 6 S. 1 PatG, Art. 60 Abs. 1 S. 1 EPÜ, § 13 Abs. 3 GebrMG) werden durch Inanspruchnahme nach dem ArbNErfG auf den Arbeitgeber übergeleitet, s. o., Abschnitt 1 Kapitel 1 B.I.4.a)aa).

ergebnis) zustehen[222] oder ob dieser Rechtsübergang über das arbeitsvertraglich Geschuldete hinausgeht.

3. Keine Abgeltung durch das laufende Gehalt

a) Übertragene Urheberrechte, die mit dem laufenden Gehalt abgegolten sind

Bei Urheberrechten erfolgt an im Rahmen von Arbeitsverhältnissen entstehenden Werken quasi eine *vertikale, nach Art der Nutzung spezifizierte* Aufteilung der Rechte zwischen Arbeitgeber und Arbeitnehmer nach für die Nutzung der Dienstleistung wesensnotwendigen und nicht wesensnotwendigen Rechten. Die dem Arbeitgeber gem. § 43 Hs. 2 UrhG eingeräumten Nutzungsrechte sind nach dem Wesen des Arbeitsverhältnisses eingeräumt und mit dem laufenden Gehalt abgegolten[223], das die Gegenleistung für die vom Arbeitnehmer geleisteten Dienste (Arbeitslohn) darstellt. Alle anderen, nicht bereits aufgrund des Wesens des Arbeitsvertrages eingeräumten Nutzungsrechte sind hingegen durch den Arbeitgeber gesondert zu vergüten.

b) Keine vollständige Abgeltung der Erfindungsrechte durch das laufende Gehalt

Dagegen erfolgt bei Erfindungen quasi eine *horizontale, wertmäßige* Aufteilung[224] der in ihrer Gesamtheit auf den Arbeitgeber übergehenden Rechte zwischen Arbeitgeber und Arbeitnehmer über den Anteilsfaktor A[225].
Durch das Inanspruchnahmerecht des Arbeitgebers bei Erfindungen soll der Tatsache Rechnung getragen werden, dass das Unternehmen einen Anteil zum Zustandekommen der Diensterfindung beigetragen hat und deren wirtschaftlicher Wert daher sowohl dem Arbeitgeber als auch dem Arbeitnehmer zugute kommen muss.[226]
Dabei ist für den Anteil $(1-A)$ am Erfindungswert E[227] keine gesonderte Erfindervergütung zu zahlen. Dieser wertmäßige Anteil an den übergegangenen Erfindungsrechten beruht auf dem Anteil des Betriebes an der entstandenen Erfindung und der hinter der Erfindung stehenden Dienstpflicht[228] des Arbeit-

---

[222] Nicht als Erfinder, sondern vielmehr aufgrund der wirtschaftlichen Wertung, dass der Arbeitgeber u. U. zumindest für die dahinterstehende Tätigkeit schon bezahlt bzw. die erforderlichen Gerätschaften bereitgestellt hat ... (i. S. v. Auseinanderfallen von Erfinderrecht und Recht am Arbeitsergebnis).

[223] Schricker / Rojahn, UrhG, § 43 Rn. 64.

[224] Gemessen am Erfindungswert.

[225] Zum Anteilsfaktor A sei auf die Ausführungen zu RL Nrn. 30 – 38 im Anhang 1 hingewiesen.

[226] Bartenbach / Volz, ArbNErfG, § 6 Rn. 2.

[227] Der Wert aller auf den Arbeitgeber übergehenden Rechte entspricht dem Erfindungswert E, RL Nr. 3 – 28, siehe Anhang 1.

[228] Je mehr der Arbeitnehmer im Rahmen des Arbeitsverhältnisses zu erfinderischem Tätigwerden verpflichtet ist, desto kleiner fällt der Anteilsfaktor A aus.

nehmers und ist als durch das Gehalt abgegoltenen anzusehen. Dieser durch das laufende Gehalt abgegoltene Anteil $(1 - A)$ ist auch unstreitig Arbeitslohn.[229]
Der Anteil A am Wert der übergegangenen Rechte wird dagegen dem Arbeitgeber nicht schon schlechthin aufgrund der Vergütung durch das laufende Gehalt zugestanden. Für diesen wertmäßigen Anteil an den übergegangenen Rechten schuldet er deshalb zusätzlich zum regulären Arbeitslohn eine Erfindervergütung (i.H.v. $E * A$, siehe Anhang 1). Schon diese Pflicht zur Zahlung einer zusätzlichen Vergütung spricht dafür, dass der Übergang der Erfindungsrechte insoweit nicht im Wesen des Arbeitsverhältnisses begründet liegt.

4. Keine mittelbare Veranlassung wegen gesetzlichen Übergangs

Auch aus der Tatsache, dass die Überlassung der Rechte an Diensterfindungen nicht wie im Urheberrecht durch Vertrag zwischen den Arbeitsvertragsparteien, sondern aufgrund der gesetzlichen Bestimmungen des ArbNErfG erfolgt, kann nicht geschlossen werden, dass der Rechtsübergang und die dafür erfolgende Vergütung schon im Wesen des Arbeitsvertrages angelegt und damit Gegenleistung für Erbringung der Arbeitskraft sind.
Durch dieses gesetzlich vorgeschriebene Verfahren hinsichtlich des Übergangs an Erfindungsrechten wird lediglich, was im Urheberrecht als entbehrlich angesehen wurde[230], die Privatautonomie der Parteien eingeschränkt. Dies erfolgt jedoch nur mit dem Ziel eines angemessenen Interessenausgleichs[231], kann aber nicht den einkommensteuerrechtlichen Charakter der dafür vorgesehenen Vergütung bestimmen.

5. Keine wirksame arbeitsvertragliche Vorausverfügung über Erfindungsrechte

Die wesensnotwendigen Nutzungsrechte an den durch die geschuldete Dienstleistung entstehenden urheberrechtlich geschützten Werken (§§ 43, 79 UrhG) können dem Arbeitgeber wirksam im voraus eingeräumt werden.[232] Dagegen kann über die Rechte an einer Diensterfindung aufgrund des § 22 ArbNErfG arbeitsvertraglich keine wirksame Vorausverfügung getroffen werden.[233] Stattdessen besteht nach dem ArbNErfG die verfahrensrechtliche Notwendigkeit der Inanspruchnahme durch den Arbeitgeber.

---

229 Z.B. ein in der F&E tätiger Arbeitnehmer kann zwar arbeitsvertraglich keine schutzfähige Erfindung schulden, jedoch die dazu hinführende Forschungstätigkeit, für die er auch sein laufende Gehalt bekommt. Bei ihm wird damit der arbeitsvertraglich geschuldete und damit im Wesen des Arbeitsverhältnisses begründete Anteil an der Erfindung (1-A) größer sein als bei einem Arbeitnehmer, der keine Entwicklungstätigkeit schuldet.

230 Schricker / Rojahn, UrhG, § 43 Rn. 6.

231 Bartenbach / Volz, ArbNErfG, § 1 Rn. 3.

232 Schricker / Rojahn, UrhG, § 43 Rn. 42, 44.

233 Bartenbach / Volz, ArbNErfG, § 22 Rn. 26. Eine solche Vorausverfügung kann nur von Personen getroffen werden, die nicht unter den Geltungsbereichs des ArbNErfG fallen.

Auch daraus wird deutlich, dass der Übergang der Rechte an der Erfindung nicht schon aus dem vorliegenden Arbeitsverhältnisses schlechthin erfolgt, denn ein im Wesen des Arbeitsverhältnisses liegender Rechtsübergang müsste auch wirksam arbeitsvertraglich im voraus vereinbart werden können.

6. Keine arbeitsvertragliche Pflicht zur Erstellung schutzfähiger Erfindungen

Auch eine arbeitsvertragliche Verpflichtung zur Erstellung schutzfähiger Erfindungen kann im Unterschied zur Erstellung bestimmter urheberrechtlich geschützter Werke nicht wirksam begründet werden. Während beispielsweise bei ausübenden Künstlern (§ 73 UrhG) die Erbringung einer geschuldeten Dienstleistung zwangsläufig mit der Entstehung urheberrechtlich geschützter Werke einhergeht, kann im gewerblichen Bereich die Pflicht eines Arbeitnehmers allenfalls in Bemühungen um neue technische Lösungen bestehen. Denn selbst die Fähigkeiten und Erfahrungen von in der F&E tätigen Arbeitnehmern verschaffen nicht die Sicherheit, dass deren Arbeitsergebnisse schutzwürdige Erfindungen darstellen können.[234] Folglich kann auch aus diesem Grund eine Pflicht zur Übertragung von Rechten an einer schutzfähigen Erfindung nicht schon im Wesen des Arbeitsvertrages begründet sein.

7. Fazit

Im Ergebnis erfolgt damit der Übergang der Erfindungsrechte auf den Arbeitgeber, soweit dafür eine gesonderte Vergütung $(E*A)$ zu zahlen ist, nicht „aufgrund des Wesens des Arbeitsverhältnisses". Die Erfindervergütung ist somit nicht schon aus diesem Grund als Gegenleistung für die Dienste des Arbeitnehmers zu werten.
Damit ist jedoch noch immer offen, wofür die vom Arbeitgeber zusätzlich zum laufenden Arbeitslohn zu zahlende Erfindervergütung eine Gegenleistung darstellt.

II. Erschließung des Veranlassungszusammenhanges anhand des Vergütungsgedankes des ArbNErfG

Soweit durch den Arbeitgeber für eine Diensterfindung eine Vergütung zusätzlich zum laufenden Gehalt gezahlt wird, muss für deren Veranlassung darauf abgestellt werden, worin die der Erfindervergütung gegenüberstehende Leistung liegt. Dies richtet sich nach dem hinter dem Vergütungsanspruch aus §§ 9 ff. ArbNErfG stehenden Gedanken.

1. Diskutierte rechtpolitische Grundlagen der Erfindervergütung

Als rechtpolitische Grundlage der Erfindervergütung kommen zwei Prinzipien in Frage: das arbeitsrechtlich geprägte sog. Sonderleistungsprinzip, wonach der

[234] Volmer / Gaul, ArbNErfG, § 9 Rn. 9 – 11.

Arbeitgeber das Ergebnis der erfinderischen Tätigkeit des Arbeitsnehmers belohne, und das patentrechtlich gekennzeichnete sog. Monopolprinzip, demzufolge der Erwerb des Rechts auf Erteilung eines Schutzrechtes vergütet wird.[235]

a) Sonderleistungsprinzip

Nach dem Sonderleistungsprinzip wird die Erbringung einer Leistung durch den Arbeitnehmer, die darüber hinausgeht, was der Arbeitgeber billigerweise erwarten kann (Sonderleistung), als Rechtfertigungsgrund für die besondere Vergütungspflicht angesehen.[236] Begründet wird dies mit dem im Arbeitsverhältnis für Leistung und Gegenleistung geltenden Äquivalenzprinzip.[237] Daraus, dass eine arbeitsvertragliche Pflicht zur Entwicklung schutzfähiger Erfindungen nicht bestehen könne, folge, dass jede schutzwürdige Erfindung eine vergütungspflichtige Sonderleistung darstellt.[238]

b) Monopolprinzip

Nach dem Monopolprinzip ist Hintergrund der Vergütung nicht eine überobligatorische Leistung des Arbeitnehmers, sondern die Tatsache, dass der Arbeitgeber auf Grund der technischen Neuerung in die Lage versetzt wird, ein Monopolrecht zu erwerben. Dabei kommt es jedoch nicht auf eine tatsächlich vorhandene Monopolstellung an, sondern auf die dem Arbeitgeber durch die Inanspruchnahme vermittelte Möglichkeit der Schutzrechtserlangung (bei unbeschränkter) bzw. auf die ihm eingeräumten Nutzungsrechte an potentiellen Schutzrechten (bei beschränkter Inanspruchnahme).[239] In Abgrenzung zum arbeitsrechtlich gekennzeichneten Sonderleistungsprinzip stellt das Monopolprinzip somit auf den schutzrechtlichen Gedanken der § 15 Abs. 1 S. 2 und Abs. 2 PatG sowie § 22 Abs. 1 S. 2, Abs. 2 GebrMG ab, wonach die Vergütung für die Übertragung oder Benutzung der geschützten Erfindung erfolgt.

Die Erfindervergütung stellt folglich nach dem Monopolprinzip einen Ausgleich für das aus der Inanspruchnahme der Diensterfindung folgende Aneignungsrecht des Arbeitgebers an den in der Person des Arbeitnehmers entstandenen Erfindungsrechten dar.[240]

---

[235] Volmer, RdA 1956, 212.

[236] So Reimer bei seiner Anhörung als Gutachter im Bundestagsausschuss für gewerblichen Rechtsschutz und Urheberrecht 1956 (zur Darlegung seiner Ausführungen siehe Volmer, RdA 1956, 212 f. sowie Reimer / Schade / Schippel (1993), C. Einführung, S. 75); Volmer / Gaul, ArbNErfG, § 9 Rn. 6 ff.

[237] Volmer / Gaul, ArbNErfG, § 9 Rn. 6.

[238] Volmer / Gaul, ArbNErfG, § 9 Rn. 9 – 11.

[239] Bartenbach / Volz, ArbNErfG, Einleitung vor §§ 9 – 12 Rn. 9, 10 m. w. Nachw.

[240] Reimer / Schade / Schippel (1993), C. Einleitung, S. 70; Bartenbach / Volz, ArbNErfG, Einleitung vor §§ 9 – 12 Rn. 3.

2. Konzept hinter dem ArbNErfG

Die herrschende Ansicht sieht heute im Monopolprinzip den Grund für die nach dem ArbNErfG zu zahlenden Erfindervergütungen.[241]

a) Historische Begründung

Nach der amtlichen Begründung zum Regierungsentwurf sollte das Sonderleistungsprinzip, auf dem die Verordnung über die Erfindungen von Gefolgschaftsmitgliedern[242] beruhte und nach welcher „das Ausmaß der schöpferischen Leistung“[243] belohnt wurde, nicht in das sie ablösende ArbNErfG übernommen werden.[244] Rechtspolitisches Ziel des ArbNErfG sei die im volkswirtschaftlichen Interesse liegende Erfindungsförderung.[245] Angesichts dieses im Allgemeininteresse liegenden Ziels könne es jedoch nicht Aufgabe des einzelnen Arbeitgebers sein, hohe erfinderische Leistungen als solche zu belohnen.[246] Der Bundestagsausschuss hat sich dem angeschlossen und wollte ebenfalls die Vergütung dem Grunde nach auf das Monopolrecht stützen.[247]
Der zentrale Rechtfertigungsgrund für eine besondere Vergütung wurde somit nicht in der Überlassung des Ergebnisses der erfinderischen Arbeit des Arbeitnehmers, sondern in der zwangsmäßigen Überlassung der Rechte an der Erfindung gesehen.[248] Dies folge bereits aus dem Erfinderprinzip[249], wonach die Erfindung als „geistiges Eigentum“ dem Erfinder zusteht. Der durch den erheblichen Anteil des Betriebes an der Erfindung entstehende Konflikt solle durch Überleitung gegen Vergütung gelöst werden. Wäre die Erfindung dagegen Arbeitsergebnis, würde sie originär dem Betrieb zustehen.[250]

---

[241] Bartenbach / Volz, ArbNErfG, Einleitung vor §§ 9 – 12, Rn. 9 m. w. Nachw. in Fn. 3.

[242] Siehe Fn. 174.

[243] § 5 Abs. 1 S. 2 DVO zur Verordnung über die Erfindungen von Gefolgschaftsmitgliedern, siehe Fn. 175.

[244] Amtliche Begründung zum Regierungsentwurf eines Gesetzes über Erfindungen von Arbeitnehmern und Beamten vom 19. August 1955 zum jetzigen § 9 ArbNErfG, BT-Drucks. Nr. 1648.

[245] Volmer, RdA 1956, 212, 214; Reimer / Schade / Schippel (1993), C. Einleitung, S. 69; Volmer / Gaul, ArbNErfG, Einleitung Rn. 8 ff.

[246] Amtliche Begründung zum Regierungsentwurf eines Gesetzes über Erfindungen von Arbeitnehmern und Beamten vom 19. August 1955 zum jetzigen § 9 ArbNErfG, BT-Drucks. Nr. 1648.

[247] Reimer / Schade / Schippel (1993), § 9 ArbNErfG Rn. 5.

[248] Zu den Fundstellen siehe Volmer, RdA 1956, 212 Fn. 3.

[249] § 6 S. 1 PatG, §13 Abs. 3 GebrMG.

[250] Reimer / Schade / Schippel (1993), C. Einleitung, S. 70.

b) Fehlende Äquivalenz zwischen Wert der Arbeitsleistung und Wert der Erfindungsrechte

Gegen das Sonderleistungsprinzip als Grundkonzept für das ArbNErfG wird außerdem angeführt, dass bei einer danach erfolgenden Vergütungsbemessung nur der Wert der zugrunde liegenden Arbeitsleistung maßgebend wäre. Mit der Vollendung der schutzfähigen Erfindung durch den Arbeitnehmer entstehe jedoch ein absolutes Recht, das bei weitem wertvoller sei als die Leistung des Arbeitnehmers selbst, wodurch eben jenes Äquivalenzprinzip verletzt wäre.[251]

3. Monopolprinzip bei Inanspruchnahme von Diensterfindungen

Im Folgenden soll anhand der Vergütungsmodalitäten nachgewiesen werden, dass das Monopolprinzip insbesondere Hintergrund der Vergütung für in Anspruch genommene Diensterfindungen (§§ 9 ff ArbNErfG) ist.

a) Vergütung von Sonderleistungen nach dem betrieblichen Nutzen

Allein die Tatsache, dass sich die Höhe der Erfindervergütung am Erfindungswert E – somit also am Nutzen der Erfindung für den Arbeitgeber – orientiert, sagt noch nichts darüber aus, dass das Sonderleistungsprinzip von vornherein nicht als deren Grundlage in Frage käme.[252] Grundsätzlich ist es für die Qualifikation als Arbeitslohn nicht maßgeblich, nach welchen Beurteilungskriterien dieser bemessen wird – nach Zeitabschnitten oder leistungsabhängig.[253] Auch eine an den betrieblichen Nutzen bzw. wirtschaftlichen Erfolg für den Arbeitgeber anknüpfende Zuwendung spricht somit nicht gegen eine Qualifikation als Arbeitslohn[254], denn auch bei erfolgsbezogener Bezahlung will der Arbeitgeber den Arbeitnehmer für seine Dienste entlohnen, die über das arbeitsvertraglich geschuldete Maß hinausgehen, indem er sie am betrieblichen Erfolg teilhaben lässt.

b) Monopolprinzip bei unbeschränkter Inanspruchnahme

Die Vergütungspflicht entsteht bei *unbeschränkter* Inanspruchnahme gemäß § 9 Abs. 1 ArbNErfG, „sobald der Arbeitgeber die Diensterfindung unbeschränkt in Anspruch genommen hat"[255] und somit die Überleitung der Rechte an der Erfindung erfolgt ist. Alle vor der Inanspruchnahme durch den Arbeitgeber erfolgenden Nutzungen sind folglich vergütungsfrei.[256]

Diese Vergütungsmodalität lässt sich allein durch das Monopolprinzip erklären, denn die Vergütungspflicht ist damit vom Übergehen der Erfindungsrechte

[251] Volmer, RdA 1956, 212, 214.
[252] So aber wohl Volmer, Fn. 251.
[253] HHR / Pflüger, § 19 EStG Anm. 155.
[254] Z.B. umsatzabhängige Erfolgsprämien oder Tantiemen; Littmann / Bitz / Pust / Barein, EStG, § 19 Rn. 97, 172.
[255] Reimer / Schade / Schippel (1993), § 9 ArbNErfG Rn. 3, 6 m. w. Nachw.
[256] Bartenbach / Volz, ArbNErfG, § 9 Rn. 31.

durch Inanspruchnahmeerklärung (§ 7 Abs. 1 ArbNErfG) abhängig. Dagegen müsste nach dem Sonderleistungsprinzip die Vergütungspflicht unabhängig vom Übergang der Erfindungsrechte allein durch die tatsächliche Nutzung der Erfindung eintreten, denn nach dem dahinterstehenden Äquivalenzgedanken würde der für den Arbeitgeber geschaffene wirtschaftliche Wert auch den der Nutzung der Erfindung vor dem Übergehen der Erfindungsrechte umfassen.

c) Monopolprinzip bei beschränkter Inanspruchnahme

Bei beschränkter Inanspruchnahme wird dem Arbeitgeber lediglich ein nicht ausschließliches Recht zur Benutzung der Diensterfindung eingeräumt, § 7 Abs. 2 ArbNErfG. Dieses entspricht einer einfachen Lizenz[257] und verschafft somit keine Monopolstellung i. S. e. gegen jedermann wirkenden Ausschlussrechtes.[258]

Die Entstehung des Vergütungsanspruchs ohne Rücksicht auf eine Schutzrechtsanmeldung durch den Arbeitnehmer[259] spricht auch nicht dagegen, dass die Vergütung für dass eingeräumte Nutzungsrecht erfolgt (Monopolprinzip). Auch ohne Bestehen eines Schutzrechtes können vertraglich im Rahmen einer sog. Know-how-Lizenz Benutzungsrechte gegen Entgelt eingeräumt werden. Das nicht ausschließliche Benutzungsrecht bei beschränkter Inanspruchnahme ist demnach je nach Bestehen oder Nichtbestehen eines Schutzrechtes einer einfachen Patent-[260] bzw. einer Know-how-Lizenz vergleichbar.

Die Regelung der RL Nr. 25 Abs. 3 S. 4 Hs. 2, wonach die Vergütungspflicht entfällt, wenn die Erfindung bekannt und mangels Schutzrecht von jedem nutzbar ist[261], kann man nur durch das lizenzrechtlich geprägte Monopolprinzip erklären. Ein Preis lässt sich nämlich für die Einräumung eines Nutzungsrechtes nur durch Bestehen eines Schutzrechtes oder durch Geheimhaltung erzielen, also nur wenn die Nutzung für Dritte nicht frei zugänglich ist.

Ebenso stellt die Abhängigkeit der Vergütungspflicht von der tatsächlichen Benutzung durch den Arbeitgeber (§ 10 Abs. 1 S. 1 ArbNErfG), der frei darin ist, von seinem Nutzungsrecht Gebrauch zu machen[262], keinen Widerspruch zum Monopolprinzip dar. Denn auch bei der vergleichbaren einfachen Lizenz

---

[257] Reimer / Schade / Schippel (1993), § 7 ArbNErfG Rn. 10; Bartenbach / Volz, ArbNErfG, § 7 Rn. 29.

[258] Schulte, PatG, § 15 Rn. 29, 37.

[259] Es sollte den Arbeitnehmer lediglich davor bewahren, allein im Hinblick auf den Vergütungsanspruch zu einer Schutzrechtsanmeldung gezwungen zu sein. Bartenbach / Volz, ArbNErfG, § 10 Rn. 11; Reimer / Schade / Schippel (1993), § 6 Rn. 4.

[260] Oder auch Gebrauchsmusterlizenz (§§ 15 Abs. 2 PatG; § 22 Abs. 2 GebrMG).

[261] Bartenbach / Volz, ArbNErfG, § 10 Rn. 16 sprechen in diesem Zusammenhang von „tatsächlicher Monopolstellung".

[262] Bartenbach / Volz, ArbNErfG, § 10 Rn. 10; Reimer / Schade / Schippel (1993), § 10 ArbNErfG Rn. 3 a. E.

besteht, selbst wenn die Lizenzgebühren umsatz- oder stückabhängig sind, grundsätzlich keine Ausübungspflicht.[263]
Gegen das Sonderleistungsprinzip spricht auch hier, dass die Benutzung vor der Inanspruchnahmeerklärung nicht vergütungspflichtig ist (zur Begründung, s. o., b)).[264]

4. Fazit zur Einkunftsart bei Erfindervergütung für Diensterfindungen

Die Erfindervergütung bei der beschränkten und bei der unbeschränkten Inanspruchnahme einer Diensterfindung basiert somit auf dem Monopolprinzip. Sie ist damit trotz ihres sachlichen Zusammenhanges zum Arbeitsverhältnis – der zur Qualifikation als Diensterfindung führt – keine Gegenleistung „für die Beschäftigung" des Arbeitnehmers nach § 19 Abs. 1 Nr. 1 EStG. Folglich ist die Erfindervergütung nicht durch die Dienste des Arbeitnehmererfinders, sondern durch die Überlassung der Rechte an der Erfindung bzw. die Einräumung eines Nutzungsrechtes an derselben veranlasst.
Erfindervergütungen für unbeschränkt oder beschränkt in Anspruch genommene Diensterfindungen sind somit nicht durch die nichtselbständige Tätigkeit des Arbeitnehmers veranlasst, stellen also keine Einkünfte nach §§ 2 Abs. 1 S. 1 Nr. 4, 19 EStG dar. Ihre steuerrechtliche Einordnung folgt damit denselben Grundsätzen wie alle anderen durch das Merkmal der Selbständigkeit gekennzeichneten Tätigkeiten, s. u., Abschnitt 2 Kapitel 3 D.II.

D. Vergütung für Verbesserungsvorschläge, § 20 Abs. 1 ArbNErfG

Auch für die nach § 20 Abs. 1 ArbNErfG zu zahlende Vergütungen für qualifizierte Verbesserungsvorschläge stellt sich die Frage des Veranlassungszusammenhanges. Es ist folglich für diese wiederum festzustellen, ob sie eine Gegenleistung für Dienste des Arbeitnehmers darstellen, die über die arbeitsvertraglich geschuldete Leistung hinausgehen, (Sonderleistungsprinzip) oder ob sie den Übergang der Rechte am Verbesserungsvorschlag (Monopolprinzip) entgelten.

I. Literaturansicht zum Grund der Vergütung von Verbesserungsvorschlägen

Die Befürworter des Monopolprinzips sehen dieses auch bei der Vergütung für Verbesserungsvorschläge als tragenden Grund an.[265] Dafür spreche zum einen, dass die Vergütungspflicht nur besteht, wenn die Erfindung dem Arbeitgeber eine faktische Monopolstellung verschafft, also eine Vorzugsstellung, durch welche Dritte von der Nutzung der technischen Neuerung ausgeschlossen

[263] Stumpf / Groß (1998), C.II.1c) Rn. 152. Eine solche kann jedoch insbes. bei Stücklizenzen vertraglich vereinbart werden, BGH, GRUR 1980, 38, 40.
[264] Bartenbach / Volz, ArbNErfG, § 10 Rn. 9; Reimer / Schade / Schippel (1993), § 10 ArbNErfG Rn. 3.

sind.[266] Zum anderen verweise § 20 Abs. 1 S. 2 ArbNErfG auf die §§ 9 und 12 ArbNErfG, die nach h. M. auf dem Monopolprinzip beruhen, sowie RL Nr. 29, wonach der Erfindungswert in die Vergütungsbemessung eingeht, der ebenfalls das Monopolprinzip verkörpert.

II. Keine Vergütung eines derivativen Rechtserwerbs

Nach dem Monopolprinzip müsste sich die vom Arbeitgeber zu zahlende Vergütung als Gegenleistung für den Erwerb eines in der Person des Arbeitnehmers entstandenen Rechts erweisen. Ein solcher Rechtserwerb des Arbeitgebers käme jedoch nur in Frage, wenn es aufgrund des Erfinderprinzips o. a. Grundsätze zu einem Auseinanderfallen von Recht an der technischen Neuerung und Recht am Arbeitsergebnis kommt.

1. Anwendbarkeit des Erfinderprinzips auf Verbesserungsvorschläge

Nach dem Erfinderprinzip steht das Recht an der Erfindung dem Erfinder zu. Der patentrechtliche Begriff der Erfindung[267] setzt dabei ihre Schutzfähigkeit nicht voraus.

I. S. d. ArbNErfG liegt eine Erfindung dagegen nur dann vor, wenn diese auch schutzfähig ist (§ 2 ArbNErfG). Die Komplementärmenge aller nicht schutzfähigen technischen Neuerungen wird vom ArbNErfG unter dem Begriff der Verbesserungsvorschläge (§ 3 ArbNErfG) zusammengefasst.[268] Eine nach dem ArbNErfG „nur" als Verbesserungsvorschlag bezeichnete technische Neuerung kann folglich eine Erfindung im patentrechtlichen Sinne darstellen, so dass die Anwendbarkeit des Erfinderprinzips auf Verbesserungsvorschläge zunächst in Betracht kommt.

Das allgemeine Erfinderrecht besteht aus dem in dem in § 6 S. 1 PatG bzw. § 13 Abs. 3 GebrMG normierten, übertragbaren „Recht auf das Patent"[269] und dem nicht übertragbaren Erfinderpersönlichkeitsrecht.[270] Letzteres entsteht unabhängig von der Schutzfähigkeit einer Erfindung[271], und besteht somit auch in Bezug auf qualifizierte Verbesserungsvorschläge. Da es aber kein vermögenswertes Recht darstellt und ohnehin nicht übertragbar ist, kann es im Folgenden außer Betracht gelassen werden.

---

265 Reimer / Schade / Schippel (1993), § 9 ArbNErfG Rn. 10; Bartenbach / Volz, ArbNErfG, § 20 Rn. 1.

266 § 20 Abs. 1 ArbNErfG: „... die dem Arbeitgeber eine ähnliche Vorzugsstellung gewähren wie ein gewerbliches Schutzrecht".

267 S.o., Einleitung B.I.1: Lehre zum technischen Handeln zur Lösung eines technischen Problems.

268 S. o., Abschnitt 1 Kapitel 1 A.II.1.b).

269 Bzw. über § 13 Abs. 3 GebrMG das Recht auf das Gebrauchsmuster.

270 Schulte, PatG, § 6 Rn. 7; Benkard / Bruchhausen, § 6 PatG Rn. 13.

271 Wenn auch mit unterschiedlicher Reichweite, Bartenbach / Volz, ArbNErfG, § 3 Rn. 25.

Die vermögensrechtliche Komponente des Erfinderprinzips – nämlich das Recht auf das Patent bzw. Gebrauchsmuster – setzen jedoch zumindest potentielle Schutzfähigkeit der Erfindung voraus. Dies folgt zum einen schon daraus, dass es ein Recht auf ein Schutzrecht bei mangelnder Schutzfähigkeit nicht geben kann, zum anderen aus der Tatsache, dass dieses Recht an der Erfindung erlischt, wenn diese veröffentlicht[272] wird und damit nicht mehr schutzfähig ist.[273]

Folglich entsteht für Verbesserungsvorschläge, die schon per Definition nicht schutzfähig sind, kein vermögenswertes Erfinderrecht (Recht auf ein Patent oder Gebrauchsmuster) in der Person des Arbeitnehmers. Das Erfinderprinzip kann folglich nicht die originäre Zuordnung der vermögenswerten Rechte an einem Verbesserungsvorschlag zum Arbeitnehmer bewirken.

2. Zuordnung des Rechts an technischen Verbesserungsvorschlägen

Es enthalten aber weder das ArbNErfG noch ein anderes Gesetz des Arbeitsrechts oder gewerblichen Rechtsschutzes eine normative Regelung über die originäre rechtliche Zuordnung des Verbesserungsvorschlages.[274] Soweit eine arbeitsvertragliche Verpflichtung des Arbeitnehmers zur Bemühung um technische Neuerungen besteht, sind diese tätigkeitsbezogenen Arbeitsergebnisse aufgrund des Austauschgedankens[275] unmittelbar dem Arbeitgeber zuzuordnen.[276] Für Verbesserungsvorschläge, die nur bei Gelegenheit der arbeitsvertraglichen Aufgabenerfüllung entstehen, ist nach h. M. von einer gewohnheitsrechtlich anerkannten Zuordnung zum Arbeitgeber auszugehen.[277] Nach anderer Ansicht erfolgt dagegen eine Differenzierung nach freien und gebundenen Verbesserungsvorschlägen, wobei erstere dem Arbeitnehmer zuzuordnen seien.[278] Eine solche Differenzierung ist aber schon deshalb nicht möglich, da dem Verbesserungsvorschlag begriffsnotwendig das Merkmal der Unternehmensbezogenheit innewohnt (s. o., Kapitel 1 A.II.1.b)) und somit ein freier – d. h. ein nicht einmal auf betrieblichen Erfahrungen beruhender – Verbesse-

[272] Fortfall des Erfordernisses „neu“, § 1 Abs. 1 PatG.

[273] Benkard / Bruchhausen, § 6 PatG Rn. 22.

[274] Volmer / Gaul, ArbNErfG, § 3 Rn. 49.

[275] Dienstleistung gegen Entgelt.

[276] Volmer / Gaul, ArbNErfG, § 3 Rn. 50; Bartenbach / Volz, ArbNErfG, § 3 Rn. 27; Schaub (2000), § 115 Rn. 41.

[277] Bartenbach / Volz, ArbNErfG, § 3 Rn. 27; Volmer / Gaul, ArbNErfG, § 3 Rn. 55, § 20 Rn. 163; Reimer / Schade / Schippel (1993), § 3 ArbNErfG Rn. 8; Schaub (2000), § 115 Rn. 42.

[278] Volmer, BB 1960, 1332, 1334; Röpke, DB 1962, 369, 370; Westhoff, RdA 1976, 353, 357; Halbach, AuR 1960, 371, 372; Gaul, BB 1983, 1357, 1361, der zwar besagte Differenzierung nicht vornimmt, jedoch bei fehlender Unternehmensbezogenheit eine Zuordnung zum Arbeitnehmer vornimmt.

rungsvorschlag, der dem Arbeitnehmer zugeordnet werden könnte, nicht denkbar ist.[279]
Der Verbesserungsvorschlag gebührt somit dem Arbeitgeber unmittelbar als Arbeitsergebnis.

3. Fazit

Aufgrund dieser originären Entstehung der Rechte am Verbesserungsvorschlag beim Arbeitgeber bedarf es somit keiner Rechtsübertragung auf den Arbeitgeber.[280] Bei Verbesserungsvorschlägen findet demnach kein derivativer Rechtserwerb des Arbeitgebers statt. Der Grund der Vergütung lässt sich folglich bei Verbesserungsvorschlägen nicht mit dem Monopolprinzip erklären. Die vom Arbeitgeber nach § 20 Abs. 1 ArbNErfG zu zahlende Vergütung kann damit nicht eine Gegenleistung für den Erwerb von Rechten sein.

III. Fazit zur Einkunftsart bei Vergütung von Verbesserungsvorschlägen

Der Grund der Vergütung für einen qualifizierten Verbesserungsvorschlag ist folglich in einer besonderen Leistung des Arbeitnehmers zu sehen, die über das arbeitsvertraglich geschuldete Maß hinausgeht. Das Monopolprinzip schlägt sich lediglich in der Bemessung der Vergütungshöhe nieder (§ 20 Abs. 1 S. 2 ArbNErfG, RL Nr. 29), indem sich die Vergütung nach dem für den Arbeitgeber aus dem Verbesserungsvorschlag entstehenden wirtschaftlichen Vorteil bemisst. Die Vergütung für Verbesserungsvorschläge ist also entsprechend dem Sonderleistungsprinzip Gegenleistung für die Dienste des Arbeitnehmers. Die vom Arbeitgeber gezahlte Vergütung für qualifizierte Verbesserungsvorschläge stellt somit eine den Einkünften aus nichtselbständiger Arbeit, § 2 Abs. 1 S. 1 Nr. 4, § 19 EStG, zuzuordnende Einnahme dar.

E. Ertragsbeteiligung im öffentlichen Dienst, § 40 Nr. 1 ArbNErfG

I. Erfindungsverwertung gegenüber Dritten auf Rechnung des Arbeitnehmers

Die sich aus § 40 Nr. 1 ArbNErfG (i.V.m. § 41) ArbNErfG ergebende Möglichkeit der Ertragsbeteiligung (s. o., Kapitel 1 B.I.4.d)) stellt eine Alternative zur Inanspruchnahme der Diensterfindung durch den Arbeitgeber dar, wenn diesbezüglich eine vorherige vertragliche Vereinbarung[281] getroffen

---

279 Bartenbach / Volz, ArbNErfG, § 3 Rn. 15; Reimer / Schade / Schippel (1993), § 3 ArbNErfG Rn. 8.

280 Reimer / Schade / Schippel (1993), § 3 ArbNErfG Rn. 6; Bartenbach / Volz, ArbNErfG, § 3 Rn. 26.

281 Diese muss zwischen Arbeitgeber und Arbeitnehmer getroffen worden sein Volmer / Gaul, ArbNErfG, § 40 Rn. 45; Reimer / Schade / Schippel (1993), § 40 ArbNErfG Rn. 12.

wurde. Wird dieses Wahlrecht vom Arbeitgeber zugunsten der Ertragsbeteiligung ausgeübt, demnach die Diensterfindung also vom Arbeitgeber nicht in Anspruch genommen (§ 7 Abs. 1, 2 ArbNErfG), verbleiben entsprechend dem Erfinderprinzip alle Rechte an der Erfindung beim Arbeitnehmer, der die Verwertung der Erfindung für eigene Rechnung vornehmen kann. Die steuerrechtliche Einordnung dieser Verwertungstätigkeit folgt den Darstellungen in den folgenden Kapiteln.

II. Steuerrechtliche Einordnung der Ertragsbeteiligung des Dienstherren

Fraglich bleibt insoweit nur, wie die an den Dienstherren zu zahlende Ertragsbeteiligung steuerlich zu werten ist.

1. Keine Mitunternehmerstellung bei der Erfindungsverwertung

Eine Mitunternehmerstellung des Dienstherren scheidet aus, denn es fehlt sowohl am Erfordernis der Mitunternehmerinitiative, da aufgrund des Freiwerdens der Erfindung (§ 8 Abs. 1 Nr. 1 ArbNErfG) kein Mitwirkungsrecht bei der Erfindungsverwertung besteht[282], als auch des Mitunternehmerrisikos, da eine Beteiligung des Dienstherren an einem dem Arbeitnehmer durch dessen Verwertung eventuell entstehenden Misserfolg nach § 40 Nr. 1 ArbNErfG nicht in Frage kommt.

2. Berücksichtigung als Werbungskosten bzw. Betriebsausgaben

Somit kommt für die zu zahlende Ertragsbeteiligung des Dienstherren nur eine Berücksichtigung als Werbungskosten, § 9 EStG,[283] oder Betriebsausgaben, § 4 Abs. 4 EStG,[284] beim Arbeitnehmer in Betracht. Für beide gilt das Erfordernis des Veranlassungszusammenhanges (§ 4 Abs. 4 EStG (analog))[285], d. h., es muss ein tatsächlicher oder wirtschaftlicher Zusammenhang der Aufwendung zum Betrieb bzw. zur Erzielung der steuerpflichtigen Einnahmen bestehen.[286] Ein derartiger Zusammenhang ist im Fall der Ertragsbeteiligung des Dienstherren gegeben, denn diese ist hier unmittelbar an den Verwertungserfolg gekoppelt.

Dahingehende kollektivrechtliche Vereinbarungen werden dagegen von Bartenbach / Volz, ArbNErfG, § 40 Rn. 20 als ausreichend erachtet.

[282] Erforderlich sind mindestens Mitwirkungsrechte, die denen eines Kommanditisten entsprechen (§§ 164, 166 HGB). Hier trifft den Arbeitnehmer aber nur eine Auskunfts- und Rechnungslegungspflicht gegenüber dem Arbeitgeber zur Feststellung der Höhe dessen Ertragsbeteiligung. Bartenbach / Volz, ArbNErfG, § 40 Rn. 29; Reimer / Schade / Schippel (1993), § 40 ArbNErfG Rn. 18.

[283] Falls die Erfindungsverwertung einer Überschusseinkunftsart, § 2 Abs. 2 Nr. 2 EStG, zuzuordnen ist.

[284] Falls die Erfindungsverwertung im Rahmen einer Gewinneinkunftsart, § 2 Abs. 2 Nr. 1 EStG, betrieben wird.

[285] Schmidt / Drenseck, EStG, § 9 Rn. 7, 20.

[286] Schmidt / Drenseck, EStG, § 4 Rn. 28; § 9 Rn. 7.

F. Vergütungen für freie Erfindungen

I. Begründung eines eigenständigen Rechtsverhältnisses

Der Arbeitnehmer hat dem Arbeitgeber bei Vorliegen einer freien Erfindung (§§ 4 Abs. 3, 19 Abs. 1 ArbNErfG) mindestens ein nicht ausschließliches Recht zur Benutzung der Erfindung anzubieten. Mit Annahme dieses Angebotes durch den Arbeitgeber kommt ein selbständig neben dem Arbeitsverhältnis stehender Lizenzvertrag zustande, der Rechtsgrundlage für die vom Arbeitgeber zu zahlenden Vergütungen ist (s. o., Kapitel 1 B.II.3).[287]

Über die Regelung des § 19 ArbNErfG hinaus steht es dem Arbeitnehmer frei, weitergehend Rechte an seiner freien Erfindung durch Vertrag auf den Arbeitgeber überzuleiten (s. o., Kapitel 1 B.IV).

II. Einkunftsart bei Vergütungen für freie Erfindungen

Diese vom Arbeitgeber an den Arbeitnehmer auf der Grundlage von eigenständigen, neben dem Arbeitsvertrag bestehenden Verträgen gezahlten Vergütungen erfolgen für die Einräumung von Nutzungsrechten bzw. für die Übertragung von Erfindungsrechten. Eine Veranlassung durch eine nichtselbständige Arbeitsleistung liegt somit nicht vor. Folglich scheidet eine Qualifikation der daraus resultierenden Einnahmen als Arbeitslohn (§ 2 Abs. 1 S. 1 Nr. 4, § 19 EStG) aus. Zur steuerrechtlichen Behandlung dieser Vergütungen des Erfinders wird auf die folgenden Kapiteln verwiesen.

[287] Bartenbach / Volz, ArbNErfG, § 19 Rn. 72.

Abschnitt 2 Abgrenzung der Vermögenssphären

In diesem Abschnitt soll dargestellt werden, wann eine erfinderische Tätigkeit dem steuerbaren Bereich, der Erwerbssphäre, und wann der Privatsphäre des Steuerpflichtigen zuzurechnen ist. Liegt eine Tätigkeit im steuerbaren Bereich, so muss aufgrund des Dualismus der Einkunftsarten festgestellt werden, ob sie den Gewinn- oder den Überschusseinkunftsarten zuzurechnen ist. Zunächst soll dazu im folgenden Kapitel darauf eingegangen werden, welche Tatbestandsmerkmale für die Einordnung in den steuerbaren Bereich und in den Bereich der Gewinn- respektive Überschusseinkunftsarten vorausgesetzt werden.

Kapitel 3 Grundzüge der Besteuerung von Erfindungen

A. Abgrenzung von Privat- und Erwerbssphäre

I. Voraussetzungen der Steuerbarkeit

Die Abgrenzung der Erwerbssphäre zur Privatsphäre des Steuerpflichtigen erfolgt durch § 2 Abs. 1 S. 1 EStG. Danach werden nicht schlechthin alle Vermögensmehrungen der Einkommensteuer unterworfen, sondern nur solche, die unter eine der sieben dort aufgezählten Einkunftsarten fallen.[288] Das allen Einkunftsarten immanente Merkmal des „Erzielens" fordert dabei einen Kausalzusammenhang zwischen der entgeltlichen Verwertung von Leistungen am Markt und den Einkünften.[289] Objektiv setzt dies die „Beteiligung am allgemeinen wirtschaftlichen Verkehr" voraus, subjektiv Einkünfteerzielungsabsicht.[290] Diese beiden in § 15 Abs. 2 S. 1 EStG ausdrücklich genannten Tatbestandsmerkmale werden somit als für alle sieben Einkunftsarten geltend angesehen.[291]

II. Folgen des Tätigwerdens im nicht steuerbaren Bereich

Bei Fehlen der Einkünfteerzielungsabsicht oder der Beteiligung am allgemeinen wirtschaftlichen Verkehr fallen die wirtschaftlichen Ergebnisse dieser der Privatsphäre zuzuordnenden Tätigkeit selbst dann nicht unter eine Einkunftsart, wenn sich diese der Art nach unter § 2 Abs. 1 Nrn. 1 - 7 EStG einordnen ließe. In der Folge bleiben sowohl positive als auch negative Ergebnisse dieser Betätigung bei der Ermittlung der Einkünfte unberücksichtigt, d. h., außerhalb der

---

[288] HHR / Raupach / Schencking, § 2 Anm. 79; Kirchhof, EStG, § 2 Rn. 33, 47.

[289] Tipke / Lang (2002), § 9 Rn. 122; Lang (1981/88), S. 229, 232; HHR / Raupach / Schencking, EStG, § 2 Anm. 72.

[290] Lang (1981/88), S. 49, BFH, BStBl II 1996, 232, 239; Tipke / Lang (2002), § 9 Rn. 52, 123, 124; HHR / Raupach / Schencking, EStG, § 2 Anm. 79.

[291] Tipke / Lang (2002), § 9 Rn. 123, 124.

gesetzlichen Einkunftsarten anfallende Verluste wirken sich nicht einkommensmindernd, Gewinne nicht einkommenserhöhend aus.[292]

B. Dualismus der Einkunftsarten

I. Überschuss- und Gewinneinkunftsarten

Der nach § 2 Abs. 1 S. 1 EStG steuerbare Bereich wird wiederum in Gewinneinkunftsarten (§ 2 Abs. 2 Nr. 1 EStG) auf der einen Seite und Überschusseinkunftsarten (§ 2 Abs. 2 Nr. 2 EStG) auf der anderen Seite unterteilt. Der Dualismus der Einkunftsarten, nämlich der systematische Unterschied zwischen den Gewinn- und Überschusseinkünften, hat dabei einen wesentlichen steuerlichen Belastungsunterschied zur Folge.[293]

1. Reinvermögenszugangstheorie als Basis der Gewinnermittlung

Der bei den Einkünften aus Land- und Forstwirtschaft, Gewerbebetrieb sowie selbständiger Arbeit zu ermittelnde Gewinn beruht auf der Reinvermögenszugangstheorie. Nach dieser sollten in ihrer ursprünglichen Form alle Reinerträge während einer gegebenen Periode einschließlich unrealisierter Wertsteigerungen, aller Nutzungswerte und geldwerter Leistungen Dritter zum Einkommen zählen.[294]

Diese Reinvermögenszugangstheorie hat in das EStG jedenfalls insoweit Eingang gefunden, als der Gewinn das Gesamtergebnis der unternehmerischen Tätigkeit einschließlich der Gewinne und Verluste aus der Veräußerung von Wirtschaftsgütern des Betriebsvermögens erfasst.[295]

2. Quellentheorie als Basis der Überschussermittlung

Demgegenüber basiert die Ermittlung des Überschusses für die übrigen Einkunftsarten auf dem Konzept der Quellentheorie. Nach dieser wird als Einkommen das angesehen, was ständig aus einer Einkommensquelle (Erwerbsgrundlage) fließt. Dagegen sollen Vermögensveränderungen, die nicht auf der bestimmungsgemäßen Nutzung der Quelle zur Ertragserzielung, sondern auf Veränderungen des Zustandes der Quelle basieren, nicht zum Einkommen gehören. Somit soll dem Einkommen nach der Quellentheorie in ihrer ursprünglichen Form nur die aus der Erwerbsgrundlage laufend anfallenden Einkünfte (Früchte) zugerechnet werden, während Wertveränderungen der Einkommens-

[292] BFH GrS, BStBl II 1984, 751; HHR / Raupach / Schencking, § 2 Anm. 428; Schmidt / Seeger, EStG, § 2 Rn. 14, 15; Littmann / Bitz / Pust / Mitterpleininger, EStG, § 13 Rn. 280.

[293] Schmidt / Seeger, EStG, § 2 Rn. 3; Tipke / Lang (2002), § 9 Rn. 181.

[294] Tipke / Lang (2002), § 9 Rn. 50.

[295] Tipke / Lang (2002), § 9 Rn. 181.

quelle (Vermögensstamm) einschließlich der Wertrealisation durch Veräußerung unberücksichtigt bleiben.[296]
Jedoch auch diese quellentheoretischen Grundsätze werden im Rahmen der heute im EStG existierenden Überschusseinkunftsarten durchbrochen, indem durch die Besteuerung privater Veräußerungsgeschäfte (§§ 22 Nr. 2, 23 EStG) und der Veräußerung von Beteiligungen an Kapitalgesellschaften (§ 17 EStG) auch Wertveränderungen des Vermögensstammes einkommensteuerlich erfasst werden.

II. Die Gewinneinkunftsarten kennzeichnende Tatbestandsmerkmale

Unter eine der drei Gewinneinkunftsarten fallen selbständige nachhaltige Betätigungen, die mit der Absicht, Gewinn zu erzielen, unternommen werden und sich als Beteiligung am allgemeinen wirtschaftlichen Verkehr darstellen (§ 15 Abs. 2 S. 1 EStG). Da die Merkmale der Gewinnerzielungsabsicht und der Beteiligung am allgemeinen wirtschaftlichen Verkehr dazu dienen, den nicht steuerbaren Bereich zu präkludieren (s. o., A.I), kommen zur Abgrenzung gegen die Überschusseinkunftsarten nur noch die Merkmale der Selbständigkeit und Nachhaltigkeit in Betracht.
Das Merkmal der Selbständigkeit kann dabei jedoch lediglich das Vorliegen der Einkunftsart nichtselbständiger Arbeit (§ 19 EStG), die als einzige Tätigkeit im Rahmen der Überschusseinkunftsarten durch „Nichtselbständigkeit" gekennzeichnet ist, ausschließen.
Das Abstellen auf die Nachhaltigkeit einer Tätigkeit vermag jedoch letztendlich auch keine scharfe Trennlinie zwischen den Gewinneinkünften einerseits und der privaten Vermögensverwaltung andererseits zu ziehen, denn auch letztere ist durch Nachhaltigkeit gekennzeichnet. Zur Abgrenzung der im Rahmen privater Vermögensverwaltung (Überschusseinkunftsarten) anfallenden Einkünfte aus Vermietung und Verpachtung, aus Kapitalvermögen und aus privaten Veräußerungsgeschäften gegen die Gewinneinkunftsarten wird dann entsprechend der hinter den Überschusseinkünften stehenden Quellentheorie darauf abgestellt, ob die Fruchtziehung aus zu erhaltender Substanz (Quelle) im Vordergrund steht. Umgekehrt lässt jedoch fehlende Nachhaltigkeit einer Tätigkeit den Schluss zu, dass jedenfalls keine Tätigkeit im Bereich der Gewinneinkunftsarten vorliegt.

C. Einordnung der Erfindertätigkeit

I. Phasen erfinderischer Tätigkeit

1. Charakteristika der Tätigkeitsphasen

Wie bereits einleitend geschildert wurde, weist die erfinderische Tätigkeit u. a.

[296] Tipke / Lang (2002), § 9 Rn. 50.

die Eigenart auf, dass die von ihr generierten Einnahmen nicht bereits parallel oder unmittelbar anschließend an die Tätigkeit anfallen.
Die Tätigkeit eines Erfinders lässt sich in eine Entwicklungs- und eine Verwertungsphase unterteilen. Die meist langjährige Entwicklungsphase ist in der Regel durch das Fehlen von Einnahmen und jeglicher Planungssicherheit gekennzeichnet. Eine Ausnahme hinsichtlich des erstgenannten Punktes bildet nur die Erfindungsentwicklung innerhalb eines bereits bestehenden Betriebes. In der Verwertungsphase setzt die Einnahmenerzielung durch die oben (Einleitung B. II. 2) beschriebenen möglichen Verwertungsmodalitäten ein.

2. Keine sichere ex ante Einkünftequalifizierung

Aufgrund der Zufallsabhängigkeit des Ergebnisses der Tätigkeit eines Erfinders und des zeitlichen Auseinanderfallens der erfinderischen Tätigkeit und der Verwertung der Leistung am Markt lässt sich zu Beginn der erfinderischen Tätigkeit eine sichere steuerliche Einordnung kaum treffen. Zur Vielschichtigkeit der Problematik der Einordnung der Erfindertätigkeit in das Einkünftesystem führte der BFH aus:

> „Die erfinderische Tätigkeit [...] ist an sich, was ihre Einordnung in die Einkunftsarten des EStG anbelangt, farblos. Eine steuerliche Bedeutung erhält sie erst, wenn sie auf die Erzielung von Einkünften gerichtet ist. Das kann bereits in der Entwicklungsphase einer Erfindung der Fall sein, wenn sie nämlich innerhalb oder im Dienste einer bereits bestehenden, Einkünfte hervorbringenden Tätigkeit (selbständige Arbeit, gewerbliche Tätigkeit, land- und forstwirtschaftliche Tätigkeit) ausgeübt wird oder wenn sie selbst den Beginn einer solchen Tätigkeit darstellt, wenn also bereits eine Zielrichtung auf die Art der Einkünfte, die mit ihr bezogen werden sollen, vorhanden ist. Die einkommensteuerrechtliche Einordnung der erfinderischen Tätigkeit kann aber auch erst mit dem Beginn ihrer Verwertung eintreten. So kann sogar eine [...] aus Liebhaberei gemachte Erfindung steuerbare Einkünfte hervorbringen, wenn sie etwa in einen Gewerbebetrieb eingebracht und dort verwertet oder durch die Vergabe von Lizenzen genutzt wird [...].“[297]

Dabei fügt sich eine innerhalb einer betrieblichen Tätigkeit betriebenen Erfindungsentwicklung i. d. R. in den bestehenden betrieblichen Rahmen ein, d. h., durch das bestehende Gefüge ist die Richtung der angestrebten Einkünfteerzielung meist vorbestimmt. Dagegen kann sich ohne diesen durch einen bereits bestehenden Betrieb vorgegebenen (Einkünfte-) Rahmen die einkommensteuerrechtliche Zuordnung im Zeitablauf ändern.

---

[297] BFH, BStBl II 1970, 317, 318.

II. Phasenabhängige einkommensteuerrechtliche Einordnung

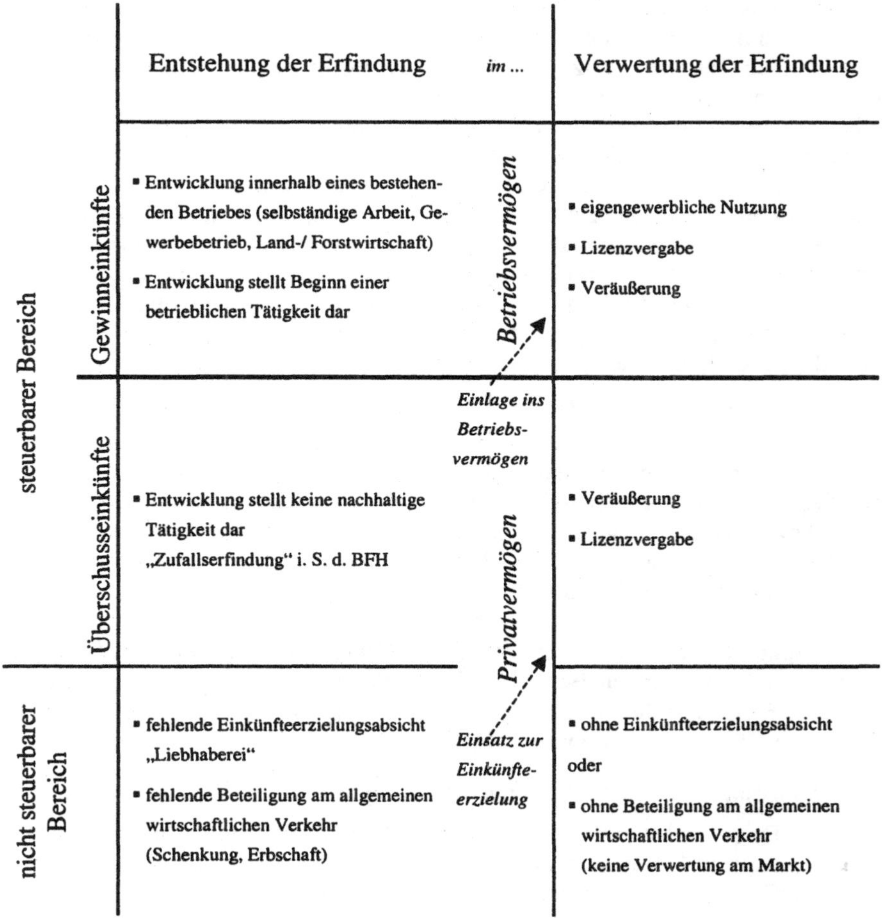

1. Kritische Merkmale in der Entwicklungsphase

Grundsätzlich kann die erfinderische Tätigkeit selbst den Beginn einer auf die Erzielung betrieblicher Einkünfte gerichteten Tätigkeit darstellen. Aufgrund der in der oft langwierigen Entwicklungsphase fehlenden Einnahmen kann sich jedoch nach einer anhaltenden Verlustphase die Frage nach dem Vorhandensein der Einkünfteerzielungsabsicht des Erfinders stellen (Kapitel 4). Die Antwort auf diese Frage entscheidet, wie bereits unter A.I dargestellt, darüber, ob die Tätigkeit des Erfinders dem steuerbaren Bereich zuzuordnen ist oder ob diese als steuerrechtliche „Liebhaberei" in den nicht steuerbaren Bereich fällt.

Bei den sog. „Zufallserfindungen" stellt sich in der Phase der Entstehung der Erfindung die Frage, ob die Entwicklungsarbeit eine nicht nachhaltige, d. h. eine nur gelegentliche Tätigkeit darstellt. In der Folge würde dann bei einer nicht nachhaltigen Tätigkeit nämlich eine Einordnung in den Bereich der Gewinneinkunftsarten ausscheiden.

Die sich am Ende der Entwicklungsphase ergebende Beurteilung hinsichtlich der Einordnung in den nicht steuerbaren Bereich bzw. innerhalb des steuerbaren Bereiches in den Bereich der Überschuss- oder der Gewinneinkunftsarten gibt den Ausschlag dafür, ob die entstehende Erfindung, die künftig als Einkunftsquelle dient, steuerverstrickt ist. Bei einer sich im Bereich der Gewinneinkunftsarten bewegenden Entwicklungstätigkeit, d. h. bei Nichtvorliegen einer Zufallserfindung oder einer im Rahmen einer Liebhabereitätigkeit entwickelten Erfindung, ist die daraus hervorgehende Erfindung Betriebsvermögen mit der Folge, dass die generierten stillen Reserven der Besteuerung unterliegen.

2. Übergang zur Verwertungsphase

Mit dem Beginn der Verwertung einer Erfindung kann die einkommensteuerrechtliche Einordnung wechseln. Zum einen kann eine im Privatvermögen entstandene Erfindung (Liebhaberei- oder Zufallserfindung) fortan innerhalb eines Betriebes, z. B. durch Einsatz in einem Produktionsprozess, verwertet werden. Infolge einer solchen Einlage ins Betriebsvermögen generiert sie dann in der Verwertungsphase Gewinneinkünfte.

Zum anderen können die im Privatvermögen entstandenen Erfindungen aber auch Einkünfte im Bereich der Überschusseinkunftsarten generieren. So kann eine im nicht steuerbaren Bereich, z.B. als Ergebnis einer „Liebhaberei", entstandene Erfindung durch deren Einsatz zur Einkünfteerzielung zu steuerbaren Einkünften führen (s. u., Kapitel 4 C.II).

D. Zuordnung von Arbeitnehmererfindungen

Bei der Frage, unter welchen Umständen Erfindungen dem Privatvermögen zuzuordnen sind, stellt sich auch das Problem der Einordnung von Arbeitnehmererfindungen. Wie bereits in Abschnitt 1 dargestellt wurde, entstehen aufgrund des Erfinderprinzips die Rechte an der Erfindung stets beim Erfinder, im Falle der Arbeitnehmererfindung demnach beim Arbeitnehmer. Es soll deshalb im Folgenden darauf eingegangen werden, ob die Arbeitnehmer-Erfindung dem Betriebs- bzw. dem Privatvermögen zuzuordnen ist.

I. Von Literatur und Rechtsprechung vorgenommene Einordnung

Nach der vom BFH vertretenen Ansicht gehört eine Erfindung nicht allein deshalb zum Privatvermögen, weil sie während eines Arbeitsverhältnisses entwickelt worden ist.

> „Ob die während eines Arbeitsverhältnisses gemachte Erfindung während der Entwicklungsphase dem Bereich der nichtselbständigen oder selbständigen Tätigkeit

zuzurechnen ist, richtet sich demzufolge nach den Umständen des Einzelfalles, insbesondere danach, ob es sich um eine Diensterfindung handelt oder nicht.[298]

In der Literatur werden Arbeitnehmererfindungen im Hinblick auf deren steuerrechtliche Behandlung nach in Anspruch genommene Diensterfindungen auf der einen Seite und freie bzw. freigewordene Erfindungen auf der anderen Seite unterschieden. Dabei werden Vergütungen des Arbeitnehmererfinders für freie oder freigewordene Erfindungen als Einkünfte nach § 18 EStG angesehen, während Vergütungen für (beschränkt) in Anspruch genommene Diensterfindungen als Einkünfte aus nichtselbständiger Arbeit nach § 19 EStG behandelt werden.[299]

II. Grundsätzliche Zuordnung zum Betriebsvermögen

Wie im ersten Kapitel eingehend dargestellt wurde, stellen Vergütungen des Arbeitnehmers für eine Diensterfindung nach dem ArbNErfG eine Gegenleistung für die Überlassung geistigen Eigentums und damit keine Einkünfte aus nichtselbständiger Arbeit dar. Eine Zuordnung der Erfindung zum Privatvermögen aus diesen Grunde scheidet damit aus. Somit erübrigt sich nach der hier vertretenen Ansicht eine Differenzierung der Arbeitnehmererfindungen nach in Anspruch genommenen Diensterfindungen und freien oder freigewordenen Erfindungen.

Da die Einkünfte, die ein Arbeitnehmererfinder neben seiner regulären Arbeitsvergütung (Arbeitslohn) für die Inanspruchnahme seiner Diensterfindung erzielt, somit nicht durch eine nichtselbständige, folglich also eine selbständige Tätigkeit (s. o., B.II) veranlasst sind, unterliegt deren Einordnung den unter C.II beschriebenen allgemeinen Grundsätzen.

---

298 BFH / NV 1995, 102.

299 Felix / Stahl (1981) Rn. 304, 307; Mohr (1985), S. 116; HHR, § 2 ErfVO Anm. 15.

Kapitel 4 Vorliegen von Einkünfteerzielungsabsicht

Sowohl die Gewinn- als auch die Überschusseinkunftsarten setzen mit dem Tatbestandsmerkmal der Einkünfteerzielungsabsicht eine wirtschaftliche, nach dem Gesamtplan auf Vermögensmehrung gerichtete Tätigkeit des Steuerpflichtigen voraus.[300] Fehlt es am Streben nach Totalgewinn bzw. –überschuss, liegt eine einkommensteuerrechtlich irrelevante Betätigung in der Privatsphäre, sog. Liebhaberei, vor[301], die eine Einkommensverwendung darstellt. Da die Einstufung der Tätigkeit eines Erfinders als Liebhaberei für diesen eine Nichtanerkennung der angefallenen Verluste bedeutet, erfinderische Tätigkeiten aber u. U. jahrelang Verluste hervorbringen können, soll im Folgenden untersucht werden, wie sich die Anwendung der allgemeinen Liebhabereiprüfung auf solche Tätigkeiten auswirkt.

In der Literatur gibt es lediglich sehr kurzgehaltene Ausführungen, die auf Zweifel an der Anwendbarkeit des allgemeingültigen Liebhabereitatbestandes auf Erfindertätigkeiten schließen lassen. *Herrmann / Heuer / Raupach* halten zwar Liebhaberei bei Erfindertätigkeiten prinzipiell für möglich. Da es jedoch praktisch nicht nachweisbar sei, dass der Erfinder ohne Verwertungsabsicht tätig werde, sei im Zweifel von bestehender Verwertungsabsicht auszugehen.[302] Nach der von *Felix / Stahl* vertretenen Ansicht liege bei der Erfindertätigkeit ein Fall vor, auf den die Grundsätze der Liebhaberei nicht passen. Die Erfindertätigkeit könne potentiell täglich zum Erfolg führen, diesem Erfolg können jedoch 10 bis 20 Jahre vorausgehen, „bis die Erfindung und ihre Verwertungsmöglichkeit gefunden werden." Somit könne überhaupt nicht ermittelt werden, ob die Tätigkeit nicht auf Ertrag gerichtet ist. Zumindest aber müsse dem Erfinder eine Verlustzeit von 10 bis 20 Jahren zugestanden werden.[303] Auch an anderen Stellen wird lediglich festgestellt, Erfindertätigkeit sei selten Liebhaberei[304], die Liebhaberei-Grundsätze seien auf Erfinder nur sehr vorsichtig und modifiziert anzuwenden[305] oder die Rechtsfigur der Liebhaberei widerspreche der Wesensart der Tätigkeit von Erfindern.[306]
Dabei wird jedoch an keiner Stelle in differenzierter Weise darauf eingegangen, ob steuerrechtliche Liebhaberei bei Erfindern nur für einen gewissen Zeitraum oder generell ausgeschlossen sein soll, bzw. wo Schwachstellen des Liebhabe-

[300] BFH, GrS BStBl II 1984, 751. Die Absicht der Selbstkostendeckung ist dafür nicht ausreichend; BFH, BStBl III 1964, 485; II 1985, 61, 62; II 1995, 718, 719.
[301] Schmidt / Seeger, EStG, § 2 Rn. 22.
[302] HHR, § 2 ErfVO Anm. 4.
[303] Felix / Stahl (1981), Rn. 67.
[304] Stahl, KÖSDI 1984, 5628.
[305] Mohr (1985), S. 68.
[306] DABEI-Handbuch / Kögl / Flämig / Dornbach, S. 350.

reitatbestandes liegen, die für den Fall der Erfindertätigkeit einer Modifikation bedürfen oder dessen Anwendbarkeit ausschließen.

Im Folgenden soll deshalb für die einzelnen (rechtlich) möglichen Formen erfinderischen Tätigwerdens jeweils zuerst dargestellt werden, unter welchen Voraussetzungen steuerrechtliche Liebhaberei vorliegt. Im Anschluss soll jeweils darauf eingegangen werden, welche Probleme und Konsequenzen sich aus der Anwendung dieser allgemeingültigen Beurteilungskriterien auf erfinderische Tätigkeiten ergeben. Für die Beurteilung des subjektiven Merkmals der Einkünfteerzielungsabsicht können nur äußere, objektiv nachvollziehbare Merkmale herangezogen werden.[307] Die Prüfung einkommensteuerrechtlicher Liebhaberei erfolgt deshalb zweistufig. Sie ist zu bejahen, wenn kumulativ eine negative Prognose des Totalergebnisses und einkommensteuerliche Irrelevanz der Tätigkeit vorliegen.[308]

A. Negative Prognose des Totalergebnisses (Prüfungsstufe 1)

Beweisanzeichen für das Vorliegen einer Gewinnerzielungsabsicht kann eine Betriebsführung sein, die nach Wesensart und Art der Bewirtschaftung auf die Dauer gesehen dazu geeignet und bestimmt ist, mit Gewinn zu arbeiten, d. h. ein positives Totalergebnis zu erzielen. Dies erfordert eine in die Zukunft gerichtete und langfristige Beurteilung anhand von Anhaltspunkten, die sich aus den äußeren Verhältnissen des bereits abgelaufenen Zeitraums ergeben.[309] Die Totalgewinnprognose ist damit kein statisches Ergebnis, sondern für jeden Veranlagungszeitraum unter Berücksichtigung hinzugekommener Vergangenheitsdaten und veränderter Zukunftsaussichten neu zu treffen.

I. In das Gesamtergebnis einzubeziehende Größen

1. Gesamtergebnis bei Gewinn- und Überschusseinkunftsarten

Bei Gewinneinkünften ergibt sich dieses Gesamtergebnis von der Gründung des Betriebes bis zu dessen Veräußerung, Aufgabe oder Liquidation entsprechend der nach steuerrechtlichen Grundsätzen zu ermittelnden Betriebsvermögens-

[307] BFH GrS, BStBl II 1978, 620; BFH GrS, BStBl II 1984, 751, 767; Bordewin / Brandt, EStG, § 15 Anm. 11a; Blümich / Stuhrmann, § 15 EStG Rn. 45; Littmann / Bitz / Pust / Mitterpleininger, EStG, § 13 Rn. 281, Littmann / Bitz / Pust / Bitz, EStG, § 15 Rn. 125.

[308] Littmann / Bitz / Pust / Mitterpleininger, EStG, § 13 Rn. 281a; Littmann / Bitz / Pust / Bitz, EStG, § 15 Rn. 125; Schmidt / Weber-Grellet, EStG, § 15 Rn. 27; Schuck, DStR 1993, 975, 977 f.

[309] BFH, BStBl II 1980, 152, 153; II 1980, 718, 719; II 1982, 381, 382; BFH GrS, BStBl II 1984, 751, 767; Littmann / Bitz / Pust / Mitterpleininger, EStG, § 13 Rn. 281b.

vermehrung[310] und schließt – da bei diesen auch Wertveränderungen des Betriebsvermögens steuerbar sind – den nach § 16 EStG ermittelten Aufgabegewinn bzw. -verlust[311] ein.

Dementsprechend ist bei den Überschusseinkünften das Gesamtergebnis bezogen auf den voraussichtlichen Zeitraum der Vermögensnutzung bzw. des einkunftsrelevanten Verhaltens zu ermitteln.[312] Wertsteigerungen der Vermögenssubstanz bleiben dabei außer Betracht, d. h., nicht steuerbare Veräußerungsgewinne gehen in die Ermittlung des Gesamtergebnisses nicht ein.[313]

Der Dualismus der Einkunftsarten erfordert folglich, zunächst die in Frage kommende Einkunftsart zu ermitteln[314], da hiervon die Einbeziehung von Wertsteigerungen der Vermögenssubstanz in die Ergebnisermittlung abhängig ist.

2. Gesamtergebnis bei erfinderischen Tätigkeiten

Bei erfinderischen Tätigkeiten erlangt die vorherige Bestimmung der potentiellen Einkunftsart aufgrund des Dualismus der Einkunftsarten für das zu prognostizierende Totalergebnis besondere Bedeutung. Dieses hängt nämlich aufgrund der in einer selbst erstellten Erfindung enthaltenen hohen stillen Reserven in besonders starkem Maße von der Einbeziehung oder Nichteinbeziehung des aus der Erfindung erwarteten potentiellen Veräußerungs- oder Aufgabegewinns ab. Die forschende bzw. erfinderische Tätigkeit kann in der Entwicklungsphase in einer steuerrechtlich anders zu beurteilenden Form betrieben werden als die spätere Verwertung der Erfindung (s. o., Kapitel 3 C.I.2 und C.II).

In der Entwicklungsphase kommt für eine erfinderische Tätigkeit nur eine Einordnung im Rahmen der Gewinneinkunftsarten (§ 2 Abs. 2 Nr. 1 EStG) in Betracht[315], da sie schon „ihrer Natur nach" selbständige Arbeit darstellt[316] oder auch schon mit der Zielrichtung auf gewerbliche oder u. U. auch landwirtschaftliche Einkünfte erfolgen kann.[317] In eine in dieser Phase der Tätigkeit anzustellende Totalgewinnprognose sind folglich die geschätzten Veräußerungsgewinne mit einzubeziehen.

Erfolgt die Totalgewinnprognose in der Verwertungsphase, nachdem die Erfindertätigkeit zuvor als Hobby bzw. aus Liebhaberei betrieben wurde[318], kommt

[310] BFH GrS, BStBl II 1984, 751, 766; BFH, BStBl II 1998, 727, 728; II 1999, 638, 645; DStRE 2001, 1089, 1090; HHR / Raupach / Schencking, § 2 EStG Anm. 382, 392; Littmann / Bitz / Pust / Bitz, EStG, § 15 Rn. 124.

[311] BFH, BStBl II 1998, 727, 728.

[312] BFH / NV 1991, 533; BFH, FR 2001, 415, 417; BFH, BStBl II 1987, 668, 669; II 1981, 452.

[313] BFH, BStBl II 1982, 463; HHR / Raupach / Schencking, § 2 EStG Anm. 382.

[314] BFH, DStRE 2001, 729.

[315] BFH, BStBl II 1970, 317; II 1985, 424.

[316] BFH, BStBl II 1976, 666.

[317] BFH, BStBl II 1970, 317, 318.

[318] HHR, § 2 ErfVO Anm. 4.

potentiell auch eine Einordnung der Verwertungstätigkeit in den Bereich der Überschusseinkunftsarten (§ 2 Abs. 2 Nr. 2 EStG) in Betracht mit der Folge, dass Werterhöhungen der Vermögenssubstanz nicht in die Prognose des Totalergebnisses eingehen.[319] Erfolgt dann aber die Einbringung der Erfindung in einen Betrieb, unterfällt die Tätigkeit wieder einer Gewinneinkunftsart (§ 2 Abs. 2 Nr. 1 EStG).

II. Einräumung einer Anlaufphase

Grundsätzlich ist davon auszugehen, dass eine Tätigkeit nicht von Beginn an zu positiven Ergebnissen führen kann, da zu Beginn einer Tätigkeit auf der einen Seite i. d. R. erhöhte Investitionen und Aufwendungen und auf der anderen Seite nur geringe oder keine Einnahmen zu erwarten sind.

Somit wird jedem Steuerpflichtigen eine Anlaufphase eingeräumt. Dabei erfolgt die Steuerfestsetzung bei anhaltenden Verlustjahren i. d. R. gemäß § 165 Abs. 1 S. 1 AO nur vorläufig, denn aufgrund der mit der Ergebnisprognose einhergehenden Unsicherheiten lässt sich das Vorliegen der Einkünfteerzielungsabsicht nicht abschließend beurteilen. Auf diese Weise kann die anfängliche Verlustanerkennung ggf. rückwirkend korrigiert werden (s. u., C), wenn sich nachträglich eindeutig herausstellt, dass die Tätigkeit, in der vom Steuerpflichtigen gehandhabten Weise von vornherein nicht dazu bestimmt und geeignet war, nachhaltig Überschüsse bzw. Gewinne hervorzubringen.

1. Grundsätzliche Bemessung der Anlaufphase

Für eine Tätigkeit sind grundsätzlich keine fixen Anlaufperioden festzumachen, da die notwendige Anlaufzeit von einer Vielzahl von Faktoren abhängt.[320] Die zuzubilligenden Anlaufzeiten sind vielmehr betriebsspezifisch und für den Einzelfall zu ermitteln.[321] Die andauernden Verluste sind – mit der Folge einer negativen Gesamtergebnisprognose – dann nicht mehr als Anlaufverluste anzusehen, wenn der geschlossene Zeitraum der Verlusterzielung über eine solche Anzahl von Jahren anhält, dass bei gleichbleibender Form der Bewirtschaftung keine Chance erkennbar ist, durch die Erzielung nachhaltiger Gewinne die so kumulierten Verluste kompensieren zu können.[322]

---

[319] Zum Wechsel von Liebhaberei zu Einkünfteerzielung, siehe unten, Abschnitt 2 Kapitel 4 C.II.

[320] Littmann / Bitz / Pust / Bitz, EStG, § 15 Rn. 125; BFH / NV 1992, 108.

[321] BFH / NV 1995, 866; BFH, BStBl II 1985, 455; II 1985, 399; II 1983, 2; II 1980, 718; II 1976, 485.

[322] BFH, BStBl II 1982, 381; II 1983, 2.

2. Anlaufzeiten für erfinderische Tätigkeiten in der Finanzrechtsprechung

Auch und erst recht bei Erfindertätigkeiten ist keine pauschale Aussage darüber möglich, welcher Zeitraum als Anlaufphase zuzubilligen ist. Zudem lassen sich die für andere Betriebe entwickelten Erfahrungssätze auch in diesem Punkt nicht übertragen.[323] Von der Rechtsprechung wurden bei einem Erfinder, der seine im Bereich neuer Technologien angesiedelten, patentierten Erfindungen bis zur Serienreife weiterentwickeln wollte, die im dreizehnten Jahr in Folge entstandenen Verluste steuerlich noch anerkannt.[324] In einem anderen Fall sollte eine bereits patentierte Erfindung in Eigenproduktion und -absatz verwertet werden. Nachdem die Phase der Entwicklung zur Serienreife und Absatzorganisation nach 8 Jahren ihren Abschluss gefunden und sich der Absatz in den folgenden zwei Jahren nur unzureichend entwickelt hatte, sah das Finanzgericht die Anlaufzeit nach insgesamt 10 Jahren als abgelaufen an.[325] In einem weiteren Fall wurden, nachdem 18 Jahre keine Einnahmen erzielt wurden, keine weiteren Verluste mehr anerkannt.[326]

3. Ermittlung der Anlaufzeit differenziert nach dem Stadium der Entwicklung

Die Beurteilungskriterien für die Berücksichtigungsfähigkeit von Anlaufverlusten bei der Tätigkeit eines Erfinders müssen m. E. differenziert danach angewendet werden, in welchem Entwicklungsstadium sich die Erfindertätigkeit befindet. Dabei unterliegt die Bemessung der Anlaufzeit für eine Erfindertätigkeit in der ersten Phase des Forschens bzw. „Suchens" nach der Erfindung anderen Kriterien als in der sich ggf. anschließenden zweiten Phase der Weiterentwicklung und Verwertung.

a) Bemessung der Anlaufzeit in der Forschungsphase (Phase 1)

Das erste Stadium der Tätigkeit, die Phase, in der nach der Erfindung gesucht wird[327], ist dadurch gekennzeichnet, dass aus der Tätigkeit noch keine fertige Erfindung hervorgegangen ist. Folglich ist an eine Nutzbarmachung, Nutzung oder Verwertung der Erfindung und damit einhergehend an eine Einnahmenerzielung in diesem Stadium noch nicht zu denken. In dieser Phase muss der Steuerpflichtige bei einer Reihe von Verlustjahren nach allgemeinen Beweisgrundsätzen zum Nachweis seiner Gewinnerzielungsabsicht und für die weitere steuerliche Anerkennung als Anlaufverluste Verhältnisse darlegen, die seine

---

[323] FG Hamburg, EFG 1992, 79, 80.
[324] BFH, BStBl II 1985, 424.
[325] FG Hamburg, EFG 1992, 79, 80.
[326] BFH / NV 2001, 13.
[327] Phase des Forschens bzw. „Tüftelns".

Gewinnerwartungen bestätigen, somit also das Zustandekommen einer Erfindung noch wahrscheinlich erscheinen lassen.

aa) Beurteilungskriterien nach Literatur und Rechtsprechung

Da bei Erfindern eine Prognose der erzielbaren Einnahmen während der Arbeit an ihrem Werk praktisch unmöglich ist, sehen *Raupach / Schencking* ein zielstrebiges, planvolles Hinarbeiten auf eine Erfindung, z.B. durch rechtzeitige Patentrecherche, als das maßgebliche Beurteilungskriterium in dieser Phase an.[328] Dagegen sei es nicht von Bedeutung, wie lange der Steuerpflichtige für eine Erfindung benötigt.[329]
Der BFH hat in einem Fall der Nichtanerkennung weiterer Verluste nach einer längeren Verlustphase ausgeführt:

> „Vorliegend sprechen aber eine Reihe weiterer objektiver Umstände bei summarischer Würdigung dagegen, dass der Kläger aus seiner Tätigkeit noch einen Totalgewinn wird erzielen können. So hat der Kläger nicht dargetan, daß er trotz seiner langjährigen Erfindertätigkeit aus dieser Tätigkeit bisher nennenswerte Einnahmen erzielt, Patente angemeldet, Lizenzverträge abgeschlossen oder in Aussicht hätte. Soweit ersichtlich, ist er auch nicht durch wissenschaftliche Aufsätze oder ähnliches hervorgetreten.
>
> Die weiteren Einlassungen des Klägers, mit denen er auf die ungünstigen Wettbewerbsverhältnisse, die stete Ungewissheit, ob eine Erfindung gelingt, und sonstige Schwierigkeiten eines freien Erfinders verweist und die die aus seiner Sicht unzulänglichen wirtschafts- und forschungspolitischen Rahmenbedingungen belegen sollen, sind nicht geeignet, die Gewinnerwartungen des Klägers darzutun. Sie bestätigen vielmehr, daß mit einem Totalgewinn wirtschaftlich nicht zu rechnen ist.“[330]

Dem kann entnommen werden, dass der BFH offenbar die Ansicht vertritt, im bisher ergebnislosen Stadium der „Suche“ nach einer Erfindung sollen die Vorgehensweise bei der forschenden und entwickelnden Tätigkeit sowie das wissenschaftliche Niveau, auf dem diese Tätigkeit betrieben wird, Kriterien für die Beurteilung eines noch möglichen Erfindungserfolges und positiven Totalergebnisses sein.

bb) Kritische Betrachtung

Ein Heranziehen von bisherigen Einnahmen, Patentanmeldungen und den Abschluss von Lizenzverträgen – wie vom BFH im oben zitierten Urteil vorgenommen[331] – scheidet m. E. in dieser Phase erfinderischer Tätigkeit für die Beurteilung eines noch möglichen Totalgewinnes aus, da man aufgrund dieser Kriterien in diesem frühen Stadium einer noch nicht einmal fertigen Erfindung zwangsläufig zu einem negativen Ergebnis kommen würde.

---

[328] HHR / Raupach / Schencking, § 2 EStG Anm. 443, 450 „Erfinder“.
[329] HHR / Raupach / Schencking, § 2 EStG Anm. 450 „Erfinder“.
[330] BFH / NV 2001, 12, 13.
[331] Siehe Fn. 330.

Aber auch ein Abstellen auf das wissenschaftliche Niveau der Forschungstätigkeit erscheint mir zur Abschätzung eines noch möglichen Totalgewinns nicht als passender Maßstab. Das Ergebnis der Totalgewinnprognose wird daraus abgeleitet, ob zum Beurteilungszeitpunkt eine Überkompensation der bereits aufgelaufenen Verluste noch möglich erscheint. Zwar sind dabei auf der einen Seite bei einem höheren wissenschaftlichen Niveau des Entwicklungsvorgehens und technischem Niveau der angestrebten Erfindung potentiell eine höhere Erfindungshöhe und höhere Einnahmen zu erwarten. Jedoch werden auf der anderen Seite mit dem wissenschaftlich-technischen Niveau der betriebenen Forschung die Forschungs- und Entwicklungsaufwendungen, folglich auch die bereits aufgelaufenen Verluste steigen. Mit der Chance auf eine bessere Vermarktungsmöglichkeit wächst folglich auch das Risiko, eine Erfindung nicht in entsprechender Weise auf dem Markt platzieren und verwerten zu können und diese aufgelaufenen Verluste wieder überkompensieren zu können.
Umgekehrt besteht für den „kleinen“ Erfinder[332], der nicht in wissenschaftlicher Art und Weise nach einer Erfindung sucht, bzw. seine Tätigkeit auf einem niedrigeren wissenschaftlich-technischen Niveau und somit mit einem weitaus geringeren finanziellen Aufwand betreibt, bei planvollem Vorgehen ebenso die Chance einer Erfindung, die auf dem Markt Zuspruch findet. Folglich ist bei dieser Vorgehensweise mindestens dieselbe Chance gegeben, die bereits aufgelaufenen Verluste im Erfolgsfall wettmachen und damit ein positives Totalergebnis erzielen zu können. Im Ergebnis ist somit das wissenschaftliche Niveau der erfinderischen Tätigkeit in diesem ersten Stadium kein sinnvolles Kriterium, um die Möglichkeit eines Totalgewinns, d. h. der Überkompensation aufgelaufener Verluste, einschätzen zu können.

b) Kriterien zur Bemessung der Anlaufzeit bei Weiterentwicklung und Verwertung (Phase 2)

Bei der Totalgewinnprognose für Tätigkeiten, die nach der Fertigstellung einer Erfindung angesiedelt und auf die wirtschaftliche „Nutzbarmachung“ der Erfindung gerichtet sind, ist nach den Ausführungen von *Raupach / Schencking* darauf abzustellen, ob Bemühungen zur Verwertung der Erfindungen unternommen werden, z. B. hinsichtlich Patenterteilung und Vermarktung.[333]
Nach Ansicht der Finanzrechtsprechung sind nach Fertigstellung einer Erfindung erfindungsspezifische Besonderheiten zu berücksichtigen, wozu insbesondere die Dauer von Verfahren der Schutzrechtserteilung zählt, deren Ausgang der Erfinder häufig abwarten muss, um seine Erfindung wirtschaftlich verwerten zu können.[334] Die zuzubilligende Anlaufzeit ist somit im Einzelfall davon abhängig, ob die Erfindung geschützt oder ungeschützt[335] verwertet werden soll.

[332] Garagentüftler.
[333] HHR / Raupach / Schencking, § 2 EStG Anm. 443, 450 „Erfinder“.
[334] BFH, BStBl II 1985, 424, 426; FG Hamburg, EFG 1992, 79, 80.

Weiterhin ist die geplante Art der Verwertung in die Betrachtung einzubeziehen. Im Falle der Eigenverwertung machen die Notwendigkeit der Weiterentwicklung bis zur Serienreife und der Organisation des Beschaffungs- und Produktionsbereiches sowie des Absatzes eine längere Anlaufphase nötig.[336] Dabei ist bei absolut neuartigen Produkten eine längere Aufbauzeit zuzubilligen, da sich die für den weiteren Vermarktungsprozess nötigen Informationen z. T. erst im Laufe des Verwertungsprozesses ergeben.[337] In der Absatzphase ist darauf abzustellen, ob die auf die weitere Verwertung gerichtete Tätigkeit mit den Marktverhältnissen in Einklang zu bringen ist, d. h. ob ein derart hinreichendes Interesse an der Erfindung auf dem Markt feststellbar ist, das noch die Erwartung eines positiven Totalergebnisses begründen kann oder ob eine wirtschaftliche Nutzung mangels Nachfrage ausscheidet.[338]

4. Fazit

Nach Fertigstellung einer Erfindung (Phase 2 der Erfindungstätigkeit) lässt sich aufgrund von konkreten Vorstellungen über die geplanten Modalitäten der Verwertung eine Prognose darüber anstellen, wann durch die Verwertung positive Ergebnisse eintreten werden und ob es noch zu einem Totalgewinn kommen kann. Dabei können sich jedoch große Differenzen für die nach der Fertigstellung der Erfindung noch zuzubilligende Anlaufzeit ergeben, denn zum einen beanspruchen die einzelnen bis zur Verwertung durchzuführenden Tätigkeiten je nach Gebiet und Art der Erfindung und geplanter Art der Verwertung unterschiedliche Zeit. Zum anderen differieren die aus der Erfindung zu erwartenden Einnahmen je nach Art bzw. Gebiet der Erfindung und der Erfindungshöhe[339], so dass auch aus diesem Grund die Länge der eingeräumten Anlaufzeit, variieren kann.

Ist der Erfinder bisher jedoch noch nicht zu einer fertigen Erfindung gekommen (Phase 1), ist aufgrund der Tatsache, dass die Erfindertätigkeit potentiell täglich zum Erfolg führen kann, keine Aussage darüber möglich, ob und wann eine erfinderische Idee bzw. fertige Erfindung aus der Tätigkeit des Steuerpflichtigen hervorgehen wird. In dieser Phase des „Suchens" nach der Erfindung ist somit eine Prognose des Gesamtergebnisses völlig unmöglich. Bei der Aussage über ein erwartetes Gesamtergebnis handelt es sich somit eher um eine spekulative Aussage als um eine Prognose aufgrund objektiver Kriterien.

---

[335] Durch Verwertung des Know-how.

[336] FG Hamburg, EFG 1992, 79, 80.

[337] FG Hamburg, EFG 1992, 79, 80.

[338] BFH, BStBl II 1985, 424, 426 re. Sp; FG Hamburg, EFG 1992, 79, 80 re. Sp.

[339] Siehe Einleitung B.III.1.a), Seite 7.

III. Anerkennung der Anlaufverluste und Beweis des ersten Anscheins

Die Feststellung andauernder Verluste sind regelmäßig das „Aufgreifkriterium" für eine Liebhabereiprüfung. Den andauernden Verlusten kommt dabei eine geringere Bedeutung zu, wenn zu Beginn einer Tätigkeit Anlaufverluste anzunehmen sind, sie fallen dagegen stärker ins Gewicht, wenn der Betrieb über die Anlaufphase hinaus fortgeführt wird.[340]

Bei einem langjährigen geschlossenen Verlustzeitraum tritt die Frage auf, ob diese lediglich Anlaufverluste einer mit Einkünfteerzielungsabsicht begonnenen Tätigkeit darstellen[341] und somit steuerrechtlich anzuerkennen sind oder ob die Tätigkeit von Beginn an als Liebhaberei einzustufen ist, so dass alle vorangegangenen Jahresergebnisse[342] steuerlich außer Betracht bleiben.

1. Anscheinsbeweis hinsichtlich der Einkünfteerzielungsabsicht

a) Bedeutung des Anscheinsbeweises

Die Einkünfteerzielungsabsicht ist eine innere Tatsachen, deren Vorliegen nur durch mittelbaren Rückschluss aus objektiven Anhaltspunkten festgestellt werden kann.[343] Anhand dieser objektiven Anhaltspunkte kann grundsätzlich der volle Beweis über das Vorliegen der Einkünfteerzielungsabsicht erzielt werden, der BFH wählt jedoch zunächst den Weg über den sog. Anscheinsbeweis.[344]

Bei diesem handelt es sich der Sache nach jedoch vielmehr um einen Indizienbeweis, d. h. aus einer Kette von Indizien wird anhand von Erfahrungswissen und Erfahrungssätzen auf das Vorliegen der Einkünfteerzielungsabsicht geschlossen.[345] Atypische Umstände und Indizien, die auf das gegenteilige Ergebnis schließen lassen, ergänzen jedoch das Beweisbild. Im Ergebnis sind folglich alle positiven und negativen Beweisanzeichen zu würdigen.

---

340 Weber-Grellet, DStR 1992, 602, 603.

341 BFH, BStBl II 1985, 205; Blümich / Stuhrmann, § 15 EStG Rn. 42.

342 Soweit dies Verfahrensrechtlich noch möglich ist.

343 Littmann / Bitz / Pust / Mitterpleininger, EStG, § 13 Rn. 292; HHR / Raupach / Schencking, EStG, § 2 Anm. 364; Weber-Grellet, DStR 1992, 602, 603.

344 Der Beweis des ersten Anscheins (auch Anscheinsbeweis oder prima-facie-Beweis) kommt bei typischen Geschehensabläufen in Betracht. Er beruht auf der Erfahrung, dass gewisse Tatbestände bestimmte Folgen auslösen und dass umgekehrt bestimmte Folgen auf einen typischen Geschehensablauf hindeuten. Dieser Anscheinsbeweis kann durch den sog. Erschütterungsbeweis entkräftet werden, wofür nicht der Beweis des Gegenteils erforderlich ist, sondern es genügt, dass konkrete Tatsachen einen atypischen Geschehensablauf ernsthaft möglich erscheinen lassen (Tipke / Lang (2002), § 21 Rn. 209). Somit können einzelne Umstände einen Anscheinsbeweis liefern, der vom Steuerpflichtigen (und bei umgekehrter Interessenlage auch vom Finanzamt) entkräftet werden kann (BFH, BStBl II 1985, 751, 767). Krit. Weber-Grellet, DStR 1992, 602, 603.

345 Weber-Grellet, DStR 1992, 602, 603.

Der Anscheinsbeweis stellt somit nur ein Indiz für die auf der ersten Prüfungsstufe anzustellende Ergebnisprognose dar[346], so dass er die zweite Stufe der Liebhabereiprüfung nicht zu ersetzen vermag. Er wird herangezogen, um zu beurteilen, ob der Steuerpflichtige zu Beginn seiner Tätigkeit nach den Umständen ein positives Totalergebnis für möglich halten, folglich also annehmen durfte, dass die Verluste nur anfangsbedingt waren. Ist dies zu bejahen, so ist davon auszugehen, dass die (anfangs vorhandene) Einkünfteerzielungsabsicht erst ex nunc wegfällt, wenn die Fortführung der verlustreichen Tätigkeit über die Anlaufphase hinaus (negative Prognose des Totalergebnisses auf der ersten Prüfungsstufe) auf persönlichen Motiven (zweite Prüfungsstufe) beruht. Ist eine Tätigkeit nach dem Beweis des ersten Anscheins nicht von vornherein als Liebhaberei einzuordnen, müssen die daraus anfallenden Verluste somit regelmäßig als Anlaufverluste akzeptiert werden.[347]

b) Anscheinsbeweise hinsichtlich Einkünfteerzielungsabsicht

Die Einkünfteerzielungsabsicht kann ursprünglich und von vornherein objektiv erkennbar fehlen (Anscheinsbeweis gegen Einkünfteerzielungsabsicht) oder vorhanden sein (Anscheinsbeweis für Einkünfteerzielungsabsicht). Eine Betätigung kann in dieser Hinsicht aber auch offen sein (kein Anscheinsbeweis).[348]

aa) Anscheinsbeweis für Einkünfteerzielungsabsicht

Bei Eröffnung eines Betriebes bzw. Beginn einer Tätigkeit, die der Art nach typischerweise nicht dazu bestimmt und geeignet sind, der Befriedigung persönlicher Neigungen des Steuerpflichtigen oder der Erlangung wirtschaftlicher Vorteile außerhalb der Einkommenssphäre zu dienen, spricht der Beweis des ersten Anscheins dafür, dass sie in der Absicht der Einkünfteerzielung betrieben werden.[349] Dies wird sowohl bei Eröffnung eines Gewerbebetriebes[350] als auch bei der Aufnahme von selbständigen Tätigkeiten angenommen, die hauptberuflich und unter vollem persönlichen Einsatz betrieben werden.[351] Auch eine auf Dauer angelegte Vermietungstätigkeit wird typischerweise in Einkünfteerzielungsabsicht betrieben.[352] In diesen Fällen ist eine Tätigkeit trotz anhaltender Verluste nicht schon von vornherein als Liebhaberei einzuordnen. Die Verluste werden folglich als Anfangsverluste anerkannt.

---

[346] Weber-Grellet, DStR 1992, 602, 603.

[347] BFH BStBl II 1983, 2, 5; FG München, EFG 2002, 453, 455.

[348] FG München, EFG 2002, 453, 454; Schmidt / Weber-Grellet, EStG, § 15 Rn. 33.

[349] Schmidt / Seeger, EStG, § 2 Rn. 31; BFH / NV 1995, 866 m. w. Nachw.; BFH, BStBl II 1986, 289; II 1991, 564.

[350] BFH / NV 1995, 866, 867; BFH / NV 1993, 475; BFH / NV 1991, 364; BFH, BStBl II 1986, 289, 291.

[351] BFH, BStBl II 1998, 663 für Anwaltstätigkeit.

[352] BFH, BStBl II 1998, 771; BMF vom 04.11.1998 IV C 3 – S 2253 – 8/98 BStBl I 1998, 1444.

bb) Anscheinsbeweis gegen Einkünfteerzielungsabsicht

Verluste der Anlaufzeit können nur dann steuerlich nicht anerkannt werden, wenn aufgrund der bekannten Entwicklung des Betriebes – nämlich hoher Verluste auch nach einer angemessenen Anlaufzeit – eindeutig feststeht, dass er so, wie er vom Steuerpflichtigen betrieben wurde, objektiv von vornherein nicht in der Lage war, nachhaltig Gewinne zu erzielen. Es wird dann davon ausgegangen, dass der Betrieb von Anfang an keine Einkunftsquelle i. S. d. Einkommensteuerrechts darstellte. Unter diesen Voraussetzungen könne von steuerlich berücksichtigungsfähigen Anlaufverlusten nicht mehr gesprochen werden. Die Tätigkeit ist demzufolge von Anfang an als Liebhaberei einzuordnen.[353] Diese Grundsätze hat die Rechtsprechung des BFH für bestimmte landwirtschaftliche Betriebe, wie Gestüte[354], den Betrieb eines Weinbergs o. ä. entwickelt, deren Beibehaltung trotz ständiger hoher Verluste als vom wirtschaftlichen Erfolg unabhängige Passion einer gehobenen Lebenshaltung erklärbar ist.[355] Ebenso wird für Verlustzuweisungsgesellschaften ein gegen Gewinnerzielungsabsicht sprechender Anscheinsbeweis angenommen.[356]

cc) Ungewissheit des Erfolges einer Tätigkeit

Greift kein Anscheinsbeweis ein, ist nach den Gesamtumständen des Einzelfalles über das Vorliegen einer Einkünfteerzielungsabsicht zu entscheiden.[357] Die Gewinnerzielungsabsicht soll dabei jedoch nicht allein deshalb von vornherein ausgeschlossen sein, weil es sich um eine risikobehaftete Tätigkeit handelt und der finanzielle Erfolg ungewiss ist.[358] Solange nicht nur eine theoretische, glücksspielartige Gewinnchance besteht[359], kann allein aus der Eingehung des Risikos jedenfalls nicht eine von vornherein fehlende Einkünfteerzielungsabsicht unterstellt werden.

2. Beweis des ersten Anscheins bei erfinderischer Tätigkeit

Bei anhaltend verlustbehafteten erfinderischen Tätigkeiten erlangt die Frage Relevanz, ob nach Ablauf der Anlaufzeit (negative Totalgewinnprognose) die Einkünfteerzielung nur für künftige Veranlagungszeiträume in Frage steht, also grundsätzlich von der Anerkennung der Anlaufverluste ausgegangen werden kann, oder ob durch einen spezifischen Anscheinsbeweis die Gefahr besteht, dass die Annahme einer anfänglichen Liebhaberei in Raum steht.

[353] BFH, FR 1999, 657, 658; BFH, BStBl II 1982, 381; II 1983, 2; II 1985, 205.
[354] BFH, BStBl III 1960, 324.
[355] BFH BStBl II 1985, 205, 207.
[356] BFH, FR 2001, 415, 417; BStBl II 1996, 219, 222.
[357] Schmidt / Weber-Grellet, EStG, § 15 Rn. 33.
[358] BFH, BStBl II 1981, 424; II 1991, 333; Hellwig, DStR 1984, 325, 327; Groh, DB 1984, 2424, 2426.
[359] BFH, BStBl II 1991, 333, II 1981, 424; Littmann / Bitz / Pust / Handzik, EStG, § 2 Rn. 102; Blümich / Stuhrmann, § 15 EStG, Rn. 48; Groh, DB 1984, 2424, 2426.

Der Erfinder müsste bei Bestehen eines solchen gegen die Gewinnerzielungsabsicht sprechenden Anscheinsbeweises Indizien bzw. Beweisanzeichen dafür anführen, die ausnahmsweise zu Beginn seiner Tätigkeit doch ein positives Totalergebnis möglich erscheinen ließen, um so den Anschein einer von Beginn an vorliegenden Liebhaberei zu entkräften.

a) Anscheinsbeweis nach allgemeinen Grundsätzen

Für die Tätigkeit eines Erfinders kommen verschiedene potentielle Einkunftsarten in Betracht (s. u.). Unterwirft man den Anscheinsbeweis im Falle der Erfindertätigkeit den vom BFH entwickelten, unter 1.b) dargestellten allgemeinen Grundsätzen, greifen somit je nach erwarteter Einkunftsart u. U. verschiedene Anscheinsbeweise ein. Bei einer hauptberuflich betriebenen selbständigen bzw. gewerblichen Tätigkeit würde der Anscheinsbeweis dann für Gewinn- bzw. Einkünfteerzielungsabsicht sprechen. Erfindungstätigkeiten sind aber auch im Rahmen eines potentiell der Einkunftsart Land- und Forstwirtschaft zuzuordnenden Betriebes denkbar.[360] Bei Verlusten über eine gewisse Anlaufzeit hinaus könnte dann der Beweis des ersten Anscheins unter den o. g. Voraussetzungen gegen eine Gewinnerzielungsabsicht sprechen, mit der Folge, dass die Anlaufverluste in solchen Betrieben nicht steuerrechtlich anerkannt würden.

b) Spezieller Anscheinsbeweis für erfinderische Tätigkeiten

Da nach dieser allgemeinen Vorgehensweise für die Erfindertätigkeit unterschiedlich ausfallende Anscheinsbeweise in Betracht kommen, stellt sich die Frage, ob das Bild der Tätigkeit eines Erfinders nicht generell eine Aussage darüber ermöglicht, dass eine nachhaltige Gewinnerzielung nicht von vornherein als ausgeschlossen erscheint. Schließlich soll generell bei risikobehafteten Tätigkeiten, nicht allein aufgrund der Ungewissheit des Erfolges auf eine von Anfang an fehlende Einkünfteerzielungsabsicht geschlossen werden (s. o., 1.b)cc)).
Nach der Rechtsprechung des BFH zur Einkünfteerzielungsabsicht eines Erfinders sind bei der Totalgewinnprognose die mit der Erfindertätigkeit verbundenen wirtschaftlichen Unwägbarkeiten zu berücksichtigen, weshalb

> „...die von der Rechtsprechung des BFH zur Beurteilung landwirtschaftlicher Betätigungen entwickelten Erfahrungssätze (vgl. z. B. Urteil vom 22. Juli 1982 IV R 74/79, BFHE 136, 459, BStBl II 1983, 2) zur Beurteilung einer Erfindertätigkeit nicht übernommen werden können. Während die landwirtschaftliche Betätigung nach einer gewissen Anlaufzeit in der Regel erkennen lässt, ob der Betrieb auf Dauer gesehen mit Gewinn arbeiten kann, läßt sich eine derartige Prognose bei einer Erfindertätigkeit im allgemeinen nicht aufstellen. Der finanzielle Erfolg einer Erfindertätigkeit ist vielfach ungewiß. Es läßt sich nur selten vorhersehen, ob der mit der Erfindung bezweckte Erfolg – ihre Nutzbarmachung durch Lizenzvergabe oder dergl. – überhaupt jemals

[360] HHR, § 2 ErfVO Anm. 14.

> eintritt.[361] [...] Auch in den Fällen, in denen eine Erfindung schließlich zu einem wirtschaftlichen Nutzen führt, ist der Zeitpunkt, in dem der wirtschaftliche Erfolg eintritt, nur selten vorhersehbar."[362]

Weiter wird vom BFH ausgeführt, dass es dem Ziel, einen Anreiz zur Entfaltung erfinderischer Tätigkeiten zu bieten[363], widerspräche,

> „... würde man schon allein aus einer längeren Verlustphase den zwingenden Schluss ziehen, es handele sich bei der Erfindertätigkeit um einkommensteuerrechtlich nicht relevante Liebhaberei."[364]

Da nach dieser Rechtsprechung eine Übertragung des für gewisse landwirtschaftliche Tätigkeiten entwickelten, gegen das Vorliegen einer Einkünfteerzielungsabsicht sprechenden Anscheinsbeweises auf die Tätigkeit eines Erfinders ausgeschlossen wird, lässt somit allein eine längere Verlustphase bei einem Erfinder nicht den Schluss zu, die Erfindertätigkeit sei von Anfang an nicht zur Einkünfteerzielung bestimmt und geeignet gewesen. Für die Tätigkeit eines Erfinders existiert somit unabhängig von der für die Erfindungsverwertung potentiell in Frage kommenden Einkunftsart kein gegen das Vorhandensein einer Gewinnerzielungsabsicht sprechender Anscheinsbeweis.

Die in den ersten Jahren einer erfinderischen Tätigkeit anfallenden Verluste sind somit grundsätzlich als anfangsbedingte, zwangsläufig hinzunehmende Verluste einer mit Einkunftserzielungsabsicht begonnenen Tätigkeit anzuerkennen. Das Überschreiten der eingeräumten Anlaufphase (negative Totalergebnisprognose) stellt das Vorliegen der Einkünfteerzielungsabsicht – bei Fehlen weitergehender Indizien, die auf die anfängliche Unmöglichkeit eines positiven Totalergebnisses hinweisen – somit nur ex nunc in Frage.

B. Einkommensteuerliche Irrelevanz der Tätigkeit (Prüfungsstufe 2)

Zu einer negativen Prognose des Totalergebnisses muss auf der zweiten Stufe der Prüfung steuerrechtlicher Liebhaberei hinzukommen, dass eine Tätigkeit aus steuerrechtlich irrelevanten Motiven durchgeführt wird.

I. Prognose des Totalergebnisses als Indiz

Werden durch eine Tätigkeit über Jahre positive Ergebnisse erzielt, wird das Vorliegen einer Einkünfteerzielungsabsicht unterstellt[365], selbst wenn sich die

---

[361] Da überhaupt nur ca. 10% aller Patentanmeldungen wirtschaftliche Bedeutung erlangen.

[362] BFH, BStBl II 1985, 424, 426.

[363] Zwar nimmt der BFH dabei noch Bezug auf die Ziele der seit 1989 nicht mehr geltenden ErfVO, jedoch dürfte der Wille zur Förderung der Erfindungsfreudigkeit auch über diese Verordnung hinaus fortbestehen.

[364] BFH, BStBl II 1985, 424, 426.

Tätigkeit nahe der privaten Lebensführung bewegt.[366] Bei positiver Ergebnisprognose ist die Einkünfteerzielungsabsicht somit stets zu bejahen. Liebhaberei kommt nicht in Betracht.[367]
Dagegen liefern die unveränderte Fortführung einer Tätigkeit bei über die Anlaufphase hinausgehenden Verlusten und die damit einhergehende negative Prognose des Totalergebnisses zunächst nur ein Indiz für das Betreiben einer Tätigkeit aus steuerrechtlich irrelevanten Motiven und damit für das Fehlen einer Gewinnerzielungsabsicht. Es muss dann aus weiteren Beweisanzeichen der Schluss möglich sein, dass die verlustbringende Tätigkeit nur aus im Bereich der Lebensführung liegenden persönlichen Gründen oder Neigungen ausgeübt wird.[368]

II. Arten steuerrechtlich irrelevanter Motive

Als im Bereich der Lebensführung liegend sind zunächst persönliche Neigungen und Motive im Zusammenhang mit Erholung oder Freizeitgestaltung einzuordnen.[369] Auf diese soll auch aus dem der Tätigkeit zugrunde liegenden Gegenstand geschlossen werden können.[370] Darüber hinaus sind nach der Rechtsprechung des BFH Motive wie persönliche Passion im Rahmen gehobener Lebensführung, Sicherung von Arbeitsplätzen[371], Erhalt eines Unternehmens für die nächste Familiengeneration[372], Aufrechterhaltung der Selbständigkeit[373] oder auch die Absicht der Steuerersparnis[374] bzw. der Erzielung steuerfreier Veräußerungsgewinne[375] als steuerrechtlich unbeachtlich einzustufen, d. h. privater Natur. Dabei ist es jedoch für alle Einkunftsarten unschädlich, wenn solche Motive neben der Absicht zur Gewinnerzielung bestehen (§ 15 Abs. 2 S. 3 EStG analog).

365 BFH, StRK GewStG § 2 Abs. 1 R. 232; BFH, BStBl II 1995, 718, 720, II 1996, 369, 372; Schmidt / Seeger, EStG, § 2 Rn. 22; Borderwin / Brandt, EStG, § 15 Anm. 11a; Blümich / Stuhrmann, § 15 EStG Rn. 45.

366 BFH, BStBl II 1991, 333; Hutter, DStZ 1998, 344, 346; Littmann / Bitz / Pust / Bitz, EStG, § 15 Rn. 125.

367 Weber-Grellet, DStR 1998, 873.

368 BFH GrS, BStBl II 1984, 751, 767; BFH, BStBl II 1998, 663, 665; II 1987, 668, 669; II 1986, 289, 291; II 1985, 205; 1985, 455; Blümich / Stuhrmann, § 15 EStG Rn. 45, 46; Littmann / Bitz / Pust / Mitterpleininger, EStG, § 13 Rn. 281b.

369 Littmann / Bitz / Pust / Bitz, § 15 EStG Rn. 125.

370 Z.B. bei der Vermietung von Sportbooten (BFH, FR 1999, 657, 658) oder dem Betrieb eines Weinberges (BFH / NV 1997, 668).

371 BFH, BStBl II 1986, 289, 292.

372 BFH, BStBl II 1986, 289, 292; II 2000, 674, 676 m.w.Nachw.; Niedersächsisches FG EFG 1983, 350.

373 Littmann / Bitz / Pust / Bitz, EStG, § 15 Rn. 125.

374 Littmann / Bitz / Pust / Mitterpleininger, EStG, § 13 Rn. 281b; BFH, BStBl II 1991, 564, 565.

375 Schuck, DStR 1993, 975, 981.

III. Beweisanzeichen für steuerrechtlich irrelevante Motive

1. Vorhandensein anderer Geldmittel als notwendige Bedingung für Liebhaberei

Von steuerrechtlicher Liebhaberei kann im Zusammenhang mit der Hinnahme von Verlusten denknotwendig nur dann gesprochen werden, wenn ein Betrieb bzw. eine Tätigkeit objektiv nicht die Existenzgrundlage eines Steuerpflichtigen darstellt, sondern ihm andere Geldmittel zur Verfügung stehen, die seine wirkliche Existenzgrundlage bilden und die es ihm ermöglichen, die Tätigkeit trotz ständiger Verluste beizubehalten.[376] Nur in diesem Fall kann die Tätigkeit eines Steuerpflichtigen überhaupt als dem Privatbereich zuzurechnende Einkommensverwendung statt als steuerlich relevante Einkommenserzielung angesehen werden.[377]

Ferner stellt sich die Frage nach einkommensteuerrechtlicher Liebhaberei und die Notwendigkeit ihrer Prüfung überhaupt nur, wenn die aus einer Tätigkeit anfallenden Verluste steuerlich geltend gemacht werden und sich durch Verlustausgleich bzw. Verlustrück- oder -vortrag einkommens- und damit steuermindernd auswirken.[378]

2. Weitere Beweisanzeichen für das Vorliegen persönlicher Motive

Im Folgenden soll untersucht werden, ob das objektive Kriterium des Vorhandenseins anderer Geldmittel für die Annahme einer allein persönlichen Motivation der Tätigkeit ausreichend ist und somit nicht nur notwendige, sondern schon hinreichende Bedingung für die Bejahung steuerrechtlicher Liebhaberei sein kann oder ob es zusätzlicher konkreter Beweisanzeichen für das Vorliegen persönlicher Motive bedarf.

a) Bei landwirtschaftlichen und gewerblichen Betrieben

Die Fortführung aus persönlichen Gründen ist auch bei gewerblichen und landwirtschaftlichen Betrieben denkbar.[379] Der BFH führte zur Fortführung eines verlustbringenden landwirtschaftlichen Betriebes aus:

> „Der Umstand, dass ein Landwirt, dem keine laufenden Geldzuflüsse von außen für den Betrieb zur Verfügung stehen, diesen wegen andauernder hoher Verluste nicht über einen längeren Zeitraum geführt hätte und hätte führen können, während dies einem Steuerpflichtigen möglich ist, der über andere Geldmittel verfügt, bringt regelmäßig eine vom wirtschaftlichen Erfolg unabhängige persönliche Passion einer gehobenen Lebenshaltung zum Ausdruck.“[380]

---

[376] BFH, BStBl II 1983, 2; Littmann / Bitz / Pust / Mitterpleininger, EStG, § 13 Rn. 280b.
[377] BFH, BStBl II 1983, 297.
[378] BFH / NV 1998, 845; Littmann / Bitz / Pust / Mitterpleininger, EStG, § 13 Rn. 280b.
[379] BFH, BStBl II 1985, 205.
[380] BFH, BStBl II 2000, 674.

Auch bei der steuerrechtlichen Beurteilung einer potentiell gewerblich zu beurteilenden Reitschule wurde das Vorhandensein einer anderweitigen Einkunftsquelle neben anderen Umständen – im konkreten Fall das Nichtergreifen von Strukturmaßnahmen – als Beweisanzeichen für das Vorliegen einer persönlichen Motivation der Tätigkeit herangezogen.

Nach einem Beschluss des FG München[381] ist die Ausübung einer gewerblichen Tätigkeit jedoch nicht allein deshalb auf persönliche Gründe oder Neigungen zurückzuführen, weil sich der Steuerpflichtige aufgrund seiner sonstigen Einkunfts- und Vermögenssituation die Verluste „leisten" kann. Neben diesem Umstand seien weiter die unter § 12 Nr. 1 S. 2 EStG zu subsumierenden Sachverhalte heranzuziehen.[382] Auch eine gewerbliche Betätigung müsse nicht die alleinige Existenzgrundlage eines Steuerpflichtigen bilden und könne in Nebentätigkeit erfolgen.[383]
Als weiteres Merkmal mit starker Indizwirkung gilt dabei die Reaktion des Steuerpflichtigen auf die andauernden Verluste. Dabei legt die unveränderte Fortführung einer über die Anlaufzeit hinaus verlustbringenden Tätigkeit ohne das Bestehen einer ernstlichen Aussicht auf Gewinn und ohne grundlegende Umstrukturierung des Betriebes den Schluss nahe, dass diese nicht aus wirtschaftlichen Gründen erfolgt, sondern die daraus resultierende finanzielle Belastung vom Steuerpflichtigen nur aus persönlichen Gründen (z. B. die unter B.II genannten) getragen wird.[384]
Stellt der Steuerpflichtige dagegen Bemühungen an, die Ursachen der Verluste zu ermitteln und zieht daraus die Folgerungen, die von einem am wirtschaftlichen Erfolg seines Betriebes orientierten Gewerbetreibenden erwartet werden können, so das Ergreifen innerbetrieblicher Strukturmaßnahmen oder sonstiger Anstrengungen bzw. Gegenmaßnahmen bis hin zur Einstellung des Betriebes, scheidet schon deshalb die Annahme einer Liebhaberei nicht nur für die Anlaufjahre aus.[385]

b) Beweisanzeichen bei selbständiger Arbeit

Auch bei selbständigen Tätigkeiten soll das Vorhandensein anderer Geldmittel ein Beweisanzeichen dafür liefern, dass die verlustbringende Tätigkeit nicht aus einer wirtschaftlichen, sondern einer persönlichen Motivation heraus fortgeführt wird.[386] Im Falle eines hauptberuflich tätigen Kunstmalers wurde der Schluss

[381] FG München, EFG 2002, 453.
[382] FG München, EFG 2002, 453, 455.
[383] FG München, EFG 2002, 453, 456.
[384] BFH, BStBl II 1985, 205, 207; II 1986, 289; Littmann / Bitz / Pust / Mitterpleininger, EStG, § 13 Rn. 281b.
[385] BFH, BStBl II 1985, 205, 208; II 1995, 722; BFH / NV 1989, 90; Niedersächsisches FG, EFG 1983, 350; Littmann / Bitz / Pust / Mitterpleininger, EStG, § 13 Rn. 281b.
[386] BFH, EFG 1967, 127, 129; BFH, BStBl II 1998, 663, 665.

auf eine persönliche Motivation (hier: Ausdruck der gesteigerten Lebenshaltung des Steuerpflichtigen) schon daraus gezogen,

> „... daß der Kläger seine Tätigkeit als Kunstmaler nicht in dem Umfang ausüben würde und nicht mit den geltend gemachten Aufwendungen, wenn es das gute Einkommen der Eheleute aus anderen Einkunftsarten nicht zulassen würde. Darauf deute auch hin, daß der Kläger erst [...] als die anderweitige Existenzgrundlage schon gefestigt war, seine Tätigkeit als [...] aufgegeben und sich ganz der Kunstmalerei zugewendet hat."[387]

Des weiteren werden bei potentiell selbständiger Arbeit der Umfang der Tätigkeit sowie die Art der Betriebsführung als Beweisanzeichen herangezogen. Die Tatsache, dass bestimmte Tätigkeiten als Neben- oder Hobbyberuf betrieben werden, gilt dabei als Beweisanzeichen für deren persönliche Motivation.[388]

So wurde eine *nebenberuflich* betriebene verlustbringende Einzelpraxis eines Steuerberaters als Liebhabereibetrieb angesehen. Aus den Tatsachen, dass der Steuerberater mit dem überwiegenden Teil seiner Arbeitskraft an eine andere Steuerberatungsgesellschaft gebunden war sowie trotz steigender Verluste keine Umstrukturierungsmaßnahmen in der Einzelpraxis ergriff, wurde der Schluss gezogen, die Einzelpraxis werde nur aus dem persönlichen Grund fortgeführt, seinem Kind die Möglichkeit der Praxisübernahme offen zu halten.[389]
Auch die Fortsetzung der 10-jährigen verlustbringenden Tätigkeit eines *nebenberuflich* als Schriftsteller tätigen Rechtsanwaltes wurde vom BFH auf persönliche Motive zurückgeführt. Als weiteres Beweisanzeichen dafür wurde die vom Steuerpflichtigen über diesen Zeitraum von 10 Jahren ausgeübte Praxis der Verbreitung seiner Werke[390] angesehen. Diese ließe objektiv erkennen, dass es ihm nicht darum ging, aus seinen Büchern materiellen Nutzen zu ziehen, und die Verwertung damit nicht nach wirtschaftlichen Gesichtspunkten erfolge.[391]

Dagegen wurde die unveränderte, aber *hauptberufliche* Fortführung einer anhaltend verlustbringenden Tätigkeit als Rechtsanwalt trotz anderweitiger hoher Einkünfte vom BFH nicht als Liebhaberei angesehen:

> „Der Umstand allein, daß der Kläger wegen anderweitiger hoher Einkünfte in der Lage war, die aus der „repräsentativen Kanzleiführung" jährlich anfallenden Verluste zu tragen, begründet kein solches persönliches Motiv. Angesichts der Tatsache, daß der Kläger seine Kanzlei hauptberuflich betrieben und ständig mindestens zwei

[387] FG Berlin, EFG 1967, 127, 129.
[388] BFH, BStBl II 1998, 663. Bei solchen Tätigkeiten spricht der Anscheinsbeweis gegen eine Gewinnerzielungsabsicht.
[389] BFH, EFG 2000, 119, 120.
[390] Meist Verschenken der Bücher auf Dichter- und Schriftstellertagungen, Einlagerung der restlichen Exemplare im Keller, nur sehr selten Verkauf der Bücher.
[391] BFH, BStBl II 1985, 515.

Arbeitnehmer beschäftigt hat, sowie [...] die Anwaltstätigkeit „mit vollem persönlichen Einsatz“ ausgeübt hat, ist ein [...] persönliches Motiv auch nicht naheliegend.“[392]

3. Von der Rechtsprechung bei Erfindertätigkeiten herangezogene Beweisanzeichen

Die in der Finanzrechtsprechung anzutreffenden Ausführungen zu Beweisanzeichen für das Vorliegen persönlicher Motive im speziellen Fall des Erfinders sind sehr dünn gesät. Danach können sich nach einem Urteil des BFH solche Umstände, aus denen auf fehlende Absicht der Gewinnerzielung geschlossen werden kann

> „... insbesondere aus den für die wirtschaftliche Nutzung der Erfindung maßgebenden Marktverhältnissen ergeben. Steht fest, daß sich die Erfindung trotz entsprechender – über einen längeren Zeitraum andauernder – Bemühungen wirtschaftlich nicht nutzen läßt, weil sich hierfür kein Interessent findet, [...], so muß aus der weiteren Fortsetzung einer langjährigen verlustbringenden Tätigkeit in einem solchen Fall der Schluß gezogen werden, daß der Erfinder seine Tätigkeit nur noch aus persönlichen Gründen weiter ausübt. Seiner weiteren Tätigkeit fehlt es dann an einer Gewinnerzielungsabsicht (vgl. Urteil in BFHE 142, 464, BStBl II 1985, 205).“[393]

Im Anschluss an dieses Urteil führte auch das FG Hamburg lediglich aus:

> „Findet sich für diese [Erfindung; Anm. d. Verf.] trotz entsprechender Bemühungen [...] nach den Marktverhältnissen kein hinreichendes Interesse, [...], so ist bei einer weiteren Fortsetzung der langjährigen verlustbringenden Tätigkeit davon auszugehen, daß der Erfinder seine Tätigkeit nur noch aus persönlichen Gründen weiter ausübt.“[394]

Auch im bloßen Halten von Schutzrechten, ohne dass über Jahre hinweg Einnahmen erzielt werden, wurde „keine ernsthafte wirtschaftliche Betätigung“ gesehen.[395]

Von der Rechtsprechung wird somit bei dem Betrieb eines Erfinders neben dem Vorhandensein anderer Geldmittel auch die Reaktion des Steuerpflichtigen auf die bei der Verwertung seiner Erfindung anfallenden andauernden Verluste als Beweisanzeichen herangezogen. Ein nach wirtschaftlichen Grundsätzen handelnder Erfinder müsse seine Tätigkeit spätestens dann aufgeben, wenn sich die von ihm erwarteten Marktverhältnisse nicht bewahrheiten. Das Nichtergreifen von Umstrukturierungsmaßnahmen bei andauernden Verlusten könne somit auch bei einem Erfinder nur auf persönliche Motive zurückzuführen sein.

Auffällig ist dabei, dass die von der Rechtsprechung entschiedenen Fälle nur die Tätigkeit eines Erfinders in der Phase nach „Entdeckung“ einer Erfindung[396] betrafen. Dagegen sind für die davor liegende Phase des „Suchens“ nach einer

---

392 BFH, BStBl II 1998, 663, 665.

393 BFH, BStBl II 1985, 424, 426.

394 FG Hamburg, EFG 1992, 79, 80.

395 FG Nürnberg, EFG 1982, 64.

396 D.h. die Phase, in der bereits eine fertige Erfindung vorliegt, die noch zur Patent- bzw. Verwertungsreife weiterentwickelt und dann verwertet wird (Phase 2).

Erfindung auch im Urteil des BFH vom 20.4.2000[397] keine Ausführungen darüber vorzufinden, warum ein Fortsetzen der Tätigkeit trotz der Ungewissheit, ob die Erfindung gelingen werde, den Schluss zulassen soll, dass diese allein auf einer persönlichen Motivation beruhen würde.

IV. Persönliche Motivation bei erfinderischen Tätigkeiten

Aufgrund der bei erfinderischen Tätigkeiten auftretenden Besonderheiten soll nachfolgend diskutiert werden, ob die von der Finanzrechtsprechung allgemein (s. o., III) herangezogenen Beweisanzeichen auch zur Identifizierung persönlicher Motive eines Erfinders sinnvoll heranzuziehen sind.

1. Vorhandensein anderweitiger Einkunftsquellen und nebenberufliche Betätigung

Die Möglichkeit, aus dem Beweisanzeichen des Vorhandenseins anderweitiger Einkunftsquellen bzw. des lediglich nebenberuflichen Betreibens einer Tätigkeit Rückschlüsse auf eine persönliche Motivation zu ziehen, wird teilweise schon allgemein bezweifelt. Besonders fragwürdig ist die Heranziehung dieses Beweisanzeichens jedoch für die Tätigkeit eines Erfinders.

a) Allgemeine Eignung dieses Beweisanzeichens

Das FG München hat zur Aussagekraft dieses Beweisanzeichens ausgeführt, dass auch eine gewerbliche Betätigung nicht die alleinige Existenzgrundlage eines Steuerpflichtigen bilden müsse und in Nebentätigkeit erfolgen könne. Selbst wenn die optimale Umsetzung einer Geschäftsidee v. a. einen hohen Dienstleistungseinsatz erfordere, könne es für die Frage der Gewinnerzielungsabsicht nicht ausschlaggebend sein, ob einer gewerblichen Tätigkeit die gesamte Arbeitskraft gewidmet wird. Gerade für eine Übergangszeit von der nichtselbständigen zur gewerblichen Betätigung werde häufig die nichtselbständige Tätigkeit aufrecht erhalten, um dem Risiko der allein gewerblichen Betätigung nicht von vornherein in voller Schärfe ausgesetzt zu sein. Folglich könne es für die Frage der Gewinnerzielungsabsicht nicht entscheidend darauf ankommen, ob durch den Steuerpflichtigen anderweitige Einkünfte erzielt werden.[398]

Das Beweisanzeichen des Vorhandenseins anderer Geldquellen taugt schon allgemein nicht, um daraus auf das Vorliegen persönlicher Motive des Steuerpflichtigen zu schließen. Denn dieses objektive Merkmal lässt m. E. diametrale Schlüsse auf dahinterstehende subjektive Beweggründe zu. Auf der einen Seite könnte daraus zwar gefolgert werden, dass diese Verluste allein aus persönlichen Gründen hingenommen werden und sich das Fortführen der Tätigkeit somit nur als Finanzierung persönlicher Bedürfnisse des Steuerpflichtigen, mit-

[397] Siehe Fn. 330.
[398] FG München, EFG 2002, 453, 456.

hin als Einkommensverwendung, darstellt. Aus der Fortführung trotz dieser Verluste kann man aber auf der anderen Seite genauso gut zu dem umgekehrten Ergebnis kommen. Der Steuerpflichtige kann nämlich gerade deshalb weiter seine anderweitigen Einkünfte in eine (noch) verlustbringende Tätigkeit investieren, weil er die Erzielung eines Totalgewinns anstrebt und die Erreichung dieses Zieles trotz der langjährigen Verluste weiter subjektiv als möglich erachtet. Aus seiner Sicht könnte sich die Hinnahme fortlaufender Verluste somit weiter als Anfangsinvestition in einen künftig gewinnbringenden Betrieb darstellen. Die Investition anderweitiger Einkünfte in eine Tätigkeit kann somit auch Beweisanzeichen für vorhandene Einkünfteerzielungsabsicht sein. Das *subjektive* Merkmal der Gewinnerzielungsabsicht kann folglich auch dann noch erfüllt sein, wenn die Finanzierung der verlustbringenden Tätigkeit durch andere Einkunftsquellen erfolgt.
Bei Überschreitung der zugebilligten Anlaufphase (negative Totalgewinnprognose auf der ersten Stufe) lässt auf der zweiten Prüfungsstufe das *objektive* Beweisanzeichen des Vorhandenseins anderer Geldmittel schon im Allgemeinen nicht den Schluss auf das subjektive Merkmal der persönlichen Motivation des Steuerpflichtigen zu.

b) Anderweitige Einkunftsquellen bei Erfindern

Dieses Beweisanzeichen anderweitiger Einkunftsquellen erweist sich m. E. aber auch und erst recht bei Anwendung auf Erfinder, insbesondere in der erste Phase erfinderischen Tätigwerdens, dem Suchen nach der Erfindung, als untauglich. Da in dieser Phase aus der Erfindertätigkeit überhaupt keine Einnahmen anfallen können[399], sind die Einnahmen aus anderen Quellen zum einen schon zur Finanzierung des Lebensunterhaltes des Erfinders nötig. Zum anderen ist die „Quersubventionierung" durch andere Einkünfte des Erfinders in diesem Stadium die einzig mögliche Form der Finanzierung seiner Tätigkeit, denn eine „externe" Finanzierung wird für den Erfinder aufgrund der besonders in dieser Phase bestehenden Ungewissheit und Unkalkulierbarkeit i. d. R. nicht durchsetzbar sein. Das Nichtvorhandensein anderweitiger Geldquellen würde einen bis dato erfolglosen, d. h. noch nach der Erfindung „suchenden" Erfinder somit zu jedem Zeitpunkt schlicht zur Einstellung seiner Erfindertätigkeit zwingen.

2. Nichtergreifen von Umstrukturierungsmaßnahmen

Auch aus der unveränderten Fortführung einer Tätigkeit trotz anhaltender, nicht mehr als anfangsbedingt anzusehender Verluste wird regelmäßig der Schluss gezogen, dass deren Hinnahme nur auf persönlichen Motivationen beruhen könne.

---

[399] Natürlich betrifft dies nicht den Betrieb eines Erfinders, der bereits andere Erfindungen besitzt, die sich schon in der Verwertungsphase befinden.

a) Forschungsphase bis zur fertigen Erfindung (Phase 1)

Bei einem Erfinder, der sich mit seiner Tätigkeit noch in der Forschungsphase befindet, geht jedoch m. E. die Forderung nach dem Ergreifen von Umstrukturierungsmaßnahmen ins Leere. Bei der „Suche" nach einer Erfindung können zwar immer wieder andere Ansätze gewählt bzw. Wege eingeschlagen werden. Solche Vorgehensänderungen sind jedoch nicht vergleichbar mit den sonst möglichen betriebswirtschaftlich-organisatorischen Umstrukturierungsmaßnahmen, denn der erfinderische Erfolg wird durch derartige Umstellungen aufgrund des Wesens einer Erfindung als nicht planbares Ergebnis nicht greifbarer oder weniger ungewiss. Der Erfinder könnte somit, würde man entgegen der hier vertretenen Ansicht auf der ersten Stufe zu einer negativen Totalergebnisprognose kommen und auf der zweiten Prüfungsstufe das Nichtergreifen von Umstrukturierungsmaßnahmen als Indiz für die persönliche Motivation ansehen, nur durch die „Strukturmaßnahme" der Einstellung seiner verlustbringenden Forschungstätigkeit diesem Indiz entgegenwirken.

b) Entwicklung bis zur Verwertungsreife (Phase 2)

Auf die Phase der Weiterentwicklung einer fertigen Erfindung bis zur Patent- und Verwertungsreife lässt sich jedoch – wie auch von der Finanzrechtsprechung gehandhabt (s. o., III.3) – das allgemein genutzte Beweisanzeichen des Nichtergreifens von Umstrukturierungsmaßnahmen anwenden. In diesem Stadium muss sich die Tätigkeit eines Erfinders, wenn sie denn auf Einkünfteerzielung gerichtet ist, wieder an den Marktverhältnissen orientieren. Ergeben diese, dass für die gefundene technische Lösung auf dem Markt (so) keine Nachfrage besteht, die erwarten lässt, dass sich die bereits aufgelaufenen und noch anstehenden Entwicklungsaufwendungen amortisieren, so muss entweder die Weiterentwicklung entsprechend dieser Bedürfnisse umgelenkt werden oder, wenn für die gefundene technische Lösung keine rentable Nutzungsmöglichkeit gefunden wird, die somit definitiv verlustbringende Tätigkeit eingestellt werden. Aus der Art und Weise der Weiterentwicklung und Verwertung der Erfindung sowie der Reaktion des Steuerpflichtigen auf (vermeintliche) Fehlentwicklungen kann somit in dieser Phase abgeleitet werden, ob die Tätigkeit markt- und gewinnorientiert betrieben wird. Ist die Fortführung der Tätigkeit nach wirtschaftlichen Gesichtspunkten nicht haltbar, ist in dieser Phase Raum für die Annahme, dass diese privat motiviert sei.

3. Persönliche Motive für die Fortführung einer erfinderischen Tätigkeit

Zwar trägt der Steuerpflichtige die Feststellungslast für Unsicherheiten, die hinsichtlich des Vorhandenseins der Gewinnerzielungsabsicht zurückbleiben,[400] dies bedeutet jedoch, dass eine vom Steuerpflichtigen erklärte Absicht hinge-

[400] Da sich die Verluste durch die Verrechnung mit positiven Ergebnissen aus anderen Tätigkeiten steuermindernd auswirken.

nommen werden muss, wenn andere, objektiv erkennbare Umstände nicht eindeutig dagegen sprechen.[401]

Diese objektiv auszumachenden äußeren Umstände dienen, da die Gewinnerzielungsabsicht ein subjektives Merkmal ist, folglich als Hilfstatsachen nur dazu, das Vorliegen von vermuteten subjektiven Motivationen nachzuweisen. Die oben genannten objektiven Beweisanzeichen lassen somit lediglich Rückschlüsse auf das eventuelle Vorliegen persönlicher Motive zu, stellen dagegen nicht schon selbst solche dar. Sie dienen damit nur dem praktischen Nachweis eines subjektiven Tatbestandsmerkmals, vermögen jedoch nicht, das zu beweisende subjektive Merkmal zu ersetzen. Denknotwendige Voraussetzung der Heranziehung dieser objektiven Beweisanzeichen ist somit, dass überhaupt derartige (zu beweisende) steuerrechtlich irrelevante Motivationen eines Erfinders in Frage kommen.

a) Hinweis auf subjektive Motive in der Finanzrechtsprechung

In Fällen fehlender Gewinnerzielungsabsicht wurden folglich in der Finanzrechtsprechung grundsätzlich Ausführungen dazu angestellt, dass und welche steuerrechtlich irrelevanten Motive den Steuerpflichtigen im konkreten Fall zum Weiterbetreiben der verlustbringenden Tätigkeit bewegt haben könnten. Die objektiven Beweisanzeichen dienten nur der Untermauerung naheliegender privater Motive, so z. B. wenn aufgrund des Gegenstandes der Tätigkeit deren Betreiben als Hobby oder Freizeitgestaltung vermutet wurde, wenn landwirtschaftliche Betriebe auf die Verwirklichung einer persönlichen Passion gehobener Lebensführung und damit Einkommensverwendung hindeuteten, wenn das Vorhandensein von Kindern (mit gleicher oder verwandter Ausbildung) die Erhaltung eines Betriebes für die nächste Generation vermuten lässt oder aufgrund von Äußerungen des Steuerpflichtigen über seine Fortführungsgründe[402] zutage kam, dass diese nicht betriebswirtschaftlichen Grundsätzen entsprechen.

b) Infragekommen persönlicher Motive für die Erfindungssuche

Im Gegensatz dazu lässt die zu erfinderischen Tätigkeiten anzutreffende Rechtsprechung bei Verneinung der Gewinnerzielungsabsicht jeglichen Hinweis darauf vermissen, auf welche persönlichen Gründe diese Beweisanzeichen im Einzelfall schließen lassen sollten. Insbesondere bei Weiterbetreiben der Forschung bzw. „Suche nach einer Erfindung" trotz der damit verbundenen Ungewissheit ist dabei fraglich, welche rein private Motivation – welche Art der Einkommensverwendung – dafür nahe liegen könnte.

[401] FG Köln, EFG 1984, 283, 284 (Rev.: BFH, BStBl II 1985, 424).

[402] Z.B. der Beweggrund der Arbeitsplatzerhaltung.

Die bei Vorhandensein anderer Einkunftsquellen aus den Verlusten resultierende Steuerersparnis[403] kann m. E. nicht als persönlicher Beweggrund für die Tätigkeit angesehen werden. Zwar stellt die Absicht der Steuerersparnis keine Gewinnerzielungsabsicht dar und sind damit im Zusammenhang stehende Motive als steuerrechtlich irrelevant anzusehen. Jedoch genügt allein der Umstand, dass ein Verlust durch den Ausgleich mit anderen Einkünften faktisch zu einer Einkommens- und Steuerminderung führt, nicht, um auf die einkommensteuerrechtliche Irrelevanz einer Tätigkeit zu schließen.[404] Ferner muss der Steuerpflichtige den verbleibenden Verlust[405] im Falle des Misserfolges seiner Tätigkeit ohne Kompensationsmöglichkeit letztendlich selbst tragen.

Würde man hinter dem Weitersuchen nach einer Erfindung eine persönliche Passion des Erfinders als private Motivation vermuten, so bliebe dabei m. E. außer Acht, dass ohne eine gewisse Passion erfinderische Tätigkeit überhaupt nicht denkbar ist, diese vielmehr sogar als „Motor" der Erfindertätigkeit anzusehen ist, d. h., Innovationen werden aus der Passion heraus, technischen Fortschritt zu bewirken, geboren. Die Passion ist somit in diesem Fall notwendige Voraussetzung für eine erfolgreiche, auf die Erzielung von Einkünften gerichtete erfinderische Tätigkeit und kann folglich nicht zugleich als private Motivation angesehen werden. Ferner ist eine gewisse Passion auch bei anderen Berufen, die auf Ideen und die Entwicklung neuer Lösungen ausgerichtet sind und damit Denkprozesse nicht nur innerhalb der üblichen Arbeitszeiten erfordern, notwendig und somit nicht als Ausdruck besonderer Lebenshaltung der Einkommensverwendung zuzuordnen.

Eine Einordnung als Einkommensverwendung ist in der ersten Phase erfinderischer Tätigkeit bis zur fertigen Erfindung auch deshalb nicht vorstellbar, weil bis dahin, im Gegensatz zu den sonst als Liebhaberei eingestuften Tätigkeiten, überhaupt noch kein Wirtschaftsgut existiert oder geschaffen wurde, das sich in einer als privat einzustufenden Weise, wie Hobby oder Freizeit, nutzen ließe oder aus denen sich sonstige als persönlich verstandene Motive wie Erhaltung eines Unternehmens für die nächste Generation oder Erhaltung von Arbeitsplätzen ableiten ließen.

Die als Beweisanzeichen für das Vorliegen persönlicher Motive herangezogenen objektiven Umstände sind somit in der ersten Phase der Erfindertätigkeit nicht nur unpassend, weil sie auch auf ganz anderen Gründen als dem Vorliegen persönlicher Motivationen beruhen können, sondern sie gehen auch ins Leere, weil m. E. in diesem ersten Stadium erfinderischen Tätigwerdens keine persönlichen Gründe in Frage kommen, die mittels dieser Beweisanzeichen nachgewiesen werden könnten.

---

[403] I. H. v. (Steuersatz * Verluste).

[404] So auch Schmidt / Weber-Grellet, EStG, § 15 Rn. 31.

[405] I.H.v. [(1-Steuersatz)*Verlust].

V. Fazit

Auf Basis der dargestellten Betrachtung der Möglichkeit, erfinderische Tätigkeiten als Liebhaberei einzuordnen, ergibt sich die Notwendigkeit, diese in zwei Phasen zu unterteilen. Die erste Phase des Forschens und Suchens nach einer Erfindung dauert bis zur Fertigstellung einer ersten Erfindung. In der zweiten Phase wird die fertige Erfindung entsprechend den Bedürfnissen des Marktes bis zur Verwertungsreife weiterentwickelt. Nur auf diese zweite Phase erfinderischer Tätigkeit ist m. E. der allgemeine Liebhaberei-Tatbestand anwendbar. Dabei fließen lediglich auf jeder Prüfungsstufe die geschilderten erfindungsspezifischen Besonderheiten ein.

Auf die Tätigkeit eines Erfinders, die der ersten Phase zuzuordnen ist, sind dagegen als Folge der besonderen erfindungsspezifischen Unsicherheiten die allgemeinen Grundsätze steuerrechtlicher Liebhaberei nicht anwendbar. Zum Ersten ist in diesem Stadium die Erstellung einer Totalgewinnprognose ausgeschlossen, da keine Bewertungskriterien erkennbar sind, die es ermöglichen würden, eine Voraussage darüber zu treffen, ob und wann die Tätigkeit eines Erfinders eine fertige Erfindung hervorbringt. Zum Zweiten erweisen sich für diese Phase der Tätigkeit nicht nur die sonst zur Identifizierung persönlicher Motive herangezogenen Beweisanzeichen als unpassend, sondern es ist auch fernliegend, diese Tätigkeit als Einkommensverwendung anzusehen.

Wendet man jedoch die allgemeinen Grundsätze der Liebhaberei auf eine Erfindertätigkeit in dieser Phase dennoch an, müsste man die mit anderweitigen Einkünften finanzierte Weiterführung der erfinderischen Tätigkeit nach Ablauf einer (wohl willkürlich ermittelten) Anlaufzeit als persönlich motiviert ansehen. Es wird nämlich davon ausgegangen, dass ein Steuerpflichtiger, wenn sich entgegen der Erwartungen Gewinne auch nach einer Anlaufphase doch nicht einstellen, die wirtschaftlichen Konsequenzen ziehen muss, wenn seine Tätigkeit wirtschaftlich – und eben nicht privat – motiviert ist. Aufgrund der Ungewissheit eines noch eintretenden Verwertungserfolges wäre folglich die Einstellung der Tätigkeit i. S. d. Ergreifens einer notwendigen Strukturmaßnahme in Reaktion auf die Verluste als einzige Entscheidung anzusehen, die ein wirtschaftlich motivierter Erfinder in dieser Situation treffen dürfte. In der Folge stünde er damit vor der Wahl, seine Tätigkeit von diesem Zeitpunkt an einzustellen oder die Verluste aus der erfinderischen Tätigkeit wegen des Vorliegens steuerrechtlicher Liebhaberei nicht mehr steuerrechtlich geltend machen zu können. Eine solche steuerrechtliche Handhabung, die somit auf die Einstellung der Erfindertätigkeit hinwirkt, hätte damit eine faktische Lenkungswirkung, die volkswirtschaftlich nicht gewollt sein kann.

In den folgenden Abschnitten soll auf die Auswirkungen, die sich aus der Einordnung der erfinderischen Tätigkeit als Liebhaberei ergeben können, eingegangen werden. Denn zum einen werden in der Finanzrechtsprechung die Liebhabereigrundsätze, entgegen der hier vertretenen Auffassung, ohne Ausnahme auch auf die Tätigkeit eines Erfinders angewendet. Zum anderen kann die Tätigkeit des Erfinders ab der Fertigstellung einer Erfindung auch nach hier vertretener Ansicht nach dem allgemeinen Liebhaberei-Tatbestand geprüft werden.

C. Wechselnde Einkünfteerzielungsabsicht und verfahrensrechtliche Behandlung

Da die Beurteilung des Vorliegens der Einkünfteerzielungsabsicht für jeden Veranlagungszeitraum aufgrund der maßgebenden objektiven Verhältnisse neu zu erfolgen hat, kann die Gewinnerzielungsabsicht von Anfang an fehlen oder erst später wegfallen oder anfangs fehlen und dann einsetzen.[406]

I. Übergang von Einkünfteerzielung zu Liebhaberei

Nach Ablauf der Anlaufzeit kommt es bei einer persönlich motivierten Fortführung der Tätigkeit trotz anhaltender Verluste dazu, dass diese ab diesem Zeitpunkt nicht mehr als Einkünfteerzielung angesehen wird.[407] Die weiteren Ergebnisse der Tätigkeit bleiben dann steuerlich unberücksichtigt.[408] Aufgrund dessen wird aber grundsätzlich keine Betriebsaufgabe angenommen.[409]
Stellt der Steuerpflichtige dagegen die mit Gewinnerzielungsabsicht begonnene Tätigkeit ein, weil sich Gewinne entgegen der ursprünglichen Erwartung nicht realisieren lassen, so erstreckt sich die Gewinnerzielungsabsicht auch noch auf die Abwicklung, d. h., eventuelle Verluste aus der Abwicklung sind als negative Einkünfte steuerlich zu berücksichtigen.[410]

II. (Späteres) Einsetzen der Einkünfteerzielungsabsicht

Umgekehrt kann jedoch eine bisher steuerrechtlich irrelevante Tätigkeit in Einkünfteerzielung umschlagen. Dies kann zum einen auf einem tatsächlichen Motivwechsel des Steuerpflichtigen beruhen (s. u., 1).[411] Zum anderen kann aber auch bei subjektiv unveränderter Motivationslage des Steuerpflichtigen allein

---

406 BFH GrS, BStBl II 1984, 751, 767 m. w. Nachw.; Weber-Grellet, DStR 1998, 873, 875; HHR / Raupach / Schencking, EStG, § 2 Anm. 428.

407 BFH, BStBl II 1985, 515; Weber-Grellet, DStR 1998, 873, 875; Littmann / Bitz / Pust / Mitterpleininger, EStG, § 13 Rn. 292b.

408 BFH, BStBl II 1985, 61; HHR / Raupach / Schencking, EStG, § 2 Anm. 428. Anders für Tätigkeiten, bei denen der Anscheinsbeweis gegen Gewinnerzielungsabsicht spricht, s.o. Abschnitt 2 Kapitel 4 A.III.1.

409 Es erfolgt somit auch keine Auflösung stiller Reserven, sondern diese sind vielmehr bis zu ihrer Realisierung festzuschreiben , sog. „eingefrorenes Betriebsvermögen“. BFH, BStBl II 1993, 430; II 1982, 381; Weber-Grellet, DStR 1992, 561, 602; Littmann / Bitz / Pust / Mitterpleininger, EStG, § 13 Rn. 292b; Littmann / Bitz / Pust / Bitz, EStG, § 2 Rn. 103, § 15 Rn. 125.

410 BFH, BStBl II 1995, 722, 724; BFH / NV 1989, 692.

411 Littmann / Bitz / Pust / Mitterpleininger, EStG, § 13 Rn. 292c; HHR / Raupach / Schencking, EStG, § 2 Anm. 432.

das Einsetzen von Gewinnen mit einer fortan positiven Prognose des Totalergebnisses bewirken, dass die bisher als Liebhaberei eingestufte Tätigkeit als Einkünfteerzielung wieder steuerrechtlich relevant wird. In diesem Fall ergibt sich folglich ex post eine andere objektive Einschätzung für das Vorliegen der Gewinnerzielungsabsicht (s. u., 2).

1. Einkünfteerzielungsabsicht als Folge eines Motivationswandels

Ein nach außen als Motivationswandel zu deutendes Einsetzen der Gewinnerzielungsabsicht kann sich als Folge entsprechender Maßnahmen des Steuerpflichtigen vollziehen[412] oder dadurch, dass aus dem Ergebnis einer bisher als Hobby betriebenen Tätigkeit fortan Gewinne hervorgehen.[413]

Im Kontext mit erfinderischer Tätigkeit ist letzteres insbesondere denkbar, wenn sich ein Steuerpflichtiger jahrelang hobbymäßig mit dem Bau technischer Anwendungen beschäftigt. Geht aus einem solchen Hobby schließlich eine Erfindung hervor, kann der Erfinder in Erkenntnis eines entsprechenden Marktpotentials deren wirtschaftliche Verwertung anstreben. Die dann folgende Weiterentwicklung und Verwertungstätigkeit ist somit von Einkünfteerzielungsabsicht getragen, die Verwertungserlöse sind folglich steuerbar.

Aufgrund dieser Steuerbarkeit der Einnahmen aus dem Ergebnis einer als Hobby betriebenen Tätigkeit könnte die Idee aufkommen, diesen Erlösen die während der Jahre zuvor getätigten Aufwendungen für Material, Modellanfertigungen etc. i. S. d. Nettoprinzips steuerlich gegenüberzustellen.

Bei einer aufgrund eines Motivationswandels erst später einsetzenden steuerrechtlichen Relevanz einer Tätigkeit erfolgt jedoch auch die steuerliche Berücksichtigung der Ergebnisse grundsätzlich nur ex nunc, d. h. erst ab dem Zeitpunkt, von dem an die Tätigkeit wirtschaftlich motiviert ist. Da das Hobby nicht von Einkünfteerzielungsabsicht getragen war,[414] sind auch sämtliche im Zusammenhang mit dieser Tätigkeit angefallenen Aufwendungen als Einkommensverwendung steuerlich irrelevant. Die während des Hobbies, d. h., bei fehlender Einkünfteerzielungsabsicht, aufgelaufenen Verluste sind auch nicht als vorweggenommene Werbungskosten bzw. Betriebsausgaben steuerlich berücksichtigungsfähig.[415] Eine derartige steuerliche Anerkennung würde nämlich voraussetzen, dass die vorweggenommenen Aufwendungen im Zeitpunkt der Zahlung

[412] Littmann / Bitz / Pust / Mitterpleininger, EStG, § 13 Rn. 292c; HHR / Raupach / Schencking, EStG, § 2 Anm. 432.

[413] HHR / Raupach / Schencking, EStG, § 2 Anm. 432.

[414] Diese Absicht manifestiert sich letztlich auch darin / wird letztendlich auch daran objektiv erkennbar, dass die getätigten Aufwendungen nicht steuerlich geltend gemacht werden.

[415] Hessisches FG, EFG 1987, 303.

objektiv eindeutig erkennbar der Erzielung konkreter Einkünfte dienen sollen[416], was bei einer als Hobby betriebenen Tätigkeit aber gerade nicht der Fall ist.
Den Erlösen aus der Verwertung einer im Rahmen eines Hobbies entstandenen Erfindung können somit nicht die Aufwendungen für die Entwicklung der Erfindung gegenüber gestellt werden, da diese Aufwendungen nicht durch eine Erwerbstätigkeit, sondern eine private Tätigkeit veranlasst waren.

2. Einkünfteerzielungsabsicht infolge einsetzender positiver Einkünfte

Wurden die Verluste aus der Tätigkeit des Erfinders nach dem Ablauf einer zugebilligten Anlaufphase steuerrechtlich nicht mehr berücksichtigt, die Tätigkeit also als Liebhaberei eingestuft, können sich bei Fortführung der Entwicklungs- und Verwertungstätigkeit des Erfinders dann aber schließlich (und unerwartet) doch Gewinne einstellen. In diesem Fall tritt bei Fehlen deutlicher Hinweise auf einen Motivationswechsel derart, dass die einsetzende Einkünfteerzielungsabsicht eindeutig an Handlungen des Steuerpflichtigen festzumachen ist, die Frage auf, ab wann die Tätigkeit des Erfinders steuerrechtlich berücksichtigungsfähig ist.

a) Einsetzende vs. anfängliche Einkünfteerzielungsabsicht

Zum einen kann aus den einsetzenden Gewinnen für die Zukunft das Vorliegen der Gewinnerzielungsabsicht angenommen werden (einsetzende Gewinnerzielungsabsicht), was zur Folge hätte, dass die fortan positiven Ergebnisse der Steuer unterworfen werden, während die in der Vergangenheit angefallenen Verluste weiter unberücksichtigt bleiben. Zum anderen kommt in Betracht, dass sich eine von Beginn an vorliegende Einkünfteerzielungsabsicht nunmehr bestätigt (anfängliche Gewinnerzielungsabsicht) mit der Folge, dass auch die angefallenen Verluste steuerlich berücksichtigungsfähig sind.
Grundsätzlich genügt das Faktum der Gewinnerzielung dem BFH als durchschlagendes Indiz für eine Gewinnerzielungsabsicht.[417] Dies könnte dafür sprechen, jegliche angefallenen Gewinne sofort, d. h. bereits im ersten Veranlagungszeitraum mit positivem Ergebnis, der Steuer zu unterwerfen.
Dagegen wird bei Verlustzuweisungsgesellschaften, bei denen der Anscheinsbeweis gegen das Vorliegen von Gewinnerzielungsabsicht spricht und sog. Anlaufverluste nicht anerkannt werden, das Einsetzen von Gewinnerzielungsabsicht erst mit dem Zeitpunkt angenommen, zu dem sich die Erzielung eines Totalgewinns unter Einbeziehung aller früheren und zukünftig erwarteten Ergebnisse konkretisiert.[418] Damit wird auch ohne erkennbaren Motivations-

[416] Hessisches FG, EFG 1987, 303, 304; BFH / NV 1991, 25. Es muss somit eine Veranlassungsbeziehung zwischen einer Erwerbshandlung und der Ausgabe bestehen, nicht zwischen Ausgabe und Einnahme, Tipke / Lang (2002), § 9 Rn. 233.
[417] Jakob (2003), Rn. 87.
[418] Dazu müssen nicht alle früheren Verluste ausgeglichen sein, sondern es genügt, wenn die erzielten und zukünftig erwarteten Gewinne die zuvor erzielten Verluste übersteigen

wechsel aufgrund der nunmehr positiven Totalgewinnprognose auf das Vorliegen subjektiver Einkünfteerzielungsabsicht geschlossen, wenn der Steuerpflichtige die fortan gewinnbringende Tätigkeit in der Erkenntnis dieses Umstandes fortsetzt.[419]

b) Voraussetzungen der Annahme ex nunc vorliegender Einkünfteerzielungsabsicht

M. E. ist das alleinige Vorliegen eines positiven Ergebnisses für einen Veranlagungszeitraum kein ausreichender Hinweis darauf, dass dieses auf eine einsetzende Einkünfteerzielungsabsicht zurückzuführen ist. Zwar wird für eine durch positive Einkünfte gekennzeichnete Tätigkeit Einkünfteerzielungsabsicht angenommen. Dies geschieht aber grundsätzlich in Fällen, in denen von einer anfänglich vorliegenden Einkünfteerzielungsabsicht ausgegangen wird. Anders liegen die Verhältnisse aber m. E., wenn eine Tätigkeit wegen anhaltender Verluste als Liebhaberei eingestuft wurde.

Das Vorliegen von Einkünfteerzielungsabsicht ist ein Merkmal, welches eine Tätigkeit i. d. R. für ihre Gesamtdauer kennzeichnet. Zwar kann sich die Motivationslage eines Steuerpflichtigen durchaus ändern und dies durch positive / negative Ergebnisse nach außen in Erscheinung treten. Ein solcher Wechsel ist jedoch als Ausnahmefall anzusehen.

Die Einkommensteuer müsste idealiter an der aus einer Tätigkeit insgesamt resultierenden Leistungsfähigkeit des Steuerpflichtigen, dem Gesamtergebnis der Tätigkeit bzw. für die Summe seiner Tätigkeiten dem Lebenseinkommen, bemessen werden. Das Jahressteuerprinzip des § 2 Abs. 7 S. 1 EStG stellt dagegen nur ein technisches Prinzip zur Sicherung eines kontinuierlichen Steueraufkommens dar.[420] Aus diesem Periodizitätsprinzip können sich zwar im Einzelfall Folgen ergeben, durch welche das Idealziel der Leistungsfähigkeitsbesteuerung nicht vollständig erreicht wird, die aber aus Vereinfachungs- bzw. Praktikabilitätsgründen hingenommen werden müssen. Umgekehrt darf diesen sich im Einzelfall ergebenden Folgen aber nicht eine derart herausragende Bedeutung zugemessen werden, dass daraus Rückschlüsse auf die Tätigkeit gezogen werden. Die Einkünfteerzielungsabsicht als ein alle Einkunftsarten kennzeichnendes Merkmal ist somit als ein „langfristiges Tatbestandsmerkmal“ anzusehen, auf dessen Vorliegen bzw. Nichtvorliegen nicht in Abhängigkeit vom jeweiligen Jahresergebnis der Tätigkeit geschlossen werden kann.

---

können. BFH, BStBl II 1991, 564; Weber-Grellet, DStR 1998, 873, 875; HHR / Raupach / Schencking, EStG, § 2 Anm. 432.

419 Zur Begründung wird angeführt, dass auch umgekehrt die Fortsetzung einer verlustbringenden Tätigkeit über die Anlaufzeit hinaus zu Liebhaberei führe und dass bei positiver Totalgewinnprognose Liebhaberei nicht in Betracht kommt. HHR / Raupach / Schencking, EStG, § 2 Anm. 432. Weber-Grellet, DStR 1998, 873.

420 Tipke / Lang (2002), § 9 Rn. 46 ff.

Da für die Feststellung der Einkünfteerzielungsabsicht grundsätzlich auf das sich objektiv ergebende, langfristige Gesamtbild der Tätigkeit abzustellen ist, kann somit für eine steuerrechtlich als Liebhaberei eingestufte Tätigkeit jedenfalls nicht aufgrund sich im Einzelfall ergebender positiver Jahresergebnisse eine Einkünfteerzielungsabsicht unterstellt und so der Überschuss bzw. Gewinn einzelner Veranlagungszeiträume der Einkommensteuer unterworfen werden. Schließlich bedeutet das Vorliegen von Liebhaberei, d. h. steuerrechtlicher Irrelevanz der Tätigkeit, dass sowohl negative als auch positive Ergebnisse außer Betracht bleiben.

Somit ist m. E. zumindest eine gewisse Beständigkeit der erzielten positiven Ergebnisse vorauszusetzen, will man daraus auf einen Motivationswechsel und somit auf eine einsetzende Gewinnerzielungsabsicht schließen. Die Tätigkeit wäre damit zumindest fortan als Einkünfteerzielung zu behandeln.

c) Ex tunc vorliegende Einkünfteerzielungsabsicht

Das tatsächliche Erzielen nachhaltiger Gewinne kann aber auch ein Beweisanzeichen dafür sein, dass der Steuerpflichtige subjektiv bereits zu einem früheren Zeitpunkt bzw. während der Gesamtdauer seiner Tätigkeit Gewinnerzielungsabsicht hatte. Erlauben diese Gewinne auch unter Einbeziehung der in der Vergangenheit aufgelaufenen Verluste eine positive Totalgewinnprognose, kann daraus nach dem oben Gesagten auf das Vorliegen subjektiver Einkünfteerzielungsabsicht geschlossen werden.

In diesem Fall stellen auch die früheren, steuerlich bisher nicht anerkannten Verluste Anlaufverluste dar, die jedoch nachträglich nur als solche berücksichtigt werden können, sofern dies verfahrensrechtlich noch möglich ist.[421] Eine Korrektur der früheren Nichtanerkennung der Verluste kann dann nach § 173 AO erfolgen. Eine Änderung der Steuerbescheide, in denen die Verluste nicht berücksichtigt wurden, ist jedoch nur innerhalb der Festsetzungsfrist (§ 169 AO) möglich. Auch zugunsten des Steuerpflichtigen ist danach keine Änderung eines Steuerbescheides mehr möglich.[422]

Somit ist es denkbar, dass für eine Reihe von weiter in der Vergangenheit liegenden Veranlagungszeiträumen diese Möglichkeit der Änderung der Steuerbescheide ausscheidet.[423] Folglich kann es dazu kommen, dass Erlöse aus der Verwertung der Erfindung besteuert werden, während die für die Erfindung getätigten Aufwendungen (teilweise) nicht anerkannt wurden.[424]

---

[421] HHR / Raupach / Schencking, EStG, § 2 Anm. 432.

[422] Klein / Rüsken, AO, § 169 Rn. 46.

[423] Das Herbeiführen der Ablaufhemmung durch den Steuerpflichtigen nach § 171 Abs. 3 AO kommt nur in Frage, wenn die Festsetzungsfrist noch nicht abgelaufen ist. Stellt sich jedoch rückwirkend das Vorliegen einer Gewinnerzielungsabsicht auch in vorangegangenen VZ heraus, kann ein solcher Antrag nur noch für die letzten VZ den Ablauf der Festsetzungsfrist hemmen.

[424] Tipke / Lang (1998), § 9 Rn. 127: für den Fall eines Buchautors.

3. Einordnung der Verwertung von Ergebnissen früherer Liebhabereitätigkeit

Wurde die Entwicklung einer Erfindung steuerrechtlich als Liebhaberei eingeordnet und ergibt sich aus den positiven Verwertungsergebnissen nicht in der Retrospektive, dass die Tätigkeit von Beginn an mit Gewinnerzielungsabsicht betrieben wurde, so ist die aus der Liebhaberei hervorgegangene Erfindung dem Privatvermögen zuzuordnen.
Führt deren Verwertung zu positiven Ergebnissen, kann daraus auf das Einsetzen einer Einkünfteerzielungsabsicht geschlossen werden (s. o., 2). Es ist somit möglich, dass die Verwertung von Ergebnissen einer anfangs als Liebhaberei eingestuften Tätigkeit zu steuerpflichtigen Einkünften[425] im Rahmen der Überschuss- oder Gewinneinkunftsarten führt.

III. Verfahrensrechtliche Behandlung bei nicht feststehender Einkünfteerzielungsabsicht

Die mit der Ergebnisprognose einhergehende Unsicherheit, insbes. bezüglich der Einschätzung einer zu billigenden Anlaufphase, wird durch die Finanzverwaltung im Wege einer vorläufigen Steuerfestsetzung gem. § 165 Abs. 1 S. 1 AO gelöst.[426] In der Literatur wird diese Vorgehensweise jedoch unter dem Gesichtspunkt der Rechtssicherheit als problematisch angesehen, da somit eine für eine Prognose unzulässige ex post-Betrachtung vorgenommen werde.[427]
Sind Veranlagungen bestandskräftig geworden, kommt eine die Bestandskraft durchbrechende Änderung der Bescheide nach § 173 Abs. 1 AO in Betracht. Tatsachen i. S. d. Vorschrift sind auch innere Tatsachen wie die Gewinnerzielungsabsicht (Haupttatsache), die nur anhand äußerer Merkmale (Hilfstatsachen) festgestellt werden können.[428] Die von Amts wegen durchzuführende nachträgliche Korrektur des Steuerbescheides ist jedoch nur bis zum Ablauf der Festsetzungsfrist (§ 169 AO) möglich.

D. Gewinnerzielungsabsicht bei Personengesellschaften

Da in einer Vielzahl von Fällen Erfinder nicht einzeln tätig sind, sondern gemeinschaftliche erfinderische Tätigkeiten innerhalb von Personengesellschaften häufig anzutreffen sind, soll nachfolgend auf die Problematik steuer-

---

[425] HHR / Raupach / Schencking, § 2 EStG Anm. 432.

[426] Gerade in Grenzfällen soll das Vorliegen der Gewinnerzielungsabsicht bei länger anhaltenden Verlusten erst nach Ablauf mehrerer Jahre zu beurteilen sein. BFH, BStBl II 1990, 278; BFH / NV 1992, 108; BFH, BStBl II 1996, 219, 223.

[427] Vinzenz, DStR 1993, 550, 553; Littmann / Bitz / Pust / Bitz, EStG, § 15 Rn. 125; HHR / Raupach / Schencking, EStG, § 2 Anm. 364.

[428] Littmann / Bitz / Pust / Mitterpleininger, EstG, § 13 Rn. 292; HHR / Raupach / Schencking, EStG, § 2 Anm. 364; Tipke / Kruse / Kruse / Loose, AO, § 173 Rn. 2; Schöll / Leopold / Madle / Rader / Forchhammer, AO, § 173 Rn. 5.

rechtlicher Liebhaberei bei Personengesellschaften eingegangen werden. Bei diesen ist eine zweifache Gewinnerzielungsabsicht erforderlich - auf Gesellschaftsebene die Absicht zur Mehrung des gesamthänderisch gebundenen Betriebsvermögens[429], auf Ebene der einzelnen Mitunternehmer die Absicht, einen Gewinn nach Sonderbetriebseinnahmen bzw. -ausgaben zu erzielen.[430]

I. Besonderheiten bei der Ermittlung der Gewinnerzielungsabsicht auf Gesellschaftsebene

1. Grundsatz des einheitlichen Gewerbebetriebes

Grundsätzlich ist bei einer Personengesellschaft vom Vorliegen eines einheitlichen Gewerbebetriebes auszugehen, d. h., zunächst sind alle von ihr betriebenen Tätigkeiten zu einer Beurteilungseinheit zusammenzufassen. Damit werden die von der Gesellschaft erzielten Einkünfte auch bei an sich gemischten Tätigkeiten zunächst insgesamt als gewerbliche behandelt.[431]

2. Segmentbildung

Liegt für den einheitlichen Gewerbebetrieb Gewinnerzielungsabsicht vor, ist deren Vorliegen erneut für die jeweils verschiedenen Tätigkeitsbereiche im Wege der sog. Segmentierung zu prüfen. Zur Gewährleistung der Gleichbehandlung von Personengesellschaften mit Einzelunternehmern sollen auf diese Weise partiell nicht mit Gewinnerzielungsabsicht betriebene Tätigkeiten identifiziert und ausgegliedert werden.[432]

Zur Bildung von Beurteilungseinheiten (Segmente) ist es zunächst erforderlich, selbständige Haupttätigkeiten gegeneinander abzugrenzen. Eine derartige Selbständigkeit der Tätigkeiten ist gegeben, wenn sie zu Aktivitäten auf unterscheidbaren Absatzmärkten führen[433] und damit auch eigenen Marktbedingungen unterliegen.[434] Die so ausgemachten Haupttätigkeiten sind dann mit all ihren Hilfs- und Nebentätigkeiten zu Segmenten zusammenzufassen.[435] Die „Ausgliederung“ einer isoliert betrachtet verlustbringenden Tätigkeit aus dem einkünfterelevanten Bereich kommt somit nur in Betracht, wenn sie keinerlei Förderungs- oder Sachzusammenhang zu anderen einkünfterelevanten Tätig-

---

[429] Bordewin / Brandt, EStG, § 15 Anm. 11a.

[430] BFH, BStBl II 1982, 771; Blümich / Stuhrmann, § 15 EStG Rn. 44; Littmann / Bitz / Pust / Bitz, EStG, § 15 Rn. 126; BFH / NV 1995, 866.

[431] BFH, BStBl II 1997, 202, 203; BFH, DB 1996, 2590, 2591.

[432] Littmann / Bitz / Pust / Bitz, EStG, § 15 Rn. 126; BFH, DB 1996, 2590, 2592 m. w. Nachw.

[433] BFH, BStBl II 1997, 202; Littmann / Bitz / Pust / Mitterpleininger, EStG, § 13 Rn. 282; Littmann / Bitz / Pust / Bitz, EStG, § 15 Rn. 126; Blümich / Stuhrmann, § 15 EStG Rn. 43; Berz, DStR 1997, 358, 359.

[434] BFH, DB 1996, 2590, 2592.

[435] Blümich / Stuhrmann, § 15 EStG Rn. 43.

keiten aufweist.[436] Wird in nachvollziehbarer Weise die Verbindung von Betriebsteilen aufgrund eines einheitlichen Gesamtkonzeptes dargetan, scheidet eine getrennte Beurteilung aus.[437]

3. Segmentbezogene Prüfung und steuerrechtliche „Ausgliederung“

Für die einzelnen ausgliederungsfähigen Segmente erfolgt die Beurteilung des Vorliegens von Liebhaberei in der oben beschriebenen zweistufigen Vorgehensweise (s. o., A und B). Wird für ein solches Segment die fehlende Gewinnerzielungsabsicht festgestellt, bleiben insoweit Aufwand und Erträge bei der steuerlichen Gewinnermittlung der Personengesellschaft unberücksichtigt. Der entsprechende Bereich scheidet in den ruhenden Gewerbebetrieb unter gesonderter Feststellung der stillen Reserven aus.[438]

II. Implikationen für Erfindertätigkeit in Form einer Personengesellschaft

Die Problematik der Segmentierung kann somit auch dann zum Tragen kommen, wenn erfinderische Tätigkeiten im Rahmen einer Personengesellschaft ausgeübt werden, nämlich, wenn verlustbringende Bereiche, in denen Forschung und Entwicklung betrieben wird, nur im Wege der Quersubventionierung durch andere, gewinnbringende Tätigkeiten der Gesellschaft aufrecht erhalten werden.
Da ein Ausscheiden der Entwicklungstätigkeit aus dem einkünfterelevanten Bereich der Personengesellschaft jedoch nach dem oben Gesagten nur bei Selbständigkeit eines Segments in Frage kommt, sind bei der Segmentbildung somit die jeweiligen erfinderischen (F&E) Tätigkeiten mit den Verwertungstätigkeiten zusammenzufassen, die für denselben Absatzmarkt bestimmt sind. Werden somit Produkte auf einem Markt gewinnbringend verwertet, wirken sich damit die in die Entwicklung der nächsten Produktgeneration oder anderer Produkten für denselben Markt bzw. die für die Verbesserung des vorhandenen Produktes getätigten Aufwendungen insoweit einkommensmindernd aus, als für das Segment insgesamt die Gewinnerzielungsabsicht zu bejahen ist.
Dagegen ist aufgrund der Segmentierung die Ausgliederung eines Bereiches denkbar, wenn im Betrieb einer Personengesellschaft an Neuentwicklungen, die für einen Markt bestimmt sind, der für die Gesellschaft ein neues Betätigungsfeld darstellt, gearbeitet wird. Für diesen selbständigen und i.d.R. auch einnahmelosen Entwicklungsbereich besteht dann bei Anwendung der Liebhabereigrundsätze auf die erfinderische Tätigkeit die Möglichkeit der Verneinung der Gewinnerzielungsabsicht und damit der Ausgliederung.

---

[436] Schmidt / Weber-Grellet, EStG, § 15 Rn. 28; Blümich / Stuhrmann, § 15 EStG Rn. 43; BFH, DB 1996, 2590, 2592.
[437] BFH / NV 1995, 866, 868.
[438] Littmann / Bitz / Pust / Bitz, § 15 EStG Rn. 126; Littmann / Bitz / Pust / Mitterpleininger, § 13 EStG Rn. 282.

Bei Personengesellschaften wie auch bei Einzelunternehmern besteht somit die Gefahr, dass im Falle des Ausbleibens des wirtschaftlichen Erfolges der erfinderischen Tätigkeit die aus dieser Tätigkeit entstehenden Verluste steuerlich nach Ablauf einer fiktiven Anlaufzeit nicht mehr anerkannt werden.

E. Gewinnerzielungsabsicht bei Kapitalgesellschaften

Wird erfinderische Tätigkeit in größerem Maßstab betrieben, so sind die Forschungs- und Entwicklungsabteilungen i. d. R. in Unternehmen, die in Rechtsform einer Kapitalgesellschaft betrieben werden, anzutreffen. Gerade in den Hochtechnologiesparten werden dabei oft jahrelang Verluste erwirtschaftet oder z. T. noch nicht einmal Umsätze erzielt. Entsprechende Bereiche sind für die Unternehmen dann nur im Wege der Quersubventionierung haltbar, d.h. durch das Vorhandensein anderer, gewinnbringender Schwerpunkte als unternehmensinterne Finanzierungsquellen.[439]

Nachdem die Unterhaltung von Tätigkeiten bzw. Tätigkeitsbereichen bei Einzelunternehmern oder Personengesellschaften, bei denen über eine Reihe von Jahren anhaltende Verluste auftreten, stets die Fragen der Liebhaberei bzw. Segmentierung aufwerfen und somit auch bei einer verlustbringenden erfinderischen Tätigkeit die (potentielle) „Gefahr“ steuerlicher Nichtanerkennung besteht, soll darauf eingegangen werden, wie sich dieselbe Problematik in der ertragsteuerlichen Behandlung von Körperschaften darstellt.

Aus diesem Grund soll zunächst der aktuelle Meinungsstand zur Behandlung von Verlusten, die ihre Ursache in einer privaten Motivation der hinter der Körperschaft stehenden Gesellschafter haben, dargestellt werden. Anschließend soll darauf eingegangen werden, wie sich in der Konsequenz anhaltende Verluste aus Forschung und Entwicklung körperschaftsteuerrechtlich auswirken können.

I. Möglichkeit steuerrechtlicher Liebhaberei bei Kapitalgesellschaften

Für privat motivierte Verluste stehen bei Körperschaften zwei grundsätzliche Wege der steuerrechtlichen Behandlung in Rede, zum einen als steuerrechtliche Liebhaberei, wie sie beim einzelnen Steuerpflichtigen und bei Personengesellschaften erfolgt, oder zum anderen als verdeckte Gewinnausschüttungen.

Der Frage, welches dieser beiden Rechtsinstitute auf bestimmte verlustbringende Tätigkeiten angewendet wird, ist wegen der unterschiedlichen daran geknüpften Folgen von entscheidender Bedeutung. So trifft die Feststellungslast für verdeckte Gewinnausschüttungen grundsätzlich das Finanzamt, wogegen der Steuerpflichtige beweisen muss, dass keine Liebhaberei vorliegt, wenn er

---

[439] So beispielsweise im Bereich Biotechnologie, vgl. SZ Nr. 117 vom 23.05.2002, S. 26 „Biotech Firmen selten profitabel“.

Verluste steuermindernd geltend machen will.[440] Ferner wird bei der Annahme von Liebhaberei das Totalergebnis freigestellt, d. h. Verluste werden zwar nicht anerkannt, aber Gewinne sind ebenso wenig steuerbar. Dagegen erhöhen Verluste aus einer gesellschaftlich veranlassten Tätigkeit durch die Gewinnkorrektur der vGA die Steuerbelastung, wogegen die Einnahmen aus dieser Tätigkeit die vGA mindern, d. h., dabei erfolgt eine Saldierung der Ergebnisse aus dieser Tätigkeit.[441]

1. Im Schrifttum vertretene Ansichten

a) Bejahung der Möglichkeit steuerrechtlicher Liebhaberei einer Körperschaft

Im Schrifttum ist ein geteilter Meinungsstand hinsichtlich des Bestehens einer außerbetrieblichen Sphäre und der Möglichkeit der Liebhaberei bei Körperschaften anzutreffen. Nach Ansicht von *Streck* und *Tipke / Lang* nimmt § 8 Abs. 2 KStG[442] lediglich eine Umqualifizierung der Einkünfte vor, wobei der Begriff der Einkünfte nach § 8 Abs. 1 S. 1 KStG durch die sieben Einkunftsarten der § 2 Abs. 1 EStG vorgegeben sei, demnach also Einkünfteerzielungsabsicht voraussetze. Soweit Bereiche einer Körperschaft nicht zu Einkünften i. S. d. EStG führen, sei demnach die außerbetriebliche Sphäre der Körperschaft betroffen.[443] Diese dürfe nicht in die Einkommensermittlung einbezogen werden[444], d. h. es läge dieser Ansicht zufolge sog. Liebhaberei vor.

b) Keine außerbetriebliche Sphäre einer Körperschaft

Die Gegenansicht geht davon aus, dass Kapitalgesellschaften nur Betriebsvermögen haben. Eine außerbetriebliche Sphäre sei schon deshalb nicht denkbar, da Kapitalgesellschaften nach § 8 Abs. 2 KStG originäre Einkünfte aus Gewerbebetrieb haben.[445] Daraus schließt die Mehrheit, dass Liebhaberei, die stets dem Privatvermögen zuzuordnen ist, bei Kapitalgesellschaften nicht denkbar ist.[446]

Nach *Weber-Grellet*[447] und wohl auch der von *Stollenwerk*[448] vertretenen Ansicht lasse sich aus dem Fehlen einer außerbetrieblichen Sphäre nicht

---

[440] Rüd, DStR 1994, 1874.

[441] Streck / Schwedhelm, KStG, § 8 Anm. 103.

[442] Nach § 8 Abs. 2 KStG sind „... alle Einkünfte als Einkünfte aus Gewerbebetrieb zu behandeln."

[443] Streck / Schwedhelm, KStG, § 8 Anm. 28; Tipke / Lang (2002), § 11 Rn. 21.

[444] Streck / Schwedhelm, KStG, § 8 Anm. 28, 29, Anm. 150 „Liebhaberei".

[445] Damit müssen keine Einkünfte aus dem Katalog des § 2 Abs. 1 EStG vorliegen, denn § 8 Abs. 2 KStG könne nicht der Zweck zukommen, eine bloße Umqualifizierung der Einkünfte vorzunehmen.
Rüd, DStR 1994, 1874, 1876 f.; Weber-Grellet, DStR, 1994, 12, 15.

[446] Z.B. Rüd, DStR 1994, 1874, 1876; Thiel / Eversberg, DStR 1993, 1881, 1882; Lohaus, StuW 1989, 358, 362, 364; Blümich / Rengers, § 8 KStG, Rn. 63.

[447] Weber-Grellet, DStR 1994, 12, 16 f.

ableiten, dass durch eine Körperschaft keine Liebhaberei betrieben werden könne. Auch körperschaftsteuerlich relevantes Verhalten setze Gewinnerzielungsabsicht voraus.[449] Bei Transferierung der einkommensteuerlichen Grundsätze solle die körperschaftsteuerliche Gewinnerzielungsabsicht danach fehlen, wenn kein Totalgewinn zu erwarten ist und die Körperschaft auf einem Sektor tätig wird, der dem einkommensteuerlichen Lebensführungsbereich vergleichbar ist.[450]

2. Rechtsprechung des BFH

Der BFH geht seit der Änderung seiner Rechtsprechung im Urteil vom 4.12.1996[451] davon aus, dass eine Kapitalgesellschaft steuerlich keine außerbetriebliche Sphäre hat.[452] Nach § 8 Abs. 2 KStG seien zum Ersten alle Einkünfte als solche aus Gewerbebetrieb zu behandeln. Zum Zweiten ergebe sich dies aus dem Maßgeblichkeitsprinzip[453], denn handelsrechtliche Buchführungspflicht und Bilanz umfassten sämtliche Vermögensgegenstände und Schulden – auch die, die einer potentiell außerbetrieblichen Sphäre zuzuordnen sind. Nur so ließe sich auch ein Widerspruch zwischen § 8 Abs. 2 KStG und § 2 Abs. 2 GewStG vermeiden, denn nach § 2 Abs. 2 GewStG gelte die Tätigkeit einer Kapitalgesellschaft auch insoweit in vollem Umfang als Gewerbebetrieb, als sie nicht unter eine der sieben Einkunftsarten (§ 2 Abs. 1 EStG) falle.[454] Dieser Grundsatz gelte für § 8 Abs. 2 KStG entsprechend.[455] Für die Gewinnermittlung natürlicher Personen und Personengesellschaften gelte nur wegen § 12 EStG etwas anderes, der jedoch dem Wortlaut nach für Kapitalgesellschaften nicht anwendbar ist.[456] Dies spreche dafür, dass der Gesetzgeber das Vorhandensein einer außerbetrieblichen Sphäre bei Kapitalgesellschaften

[448] Stollenwerk, GmbH-StB 1997, 113 geht zwar einleitend widerspruchslos auf die geänderte Rechtsprechung des BFH (siehe Fn. 451) und die Behandlung als vGA ein, nimmt aber dennoch eine dem § 8 Abs. 2 KStG vorgeschalteten Prüfung der Gewinnerzielungsabsicht für den Gesamtbetrieb in gleicher Weise, wie sie bei Subjekten der ESt erfolgt, vor.

[449] HHR / Raupach / Schencking, § 2 EStG Anm. 357; Weber-Grellet, DStR 1994, 12, 16. Dies folge aus dem Verweis in § 8 Abs. 1 KStG auf die Vorschriften des EStG sowie im Umkehrschluss aus § 4 Abs. 1 S. 2 KStG (Bei Betrieben gewerblicher Art von juristischen Personen des öffentlichen Rechts genügt Einnahmenerzielung).

[450] Weber-Grellet, DStR 1994, 12, 16; Weber-Grellet, DStR 1998, 873, 877. So wohl auch Stollenwerk, GmbH-StB 1997, 113, der bei Fortführung des Betriebes trotz anhaltender Verluste die Gefahr der Einordnung als Liebhaberei sieht.

[451] BFH, DStR 1997, 492.

[452] BFH / NV 2000, 1430; BFH / NV 2001, 1678.

[453] § 5 Abs. 1 EStG.

[454] BFH, BStBl II 1991, 250.

[455] BFH, DStR 1997, 492, 493.

[456] Dementsprechend wurde der Regelungsinhalt des § 12 Nrn. 3 und 4 EStG für Kapitalgesellschaften in § 10 Nrn. 2 und 3 KStG ausdrücklich übernommen.

verneint hat.[457] Zum Dritten verbiete sich die Annahme einer außerbetrieblichen Sphäre der Kapitalgesellschaft auch deshalb, weil im KStG keine Regelungen existieren, nach denen die Überführung von Wirtschaftsgütern aus dem Betrieb in das außerbetriebliche Vermögen und umgekehrt wie eine Ausschüttung bzw. Einlage erfasst wird.[458]

II. Behandlung von „Liebhabereiverlusten" durch die h. M.

Da bei Körperschaften nach h. M. somit die Annahme einer Privatsphäre, d. h. einer außerbetrieblichen Sphäre, mit den oben aufgeführten Begründungen ausgeschlossen ist, scheidet bei diesen Liebhaberei i. S. eines ertragsteuerrechtlich nicht relevanten Verhaltens aus. Im Folgenden soll deshalb zunächst die grundsätzliche ertragsteuerliche Behandlung von Tätigkeitsbereichen einer Kapitalgesellschaft, die Neigungen oder Interessen einzelner dahinter stehender Gesellschafter dienen, dargestellt werden.

1. Betriebsausgaben trotz gesellschaftlicher Veranlassung von Aufwendungen

Aufgrund des Fehlens einer außerbetrieblichen Sphäre stellen die aus einer Tätigkeit resultierenden Aufwendungen der Kapitalgesellschaft grundsätzlich Betriebsausgaben dar[459], denn die Abzugsfähigkeit setzt nach § 4 Abs. 4 EStG lediglich eine betriebliche Veranlassung voraus, wofür schon ein sehr entfernter Veranlassungszusammenhang als ausreichend angesehen wird. Dafür müssen sich Geschäfte nicht einmal als branchentypisch darstellen, sondern es reicht aus, wenn nach Art, Inhalt und Zweck des Geschäfts ein Zusammenhang mit dem Betrieb besteht.[460] Bei Risikogeschäften soll es dafür insbesondere bedeutsam sein, ob sie von vornherein als betriebliche behandelt wurden.[461]
Der gewinnmindernde Abzug von Betriebsausgaben kann jedoch zum einen durch die Vorschriften des § 4 Abs. 5 EStG ausgeschlossen sein, zum anderen kommt gemäß § 8 Abs. 3 S. 2 KStG eine Gewinnkorrektur nach den Grundsätzen der verdeckten Gewinnausschüttung in Betracht.[462]

2. „Liebhabereiverluste" als verdeckte Gewinnausschüttung, § 8 Abs. 3 S. 2 KStG

Für den Fall, dass eine Kapitalgesellschaft nur im Interesse eines oder mehrerer Gesellschafter ein Wirtschaftsgut oder einzelne selbständige Tätigkeitsbereiche

---

457 BFH, DStR 1997, 492, 493.
458 BFH, DStR 1997, 492, 493.
459 BFH, DStR 1997, 492, 493; BFH / NV 1999, 269, 270.
460 BFH / NV 1997, 114.
461 BFH / NV 1997, 114 zur betrieblichen Veranlassung von Devisentermingeschäften.
462 BFH, DStR 1997, 492, 493: Beide Vorschriften stehen jedoch in keinem besonderen Rangverhältnis, jedoch erübrigt sich eine Gewinnkorrektur nach der einen Vorschrift, wenn sie bereits nach der jeweils anderen vollzogen wurde.

unterhält und ihr nur aus diesem Anlass Verluste entstehen, ohne dass sich die Gesellschafter zur Zahlung eines Verlustausgleiches zuzüglich eines angemessenen Gewinnaufschlages verpflichtet haben, kann eine verdeckte Gewinnausschüttung (§ 8 Abs. 3 S. 2 KStG) vorliegen.[463] Eine Abgrenzung der Interessen von Gesellschaft und Gesellschaftern gestaltet sich zwar insofern als schwierig, als juristische Personen „ihre" Interessen ohnehin durch die dahinter stehenden Gesellschafter vorgegeben bekommen. Dadurch sei es jedoch nicht ausgeschlossen, Verluste der Gesellschaft, die aus persönlichem Interesse eines Gesellschafters entstehen, diesem als vGA zuzuordnen.[464]
Dabei ist der Verhaltensmaßstab eines ordentlichen und gewissenhaften Geschäftsführers als entscheidendes Abgrenzungskriterium heranzuziehen. Hätte dieser die Aufwendungen für im Interesse einzelner Gesellschafter unterhaltene Wirtschaftsgüter bzw. Verlustbereiche nicht getätigt, liegt regelmäßig eine verhinderte Vermögensmehrung und damit eine vGA vor.[465] Jedoch ziehen unternehmerische Fehlmaßnahmen, so krass sie einem Außenstehenden auch erscheinen mögen, nicht automatisch eine vGA nach sich, sondern die betriebliche Veranlassung bleibt bestehen.[466] Für Geschäfte einer Kapitalgesellschaft muss somit festgestellt werden, ob diese dazu dienen, private Neigungen und Interessen einzelner Gesellschafter zu befriedigen und dem Fremdvergleich nicht standhalten.[467]

III. Verluste aus Forschung bei Kapitalgesellschaften

Ausgehend von der dargestellten durch die h. M. vorgenommene Abgrenzung von Gesellschaftssphäre und Gesellschaftersphäre bei Körperschaften im Falle von Verlusten, deren Verursachung den in § 12 EStG aufgeführten persönlichen Gründen nahe kommt, soll im Folgenden auf die daraus abzuleitenden Rechtsfolgen für forschungsbedingte Verluste eingegangen werden.

1. Forschungsaufwendungen als Betriebsausgaben

Geht man nach der aus der h. M. abzuleitenden Prüfreihenfolge vor, so stellt sich für die F&E-Aufwendungen, die Verluste in einer bestimmten Unternehmenssparte herbeiführen, zunächst die Frage nach der Abzugsfähigkeit als Betriebsausgabe i. S. d. § 4 Abs. 4 EStG. Da das Eingreifen eines nach § 4

---

463 BFH, DStR 1997, 492, 493 f.; BFH / NV 1999, 269, 270; BFH / NV 2001, 1678, 1679. Regelmäßig liegt damit nämlich eine verhinderte Vermögensmehrung vor, da ein ordentlicher und gewissenhafter Geschäftsleiter eine solche Verlusttätigkeit nicht ohne Vereinbarung eines Aufwendungsersatzes (zuzüglich eines angemessenen Gewinnaufschlages) übernehmen würde.

464 BFH, DStR 1997, 493, 494; BFH / NV 1999, 269, 270.

465 BFH, DStR 1997, 493, 494.

466 BFH / NV 1999, 269, 271.

467 BFH / NV 2001, 1678, 1679.

Abs. 5 EStG bestehenden Abzugsverbotes m. E. in diesem Fall ausscheidet, kommt es dabei nur auf den betrieblichen Veranlassungszusammenhang an.
Die betriebliche Veranlassung liegt wesentlich im Entscheidungsspielraum des Steuerpflichtigen, der es in der Hand hat, den Betriebsumfang und damit den Umfang der betrieblichen Aufwendungen zu bestimmen.[468] Da es weiter auf eine Rechtspflicht zur Zahlung ebenso wenig ankommt wie auf die Zweckmäßigkeit der Aufwendungen oder den Eintritt des mit der Aufwendung beabsichtigten Erfolges[469], ist die betriebliche Veranlassung von Forschungs- und Entwicklungsaufwendungen, die dazu dienen, in einem bestehenden Unternehmensbereich neue technische Lösungen einzusetzen oder in einem neuen Feld tätig zu werden, regelmäßig gegeben.
Für die betriebliche Veranlassung spricht auch die Art der Buchung, d. h. die Behandlung als betriebliche Aufwendungen. Dieses Indiz, das insbesondere bei Risikogeschäften, wie Devisentermingeschäften (siehe Fn. 461) herangezogen werden soll, ist m. E. genauso für Forschungsaufwendungen heranzuziehen, denn durch die betriebliche Verbuchung wird sichergestellt, dass die Gesellschaft nicht nur das (Entwicklungs-) Risiko trägt, sondern ihr bei positivem Ausgang auch entsprechende Chancen (Erfindungen) zustehen.

2. Behandlung der Verluste als vGA

Im nächsten Schritt tritt die Frage auf, ob durch die Unterhaltung der F&E bzw. der entsprechenden defizitären Unternehmenssparte der vGA-Tatbestand[470] erfüllt sein kann. Dafür wird es i. d. R. – zumindest bei einer nicht personalistischen Kapitalgesellschaft – schon an einer Zuwendung gegenüber einem Gesellschafter fehlen, denn die Aufrechterhaltung der F&E dient bei Gesellschaften dieser Ausprägung nicht den Interessen oder Neigungen einzelner Gesellschafter.
Bei einer personalistischen Kapitalgesellschaft oder einer Einmann-GmbH ist es zwar grundsätzlich denkbar, dass die Aufrechterhaltung eines langanhaltend verlustreichen Segments, innerhalb dessen an der Entwicklung einer Erfindung gearbeitet wird, das Faible einzelner Gesellschafter sein kann. Dabei wird jedoch der Nachweis[471] nicht zu erbringen sein, dass es sich bei derartigen F&E-Aufwendungen – so wie im Falle einer durch die Gesellschaft im Gesellschafterinteresse unterhaltenen Mittelmeeryacht[472] – um eine Zuwendung handelt, die

[468] Schmidt / Heinicke, EStG, § 4 Rn. 480.
[469] Schmidt / Heinicke, EStG, § 4 Rn. 483.
[470] VGA sind definiert als Zuwendungen an Gesellschafter, die zu einer Vermögensminderung oder verhinderten Vermögensmehrung der Gesellschaft führen und von einem ordentlichen und gewissenhaften Geschäftsleiter an einen Nichtgesellschafter nicht gewährt worden wären; Schmidt / Heinicke, EStG, § 20 Rn. 61.
[471] Die Beweislast hinsichtlich des Vorliegens von vGA liegt beim Finanzamt.
[472] BFH, DStR 1997, 492.

ihre Ursache im Gesellschaftsverhältnis hat und die ein ordentlicher und gewissenhafter Geschäftsleiter nicht getroffen hätte.

a) VGA bei risikobehafteten Geschäften

Da die Entwicklung von Erfindungen mit zahlreichen Unsicherheiten verbunden ist, soll für die Abgrenzung von Gesellschafter- und Gesellschaftssphäre insbesondere auf die für risikobehaftete Geschäfte entwickelten Grundsätze eingegangen werden. Von einer verdeckten Gewinnausschüttung soll dabei nicht von vornherein auszugehen sein, wenn die Kapitalgesellschaft sich entschließt, risikobehaftete Geschäfte zu tätigen:

> „Es ist Sache der jeweiligen unternehmerischen Entscheidung, solche Geschäfte und die damit verbundenen Chancen, zugleich aber auch die Verlustgefahren wahrzunehmen. Selbst wenn sich eine entsprechende Risiko- und Spekulationsbereitschaft mit den Absichten des Gesellschafter-Geschäftsführers decken sollte, so ändert sich daran prinzipiell nichts."[473]

Ziel des Tatbestandes der vGA sei nicht die Vermeidung betrieblicher Risiken, sondern die Abgrenzung zur Gesellschaftersphäre.[474] Nur wenn sich die Übernahme der Risiken durch die Gesellschaft bei ersichtlich privater Veranlassung als Verlustverlagerung zuungunsten der Gesellschaft darstellt, könne vom Vorliegen einer vGA ausgegangen werden. Eine solche Verlustverlagerung liegt vor, wenn sich z. B. die Gesellschaft verpflichtet, die Verluste aus dem riskanten Geschäft zu tragen, Gewinne aber dem Gesellschafter zustehen sollen oder die Übernahme dieses Geschäftes durch die Gesellschaft erst zu einem Zeitpunkt erfolgt, zu dem sich das dauerhafte Auftreten anhaltender Verluste schon konkret abzeichnet.[475]

Fallen in einer Kapitalgesellschaft infolge der F&E-Aufwendungen bei der Erschließung eines neuen Geschäftsfeldes Verluste an, so trägt die Gesellschaft nicht nur die Entwicklungsrisiken bzw. F&E-Aufwendungen, sondern ihr stehen regelmäßig auch die daraus resultierenden Erfindungen zu. Bei eindeutiger Zuordnung der Forschungstätigkeit zur Gesellschaft stehen dieser die Entwicklungsrisiken und die sich aus der Entwicklung ergebenden Chancen gleichermaßen zu. Es liegt somit keine privat veranlasste Verlustverlagerung auf die Gesellschaft vor.

Demnach fehlt es bei der Aufrechterhaltung eines solchen Unternehmensbereiches auch an der vGA-Voraussetzung der verhinderten Vermögensmehrung. Auf die Tatsache, dass sich die Erfindungsentwicklung eventuell mit den Interessen einzelner Gesellschafter deckt, kommt es dann nicht mehr an.

---

[473] BFH / NV 2001, 1678, 1679 m. w. Nachw. für Devisentermingeschäfte einer Kapitalgesellschaft.

[474] BFH / NV 1999, 269, 270; BFH / NV 2001, 1678, 1679.

[475] BFH / NV 1999, 269, 270; BFH / NV 2001, 1678, 1679.

b) Fremdvergleich

Auch bei Durchführung des sonst im Rahmen der vGA-Prüfung üblichen Fremdvergleichs kommt man zu dem Ergebnis, dass der Markt den Unternehmen die Erschließung neuer Geschäftsfelder abverlangt und damit auch die Entwicklung neuer Technologien im Rahmen der strategischen Unternehmensausrichtung notwendig ist, um langfristig erfolgreich tätig zu sein. Im Hinblick darauf, dass die Quersubventionierung derart zukunftsorientierter Unternehmensbereiche sowohl bei sehr kleinen, personalistisch strukturierten Gesellschaften als auch bei Konzernen eine absolut gängige Vorgehensweise ist, ist der Schluss, derartige Verluste würden von der Gesellschaft ausschließlich im persönlichen Interesse einzelner Gesellschafter getragen, m. E. absolut fernliegend.

c) Ergebnis zur Erfüllung des vGA-Tatbestandes

Die Erfüllung des Tatbestandes der verdeckten Gewinnausschüttung als quasi „stellvertretender Liebhaberei-Tatbestand" der Körperschaften ist somit m. E. bei Kapitalgesellschaften, die aufgrund der Aufwendungen für die Entwicklung von Erfindungen insgesamt oder in einzelnen Segmenten langjährige Verluste erzielen, ausgeschlossen. Damit werden die herkömmlichen betriebswirtschaftlichen Strategien der Quersubventionierung und Diversifikation (zumindest) bei Kapitalgesellschaften auch steuerrechtlich anerkannt.

IV. Fazit zur Liebhaberei bei Kapitalgesellschaften

Bei Kapitalgesellschaften besteht somit grundsätzlich für Forschungsaufwendungen an der betrieblichen Veranlassung kein Zweifel und das Vorliegen der Voraussetzungen einer vGA ist zu verneinen. Folglich besteht bei diesen nicht die latente Gefahr, dass die aus der erfinderischen Tätigkeit hervorgehenden Verluste nicht mehr anerkannt werden.

Im Vergleich dazu besteht bei der Fortsetzung der verlustbringenden erfinderischen Tätigkeit bei einem Einzelerfinder oder einer Personengesellschaft aufgrund der Ausdehnung der für den „Liebhaberei"-Tatbestand als „persönlich" definierten Motivationen und der Beweislast des Steuerpflichtigen für seine Gewinnerzielungsabsicht die Möglichkeit der Beurteilung als Liebhaberei mit der Folge, dass Verluste nach einer zugebilligten Anlaufphase nicht mehr steuerrechtlich anerkannt werden.

Bei der derzeitigen Behandlung erfinderischer Tätigkeiten durch die Finanzverwaltung, die die Tätigkeit eines Erfinders der allgemeinen Liebhabereiprüfung unterwirft, stellt eine Körperschaft somit die erfindungsfreundlichere rechtliche Gestaltungsform dar.

Kapitel 5 Zufallserfindungen

Der Begriff der „Zufallserfindung" tauchte erstmals in einem Urteil des RFH im Jahre 1927[476] auf und wurde von da an von der Finanzrechtsprechung weiterentwickelt und zur einkommensteuerrechtlichen Qualifikation erfinderischen Tätigwerdens herangezogen. Ohne einen weiteren Definitionsversuch für diesen Begriff unternehmen zu wollen, handelt es sich dabei grundsätzlich um Fälle, in denen ein Erfinder Erlöse aus der Verwertung einer einmaligen Erfindung, die auf einem spontanen Einfall beruht, erzielt.
Dabei ergeben sich zahlreiche Abgrenzungsprobleme hinsichtlich der Zuordnung der Erfindung zum Betriebs- bzw. Privatvermögen und daraus folgend der Einordnung der aus der Erfindung resultierenden Einnahmen in die Einkunftsarten des EStG.

A. Der Begriff der Zufallserfindung in Finanzrechtsprechung und Literatur

I. Zufallserfindungen in der Rechtsprechung des RFH

1. Abgrenzung von vorübergehenden und gelegentlichen Tätigkeiten

In dem Urteil des Reichsfinanzhofes vom 7. Juli 1927[477] stand die Steuerbarkeit einer Anzahlung für vom Erfinder eingeräumte Benutzungsrechte an seiner Erfindung zur Entscheidung. Für die Frage, ob die strittige Einnahme durch die Tätigkeit des Erfindens oder durch die Veräußerung bzw. Verpachtung der erworbenen Schutzrechte erzielt wurde, hatte der RFH eine Grenzziehung zwischen selbständiger Arbeit (§ 35 EinkStG) und dem Vorliegen einer Erfindung im Privatvermögen vorzunehmen.[478] Nach den Ausführungen des RFH seien diese Einnahmen des Erfinders

> „... auch dann als Einkünfte aus sonstiger selbständiger Arbeit anzusehen, wenn es sich nur um eine v o r ü b e r g e h e n d e Tätigkeit handelt. [...]
>
> Dabei kann der vorübergehenden nicht die e i n m a l i g e Tätigkeit gegenübergestellt werden, weil [...] auch eine einmalige, ohne Absicht der Wiederholung unternommene Tätigkeit Einkünfte im Sinne des § 35 erzeugen kann. Eher wird man der Unterscheidung gerecht werden durch den Gegensatz vorübergehender und g e l e g e n t l i c h e r Tätigkeit, wobei das vorübergehende Tätigwerden entweder ein Mehr nach Zeit und Umfang gegenüber der gelegentlichen Tätigkeit oder eine zwar an und für sich

---

[476] RFH, StuW 1927, Urteil Nr. 404, Sp. 538.
[477] Siehe Fn. 476.
[478] Bei dieser Alternative kamen sowohl Einkünfte aus Verpachtung (§ 38 des EinkStG) als auch Einkünfte aus einem Spekulationsgeschäft (§ 41 Abs. 1 i.V.m. § 42 des EinkStG) in Frage.

> geringfügige Tätigkeit, die aber nach den Begleitumständen auf die Absicht der Wiederholung schließen läßt, in sich birgt."[479]

Für die Abgrenzung von Tätigkeiten, die zu Einkünften aus selbständiger Arbeit führen, gegen Einkünfte aus Verpachtung oder Leistungsgewinne aus einem (privaten) Veräußerungsgeschäft, sei demnach nicht ausschlaggebend, ob eine wiederholte oder eine einmalige Tätigkeit vorliege. Diese solle vielmehr anhand der Attribute „vorübergehend" und „gelegentlich" vorgenommen werden. In Anwendung dieser Kasuistik auf den Fall einer einmaligen Erfindung führte der RFH aus:

> „Bei Erfindungen wird es sich [...] meist um eine zum mindesten v o r ü b e r g e h e n d e Tätigkeit in dem beschriebenen Sinne handeln. Denn die Erfindung wird regelmäßig das Ergebnis einer eingehenden und nachhaltigen Beschäftigung mit den technischen oder sonstigen wissenschaftlichen Fragen sein, auf deren Gebiet die Erfindung liegt. Nur bei Zufallserfindungen könnte es sich um eine nur g e l e g e n t l i c h e Tätigkeit handeln."[480]

Der RFH hält somit bei einem Erfinder grundsätzlich die Nachhaltigkeit schon durch den zum Auffinden des erfinderischen Gedankens erforderlichen Aufwand gegeben. Eine gelegentliche Tätigkeit wird allenfalls bei Zufallserfindungen für möglich gehalten.

Der Begriff der „Zufallserfindung" wird damit vom RFH als Synonym für eine „Blitzidee" verwendet. Eine „Zufallserfindung" wird somit als notwendige Bedingung dafür angesehen, dass eine Einordnung der gesamten Tätigkeit des Erfinders als gelegentliche überhaupt in Frage kommt. Das Vorliegen einer Zufallserfindung bedeutet damit aber nicht, dass insgesamt eine nicht nachhaltige Tätigkeit vorliegt.[481]

In Anwendung dieses Urteilsgrundsatzes zieht *Becker* den Schluss, nur bei der Verwertung eines Gelegenheitseinfalles, wie der Erfindung der gebogenen Haarnadel, kämen überhaupt ein privates Veräußerungsgeschäft bzw. bei Lizenzvergabe Einkünfte aus Vermietung und Verpachtung in Frage. Die Verwertungsergebnisse einer Erfindung seien ansonsten aber stets „Früchte selbständiger Arbeitstätigkeit".[482]

2. Einbeziehung aller bis zur Verwertung erforderlichen Tätigkeiten

In einem weiteren vom RFH[483] entschiedenen Fall ging es um eine Erfindung auf dem Gebiet der Weberei. Diese war in einem Gutachten in technischer Hinsicht als „Ei des Columbus" bezeichnet worden und wurde nur als Ergebnis eines glücklichen, zufälligen Einfalls für möglich gehalten. Daraus schluss-

[479] RFH, StuW 1927, Urteil Nr. 404, Sp. 538, 541 f.
[480] RFH, StuW 1927, Urteil Nr. 404, Sp. 538, 542.
[481] Diesem Begriffsverständnis folgte auch Tullius, DB 1960, Beilage Nr. 10, S. 2.
[482] Becker, StuW 1927 Sp. 1051, 1054.
[483] RFH, StuW 1932, Urteil Nr. 265, Sp. 547 - 550.

folgerte das Finanzgericht, es liege eine Zufallserfindung und damit auch zwingend eine nur gelegentliche Tätigkeit vor. Der RFH revidierte dieses Urteil. Er ging davon aus:

> „... daß die finanziellen Ergebnisse aus der Verwertung einer Zufallserfindung, d. h. einer Erfindung, bei der der eigentliche erfinderische Gedanke nicht einer nachhaltigen Beschäftigung mit der einschlägigen Materie, sondern einem glücklichen Zufall zu verdanken ist, nicht ohne weiteres schlechthin als Einkünfte aus nur gelegentlicher [...] Tätigkeit angesehen werden können. Es ist zu beachten, daß von dem erfinderischen Gedanken bis zur erfolgreichen Verwertung der Erfindung häufig ein weiter Weg ist.
>
> Für die Frage, ob das Maß der auf eine Erfindung aufgewendeten Tätigkeit nach Zeit und Umfang so groß ist, daß die Einkünfte aus der Verwertung der Erfindung als solche aus vorübergehender Tätigkeit anzusehen sind, kommt es aber, da das Einkommensteuergesetz grundsätzlich auf den Erfolg abstellt, nicht allein auf diejenige Tätigkeit an, die ausgeübt wird, um zunächst auf den erfinderischen Gedanken zu kommen, als vielmehr auf das Maß derjenigen Tätigkeit, die erforderlich ist, um die Erfindung so weit zu fördern, daß eine erfolgreiche Verwertung möglich wird.
>
> Das schließt nicht aus, daß bei einer Zufallserfindung die Sache so liegt, daß ohne weitere Versuche und Vorarbeiten die erfolgreiche Weiterverwertung der Erfindung ohne weiteres gegeben erscheint und daß das Maß der bis zur Verwertung erforderlichen weiteren Tätigkeit des Erfinders so gering ist, daß man von einer nur gelegentlichen Tätigkeit sprechen kann.“[484]

Trotz des Vorliegens einer „Zufallserfindung“ i. S. e. spontan geborenen Idee, deren Auffinden für sich gesehen auf einer nur gelegentlichen Tätigkeit beruhte, wurde somit durch den RFH eine „vorübergehende“ selbständige Berufstätigkeit und nicht eine gelegentliche Tätigkeit angenommen.
Allein das Vorliegen einer Zufallserfindung in diesem Sinne lasse somit nicht die Schlussfolgerung zu, bei der erfinderischen Tätigkeit handele es sich insgesamt nur um eine gelegentliche. Vielmehr seien zur Abgrenzung einer vorübergehenden zu einer nur gelegentlichen Tätigkeit Zeit und Umfang der gesamten den Verwertungserfolg bedingenden Tätigkeit in die Betrachtung einzubeziehen. Im konkreten Fall waren dies jahrelange praktische Untersuchungen und Erprobungen der Erfindung, die auch nach deren Verkauf unter Leitung des Erfinders fortgesetzt wurden.

II. BFH-Urteil „Fangvorrichtung“

Der BFH hatte 1998 in einem Fall über die Steuerbarkeit einer sog. Zufallserfindung zu entscheiden.[485] Dabei hatte ein Rentner wenige Stunden nach einem Gespräch mit seinem Sohn eine Idee zu einer neuen technischen Ausgestaltung von Fangvorrichtungen für Rolltore. Diese skizzierte er auf zwei DIN A 4-Blättern. Durch den Betrieb seines Sohnes ließ der Erfinder seine Erfindung ca. ½ Jahr lang auf der Grundlage einer Vereinbarung ausprobieren

---

[484] RFH, StuW 1932, Urteil Nr. 265, Spalte 549.
[485] BFH, BStBl II 1998, 567.

und bis zur „Produktionsreife" entwickeln und im Laufe von drei Jahren insgesamt sechs Schutzrechte im In- und Ausland auf seinen Namen anmelden. Diese wurden zunächst durch Lizenzvergabe, dann im Wege des Verkaufes jeweils an den Betrieb seines Sohnes verwertet. Die Tätigkeit des Erfinders wurde der Einkunftsart selbständiger Arbeit zugeordnet, der für die Erfindung erzielte Veräußerungserlös folglich als Gewinn aus der Veräußerung von Betriebsvermögen behandelt. Dagegen wandte der Erfinder ein, es handle sich um die Veräußerung einer sog. Zufallserfindung, die nicht steuerbar sei.[486]

Der BFH definierte in dem Urteil eine Zufallserfindung als eine Idee, die ohne weitere Ausarbeitung verwertungsreif ist.[487] Nach dieser Definition des BFH werden „Zufallserfindung" und „gelegentliche Tätigkeit" synonym verwendet, d. h., nicht nur das Auffinden des erfinderischen Gedankens muss auf einer nicht nachhaltigen, d. h. gelegentlichen Tätigkeit beruhen[488], sondern bei der gesamten erfinderischen Tätigkeit muss es sich um eine gelegentliche handeln.[489] Hinsichtlich der Abgrenzung nachhaltiger und gelegentlicher Tätigkeit führt der BFH aus:

> „Bedarf es [...] nach einem spontan geborenen Gedanken einer weiteren Tätigkeit, um die Erfindung bis zur Verwertungsreife zu fördern, liegt eine planmäßige Erfindertätigkeit vor, die nicht mehr als „gelegentlich" anzusehen ist."[490]

Im entschiedenen Fall wurde die Nachhaltigkeit der Tätigkeit bejaht, da in sämtlichen Unterlagen zu den Patentanmeldungen die Ursprungsskizzen nur noch rudimentär zu erkennen waren, was auf eine detaillierte Ausarbeitung des ursprünglichen Gedankens zurückgeführt wurde. Für die Beurteilung der Nachhaltigkeit der Tätigkeit eines Erfinders könne es auch

> „ ... nicht entscheidend sein, ob der Erfinder die bis zur Patentreife erforderlichen Arbeiten selbst durchführt oder von einem anderen für sich durchführen läßt."[491]

III. „Flexibler Autofokus"

1. FG Hamburg vom 24.07.2002

Der zunächst vom FG Hamburg entschiedene Fall[492] ist der einzige, in dem bislang die Nachhaltigkeit der erfinderischen Tätigkeit verneint wurde und die

---

[486] BFH, BStBl II 1998, 567.

[487] BFH, BStBl II 1998, 567, 568.

[488] „Nicht jede „Blitzidee" führt zu einer Zufallserfindung ...", BFH, BStBl II 1998, 567, 568.

[489] Zwar bezieht sich der BFH bei seiner Definition (BStBl II 1998, 567, 568 re. Sp.) auf ein Urteil des RFH (StuW 1927, Urteil Nr. 404, Sp. 538), jedoch fasste der RFH wie oben (Abschnitt 2 Kapitel 5 A.I.2) dargestellt den Begriff der Zufallserfindungen weiter.

[490] BFH, BStBl II 1998, 567, 568.

[491] BFH, BStBl II 1998, 567, 569.

[492] FG Hamburg, DStRE 2002, 1493; Revision, s. u., 2.

aus dem Verkauf[493] resultierenden Veräußerungsgewinne als nicht steuerbar angesehen wurden. Nach dem zugrunde liegenden Sachverhalt war Inhalt des spontanen Gedankens des Erfinders lediglich die These, dass der Autofokus einer Kamera flexibel sein müsse. Allein für diese Idee sind drei regional verschiedene Patente erteilt worden, ohne dass es der Ausarbeitung weiterer technischer Details bedurfte. Das FG Hamburg sah darin eine Zufallserfindung nach der Definition des BFH, d.h. eine insgesamt nicht nachhaltig betriebene erfinderische Tätigkeit. Es führte aus:

> „Ihren Charakter als Zufallserfindung verliert die Erfindung auch nicht dadurch, dass der Kl. in der Folgezeit das Verfahren zur Erteilung der Patente betrieben hat. Denn dadurch wird die Erfindungstätigkeit nicht zu einer nachhaltigen. Die „Blitz-Idee" [...] ist für die Patentanmeldung nicht mehr verändert worden, vielmehr hat der Patentanwalt lediglich die für Patentschriften übliche Darstellung der Erfindung übernommen [...] Mit der Anmeldung hat der Kl. den Zweck verfolgt, den Schutz seiner Erfindung durch das Patent und damit ein Ausschließlichkeitsrecht gegenüber jedermann zu erlangen; die Patenterteilung ist gewissermaßen die letzte Stufe des Erfinderhandelns.
>
> Auch der Umstand, dass insgesamt drei Patente erteilt wurden, führt nicht per se zu einer Nachhaltigkeit, denn Ihnen lag jeweils die nämliche Erfindung ohne weitere Veränderungen zu Grunde; die Patente sind insoweit lediglich für verschiedene Gebiete erteilt worden."[494]

Diesen Ausführungen zufolge lässt das FG Hamburg zur Beurteilung des Tatbestandsmerkmals der Nachhaltigkeit den Umfang der zur Schutzrechtserteilung erforderlichen Handlungen außer Betracht mit der Begründung, dass dieses Verfahren lediglich der Erwirkung eines Ausschließlichkeitsrechtes diene.
Die Nachhaltigkeit der Tätigkeit wurde auch nicht aufgrund der Patentveräußerung selbst angenommen. Der Verkauf der insgesamt drei Patente erfolgte, nachdem diese zunächst erfolglos verschiedenen Kameraherstellern angeboten wurden, schließlich einheitlich an den Patentverletzer. Dadurch wurde nach Ansicht des Finanzgerichtes die Grenze privater Vermögensverwaltung nicht überschritten. Ebenfalls fehle es insoweit an der Nachhaltigkeit mangels Absicht der Wiederholung und Herstellung einer ständigen Erwerbsquelle, da der Erfinder sich der „Einmaligkeit des Vorgangs" bewusst gewesen sei.[495]

2. BFH vom 10.09.2003

In der Revisionsentscheidung[496] stellte auch der BFH für die Nachhaltigkeit auf die Notwendigkeit einer Wiederholungsabsicht ab:

---

[493] Der Verkauf erfolgte, indem ein Patentverletzer in Anspruch genommen wurde, der daraufhin alle Recht aus dem Patent gegen den vom Erfinder geforderten Betrag von DM 750.000 (entspricht ca. € 380.000) erwarb.

[494] FG Hamburg, DStRE 2002, 1493, 1494.

[495] FG Hamburg, DStRE 2002, 1493, 1494.

[496] BFH / NV 2004, 257.

> „Die Wiederholungsabsicht muss sich auf die (hier) erfinderische Tätigkeit beziehen; [...] Wird ein Steuerpflichtiger wiederholt erfinderisch tätig, sei es, um auf den erfinderischen Gedanken zu kommen, sei es um die Verwertungsreife einer Erfindung zu fördern, so ist die erfinderische Tätigkeit auch dann nachhaltig, wenn der Steuerpflichtige letztlich nur eine Erfindung macht [...].“[497]

Allein die Tätigkeiten des zur Patenterwirkung beauftragten Rechtsanwaltes führten nicht dazu, eine auf Wiederholung angelegte erfinderische Tätigkeit anzunehmen, da sie nicht der Förderung der (technischen) Verwertungsreife der Erfindung dienten.[498]

Der BFH bezweifelte die Möglichkeit der Patentierbarkeit der erfinderischen Idee „der Autofocus soll flexibel sein“, welche keine fertige Erfindung i. S. e. technische Lehre zur Lösung eines Problems darstelle. Zur Feststellung von Art und Umfang der zur Patentreife führenden Tätigkeit wurde deshalb an das FG zurückverwiesen.

> „Sollte diese ergeben, dass der Kläger tatsächlich nur seine Idee in Gestalt einer Skizze schriftlich niedergelegt hat, so ergäbe sich hieraus allein noch keine nachhaltige erfinderische Tätigkeit [...].“[499]

Die Bejahung des Tatbestandsmerkmals der Nachhaltigkeit wurde somit in dieser Entscheidung allein von der *tatsächlichen* Wiederholung *technisch* zu qualifizierender Tätigkeiten abhängig gemacht.

IV. Kritik der Literatur an der Rechtsprechung des BFH zur Zufallserfindung

Durch das erstgenannte Urteil des BFH[500] wurde eine Diskussion darüber angestoßen, ob ein Festhalten am Begriff der Zufallserfindung überhaupt Sinn macht. In einer Anmerkung zu diesem BFH-Urteil wird vorgeschlagen, den Begriff der Zufallserfindung auf einen nicht weiter ausgearbeiteten Gedanken zu begrenzen, da nur die Veräußerung eines solchen als Ergebnis gelegentlicher Tätigkeit anzusehen sei.[501]

Zugmaier[502] kritisiert, dass der Begriff der Zufallserfindung im Laufe der Zeit von der Rechtsprechung zu einem ungeschriebenen Tatbestandsmerkmals hochstilisiert wurde. In Zweifelsfällen seien die gesetzlichen Tatbestandsmerkmale auszulegen, in Fällen sog. Zufallserfindungen dementsprechend die Merkmale „nachhaltig“ und „gelegentlich“ gegeneinander abzugrenzen. Der Begriff der Zufallserfindung erweise sich aber für diesen Zweck unbrauchbar, da bei entsprechender Subsumtion das eigentliche Problem nicht getroffen werde.

---

[497] BFH / NV 2004, 257.
[498] BFH / NV 2004, 257, 258.
[499] BFH / NV 2004, 257, 258.
[500] „Fangvorrichtung“, BFH, BStBl II 1998, 567.
[501] MK, Anm. zu BFH (Fn. 500), DStRE 1998, 749.
[502] Zugmaier, Anm. zu BFH (Fn. 500), FR 1998, 947.

Zugmaier plädiert im Ergebnis dafür, auf den Begriff der Zufallserfindung zu verzichten, da er mehr schadet als er nützt.[503]
Nach Ansicht von *List*[504] haben die Entwicklung zur Produktionsreife und die Anmeldung der Erfindung zur Erteilung eines Patentes „mit der Erfindungshandlung selbst nichts mehr zu tun"[505]. Die erfinderische Tätigkeit sei deshalb abgeschlossen, wenn die Erfindung fertiggestellt und damit anmeldefähig ist; die Patentanmeldung diene dann nur noch dem Zweck, den Schutz der Erfindung durch das Patent zu erreichen.[506] Der Begriff der Zufallserfindung bleibe deshalb steuerrechtlich für Erfindungen von Bedeutung, die nicht auf planmäßiger Erfindungstätigkeit unter Einsatz wissenschaftlich-technischer Fähigkeiten beruhen, sondern nur einen geringen Zeitaufwand und praktisch-technisches Wissen erfordern.[507] In der Folge ordnet List Erfindungen, die das Ergebnis einer Blitzidee sind – selbst wenn der Erfinder vor deren Verwertung weiterentwickelnde Tätigkeiten entfaltet – dem Privatvermögen zu.[508]
D. Jakob rechnet zum einen entgegen der von List vertretenen Auffassung die Entwicklung bis zur Patentreife noch dem erfinderischen Handeln zu, da die Patenterteilung durch Vermittlung eines Ausschließlichkeitsrechtes gerade das erfinderische Handeln abrunde.[509] Zum anderen sieht er aber die erfindungsrechtliche Einordnung der Tätigkeit schon nicht als maßgeblich für das Steuerrecht an. Das Einkommensteuerrecht knüpfe nicht an bestimmte Berufe an, sondern an die monetäre Leistungsfähigkeit und damit jene Tätigkeiten des Steuerpflichtigen, die vom Markt vergütet werden. Die Steuerbarkeit einer Tätigkeit hänge somit nicht von ihrer Qualifikation als erfinderische ab, sondern davon, ob sie einen einkommensteuerrechtlichen Tatbestand erfülle.[510]

B. Nachhaltigkeit der Entwicklung und Verwertung von Zufallserfindungen

Es ist *Zugmaier* und *D. Jakob* darin zuzustimmen, dass die steuerrechtliche Einordnung des Handelns eines Erfinders auch im Falle der sog. Zufallserfindungen nach den Einkunftstatbeständen des EStG zu erfolgen hat.
Die Entwicklung eines allgemeinen Begriffes der Zufallserfindung hilft zur einkommensteuerrechtlichen Qualifikation einer Tätigkeit nicht weiter. Zum einen ist nämlich schon zweifelhaft, ob angesichts der vielen denkbaren

[503] Zugmaier, Anm. zu BFH (Fn. 500), FR 1998, 947, 948.
[504] List, DB 1999, 1085, 1086.
[505] List, DB 1999, 1085, 1087: Die Produktionsreife werde durch den gewerblichen Anwender der Erfindung und nicht durch den Erfinder hergestellt.
[506] List, DB 1999, 1085, 1086.
[507] List, DB 1999, 1085, 1087.
[508] List, DB 1999, 1085, 1088.
[509] D. Jakob, DStZ 2000, 317, 320.
[510] D. Jakob, DStZ 2000, 317, 321.

Ausprägungen erfinderischen Handelns und der Tatsache, dass Erfindungen in den unterschiedlichsten Stadien ihrer Entwicklung verwertet werden können, die Entwicklung eines allgemeinen Begriffes der Zufallserfindung überhaupt gelingen kann. Zum zweiten würde die Abgrenzung der Einkunftsarten durch den Umweg über eine Einordnung als erfinderische Tätigkeit nicht an Trennschärfe gewinnen, da das EStG jegliches Tun der Steuer unterstellt, welches einen gesetzlichen Einkunftstatbestand erfüllt, unabhängig davon, ob es als erfinderisches einzuordnen ist oder nicht.

Im Folgenden soll somit auf die gesetzlichen Tatbestandsmerkmale eingegangen werden, die darüber entscheiden, ob die entstandene Erfindung dem privaten oder einem betrieblichen Vermögen zuzuordnen ist. Für den Fall sog. Zufallserfindungen erscheinen dabei insbesondere die Merkmale der Nachhaltigkeit und der Beteiligung am allgemeinen wirtschaftlichen Verkehr sowie des Vorliegens privater Vermögensverwaltung problematisch.

I. Das Tatbestandsmerkmal der Nachhaltigkeit

Den drei Gewinneinkunftsarten ist das Tatbestandsmerkmal der Nachhaltigkeit gemeinsam.[511] Dieses Merkmal dient insbesondere dazu, diese Einkunftsarten gegen einmalige Veräußerungshandlungen im privaten Bereich[512] bzw. nur gelegentliche Tätigkeiten[513] abzugrenzen. Die Nachhaltigkeit einer Tätigkeit ist somit notwendige Bedingung für die Zuordnung einer selbst erstellten Erfindung zum Betriebsvermögen. Bei deren Fehlen ist eine Tätigkeit folglich nur im Rahmen der Überschusseinkunftsarten steuerbar.

Dabei hat sich der aus dem Umsatzsteuerrecht stammende Begriff der Nachhaltigkeit mit der dazu ergangenen Rechtsprechung auch im Einkommen- und Ertragsteuerrecht durchgesetzt.[514] Eine Tätigkeit ist nachhaltig, wenn sie subjektiv von der Absicht getragen ist, sie bei sich bietender Gelegenheit zu wiederholen und daraus eine Erwerbsquelle zu machen.[515] Dies zeigt sich objektiv meist durch ihre tatsächliche Wiederholung.[516] Daneben kann sich aber auch eine einmalige Tätigkeit auf andere Weise als nachhaltig darstellen.[517]

---

[511] Dieses Tatbestandsmerkmal ist auch bei einer nur vorübergehenden Tätigkeit erfüllt, wie § 18 Abs. 2 EStG noch einmal ausdrücklich klarstellt.

[512] Blümich / Stuhrmann, § 15 EStG Rn. 31.

[513] Schmidt / Weber-Grellet, EStG, § 15 Rn. 17.

[514] HHR, § 15 EStG, Erläuterungen zu Abs. 2, B.II.2; Sölch / Ringleb / Klenk, UStG, § 2 Rn. 157.

[515] Schmidt / Weber-Grellet, EStG, § 15 Rn. 17; BFH / NV 1996, 187, 189.

[516] BFH, FR 1983, 121.

[517] Blümich / Stuhrmann, § 15 EStG Rn. 32, 34; Littmann / Bitz / Pust / Bitz, § 15 EStG Rn. 122; Rau / Dürrwächter / Stadie, UStG, § 2 Rn. 251; HHR, § 15 Abs. 2 EStG, II. 2.

1. Ausführung mehr als nur eines Umsatzes

Das Ausführen mehr als eines Umsatzes stellt grundsätzlich ein für nachhaltiges Tätigwerden sprechendes Kriterium dar.[518] Da Nachhaltigkeit schon dann anzunehmen ist, wenn tatsächlich mehrere Handlungen unter Ausnutzung derselben Gelegenheit oder desselben dauernden Verhältnisses vorgenommen werden, gilt dies auch bei mehreren aufeinanderfolgenden, gleichartigen Verkäufen.[519] Dabei ist eine Planmäßigkeit i. S. einer Vielheit von Handlungen und eines vorweg gefassten, auf Wiederholung gerichteten Willensentschlusses zumindest dann nicht vorausgesetzt, wenn zahlreiche Verkäufe an verschiedene Personen über einen gewissen Zeitraum hinweg vorliegen.[520] Auf einen Entschluss zur Fortsetzung der Tätigkeit kommt es somit nur an, wenn nur ein Umsatz vorliegt.[521]

2. Auf Wiederholung angelegtes Tun

Bei einer einmaligen Tätigkeit ist Nachhaltigkeit bereits gegeben, wenn diese objektiv erkennbar auf Wiederholung angelegt ist, es zu einer tatsächlichen Wiederholung aber nicht kommt.[522] Auf eine derartige Wiederholungsabsicht wird aus Vorbereitungshandlungen[523] geschlossen, also Vorkehrungen, die darauf schließen lassen, dass eine Tätigkeit in Zukunft wiederholt werde.[524] Der Steuerpflichtige kann bei deren Vorliegen somit nicht einwenden, er habe nicht in Wiederholungsabsicht gehandelt.[525]

3. Umfang bzw. Intensität der Ausübung einer Tätigkeit

Die Nachhaltigkeit kann sich bei einer einmaligen Tätigkeit auch aus Umfang und Intensität des jeweiligen Geschäfts und seiner Abwicklung ergeben, nämlich dann, wenn die Durchführung einer auf einmaligem Beschluss beruhenden Tätigkeit mehrere rechtlich und wirtschaftlich eigenständige Handlungen erheblichen Gewichts erfordert.[526] Werden für einen einmaligen Umsatz tatsächlich eine Fülle umfangreicher und verschiedener Handlungen über einen längeren Zeitraum ausgeführt, kommt es auch nicht auf das Vorliegen einer Wieder-

---

[518] Sölch / Ringleb / Klenk, UStG, § 2 Rn. 158 m. w. Nachw.

[519] RFH, RStBl 1927, 115; BFHE 59, 75, 76; BFH / NV 1996, 187, 189; Sölch / Ringleb / Klenk, UStG, § 2 Rn. 158 m. w. Nachw.; Blümich / Stuhrmann, § 15 EStG Rn. 35 m. w. Nachw.

[520] BFHE 59, 75, 77.

[521] BFHE 59, 75, 77; BFHE 95, 21, 22.

[522] Blümich / Stuhrmann, § 15 EStG Rn. 32.

[523] Littmann / Bitz / Pust / Bitz, § 15 EStG Rn. 122.

[524] Dazu zählen auch behördliche Anmeldungen, das Einrichten erforderlicher Räumlichkeiten u. ä.

[525] Littmann / Bitz / Pust / Bitz, § 15 EStG Rn. 122; BFH, BStBl III 1957, 355.

[526] Blümich / Stuhrmann, § 15 EStG Rn. 34; BFH, BStBl II 1972, 360, 361.

holungsabsicht an.[527] Eine einmalige Tätigkeit wird auch dann nachhaltig betrieben, wenn sie in Zukunft laufende Verpflichtungen des Steuerpflichtigen – Tätigkeiten, Duldungen oder Unterlassungen – auslöst.[528] Dagegen reicht es für die Bejahung der Nachhaltigkeit nicht aus, wenn der Steuerpflichtige durch eine einmalige Tätigkeit lediglich einen Dauerzustand schafft, in dem über einen längeren Zeitraum laufende Einnahmen anfallen.[529] Neben Umfang und Intensität des Tätigwerdens sollen auch Höhe des getätigten Umsatzes[530] sowie die Dauer der Tätigkeit[531] als Indizien für das nachhaltige Betreiben einer Tätigkeit herangezogen werden.

II. Nachhaltigkeit bei (einmaliger) erfinderischer Tätigkeit

Bei einer sog. Zufallserfindung steht i. d. R. die steuerrechtliche Einordnung der Verwertungsergebnisse einer einzigen, auf einer Blitzidee beruhenden, Erfindung in Frage. Das Merkmal der Nachhaltigkeit ist somit kritisch, weil es in diesen Fällen schon an einer tatsächlichen Wiederholung der Herstellung einer fertigen Erfindung fehlt. Da die Tätigkeit des Erfinders i.d.R. nicht mit dem Auffinden der erfinderischen Idee abgeschlossen ist, wird zunächst darauf eingegangen, welche Tätigkeiten des Erfinders (s. u., 1) und ob Fremdtätigkeiten (s. u., 2) in die Beurteilung des Tatbestandsmerkmals der Nachhaltigkeit einzubeziehen sind. Anschließend soll dargestellt werden, durch welche „Umstände" die Nachhaltigkeit der erfinderischen Tätigkeit ausgelöst werden kann.

1. In die Beurteilung einzubeziehende Tätigkeiten des Erfinders

Um die Nachhaltigkeit der erfinderischen Tätigkeit insbesondere im Hinblick auf den Umfang der Tätigkeit zu beurteilen, ist zunächst abzugrenzen, welche Tätigkeiten des Erfinders in die Subsumtion unter das Tatbestandsmerkmal der Nachhaltigkeit einzubeziehen sind. Dazu soll die von *D. Jakob* und *List* (s. o., A.IV) geführte Diskussion aufgegriffen werden.

Der von *List*[532] und in den Urteilsbegründungen von FG Hamburg[533] und BFH[534] („Flexibler Autofokus") geäußerten Auffassung, die Entwicklung bis zur Patentreife habe mit der Erfindungshandlung nichts mehr zu tun, da sie allein den Zweck verfolge, den Schutz der Erfindung durch das Patent zu erreichen,

---

527 BFHE 95, 21, 22 f.

528 Blümich / Stuhrmann, § 15 EStG Rn. 34.

529 Blümich / Stuhrmann, § 15 EStG Rn. 34; BFH, BStBl III 1964, 139 für einmaliges Vermittlungsgeschäft mit laufenden Provisionseinnahmen.

530 BFH, BStBl II 1993, 379, 380; FG München v. 11.04.2002, Az.: 14 K 475/99, das aufgrund dieser Umstände bereits das Tätigen zweier Vermittlungsumsätze als nachhaltig ansah.

531 BFH, BStBl II 1976, 57, 58; II 1993, 379, 380.

532 List, DB 1999, 1085, 1086.

533 FG Hamburg, DStRE 2002, 1493, 1494.

534 BFH / NV 2004, 257, 258.

kann nicht gefolgt werden. Auch die Bezugnahme des BFH auf das Urteil des IV. Senats („Fangvorrichtung“[535]) ist dabei m. E. verfehlt, da bei letzterem schon die *technische* Weiterentwicklung zur Patentreife das Merkmal der Nachhaltigkeit erfüllte[536] und sich somit die Frage der Einbeziehung der auf die Patenterteilung gerichteten rechtlich-organisatorischen Tätigkeiten überhaupt nicht mehr stellte.

Aufgrund des erforderlichen Kausalzusammenhanges zwischen der entgeltlichen Verwertung von Leistungen am Markt und den Einkünften[537] sind als steuerrechtlich relevante Erwerbstätigkeit all diejenigen Tätigkeiten anzusehen, die die Einkünfte in der entsprechenden Höhe bedingt haben. Für die Beurteilung des Merkmals der Nachhaltigkeit ist folglich auf die Gesamtheit der bis zum Verwertungserfolg durchgeführten – gewissermaßen „hinter der am Markt angebotenen Leistungen stehenden“ – Tätigkeiten abzustellen.

Es sind somit alle zur Herstellung der *Verwertungsreife* erforderlichen Tätigkeiten in die Beurteilung einzubeziehen. Verwertungsreife meint dabei im Unterschied zu der von *List*[538] verwendeten Terminologie den Entwicklungsstand, in welchem die Erfindung am Markt angeboten und somit Einnahmen generieren soll. Bei (geplanter) Verwertung der ungeschützten Erfindung liegt die zur Herstellung der Verwertungsreife erforderliche, am Markt verwertete Leistung in der Fertigstellung der Erfindung und bei Verwertung der geschützten Erfindung in der Herstellung der Patentreife. Bei einer entsprechend weiterreichenden Verpflichtung des Erfinders[539] bzw. Absicht, die Erfindung in Eigenproduktion einzusetzen, kommt aber auch die Produktionsreife der Erfindung als Verwertungsstadium in Betracht.

Es kommt somit entgegen *List* und der oben zitierten Rechtsprechung nicht auf eine Einstufung der Tätigkeit als „erfinderische“ an, da das Einkommensteuerrecht an eine derartige Tätigkeitsqualifikation keine Rechtsfolgen knüpft. Sondern bei der Beurteilung des Merkmals der Nachhaltigkeit ist die Gesamtheit der Tätigkeiten einzubeziehen, die zu den Verwertungserfolgen des Erfinders geführt hat. Dazu können in *technischer* Hinsicht die Fertigstellung der Erfindung, Herstellung der Patentreife oder der Produktionsreife zählen, aber auch *rechtlich-organisatorische* Tätigkeiten, wie Patentrecherche und Durchführung der Patentanmeldung, und sogar *Vermarktungs*aktivitäten, wie die Suche nach Abnehmern für die Erfindung bzw. die erwirkten Schutzrechte.

[535] BFH, BStBl II 1998, 567.

[536] BFH, BStBl II 1998, 567, 569.

[537] Tipke / Lang (2002), § 9 Rn. 122; Lang (1981/88), S. 229, 232; HHR / Raupach / Schencking, EStG, § 2 Anm. 72.

[538] List, DB 1999, 1085, 1086. Dieser versteht unter dem Begriff der Verwertungsreife lediglich die Fertigstellung einer Erfindung bzw. die Herstellung der Patentreife.

[539] Diese kann sich aus einer Vereinbarung mit dem Käufer der Erfindung oder mit dem Lizenznehmer ergeben.

Somit ist generell der Umfang aller Tätigkeiten zur Herstellung der Verwertungsreife, d. h. bis zum Anbieten auf dem Markt, ausschlaggebend.

2. Steuerrechtliche Zurechnung fremder Tätigkeiten

Weiter ist fraglich, inwiefern dem Erfinder fremde Tätigkeiten, die er für das Überführen der Erfindung in das angestrebte Verwertungsstadium in Anspruch nimmt, steuerrechtlich zugerechnet werden können.

Der BFH geht im Urteil betreffend die „Fangvorrichtungen" nicht näher auf die Gründe ein, warum es nach seiner Ansicht nicht entscheidend ist, ob der Erfinder die bis zur Verwertung erforderlichen Entwicklungsarbeiten selbst durchführt oder von einem anderen für sich durchführen lässt.[540] Auch nach dem „Autofokus"-Urteil sollen für das Merkmal der nachhaltigen Tätigkeit vom Erfinder selbst ausgeführte und von Dritten in seinem Auftrag ausgeführte Tätigkeiten berücksichtigt werden.[541]

D. Jakob zieht den Vergleich zu einem Bauunternehmer, der sich zur Verwirklichung seiner Aufgaben anderer Unternehmen bedient und sieht die Zurechnung fremder Entwicklungstätigkeiten zum Erfinder als besonders naheliegend an, „weil es allein der Erfindungsgedanke ist, der „das Geld" bringt und nicht die Entwicklungsarbeiten, die sich ein Erfinder unter Marktbedingungen kaufen kann".[542]

Auch für die Beurteilung dieser Frage kommt es m. E. wieder darauf an, welche vom Steuerpflichtigen angebotene Leistung letztendlich vom Markt entlohnt wird. Ob die hinter der angebotenen Gesamtleistung stehenden Einzelleistungen selbst erstellt oder zugekauft sind, der Steuerpflichtige Teilleistungen nicht selbst erstellen will oder nicht selbst erstellen kann, ist für die Steuerbarkeit der Leistung ohne Belang.[543] Selbst wenn die vom Steuerpflichtigen angebotene Leistung zu 100% aus zugekauften Leistungen besteht und sein eigener im Zusammenstellen der Gesamtleistung liegender Wertschöpfungsbeitrag u. U. nur von untergeordneter Bedeutung sein sollte, muss sie ihm einkommensteuerrechtlich insgesamt zugerechnet werden.

Diese Betrachtungsweise wird auch durch das dem Einkommensteuerrecht zugrunde liegende Leistungsfähigkeitsprinzip getragen. Die Steuerlast wird danach durch die vom Steuerpflichtigen am Markt erzielte Wertschöpfung bestimmt. Denn nach dem Nettoprinzip als Ausprägung des Leistungsfähigkeits-

540 BFH, BStBl II 1998, 567, 569.

541 BFH / NV 2004, 257. In diesem Urteil versteht der XI. Senat des BFH darunter jedoch jeweils nur solche Tätigkeiten, die der technischen Weiterentwicklung der Erfindung dienen, s. o., A. III.2 sowie B.II.1.

542 D. Jakob, DStZ 2000, 317, 321.

543 Dieser Fakt kann allenfalls dafür Bedeutung erlangen, ob sich die Tätigkeit des Steuerpflichtigen als eigenverantwortliche i. S. v. § 18 Abs. 1 Nr. 1 S. 1 EStG und damit als freiberufliche oder anderenfalls als sonstige selbständige (§ 18 Abs. 1 Nr. 3 EStG) bzw. gewerbliche Tätigkeit zu qualifizieren ist. BFH, BStBl II 1998, 567, 569.

prinzips sind bei der Einkunftsermittlung die Preise der zugekauften Leistungen zum Abzug zu bringen. Damit ist es ohne Belang, ob der Steuerpflichtige die gesamte am Markt angebotene Leistung selbst erstellt hat oder nur einen (letzten) wertschöpfenden Schritt zum Gesamtergebnis der angebotenen Leistung beigetragen hat.[544] Das objektive Nettoprinzip ist somit der „Garant" dafür, dass der Steuerpflichtige trotz Zurechnung zugekaufter Fremdleistungen nicht über seine Leistungsfähigkeit hinaus besteuert wird.
In die Beurteilung der Tätigkeit eines Erfinders hinsichtlich des Merkmals der Nachhaltigkeit sind somit auch die hinter der verwerteten Erfindung stehenden Fremdleistungen einzubeziehen.

3. Nachhaltigkeit der Entwicklungstätigkeit

a) Auffinden des erfinderischen Gedankens

Da Nachhaltigkeit schon aufgrund von Vorbereitungshandlungen, die auf Wiederholungsabsicht hindeuten, angenommen wird, kann dieses Merkmal auf der ersten Stufe der Tätigkeit eines Erfinders schon gegeben sein, wenn dieser für seine Tätigkeit beispielsweise eine bestimmte Grundausstattung an Geräten beschaffen muss oder sonstige Vorkehrungen trifft. Daraus ergibt sich, dass von einem gelegentlichen Tätigwerden des Erfinders nur gesprochen werden kann, wenn der erfinderische Gedanke ohne die vorherige Schaffung technischer oder organisatorischer Voraussetzungen entsteht. Das Vorliegen einer sog. Blitzidee, die sich skizzenhaft festhalten lässt, ist somit notwendige Bedingung dafür, eine daraus hervorgehende Erfindung überhaupt dem Privatvermögen zuordnen zu können.
Die Veräußerung des eventuell noch nicht zu einer fertigen Erfindung gereiften erfinderischen Gedankens, d. h. einer noch nicht technisch brauchbaren Erfindung, die erst durch den Erwerber fertiggestellt werden soll,[545] stellt das früheste Stadium der Erfindungsverwertung dar. Handelt es sich daher bei einer solchen unfertigen Erfindung um die oben beschriebene Blitzidee, so sind die aus deren Verwertung resultierenden Erlöse das Ergebnis einer nicht nachhaltigen Tätigkeit des Erfinders.
Eine Erfindung wird jedoch regelmäßig erst in einem höheren Entwicklungsstadium verwertet. Die Nachhaltigkeit der zum Verwertungserfolg führenden Tätigkeit kann sich dann auch nach dem Auffinden des erfinderischen Gedankens aus den weiteren, der Verwertung vorgeschalteten Handlungen, ergeben.

---

[544] Z. B. die Kombination aller fremden zugekauften durch das geschickte Zusammenführen eigener und fremder Leistungen.
[545] Benkard / Bruchhausen, PatG, § 6 Rn. 12.

b) Fertigstellung der Erfindung und Herstellung der Patentreife

Auf den nächsthöheren Entwicklungsstufen steht die Verwertung des Rechtes an der Erfindung bzw. des Rechtes *auf* das Patent. Die Entstehung des allgemeinen Erfinderrechtes setzt die Fertigstellung der Erfindung voraus, d. h., diese muss nach den Angaben des Erfinders mit Erfolg ausführbar sein. Dabei können Versuche, Erprobung und Bearbeitung des ursprünglich unfertigen Erfindungsgedankens, um diesen ausführbar, also praktisch-technisch brauchbar zu machen, sowie die Anfertigung von für Dritte verständlichen Skizzen und Erklärungen nötig sein. Umfang oder zeitlicher Aufwand dieser Tätigkeiten können somit dazu führen, dass die Tätigkeit bei Verwertung der fertigen, ungeschützten Erfindung nachhaltig ist.
Dies gilt erst recht für die Herstellung der Patentreife, die gegebenenfalls weitere Ausarbeitungen des erfinderischen Gedankens, Versuchs- und Entwicklungstätigkeiten erfordert, da die Patenterteilung gemäß § 1 Nr. 1 PatG zusätzlich die gewerbliche Anwendbarkeit der Erfindung voraussetzt.

c) Durchführung des Verfahrens zur Schutzrechtserteilung

Bei der geplanten Verwertung eines Schutzrechtes kann neben der technischen Weiterentwicklung der Erfindung zur Patentreife auch das Betreiben des Verfahrens zur Schutzrechtserteilung aufgrund des Umfanges der dahinterstehenden Tätigkeiten ein weiteres Indiz für die Nachhaltigkeit der Erfindertätigkeit liefern. Das FG Hamburg ging in seinem Urteil vom 24. Juli 2002 davon aus, dass in dem von ihm entschiedenen Fall auch durch das Betreiben des Patenterteilungsverfahrens keine Nachhaltigkeit der Tätigkeit des Erfinders „hervorgerufen" wurde. Begründet wurde dies mit der kargen, den Umfang der ursprünglichen Idee nicht übersteigenden Patentschrift.[546]
Dem konkreten Sachverhalt nach betrugen jedoch die Aufwendungen des Erfinders für den Patentanwalt für dessen sich über drei Jahre hinziehende Tätigkeit DM 28.649.[547] Dieses Urteil wirft somit zum einen die Frage auf, ob das Betreiben des Schutzrechtsverfahrens durch den Erfinder selbst zur Nachhaltigkeit seiner Tätigkeit führen kann. Zum anderen ist problematisch, welche Konsequenz sich aus der Übertragung dieses für die Verwertungsreife notwendigen Schrittes auf einen Dritten ergibt.

aa) Betreiben des Verfahrens der Schutzrechtserteilung durch den Erfinder

Die im geschilderten Fall[548] dem Patentanwalt gezahlte Honorarsumme und der Zeitraum, über den sich die Vorbereitungen zur Patenterteilung hingezogen haben, geben eine Vorstellung davon, in welchem Umfang ein Erfinder zum Zweck der Patenterwirkung tätig werden muss. Das im konkreten Fall über drei

---

[546] FG Hamburg, DStRE 2002, 1493, 1494.
[547] Entspricht ca. € 14.700.
[548] FG Hamburg, DStRE 2002, 1493, 1494.

Jahre dauernde Hinarbeiten auf diese Werterhöhung der Erfindung führt zusammen mit der Anzahl der wohl aufgewendeten Arbeitsstunden, die bei Durchführung durch den Erfinder in eigener Person mangels beruflicher Routine wohl ungleich höher ausgefallen wäre, dazu dass von einer gelegentlichen Tätigkeit nicht mehr gesprochen werden kann.

Die Patenterteilung erfordert somit, wie der dargestellte Fall eindrucksvoll zeigt, selbst bei Erfindungen, die nicht durch große Komplexität gekennzeichnet sind, in der Regel eine Fülle verschiedener, z. T. umfangreicher Handlungen, die einen längeren Zeitraum in Anspruch nehmen. Der Umfang der Patentschrift scheint insofern nicht in jedem Fall Rückschlüsse auf das Ausmaß der hinter der Erwirkung eines Patentes stehenden Tätigkeit zuzulassen. Zwar kann umgekehrt eine Patentschrift, die inhaltlich und von ihrem Umfang her weit über den ursprünglich festgehaltenen erfinderischen Gedanken hinausgeht, darauf schließen lassen, dass die initiale Blitzidee zahlreiche Weiterentwicklungen und Ausarbeitungen erfahren hat, das Patent mithin auf nachhaltiger Tätigkeit des Erfinders beruht.[549] Dagegen lässt aber eine nur „spärliche" Patentschrift nicht den Schluss zu, die zur Patenterteilung notwendige Tätigkeit sei von ebenso geringem Umfang, also eine nur gelegentliche. Es ist somit stets einzelfallbezogen zu beurteilen, welchen Aufwand das Betreiben des Patenterteilungsverfahrens erfordert, wozu jedenfalls nicht der Umfang der Patentschrift als Beurteilungsgrundlage herangezogen werden kann.

Die Schutzrechtserteilung bewirkt des Weiteren, dass andere von der Nutzung der Erfindung ausgeschlossen sind[550], d. h. der Patentinhaber verschafft sich durch den Patentschutz eine Monopolstellung. Dadurch trägt das Betreiben des Schutzrechtsverfahrens in erheblichem Maße zur Wertschöpfung an der Erfindung bei mit der Folge, dass der Wert des vom Erfinder am Markt angebotenen Schutzrechts den der ungeschützten Erfindung deutlich übersteigt. Das Betreiben des Patenterteilungsverfahrens bedeutet somit auch in dieser Hinsicht, dass der Erfinder auf die Schaffung einer Einkunftsquelle von gewisser Dauer hinwirkt.

Folglich wird die Erwirkung eines Schutzrechtes für die Erfindung aufgrund des Umfangs der dahinterstehenden Tätigkeit und der damit bewirkten Absicherung der „Einkunftsquelle" Erfindung i. d. R. dazu führen, die Tätigkeit des Erfinders als nachhaltig anzusehen. Etwas anderes kann jedoch im Einzelfall dann gelten, wenn der Umfang der Tätigkeit und der Wert der entstandenen Patente die Schaffung einer dauerhaften Einkunftsquelle als fernliegend erscheinen lassen.

---

[549] So wie es in dem Sachverhalt der Fall war, der dem Urteil des BFH, BStBl II 1998, 567, 569, zugrunde lag.

[550] Wirkung des Patents gem. § 9 PatG.

bb) Einschaltung eines Patentanwaltes

Daran schließt sich die Frage an, ob die Durchführung jenes Schutzrechtserteilungsverfahrens durch einen Dritten, z. B. einen Patentanwalt, eine andere Beurteilung rechtfertigt. Nach dem oben (siehe 2) Gesagten ändert die Tatsache, dass den Verwertungserfolg bedingende Tätigkeiten nicht durch den Steuerpflichtigen selbst, sondern durch Dritte durchgeführt werden, nichts an der Beurteilung der Nachhaltigkeit der Tätigkeit. Da die Frage, aus welchem Grund und in welchem Umfang der Steuerpflichtige Subleistungen der hinter seiner am Markt angebotenen Gesamtleistung an Dritte delegiert hat, für die Steuerbarkeit bedeutungslos ist, spielt es auch keine Rolle, ob der Erfinder nicht in der Lage war, im konkreten Fall die zur Patenterteilung notwendigen formalen und juristischen Tätigkeiten selbst durchzuführen. Somit ist das durch einen Patentanwalt durchgeführte Verfahren zur Erwirkung eines Schutzrechtes dem Erfinder in der Weise zuzurechnen, dass es für das Merkmal der Nachhaltigkeit nicht darauf ankommen kann, wer in concreto diesen wertschöpfenden Schritt durchgeführt hat.

Da auch Kriterien wie Beteiligung am Markt und Auftreten wie ein Händler oder Gewerbetreibender für die Nachhaltigkeit einer Tätigkeit sprechen[551], führt die Betrachtung aus dieser Perspektive zu demselben Ergebnis, da die Einschaltung des Rechtsanwaltes für das Patenterteilungsverfahren einen „Zukauf" von Leistungen darstellt, die dann kombiniert mit der eigenen Leistung weiterverkauft werden.

cc) Fazit zur Nachhaltigkeit durch Erwirkung eines Schutzrechtes

Zusammenfassend kann somit festgestellt werden, dass das Betreiben des Verfahrens zur Schutzrechtserteilung – sei es durch den Erfinder in eigener Person oder durch einen von ihm beauftragten Anwalt – in der Regel zur Nachhaltigkeit der Tätigkeit des Erfinders führt. Aufgrund des Umfangs der zur Schutzrechtserwirkung erforderlichen Tätigkeiten und der daraus resultierenden Wertschöpfung ist m. E. eine nicht nachhaltige Tätigkeit nur denkbar, wenn eine Verwertung der ungeschützten Erfindung erfolgen soll.

4. Nachhaltigkeit bei der Veräußerung von Patenten mit unterschiedlicher regionaler Geltung

Wird mehr als nur ein Umsatz getätigt, sind für das Merkmal der Nachhaltigkeit einer Tätigkeit eine Vielheit von Handlungen oder eine Wiederholungsabsicht überhaupt nicht mehr erforderlich.[552] Es stellt sich damit die Frage, ob für den Fall, dass für eine Erfindung Patente für verschiedene Länder erwirkt wurden und diese an denselben Erwerber veräußert werden, mehrere Umsätze vorliegen

[551] Sölch / Ringleb / Klenk, UStG, § 2 Rn. 158; Rau / Dürrwächter / Stadie, UStG, § 2 Rn. 252 f.

[552] BFHE 59, 75, 77, BFHE 95, 21, 22 f., s. o., Abschnitt 2 Kapitel 5 B.I.1.

und schon allein dadurch, d. h. unabhängig von Wiederholungsabsicht und Umfang, die Nachhaltigkeit der Tätigkeit begründet wird.

a) Anzahl der Umsätze nach der Zahl veräußerter Wirtschaftsgüter

Nach Ansicht des BFH stellen die für eine Erfindung in verschiedenen Ländern erteilten Patente verschiedene Wirtschaftsgüter dar, da sie einen unterschiedlichen Inhalt haben und in unterschiedlicher Weise verwertet werden können.[553] Legt man dem Umsatzbegriff diese „wirtschaftsgutbezogene" Betrachtung zugrunde, lägen mit der Veräußerung der Schutzrechte, die sich nur durch ihre regionale Geltung unterscheiden, mehrere Umsätze vor. Nachhaltigkeit wäre dann schon aus diesem Grund gegeben, unabhängig von Wiederholungsabsicht oder Umfang der Tätigkeit.

b) Umsätze nach wirtschaftlicher Betrachtungsweise

Zu einem anderen Ergebnis könnte man dagegen bei wirtschaftlicher Betrachtungsweise kommen. Dem Urteil des BFH vom 3. Juni 1954 lässt sich im Umkehrschluss entnehmen, dass mehrere Verkäufe, die nicht an verschiedene Personen und nicht über einen längeren Zeitraum erstreckt erfolgen, bei wirtschaftlicher Betrachtungsweise als nur ein Verkauf gewürdigt werden können.[554] Für die Annahme einer nachhaltigen Tätigkeit käme es dann – bei Vorliegen nur eines Umsatzes – noch auf den Umfang der Tätigkeit bzw. eine Wiederholungsabsicht an.
Der Verkauf *mehrerer* für eine Erfindung erwirkter Schutzrechte unterschiedlicher regionaler Geltung an denselben Käufer ist somit daraufhin zu untersuchen, ob er aufgrund wirtschaftlicher Betrachtungsweise als *ein* Umsatz angesehen werden kann.
Das FG Hamburg sah Nachhaltigkeit jedenfalls nicht durch die Erteilung von Patenten unterschiedlicher regionaler Geltung begründet:

> „Auch der Umstand, dass insgesamt drei Patente erteilt wurden, führt nicht per se zu einer Nachhaltigkeit, denn ihnen lag jeweils die nämliche Erfindung ohne weitere Veränderungen zu Grunde; die Patente sind insoweit lediglich für verschiedene Gebiete erteilt worden."[555]

In dem dieser Entscheidung zugrunde liegenden Sachverhalt wurde jedoch von den erwirkten Patenten nur eines verkauft. Dasselbe gilt für das BFH-Urteil vom 26. April 1962[556], das für das Vorliegen mehrerer Umsätze unzutreffend zitiert

---

[553] BFH, BStBl II 1976, 666.

[554] BFHE 59, 75, 77: „Im Streitfall liegen aber zahlreiche Verkäufe an verschiedene Personen vor, der Steuerpflichtige hat seine Abnehmer durch Inserate und Vermittlung dritter Personen ermittelt. Einen solchen Tatbestand als nur einen Verkauf würdigen zu wollen, .., ist auch bei wirtschaftlicher Betrachtungsweise nicht möglich."

[555] FG Hamburg, DStRE 2002, 1493, 1494 („Flexibler Autofokus").

[556] BFH, BStBl III 1962, 264. In Frage stand dabei bloß, ob die Erwirkung der Schutzrechte für andere Länder in hinreichender Weise auf eine Wiederholungsabsicht des Steuer-

wird.[557] Somit lässt sich aus beiden Urteilen für die Frage des Vorliegens mehrerer Umsätze keine Aussage gewinnen.
Ein derartiger „gebündelter" Verkauf regional verschiedener Schutzrechte für dieselbe Erfindung ist von der Intention getragen, eine geschützte Erfindung auf den Erwerber zu übertragen, wobei der räumliche Wirkungskreis dieses Schutzes über den eines Staates hinausgehen soll. Nur aufgrund der Tatsache, dass es bisher keine international oder europaweit geltenden Patente gibt[558], ist es zur Abdeckung eines größeren als nur landesweit reichenden Schutzbereiches erforderlich, diesen aus mehreren Patenten unterschiedlicher räumlicher Geltung zusammenzusetzen und damit mehrere Patente zu übertragen. Die Veräußerung „der geschützten Erfindung" an einen Erwerber, unabhängig davon, durch wie viele Schutzrechte der territorial gewollte Schutz erwirkt werden kann, stellt sich dabei m. E. nach wirtschaftlicher Betrachtungsweise als eine einzige Lieferung und Leistung, d. h. als ein Umsatz, dar.
Allein die Tatsache, dass für eine Erfindung mehrere Schutzrechte unterschiedlicher regionaler Geltung an denselben Käufer veräußert werden, genügt somit nach der hier vertretenen Ansicht nicht zur Bejahung der Nachhaltigkeit. Es bedarf in diesem Fall zusätzlich eines Abstellens auf den Umfang der Tätigkeit oder auf die Wiederholungsabsicht.

III. Fazit zur Nachhaltigkeit bei „Zufallserfindungen"

Zur steuerlichen Einordnung der aus einer Erfindung resultierenden Verwertungserlöse ist die gesamte den Verwertungserfolg bedingende Tätigkeit zu betrachten, unabhängig davon, ob diese (noch) als erfinderische anzusehen ist oder Teile dieser Tätigkeit auf Dritte verlagert werden. Anhand der dargestellten Schritte, die eine Erfindung bis zu der ihr zugedachten Verwertungsreife durchlaufen kann, ergibt sich, dass eine nur gelegentliche Tätigkeit eines Erfinders lediglich in Fällen denkbar ist, in denen eine technische Blitzidee ohne weitere Ausarbeitung oder Weiterentwicklung und ohne Schutzrechtserwirkung veräußert werden soll.[559] Regelmäßig wird somit bei der Erstellung einer Erfindung einschließlich der Herstellung der Verwertungsreife, d. h. der Patent- oder Produktionsreife, das Tatbestandsmerkmal der Nachhaltigkeit erfüllt sein.

---

pflichtigen hinweisen. Veräußert wurde nach dem zugrunde liegenden Sachverhalt nur das für Deutschland wirkende Schutzrecht, Patent und Zusatzpatent (§ 16 Abs. 1 S. 2, Abs. 2 PatG).

557 Sölch / Ringleb / Klenk, UStG, § 2 Rn. 158.

558 Die Anmeldung eines europäischen Patents hat ja nur die Entstehung der in einzelnen Mitgliedsstaaten erwünschten nationalen Patente zur Folge (s. o., Einleitung B.III.1c)).

559 So auch Anm. von MK zum BFH-Urteil (Fn. 500), DStRE 1998, 749, der den Begriff der Zufallserfindung (i. S. d. BFH) auf die Veräußerung eines nicht weiter ausgearbeiteten Gedankens begrenzen will.

Im Folgenden soll der Begriff der „Zufallserfindung“ somit nicht für eine insgesamt gelegentliche Tätigkeit, sondern für den praktisch eher denkbaren Fall der (einmaligen) „Blitzidee“ eines Erfinders und ihre wie auch immer geartete Verwertung verwendet werden.[560]

C. Teilnahme am allgemeinen wirtschaftlichen Verkehr

Neben der Nachhaltigkeit ist in Fällen der Verwertung einer sog. Zufallserfindung die Teilnahme am allgemeinen wirtschaftlichen Verkehr fraglich, da bei einer solchen nicht wiederholten erfinderischen Tätigkeit u. U. nur ein einziger Verwertungsvorgang gegenüber einem eventuell sogar vorher feststehenden Abnehmer erfolgt.

I. Das Tatbestandsmerkmal der Teilnahme am allgemeinen wirtschaftlichen Verkehr

Das Tatbestandsmerkmal der Teilnahme am allgemeinen wirtschaftlichen Verkehr ist allen sieben Einkunftsarten gemein, denn steuerbar ist nur Einkommen, das am Markt durch Nutzung der in § 2 Abs. 1 S. 1 EStG genannten Erwerbsgrundlagen erzielt worden ist.[561] Dafür muss der Steuerpflichtige mit seiner Tätigkeit nach außen hin für Dritte erkennbar in Erscheinung treten und sich an eine – wenn auch begrenzte – Allgemeinheit wenden.[562]

1. Adressierung an die Allgemeinheit

Der Steuerpflichtige muss das Angebot seiner Leistung an die Allgemeinheit adressieren und damit grundsätzlich auf eine unbestimmte Vielzahl von Personen erstrecken.[563] Dies kann jedoch nur im Rahmen seiner wirtschaftlichen Leistungsfähigkeit geschehen, weshalb es ausreichend sein kann, den adressierten Kundenkreis entsprechend der vorhandenen Kapazität einzugrenzen.[564] Das Tatbestandsmerkmal kann deshalb sogar dann erfüllt sein, wenn der Steuerpflichtige für nur einen bestimmten Vertragspartner eine Leistung

[560] Also „Zufallserfindung“ in dem Sinne, wie der Begriff auch vom RFH verwendet wurde.

[561] Kirchhof, EStG, § 2 Rn. 47; Littmann / Bitz / Pust / Handzik, EStG, § 2 Rn. 29, 61. Nicht einkommensteuerbar sind folglich Vermögenszuwächse, die nicht am Markt erzielt wurden, wie Erbschaften, Schenkungen, Ehrenpreise für das Lebenswerk, staatliche Transferleistungen, Aussteuern, Gewinne aus Spiel bzw. Wette, etc.

[562] BFH / NV 1990, 798, 799; BFH, BStBl II 1991, 66; BFH, BStBl II 1986, 851; Bordewin / Brandt, EStG, § 15 Rn. 9; Blümich / Stuhrmann, § 15 EStG Rn. 51; Littmann / Bitz / Pust / Bitz, EStG, § 15 Rn. 127.

[563] BFH, BStBl II 1994, 463, 464 f.

[564] Littmann / Bitz / Pust / Bitz, EStG, § 15 Rn. 127; BFH, BStBl II 1983, 182, 183 f.; II 1984, 137, 139.

erbringt und vertraglich an Geschäftsbeziehungen zu weiteren Personen gehindert ist.[565]
Der Steuerpflichtige muss dabei nicht aktiv tätig werden, es reicht, wenn er von Interessenten angesprochen wird und offen ist, mit diesen Verträge abzuschließen.[566]

2. Auftreten nach außen

Der Wille zum Angebot einer Leistung muss für außenstehende Dritte erkennbar werden. Dafür ist es nicht erforderlich, dass die angebotene Leistung für das Publikum allgemein erkennbar ist, z. B. durch Unterhaltung eines Betriebes bzw. öffentlichen Geschäftes oder durch auf ihn bezogene Werbung; eine Erkennbarkeit für die beteiligten Kreise genügt.[567] Somit wird auch ein entgeltlicher, von Gewinnerzielungsabsicht getragener Leistungsaustausch zwischen Eltern und Kindern als Teilnahme am allgemeinen wirtschaftlichen Verkehr angesehen.[568]

II. Teilnahme des „Zufallserfinders“ am allgemeinen wirtschaftlichen Verkehr

In Fällen, die man sich üblicherweise unter einer „Zufallserfindung“ vorstellt, wird sich die Erfindung eben zufällig ergeben, nämlich ohne gezieltes Hinarbeiten auf eine Problemlösung. Bei der Verwertung selbiger wird das Merkmal der Teilnahme am allgemeinen wirtschaftlichen Verkehr i. d. R. erfüllt sein, denn der verwertungswillige Erfinder wird bei seiner Suche nach (einem) Lizenznehmer(n) oder einem Käufer seine Erfindung einer (begrenzten) Allgemeinheit offerieren.
Weniger eindeutig stellt sich die Erfüllung dieses Merkmals jedoch in Fällen dar, in denen die „Zufallserfindung“ als Problemlösung für einen im Voraus feststehenden Auftraggeber entstand, d. h. nur entsprechend dessen Anforderungen und ohne die Intention einer auch anderweitigen Verwendung entwickelt wurde.

1. Problem der Marktteilnahme bei vorab feststehendem Abnehmer

D. Jakob[569] sah in dem vom BFH entschiedenen Fall einer Zufallserfindung[570] dieses Merkmal als kritisch an, da der Erfinder seine spontane Erfindung nicht

---

565 BFH, DStR 2000, 1086; BFH, BStBl II 1986, 851; Blümich / Stuhrmann, § 15 EStG Rn. 51.

566 BFH, BStBl II 1989, 621.

567 Deshalb können beispielsweise auch Handelsregisteranmeldungen, Rundschreiben, die Zugehörigkeit zu einem Berufsstand oder einer Innung genügen; Littmann / Bitz / Pust / Bitz, EStG, § 15 Rn. 127; Blümich / Stuhrmann, § 15 EStG, Rn. 52, 154.

568 BFH, BStBl II 2002, 811 für den Grundstückshandel.

569 D. Jakob, DStZ 2000, 317, 323.

570 BFH, BStBl II 1998, 567.

mit der Intention, sie am Markt anzubieten, entwickelt und für diese auch keine aktiven Verkaufsmaßnahmen betrieben hat, sondern sie einem von Anfang an feststehenden Anwender, nämlich dem Betrieb seines Sohnes zur Nutzung bzw. zum Verkauf angeboten hat. Dabei sei der Erfinder nicht offen gewesen, mit allen Interessenten, die von seiner Tätigkeit wussten, Verträge abzuschließen.
Eine Beteiligung am allgemeinen wirtschaftlichen Verkehr könne man nach Ansicht *D. Jakobs* somit nur unter „Zuhilfenahme" der BFH-Rechtsprechung zum gewerblichen Grundstückshandel annehmen. Diese geht bei der Selbsterstellung eines Gebäudes, dessen Veräußerung kurz nach Fertigstellung erfolgt, vom Vorliegen einer gewerblichen Tätigkeit aus. Die Gewerblichkeit wird dabei unabhängig von der Zahl der veräußerten Objekte, allein aufgrund der Tatsache, dass die wertschöpfende Tätigkeit dem Bild eines Bauunternehmers entspricht, angenommen. Das Vorliegen einer gewerblichen Tätigkeit lasse wiederum den Rückschluss auf das Vorliegen ihrer Tatbestandsmerkmale, darunter auch die Beteiligung am allgemeinen wirtschaftlichen Verkehr, zu.[571]

2. Teilnahme am Markt auch bei auftragsbezogenem Tätigwerden

M. E. ist im diskutierten Fall[572] das Merkmal der Beteiligung am allgemeinen wirtschaftlichen Verkehr auch ohne Rückgriff auf diese Rechtsprechung erfüllt. Es bestand ein Markt, wie er im Bereich von Individualdienstleistungen häufig anzutreffen ist. Auf der einen Seite existiert ein in einem speziellen Fachgebiet angesiedeltes Problem und auf der anderen Seite ist jemand bereit und in der Lage, dieses zu lösen. Ob Problem (Nachfrage) oder Problemlösung (Angebot) „zuerst" auftreten, ist dabei ohne Bedeutung. Eine derartige Konstellation von Angebot und Nachfrage ist beispielsweise für den Beratungsmarkt oder Projektgeschäfte typisch.
Nach dem Sachverhalt war der Erfinder (ehemaliger Maschinist) durch ein Gespräch mit seinem Sohn auf die technischen Probleme in dessen Firma aufmerksam geworden. Es ist davon auszugehen, dass der Sohn von einem entsprechenden technischen Background seines Vaters wusste und auf der Seite seines Vaters die Bereitschaft bestand, über eine Problemlösung nachzudenken. Anderenfalls hätte der Sohn wohl nicht derart detaillierte technische Ausführungen gemacht, die den Vater in die Lage versetzten, das Problem zu erfassen und eine treffende technische Lösung zu „entwickeln". Damit liegt genau dieselbe Situation vor, wie sie für jede Projektanbahnung typisch ist. Die auf diesem Weg entstandene Leistung wurde anschließend von der Firma des Sohnes erworben. Ein derart begrenzter, die Kapazität ausschöpfender Kundenkreis ist nach dem oben Gesagten auch ausreichend. Danach kommt es auch auf ein in die Öffentlichkeit tretendes Angebot der Leistung nicht an, so dass es

---

[571] D. Jakob, DStZ 2000, 317, 323 m. w. Nachw.
[572] D. Jakob, DStZ 2000, 317, 323 betreffend den Urteilssachverhalt BFH, BStBl II 1998, 567.

m. E. auch ohne Relevanz ist, ob Angebot und Nachfrage nur aufgrund persönlicher Verflechtungen aufeinander treffen konnten.
Da der Erfinder nur einmalig tätig wurde und sich nicht permanent mit dem Erarbeiten technischer Problemlösungen befasst, ist es auch nur selbstverständlich, dass er bis dato für sein Leistungsangebot nicht allgemein bekannt war. Die Einmaligkeit des Tätigwerdens kann jedoch für das Merkmal der Teilnahme am allgemeinen wirtschaftlichen Verkehr nur insoweit maßgeblich sein, als dadurch die Kapazität und der mögliche Umfang des adressierten Kundenkreises eingeschränkt werden, ist aber ansonsten ein unter dem Tatbestandsmerkmal der Nachhaltigkeit zu problematisierendes Merkmal. Für derart auf individuelle Bedürfnisse ausgerichtete Leistungen wird es stets nur einen sehr eingeschränkten Markt geben, für den es auch nicht untypisch ist, dass der Nachfrager auf denjenigen zugeht, von dem er glaubt, er könnte eine Problemlösung entwickeln.

III. Fazit zur Beteiligung am allgemeinen wirtschaftlichen Verkehr

Eine Beteiligung am allgemeinen wirtschaftlichen Verkehr ist somit m.E. auch in Fällen einmalig entwickelter technischer Individuallösungen gegeben. Die erfinderische Tätigkeit fällt folglich auch in Fällen sog. „Zufallserfindungen" in den steuerbaren Bereich, d. h. eine völlige Steuerfreiheit der Verwertungsergebnisse infolge eines nicht am Markt erzielten Vermögenszuwachses scheidet aus.

D. Rahmen privater Vermögensverwaltung bei Veräußerungsvorgängen

Da – wie unter B dargestellt – die Tätigkeit eines Erfinders auch bei einer sog. „Zufallserfindung" i. d. R. das Tatbestandsmerkmal der Nachhaltigkeit erfüllt, stellt sich bei Verkauf der Erfindung bzw. der dafür erwirkten Schutzrechte weiter die Frage, ob diese Veräußerungsvorgänge über den Rahmen der privaten Vermögensverwaltung hinausgehen und damit Einkünfte aus Gewerbebetrieb generieren. Diese Abgrenzung ist, wie oben erwähnt, erforderlich, da sowohl die private Vermögensverwaltung als auch eine gewerbliche Tätigkeit die Tatbestandsmerkmale der Selbständigkeit, Nachhaltigkeit, Gewinnerzielungsabsicht und Teilnahme am allgemeinen wirtschaftlichen Verkehr erfüllen.[573]
Für die Veräußerung von Schutzrechten aus einer selbst erstellten Erfindung ist die Frage, ob dieser Veräußerungsvorgang noch im Rahmen der privaten Vermögensverwaltung liegt, von besonderer Tragweite, weil im Rahmen der Überschusseinkunftsarten die bei der Veräußerung des Vermögensstammes erzielten Gewinne grundsätzlich nicht steuerbar sind.[574]

---

[573] BFH, BStBl II 1984, 751; II 1991, 844.
[574] Kirchhof / von Beckerath, EStG, § 20 Rn. 3. Wobei § 23 EStG allerdings gewisse Haltefristen voraussetzt.

1. Abgrenzungskriterien

Das Vorliegen privater Vermögensverwaltung wird angenommen, wenn sich die Betätigung noch als Nutzung von Vermögen im Sinn einer Fruchtziehung aus zu erhaltenden Substanzwerten darstellt und die Ausnutzung substanzieller Vermögenswerte durch Umschichtung nicht entscheidend in den Vordergrund tritt.[575] Der Umfang des verwalteten Vermögens ist dafür grundsätzlich unerheblich.[576]

Zur privaten Vermögensverwaltung gehören jedoch nicht nur die bloße Nutzung des Vermögens (Vermögensverwaltung i. e. S.), sondern auch der Erwerb und die Veräußerung einzelner Vermögensteile oder des gesamten Vermögens (Vermögensverwaltung i. w. S.). Dies gilt auch dann, wenn die Veräußerung zu einer Vermögensmehrung führt oder bei der Veräußerung ein möglichst hoher Erlös erstrebt wird und dieses Ziel nur durch eine besondere zusätzliche Tätigkeit oder besondere Sachkunde erreicht werden kann.[577]

Bei der Anschaffung und Veräußerung von Vermögensgegenständen ist somit für die Abgrenzung zur gewerblichen Tätigkeit entscheidend, ob diese nur Beginn bzw. Ende einer auf Fruchtziehung gerichteten Tätigkeit darstellen oder ob die Umschichtung von Vermögenswerten und die Verwertung der Vermögenssubstanz entscheidend in den Vordergrund treten.[578]

In Zweifelsfällen ist darauf abzustellen, ob die Tätigkeit dem Bild entspricht, das nach der Verkehrsauffassung einen Gewerbebetrieb ausmacht und einer privaten Vermögensverwaltung fremd ist, d. h. ob der Steuerpflichtige sich wie ein Händler verhält.[579] Nur die Entfaltung unternehmerischer Initiative, d. h. plan- und zweckmäßig miteinander verbundenes Handeln mit dem objektiv erkennbaren Ziel einer kurzfristigen Wertschöpfung aus der Umschichtung von Vermögen, überschreiten den Rahmen privater Vermögensverwaltung. Kennzeichnend dafür sind allgemein der häufige und kurze Umschlag von angekauften und im wesentlichen unveränderten Sachwerten sowie die planmäßige und kurzfristige Realisierung selbst geschaffenen Mehrwertes unter Ausrichtung auf den Markt.[580]

2. Abgrenzung bei Veräußerung selbst erstellter Erfindung

Fraglich ist, inwieweit das Veräußern von Erfindungen oder Schutzrechten noch als private Vermögensverwaltung angesehen werden kann, insbesondere ob sich das für den Grundstückshandel maßgebliche Abgrenzungskriterium des zahlen-

---

575 EStR R 137 Abs. 1.

576 BMF BStBl I 1990, 884; Blümich / Stuhrmann, § 15 EStG Rn. 151.

577 Blümich / Stuhrmann, § 15 EStG Rn. 151.

578 BFH, BStBl II 1991, 66.

579 BFH, BStBl II 1982, 461.

580 Littmann / Bitz / Pust/ Bitz, EStG, § 15 Rn. 130 m. w. Nachw. Speziell zum gewerblichen Grundstückshandel BFH, BStBl II 1996, 303, II 1996, 232.

mäßigen Umschlages auf die Veräußerung von Erfindungen bzw. Schutzrechten übertragen lässt.

a) Keine starre Objektgrenze für die Veräußerung von Erfindungen

In den Fällen des Grundstückshandels gilt der zahlenmäßige Umschlag deshalb als Indiz für gewerbliche Tätigkeit, weil dabei die Vermögensumschichtung durch ständiges Kaufen und Verkaufen gekennzeichnet ist. Die Tätigkeit rückt somit mit steigender Zahl der Veräußerungsvorgänge in ihrer Gesamtbetrachtung dem Bild eines Händlers näher und ist folglich ab einer gewissen Schwelle als gewerblich anzusehen. Für den Grundstücksverkauf liegt diese Schwelle bei drei Objekten, die innerhalb eines Zeitraums von fünf Jahren verkauft werden. Ihr kommt jedoch nur indizielle Bedeutung zu. Im Einzelfall könne unter besonderen Umständen auch bei Veräußerung von weniger als vier Objekten eine gewerbliche Betätigung bzw. trotz Überschreitens der 3-Objekt-Grenze keine gewerbliche Betätigung vorliegen.[581]
Für die Veräußerung von beweglichen Sachen und Rechten, wie z. B. Wertpapieren, lässt sich aufgrund ihrer Ungleichartigkeit keine Objektgrenze – erst recht keine starre – festlegen. Bei diesen ist vielmehr nach den Umständen des Einzelfalles zu prüfen, ob eine Betätigung dem Bild ähnlich ist, das nach der Verkehrsanschauung einen Gewerbebetrieb ausmacht und einer Vermögensverwaltung fremd ist.[582] Für die Veräußerung von Erfindungen bzw. Schutzrechten besteht somit ebenso wenig eine fixe Objektgrenze. Die für Grundstückgeschäfte bestehende 3-Objekt-Grenze hat in diesem Fall nicht einmal Indizwirkung.[583]
Es kann somit nur nach den Umständen des Einzelfalles entschieden werden, inwiefern das Gesamtbild der Tätigkeit noch einer Fruchtziehung oder bereits einem Gewerbebetrieb entspricht. Neben dem Indiz des zahlenmäßigen Umschlages, welches das Bild eines Händlers erzeugen und eine Tätigkeit aus diesem Grund als gewerblich erscheinen lassen kann, sind bei der Erfindungsveräußerung m. E. Herstellungsvorgänge (s. u., b)) sowie das Fehlen einer vorherigen Fruchtziehung (s. u., c)) weitere Indizien für das Vorliegen einer gewerblichen Tätigkeit.

b) Veräußerung selbst erstellter Erfindungen bzw. Verrichtung wertschöpfender Prozesse

Die Frage, ob die Veräußerung mehrerer Erfindungen oder Schutzrechte insgesamt noch als private Vermögensverwaltung anzusehen ist, hängt m. E. in starkem Maße davon ab, ob die veräußerten Erfindungen oder Schutzrechte

---

[581] BFH GrS, BStBl II 2002, 291; BFH, BStBl II 2002, 811.
[582] Schmidt / Weber-Grellet, EStG, § 15 Rn. 90, 91 m. w. Nachw.
[583] Offengelassen: D. Jakob, DStZ 2000, 317, 324.

selbst erstellt wurden oder erworbene Erfindungen vor ihrer Veräußerung weiterentwickelt bzw. geschützt wurden.
Der Große Senat des BFH ist zwar für die Selbsterrichtung von Wohnobjekten dem vom X. Senat des BFH herangezogenen Gedanken, dass sich bei Veräußerungsvorgängen der Produzent näher am Bild eines Gewerbetreibenden bewege als der Händler, nicht gefolgt[584], d. h., bei der Bebauung von Grundstücken wird vom Großen Senat nicht allein aufgrund des Produktionsvorganges der Bebauung eine von Anfang an bestehende Veräußerungsabsicht (und damit kurzfristige Realisierung geschaffenen Mehrwertes) angenommen.[585]
Dieser vom X. Senat herangezogene Gedanke könnte aber m. E. jedenfalls bei der Veräußerung von Erfindungen für eine gewerbliche Tendenz sprechen, denn bei diesen liefern wertschöpfende Tätigkeiten im Vorfeld der Veräußerung durchaus ein starkes Indiz für eine anfänglich bestehende Veräußerungsabsicht. Die Selbsterrichtung und Nutzung von Wohngebäuden entspricht aufgrund der sehr langen Lebens- und damit möglichen Nutzungsdauer dem typischen Bild privater Vermögensverwaltung. Deren Selbsterstellung lässt damit auch genug Raum für die Annahme, der Steuerpflichtige habe diesen „produktiven" Vorgang vorgenommen, um anschließend über Jahrzehnte die Früchte aus dem geschaffenen Vermögenswert ziehen zu wollen.
Erfindungen oder Schutzrechte lassen dagegen aufgrund der Schnelllebigkeit der Technik[586] eine geringere Nutzungsdauer erwarten und sind aus diesem Grund schon von vornherein nicht für die private Vermögensverwaltung prädestiniert. Bei der Vornahme wertschöpfender Handlungen und anschließender Veräußerung ist m. E. zum einen schon aufgrund dieser relativen Kurzlebigkeit eher von einer anfänglichen Veräußerungsabsicht als von einer langfristig ausgerichteten Fruchtziehung auszugehen.
Zum anderen erfolgt aufgrund aktueller technischer Anforderungen bei der „Herstellung" oder Modifizierung von Erfindungen eine bedeutend stärkere Orientierung an den *aktuellen* Marktbedürfnissen als dies bei einer Grundstücksbebauung der Fall ist. Somit ist auch aus diesem Grund bei Erfindungen nach dem Gesamtbild eher von einer Tätigkeit, die auf Realisierung des geschaffenen Mehrwertes gerichtet ist, auszugehen.
Aufgrund solcher „Produktionsvorgänge" rückt die Tätigkeit der Veräußerung von Erfindungen im Ergebnis eher an die Grenze zum Gewerbebetrieb als dies bei bloßem „Durchhandeln" der Fall ist.

---

[584] BFH, BStBl II 1998, 332; BFH GrS, BStBl II 2002, 291.
[585] BFH GrS, BStBl II 2002, 291.
[586] Obwohl die mögliche Patentdauer i. d. R. 20 Jahren beträgt (§ 16 Abs. 1 PatG), lag die durchschnittliche Laufdauer von Patenten in Deutschland (bis 1997) bei 10 Jahren (Bartenbach / Volz, RL, Anhang zu RL Nr. 41). Bei ungeschützten Erfindungen wird man sogar von viel geringeren Nutzungsdauern ausgehen müssen (s. o., Einleitung B.II.1).

c) Abhängigkeit von vorheriger Fruchtziehung

Auch der Tatsache, ob vor dem Veräußerungsvorgang eine Lizenzvergabe stattfindet, kommt m. E. für die Abgrenzung eine starke Bedeutung zu. Bei einer vorher erfolgenden Lizenzvergabe findet eine tatsächliche Fruchtziehung statt, die Indiz dafür ist, dass keine anfängliche Veräußerungsabsicht vorlag. Sich daran anschließende Veräußerungsvorgänge können folglich noch das Bild der Beendigung einer Substanznutzung durch Fruchtziehung vermitteln. Fehlt es dagegen an einer Fruchtziehung, werden also die Erfindungen bzw. Schutzrechte ohne vorherige Lizenzvergabe veräußert, tritt die Umschichtung von Vermögenswerten und die Verwertung der Vermögenssubstanz in den Vordergrund und rückt dies die Tätigkeit folglich näher an einen Gewerbebetrieb.
Findet somit eine Lizenzvergabe von gewisser Dauer statt, bevor Erfindungen oder Schutzrechte verkauft werden, kann sich die Tätigkeit trotz der Vornahme von Herstellungs- bzw. werterhöhenden Vorgängen, nach ihrem Gesamtbild noch als Fruchtziehung darstellen. Herstellungs(ähnliche) Vorgänge, wie z. B. die Schutzrechtserwirkung, können damit im Lichte der vorherigen Lizenzvergabe auch ein Anzeichen dafür sein, dass die Substanz in erster Linie zur Fruchtziehung geschaffen bzw. erhalten werden sollte.

3. Fazit zum Vorliegen privater Vermögensverwaltung

Für die Veräußerung von Erfindungen oder Schutzrechten ist zur Abgrenzung privater Vermögensverwaltung und gewerblicher Betätigung die Festlegung einer zahlenmäßigen Objektgrenze unmöglich.
Je nach Art und Umfang der vor der Veräußerung vorgenommenen wertschöpfenden Vorgänge kann durch diese „Herstellungsvorgänge" ein Bild gegeben sein, das der privaten Vermögensverwaltung fremd ist und wonach die Grenze zur gewerblichen Tätigkeit schon bei einer sehr geringen Zahl veräußerter Schutzrechte überschritten sein dürfte. Dagegen kann eine Tätigkeit auch bei mehreren veräußerten Objekten noch als Vermögensverwaltung anzusehen sein, wenn zuvor eine Lizenzvergabe stattgefunden hat, insbesondere wenn es sich bei den veräußerten Objekten um mehrere für ein und dieselbe Erfindung erworbene Schutzrechte handelt.

E. Fazit zur Einordnung der Verwertung einer „Zufallserfindung"

Eine *Beteiligung am allgemeinen wirtschaftlichen Verkehr* ist bei der Verwertung einer Erfindung auch gegeben, wenn für einen bereits feststehenden Abnehmer eine technische Lösung entwickelt wird. Somit liegt bei der entgeltlichen Verwertung einer „Zufallserfindung" stets eine Tätigkeit im steuerbaren Bereich vor (siehe Übersicht in Kapitel 3 C.II).
Hinter den aus einer selbsterstellten Erfindung erzielten Einnahmen steht auch regelmäßig eine durch *Nachhaltigkeit* gekennzeichnete Tätigkeit des Erfinders.

Selbst dann, wenn die Erfindung auf einer Blitzidee beruht[587], die für sich gesehen eine gelegentliche Tätigkeit darstellt, wird die Herstellung der Verwertungsreife, d. h. Fertigstellung der Erfindung respektive Herstellung der Patent- oder Produktionsreife sowie Schutzrechtserwirkung, die Nachhaltigkeit der Tätigkeit begründen. Damit ist eine selbsterstellte Erfindung i. d. R. Betriebsvermögen. Die steuerrechtliche Behandlung der daraus resultierenden Einkünfte ist in Abschnitt 4 dargestellt.

Der Ausnahmefall einer insgesamt als gelegentlich anzusehenden Tätigkeit ist nur in der Weise denkbar, dass eine „Blitzidee" ohne die i. d. R. aufwändige technische Weiterentwicklung und Schutzrechtserwirkung Einkünfte generiert. Auf die Besteuerung der Verwertungsergebnisse aus dieser dann originär dem Privatvermögen zuzuordnenden Erfindung im Rahmen der Überschusseinkunftsarten wird in Abschnitt 1 eingegangen.

Wird eine Erfindung im Privatvermögen durch eine Mehrzahl von Veräußerungsvorgängen, z. B. durch territoriale Aufteilung der Erfindungsrechte, verwertet, so ist nicht allein aus diesem Grund eine Überschreitung der Grenze *privater Vermögensverwaltung* gegeben. Da eine starre Objektgrenze bei der Erfindungsveräußerung nicht existiert, ist nach dem Gesamtbild zu entscheiden, ob die Fruchtziehung aus zu erhaltender Substanz noch vordergründiges Ziel ist. Herstellungsvorgänge, die ihrerseits zudem die Nachhaltigkeit der Tätigkeit begründen können, und fehlende Lizenzvergabe rücken die Tätigkeit dabei näher an den Bereich der Gewinneinkunftsarten.

587 „Zufallserfindung" nach der vom RFH verwendeten Terminologie.

Abschnitt 3 Besteuerung von Erfindungen im Privatvermögen

Neben den in Abschnitt 2 beschriebenen Fällen, in denen eine selbst erstellte Erfindung dem Privatvermögen zuzurechnen sein kann, nämlich wenn diese aus einer steuerrechtlich als Liebhaberei einzuordnenden oder einer gelegentlichen Tätigkeit hervorgeht, gehören Erfindungen auch dann zum Privatvermögen, wenn sie im Rahmen der privaten Vermögensverwaltung rechtsgeschäftlich erworben wurden.[588] Wird eine Erfindung oder ein Schutzrecht vererbt, richtet sich die einkommensteuerrechtliche Einordnung beim Erben nach der Zuordnung der Erfindung beim Erblasser. Befanden sich Erfindung oder Schutzrechte im Betriebsvermögen des Erblassers, liegen auch beim Erben betriebliche Einkünfte vor. Dagegen gelangt die Erfindung in das Privatvermögen des Erben, wenn es sich bei Erbfall schon im Privatvermögen des Erblassers befand, der Erbe den Betrieb aufgibt oder die Erfindung aus dem Betriebsvermögen entnommen hat.[589]
Die folgenden Kapitel sollen darstellen, wie die Einkünfte bei den im Bereich der Überschusseinkunftsarten möglichen Verwertungsformen – der Lizenzvergabe und der Veräußerung – einkommensteuerrechtlich einzuordnen sind.

Kapitel 6 Besteuerung der Lizenzvergabe

Nach § 21 Abs. 1 S. 1 Nr. 3 EStG sind „Einkünfte aus zeitlich begrenzter Überlassung von Rechten, insbesondere von [...] gewerblichen Urheberrechten, von gewerblichen Erfahrungen“ Einkünfte aus Vermietung und Verpachtung. Diese Einkunftsart ist jedoch gegenüber allen anderen Einkunftsarten subsidiär, § 21 Abs. 3 EStG. Einnahmen aus der Verwertung einer eigenen Erfindung sind somit den Einkünften aus selbständiger Arbeit oder ggf. denen aus Gewerbebetrieb zuzurechnen[590], wenn die Erfindung dem Betriebsvermögen des Erfinders zuzurechnen ist.

A. Abgrenzung von Nutzungsüberlassung und Veräußerung

Da die Überlassung privater Vermögenswerte Nutzungscharakter hat und umgekehrt Nutzungsüberlassungen im Vermögensbereich liegen können, ergibt sich in manchen Fällen das Problem der Abgrenzung von Nutzungsüberlassung und Veräußerung.

---

[588] Littmann / Bitz / Pust / v. Reden, EStG, § 21 Rn. 83.

[589] HHR/ Jansen, § 21 EStG Anm. 111; Knoppe (1972), S. 46; BFH, BStBl III 1965, 666; BFH / NV 1993, 471.

[590] BFH, BStBl III 1967, 310; HHR / Jansen, § 21 EStG Anm. 111; Blümich / Stuhrmann, § 21 EStG Rn. 97a.

Ausschlaggebend für diese Abgrenzung zwischen steuerbaren Vorgängen im Bereich der Einkunftsart Vermietung und Verpachtung und nicht steuerbaren[591] Vorgängen im Bereich der Vermögenssubstanz ist, ob das für die Überlassung gezahlte Entgelt einen Ausgleich für den endgültigen Verlust eines Wirtschaftsgutes in seiner Substanz darstellt oder ob der Vermögenswert, aus dem die Nutzungen bei einer Gebrauchsüberlassung fließen, in seiner Substanz erhalten bleibt (§ 22 Nr. 3 oder § 21 EStG).[592] Dabei ist nicht die zivilrechtliche Form der Vereinbarung maßgeblich, sondern die Art des Wirtschaftgutes und der wirtschaftliche Gehalt der zugrundeliegenden Vereinbarung.[593]
Lizenzgebühren stellen dann Einkünfte aus Vermietung und Verpachtung dar, wenn nach § 21 Abs. 1 S. 1 Nr. 3 EStG die Überlassung der Rechte zeitlich begrenzt erfolgt, also keine endgültige Rechtsübertragung vorliegt.[594] Im Folgenden soll näher darauf eingegangen werden, wann im Einzelfall bei der Überlassung von geschütztem oder ungeschütztem technischen Wissen eine zeitliche Begrenzung und damit die Einkunftsart Vermietung und Verpachtung vorliegen.

B. Lizenzgebühren für Schutzrechtslizenzen

Die Möglichkeit der zeitlichen Begrenzung der Überlassung soll im folgenden differenziert nach einfachen und ausschließlichen Schutzrechtslizenzen untersucht werden, da sich beide hinsichtlich der Modalitäten der Überlassung der Erfindung grundlegend unterscheiden.
Bei der ausschließlichen Lizenz, die dem Lizenznehmer ein quasi-dingliches Recht gewährt und den Lizenzgeber von der Nutzung des Lizenzgegenstandes ausschließt (siehe Einleitung B.II.2.b)bb)), ist eine kaufähnliche Konstellation gegeben. Dagegen verleiht die einfache Lizenz dem Lizenznehmer nur einen schuldrechtlichen Nutzungsanspruch, so dass bei dieser eine pachtähnliche Konstellation vorliegt.

I. Lizenzgebühren bei einfacher Lizenz

1. Zeitliche Begrenzung durch vertragliche Regelungen und Kündigungsrechte

Bei Lizenzverträgen, denen ein Schutzrecht zugrunde liegt, liegt der allgemein im Schrifttum und in der Finanzrechtsprechung vertretenen Ansicht zufolge

[591] Soweit § 23 nicht greift.
[592] BFH, BStBl II 1977, 26; Schmidt / Drenseck, EStG, § 21 Rn. 2; Schmidt / Wacker, EStG, § 22 Rn. 136.
[593] Schmidt / Wacker, EStG, § 22 Rn. 136.
[594] Knoppe (1972), S. 47.; BFH, BStBl II 1978, 355, 356; Blümich / Stuhrmann, § 21 EStG Rn. 97.

immer eine zeitlich begrenzte Rechtsüberlassung vor und fallen die Lizenzgebühren folglich unter § 21 Abs. 1 S. 1 Nr. 3 EStG.[595]
Für das Vorliegen einer zeitlichen Begrenzung wird es dabei im Allgemeinen schon als ausreichend angesehen, wenn die Rechtsüberlassung in irgendeiner Weise enden kann[596], so z. B. durch Ablauf des Vertrages oder, wenn dieser keine ausdrückliche zeitliche Beschränkung enthält, durch ordentliche sowie außerordentliche Kündigungsrechte.[597] Eine zeitlich begrenzte Überlassung liege auch dann vor, wenn bei Vertragsschluss ungewiss ist, ob und wann die Überlassung der Nutzung endet.[598] Damit sei eine zeitlich begrenzte Überlassung auch gegeben, wenn bei einem „Kaufvertrag" über ein Schutzrecht dasselbe unter bestimmten Voraussetzungen entschädigungslos zurückzuübertragen ist.[599]

2. Immanenz der zeitlichen Begrenzung bei der Überlassung von Schutzrechten

Der RFH sah bei der Überlassung von Schutzrechten eine zeitliche Begrenzung schon dadurch gegeben, dass das der Lizenz zugrunde liegende Schutzrecht zeitlich begrenzt ist:

> „und eine zeitliche Begrenzung liegt bei der Einräumung von Patentlizenzen immer vor, da ebenso wie das volle Recht aus dem Patent auch das Nutzungsrecht zeitlich begrenzt ist"[600]

Sowohl das FG Berlin als auch der BFH konnten diese Frage aber offen lassen, da im Urteilsfall die zeitliche Limitierung schon vertraglich vorgesehen war.[601] Fraglich ist deshalb, ob stets eine zeitliche Beschränkung durch Vertrag vorliegen muss oder ob die sich aus der maximalen Schutzrechtsdauer[602] ergebende faktische zeitliche Beschränkung für § 21 Abs. 1 S. 1 Nr. 3 EStG genügt.
Spätestens bei Erreichen der maximalen Schutzrechtsdauer[603] erlischt das Schutzrecht. Damit entfällt die nach § 9 PatG bzw. § 11 Abs. 1 GebrMG bestehende Wirkung eines Schutzrechtes, so dass von da an jedermann

[595] Littmann / Bitz / Pust / v. Reden, EStG, § 21 Rn. 87; Schmidt / Drenseck, EStG, § 21 Rn. 54; HHR / Jansen, § 21 EStG Anm. 111, alle ohne Begründung; FG Berlin, EFG 1975, 361; BFH, BStBl II 1978, 355 (Rev. zum Urteil des FG Berlin).
[596] BFH, BStBl II 1978, 355, 356.
[597] Knoppe (1972), S. 47.
[598] BFH, BStBl II 1978, 355, 356; Littmann / Bitz / Pust / v. Reden, EStG, § 21 Rn. 87.
[599] FG Münster, EFG 1999, 1282; Braun, EFG Beilage 1999, Nr. 24, 95.
[600] RFH StuW 1927, Nr. 404, Spalte 538 ff.
[601] BFH, BStBl II 1978, 355 (Rev. zum nachfolgend genannten Urteil des FG Berlin); FG Berlin, EFG 1975, 361.
[602] Zeitliche Begrenzung durch Gesetz, Knoppe (1972), S. 47.
[603] Die maximale Schutzdauer folgt aus §§ 16 Abs. 1, 16a PatG, § 23 Abs. 1 GebrMG. Aus den in § 20 Abs. 1 PatG, § 23 Abs. 3 GebrMG aufgeführten Gründen kommt ein früheres Erlöschen in Betracht.

berechtigt ist, die Erfindung, welche Gegenstand des Schutzrechtes war, zu nutzen.
Ab dem Zeitpunkt des Erlöschens des Schutzrechtes ist damit zum einen die „Überlassung“ eines Nutzungsrechtes an den Lizenznehmer schon begrifflich überhaupt nicht mehr denkbar. Eine solche Überlassung setzt voraus, dass eine Nutzung der Erfindung grundsätzlich verboten ist und somit ein Nutzungsrecht durch den Schutzrechtsinhaber explizit eingeräumt werden muss. Steht ein Nutzungsrecht infolge des Erlöschens des Patentes oder Gebrauchsmusters dagegen jedem offen, muss bzw. kann dieses Recht von niemandem mehr „überlassen“ werden.
Zum zweiten ließe sich bei rein wirtschaftlicher Betrachtung ein Preis für die Nutzungsmöglichkeit einer jedermann zur Nutzung freistehenden Erfindung wohl überhaupt nicht mehr erzielen, denn die Zustimmung des (ehemaligen) Patentinhabers zur Nutzung (§ 9 S. 2 PatG) ist nicht mehr nötig und eine dennoch erfolgende „Zustimmung“[604] sinnlos und damit wirtschaftlich wertlos.[605] Falls jedoch weiter eine „Gebühr“ an den früheren Inhaber des Schutzrechtes gezahlt werden sollte, verlagert sich der Beurteilungsschwerpunkt in einen anderen Bereich. Es bestände dann allenfalls die Möglichkeit, dass kein entgeltliches Geschäft[606] mehr vorliegt. Außerdem könnte die Weiterzahlung einer Gebühr darauf beruhen, dass gerade keine reine Patentlizenz vorliegt, die Fortzahlung einer Gebühr somit auf anderen Leistungen, wie z. B. technischer Support, beruht, die vom Lizenzgeber weiterhin erbracht werden.
Aus den genannten Gründen ist dem RFH darin zuzustimmen, dass bei Einräumung einer Lizenz an einem Patent oder Gebrauchsmuster schon deshalb eine zeitlich begrenzte Überlassung gegeben ist, weil die zeitliche Begrenzung des Schutzrechts die zeitliche Begrenzung eines entsprechenden Nutzungsrechtes impliziert. Ist ein Schutzrecht Vertragsgegenstand eines Lizenzvertrages, stellen die Lizenzgebühren somit unabhängig von einer vertraglich festgelegten Laufzeit oder Kündigungsmöglichkeit stets Einkünfte aus Vermietung und Verpachtung dar.

II. Abgrenzung für ausschließliche Schutzrechtslizenzen

Die Frage der Abgrenzung von Nutzungsüberlassung und Veräußerung erlangt in besonderem Maße bei der Überlassung eines ausschließlichen Nutzungs-

[604] Niemand zahlt etwas für die Genehmigung von etwas ohnehin Erlaubtem.
[605] Lizenzgebühren werden generell für die Überlassung wirtschaftlicher Vorteile gezahlt (Gerlach (1966), S. 8). Ein solcher Vorteil ist jedoch bei Entfallen der Schutzrechtswirkung nicht mehr gegeben, da die Nutzung des dem Schutzrecht zugrunde liegenden Gegenstandes dann jedem offen steht.
[606] I. d. S., dass die Weiterzahlung der „Lizenzgebühr“ ohne eine entsprechende Gegenleistung erfolgt, denn der Überlassungstatbestand als Zahlungsgrund ist mit dem Erlöschen des Schutzrechtes entfallen.

rechtes an einem Schutzrecht Relevanz. Der RFH beschrieb dieses Abgrenzungsproblem zwischen Nutzungsüberlassung und Veräußerung im speziellen Fall ausschließlicher Lizenzen:

> „Der vorliegende Vertrag stellt sich als ausschließlicher Lizenzvertrag dar, der nicht den Verkauf des gesamten Urheberrechtes [...], sondern nur die Gewährung eines ausschließlichen Benutzungsrechtes zum Gegenstande hat. Ein solches quasi-dingliches Lizenzrecht kann nach dem Bürgerlichen Gesetzbuch begrifflich ebenso Gegenstand eines Kaufvertrags sein, wie das volle Recht aus dem Patente.“[607]

Mit einer ausschließlichen Lizenz über ein Schutzrecht erwirbt der Lizenznehmer ein gegen jedermann wirkendes Ausschlussrecht und damit ein (quasi-) dingliches Recht. Der die Rechte überlassende Lizenzgeber ist, anders als bei einer alleinigen Lizenz, selbst von der Nutzung des Lizenzgegenstandes ausgeschlossen.[608] Ferner ist der Lizenznehmer zur Weiterverwertung des Lizenzgegenstandes berechtigt. Die ausschließliche Lizenz enthält somit auch kauf- und veräußerungstypische Wesenszüge.

Zur Frage der einkommensteuerrechtlichen Einordnung der aus einem ausschließlichen Lizenzvertrag fließenden Einnahmen führte der RFH aus:

> „Da bei dem Vertrag über die Gewährung einer quasi-dinglichen Lizenz die Verpflichtung zur Gewährung der t a t s ä c h l i c h e n Benutzung regelmäßig eine größere Bedeutung hat, als die Verpflichtung zur Schaffung des R e c h t e s zur Benutzung [...], steht ein solcher Vertrag in vielen Beziehungen dem Pachtvertrage näher als dem Kaufvertrage. [...] Ist somit schon für die rein bürgerlich-rechtliche Auffassung die einfache Unterstellung des Lizenzvertrages unter die Regeln des Kaufes nicht angängig, so kann dies bei der im Steuerrechte gebotenen wirtschaftlichen Auffassung noch weniger der Fall sein. [...]
>
> Wenn daher das EinkStG [...] die Einkünfte aus der zeitlich begrenzten Überlassung von Urheberrechten [...] den Einkünften aus der Verpachtung gleichstellt, so muss angenommen werden, daß damit gerade die Einräumung quasi-dinglicher Benutzungsrechte, die eine Verpachtung im Sinne des Zivilrechts nicht darstellt, ihr aber wirtschaftlich sehr nahe steht, in ihrer einkommensteuerrechtlichen Behandlung der Verpachtung gleichgestellt werden sollte.“[609]

Nach dieser RFH-Rechtsprechung ist die Gewährung einer ausschließlichen Lizenz über Patente o. a. Schutzrechte somit grundsätzlich nicht als Veräußerungsgeschäft anzusehen. Auch nach heutiger Rechtsprechung fällt die ausschließliche Lizenz genauso wie die einfache unter die Vorschrift des § 21 Abs. 1 S. 1 Nr. 3 EStG.[610]

Eine Zuordnung der Lizenzgebühren zu den Einkünften aus Vermietung und Verpachtung ergibt sich dabei selbst für eine ausschließliche Lizenz bereits bei Anwendung des allgemein geltenden Abgrenzungstatbestandes. Das bestehende

---

[607] RFH StuW 1927, Nr. 404, Spalte 538 ff.
[608] Siehe Einleitung B.II.2.b)bb).
[609] RFH StuW 1927, Nr. 404, Spalte 538 ff.
[610] BFH, BStBl II 1978, 355, 356.

Herrschaftsrecht des Lizenzgebers über die Substanz des der Nutzung zugrunde liegenden Gegenstandes, nämlich das Schutzrecht, geht auch bei einer ausschließlichen Lizenz nicht vollständig verloren, denn er kann als Schutzrechtsinhaber stets und alleinig über das Schicksal des Schutzrechtes verfügen, über dessen Verlängerung und damit Weiterbestehen entscheiden oder auch das Schutzrecht selbst verkaufen. Damit ist ein für die Einordnung als Veräußerungsgeschäft erforderlicher endgültiger Substanzverlust auch bei Einräumung einer ausschließlichen Lizenz über ein Schutzrecht nicht gegeben.

C. Überlassung von ungeschütztem technischen Wissen

I. Definition des Begriffes "Know-how"

Der Begriff des „Know-how" wird bei der einkommensteuerrechtlichen Einordnung der aus der Überlassung ungeschützten technischen Wissens resultierenden Einnahmen entgegen dem allgemeinen Verständnis dieses Begriffes verwendet. Aus diesem Grund soll zunächst kurz dargestellt werden, wie sich allgemeine und steuerrechtliche Terminologie diesbezüglich unterscheiden.

1. Know-how als Oberbegriff ungeschützten Wissens

„Know-how" wird allgemein als Oberbegriff für ungeschütztes technisches Wissen verstanden, unabhängig davon, ob dieses geheim oder offenkundig ist. Somit fallen unter Know-how sowohl nicht geschützte Erfindungen und technisch geprägte Betriebsgeheimnisse[611] als auch nicht geheimes Erfahrungswissen (s. o., Einführung A.III).[612] In diesem Sinne wurde der Begriff des Know-how teilweise in der steuerrechtlichen Literatur[613], vom FG Berlin[614] und anfangs auch vom BFH[615] verwendet.
Nach diesem Verständnis sind „gewerbliche Erfahrungen" i. S. d. § 21 Abs. 1 S. 1 Nr. 3 EStG und Know-how synonym zu verstehen und es ist jeweils für den Einzelfall zu klären, ob eine zeitliche Begrenzung der Überlassung des Know-how vorliegt.[616]

2. Know-how in Abgrenzung zu ungeschützten Erfindungen und Betriebsgeheimnissen

Der BFH in seiner späteren Rechtsprechung[617] und daran anschließend auch die heutige Finanzrechtsprechung[618] sowie ein großer Teil der Literatur[619] differen-

[611] Konstruktionszeichnungen, Rezepturen, speziellen Verfahrensweisen etc.
[612] Bartenbach / Gennen (2001), Rn. 2545; Stumpf / Groß (1998), Rn. 227.
[613] HHR / Jansen, § 21 EStG Anm. 113; Gerlach (1966), S. 4 – 7; Böhme (1965), S. 52
[614] FG Berlin, EFG 1975, 361, 362.
[615] BFH, BStBl III 1965, 230.
[616] Böhme (1965), S. 52; HHR / Jansen, § 21 EStG Anm. 113.
[617] BFH, BStBl II 1970, 426; II 1971, 235.
[618] FG München, EFG 1983, 353.

zieren dagegen nach ungeschützten Erfindungen und Betriebsgeheimnissen auf der einen Seite und Know-how auf der anderen Seite. „Know-how" wird damit in dieser steuerrechtlichen Terminologie nicht als Oberbegriff für die Gesamtheit des ungeschützten technischen Wissens verwendet, sondern beschreibt nur die Teilmenge des nicht geheimen Erfahrungswissens.
Durch diese begriffliche Unterscheidung wird implizit schon eine Aussage über die Möglichkeit zeitlich begrenzter Überlassung getroffen. Während ungeschützte Erfindungen und Betriebsgeheimnisse einer zeitlich begrenzten Überlassung fähig sein sollen (s. u., II), wird diese Möglichkeit für das in diesem Sinne verstandene Know-how verneint (s. u., III).
In der folgenden Darstellung und Diskussion wird der Begriff des Know-how entsprechend dieser heute vorherrschenden steuerrechtlichen Terminologie verwendet.

II. Vergütungen für Überlassung ungeschützter Erfindungen und Betriebsgeheimnisse

Nach allgemeiner Ansicht fallen Vergütungen, die für ungeschützte Erfindungen und sonstige Betriebsgeheimnisse, die einer zeitlich begrenzten Überlassung fähig angesehen werden, unter § 21 Abs. 1 S. 1 Nr. 3 EStG, wenn die Nutzung auf die Dauer des Überlassungsvertrages beschränkt ist.[620] Sowohl *Knoppe*[621] als auch das FG Berlin gingen jedoch davon aus, dass nicht patentierte wissenschaftliche und technische Kenntnisse und Erfahrungen, da sie ihrer Natur nach nicht zurückgegeben werden können und nach Vertragsablauf im Besitz des Lizenznehmers verbleiben, einer zeitlich begrenzten Überlassung nicht zugänglich seien.[622] Im Folgenden soll gezeigt werden, dass ungeschützte Erfindungen und Betriebsgeheimnisse entgegen dieser Ansicht zeitlich begrenzt überlassen werden können und auf welche Weise diese zeitliche Begrenzung erfolgen kann.

---

619 Littmann / Bitz / Pust / v. Reden, EStG, § 21 Rn. 87; Schmidt / Drenseck, EStG, § 21 Rn. 54; Blümich / Stuhrmann, § 21 EStG Rn. 97.

620 BFH, BStBl II 1970, 567, 569; II 1993, 407, 409; HHR / Jansen, § 21 EStG Anm. 113; Gerlach (1966), S. 28; a. A. Blümich / Stuhrmann, § 21 EStG Rn. 97, nach dem Lizenzgebühren, die nicht für Überlassung der Ausbeutung eines gewerblichen Schutzrechtes gezahlt werden, nicht unter § 21 Abs. 1 Nr. 3 EStG fallen (ohne Begründung).

621 Knoppe (1972), S. 82, 83.

622 FG Berlin, EFG 1975, 361, 362; in der Revisionsentscheidung des BFH, BStBl II 1978, 355, 356 wurde zur Möglichkeit zeitlich begrenzter Überlassung ungeschützter Erfindungen keine Aussage getroffen.

1. Fähigkeit zu zeitlich beschränkter Überlassung

a) Möglichkeit der Vervielfältigung von immateriellen Gütern

Bei der Frage der Abgrenzung von endgültiger zu zeitlich begrenzter Überlassung tritt bei immateriellen Gütern immer die Besonderheit auf, dass diese vervielfältigungsfähig sind. Dadurch kann der Lizenzgeber zum einen Wissen auf Dauer überlassen, ohne selbst an der Weiternutzung desselben gehindert zu sein.[623] Zum anderen ist damit keine Rückgabe des Lizenzgegenstandes möglich, da einmal bekanntes Wissen jedenfalls faktisch immer weiter angewendet werden kann.[624] Eine „ungehinderte" Weiternutzung des einmal überlassenen Wissens ohne Rücksicht darauf, ob das Vertragsverhältnis mit dem Wissensvermittler fortbesteht, kommt jedoch nur bei Überlassung nicht geheimer Erfahrungen in Frage, da niemand das Recht besitzt, andere von der Verwertung offenbarer Kenntnisse auszuschließen.[625]

Unternehmensgeheimnisse, insbesondere ungeschützte Erfindungen, geheime Herstellungsverfahren und andere geheime Erfahrungen können zwar nicht zurückverlangt bzw. -gegeben werden. Bei diesem Wissen ergibt sich aber nach allgemeiner Ansicht aus § 18 UWG bzw. aus entsprechenden vertraglichen Vereinbarungen, dass eine Fortbenutzung der überlassenen geheimen Kenntnisse über das Vertragsende hinaus zu unterlassen ist.[626]

b) Verwertungsbefugnis als zeitliche Beschränkung

Knoppe und das FG Berlin schließen die Unmöglichkeit zeitlicher Begrenzung der Überlassung allein aus der Tatsache, dass nicht patentierte Kenntnisse und Erfahrungen nach Vertragsablauf zwar rechtlich nicht weiter verwertet werden dürfen, sie jedoch aufgrund der Unmöglichkeit der Rückübertragung tatsächlich weitergenutzt werden können.[627] Eine zeitlich begrenzte Verwertungsbefugnis und zeitlich begrenzte Überlassung seien „bei Erfahrungswissen, das nicht zu einem Recht geworden ist" nicht dasselbe.[628] Diese Ansicht, dass die zeitliche Begrenzung i. S. d. § 21 Abs. 1 S. 1 Nr. 3 EStG nicht dadurch erfolgen könne, dass eine weitere Nutzung „lediglich rechtlich" untersagt ist, ist jedoch m. E. nicht haltbar.

Unabhängig davon, ob die Überlassung eines Schutzrechtes oder die einer ungeschützten Erfindung befristet erfolgt, ist es dem Lizenznehmer nicht gestattet, den Gegenstand des Lizenzvertrages nach Vertragsablauf weiter zu

---

[623] Böhme (1965), S. 55.
[624] Van der Velde, DB 1959, 1205, 1206.
[625] Gerlach (1966), S. 16.
[626] Stumpf / Groß (1998), Rn. 227; Gerlach (1966), S. 16; soweit auch noch Knoppe (1972) S. 30.
[627] Knoppe (1972), 83; FG Berlin, EFG 1975, 361, 362.
[628] FG Berlin, EFG 1975, 361, 362.

nutzen. Da die im Rahmen des Lizenzvertrages übermittelten technischen Informationen nach Vertragsablauf nicht aus dem Gedächtnis der Beteiligten getilgt werden können und damit deren weitere Verwertung nicht verhindert werden kann, ist bei immateriellen Gütern diese *rechtliche* Barriere die einzig denkbare Begrenzungsmöglichkeit. Sowohl geschütztes als auch ungeschütztes Wissen könnten jedoch *faktisch* über das Vertragsende hinaus vertragswidrig weiter und damit zeitlich unbegrenzt genutzt werden.

Da bei Schutzrechten das ihnen zugrunde liegende technische Wissen im Umfang der Patentschrift veröffentlicht ist, kommt es bei diesen sogar in einem noch stärkeren Maße auf die Respektierung der rechtlichen Schranken des Nutzungsverbotes des § 9 S. 2 PatG bzw. § 11 Abs. 1 S. 2 GebrMG an. Denn aufgrund der Veröffentlichung des hinter einem Patent oder Gebrauchsmusters liegenden Wissens könnte dieses *faktisch* sogar von jedermann, nicht nur von ehemaligen Lizenznehmern, verwertet werden.

Gründe dafür, warum eine Begrenzung der Befugnis zur Nutzung als zeitliche Beschränkung bei Überlassung von Schutzrechten genügen sollte, nicht jedoch bei Überlassung von ungeschütztem Wissen, werden weder vom FG Berlin aufgeführt noch sind solche sonst ersichtlich. Auch der Fakt, dass der *rechtliche* Schutz bei Schutzrechten auf anderem Weg hergestellt ist[629] als bei geheimem ungeschützten Wissen[630] macht m. E. für die Wertung, ob eine zeitliche Beschränkung vorliegt, keinen Unterschied.

Würde man wie das FG Berlin eine zeitlich limitierte Verwertungsbefugnis bei ungeschützten Erfindungen nicht als zeitliche Beschränkung i. S. d. § 21 Abs. 1 S. 1 Nr. 3 EStG ansehen, würde man damit implizit vertragliche und wettbewerbsrechtliche Verbote als gegenstandslos ansehen bzw. unterstellen, dass jenes ungeschützte Wissen generell verbotswidrig weitergenutzt wird. Auf diese Weise würde ein gesetzwidriges Verhalten auf Seiten des vormaligen Lizenznehmers der steuerrechtlichen Einkünftequalifikation auf Seiten des Lizenzgebers zugrunde gelegt. Auf eine solche Konstellation ist der Rechtsgedanke des § 40 AO, nach dem die Gesetzeswidrigkeit eines Verhaltens für die Besteuerung unerheblich ist, jedoch nicht anwendbar. Schließlich darf das gesetzeswidrige Verhalten des Vertragspartners des Steuerpflichtigen, welches zudem vom Steuerpflichtigen selbst überhaupt nicht gewollt oder gar geduldet würde, nicht dazu führen, dass beim Steuerpflichtigen eine andere einkommensteuerliche Qualifikation der Einnahmen vorgenommen wird.

---

[629] Der Umfang des Nutzungsverbotes ergibt sich dabei aus § 9 S. 2 PatG bzw. § 11 Abs. 1 S. 2 GebrMG i. V. m. dem Inhalt des jeweiligen Schutzrechtes.

[630] Dabei besteht für den vormaligen Lizenznehmer unter vertraglichen bzw. wettbewerbsrechtlichen Gesichtspunkten ein Verbot der weiteren Verwertung.

c) Zeitliche Begrenzung trotz technischer Integration

Auch darauf, dass sich die durch den Lizenzgeber zur Verfügung gestellten geheimen technischen Kenntnisse nur sehr schwer vom technischen Wissen des Lizenznehmers abgrenzen lassen und sich das Unterbleiben der Weiternutzung des Lizenzgegenstandes nur sehr schwer kontrollieren lässt[631], kann es bei der Frage nach der Möglichkeit zeitlicher Begrenzung nicht ankommen. Das Problem, dass das aufgrund einer Lizenz genutzte Wissen bei Ende des Lizenzvertrages nicht weitergenutzt werden darf und infolgedessen aus dem Produktionsablauf eliminiert werden muss, stellt sich in gleicher Weise bei der begrenzten Überlassung von Schutzrechten. Dass am Ende eines zeitlich befristeten Überlassungsvertrages mit dem Verbot der Weiternutzung Umstellungen erforderlich sind, die u. U. für den Lizenznehmer einen großen Aufwand erfordern, ist allenfalls ein Beweggrund für den Lizenznehmer, entsprechende vertragliche bzw. technische Vorkehrungen zu treffen. Diese Frage der praktischen Handhabung erlaubt jedoch keine Schlussfolgerung auf die Möglichkeit zeitlicher Begrenzung der Überlassung.

d) Auch kein Substanzverlust ohne Heranziehung von Verwertungsbefugnis

Des Weiteren dürfte man, würde man das Bestehen von Verwertungsbefugnissen bzw. Verwertungsverboten als für die steuerrechtliche Beurteilung unbeachtlich ansehen, auch nie einen Substanzverlust und somit auch nie eine Veräußerung von ungeschützten Erfindungen und sonstigem geheimen technischen Wissen für möglich halten.

Auch bei einer solchen endgültigen Überlassung ist das beim Veräußerer einmal vorhandene Wissen nicht eliminierbar und könnte somit von diesem faktisch weiter genutzt werden. Folglich könnte der durch die Veräußerung eintretende Verlust der Inhaberschaft an den Erfindungsrechten auf der Seite des Veräußerers bei Missachtung des damit eintretenden Nutzungsverbotes nicht als Substanzverlust wahrgenommen werden. Bei der Veräußerung von Wissen wird ein tatsächlicher Übergang der Substanz somit nur dadurch „spürbar", dass die gesetzlichen oder vertraglichen Regelungen bezüglich der Verwertungsbefugnis respektiert werden.

Der Substanzverlust für den Veräußerer einer ungeschützten Erfindung ist somit darin zu sehen, dass er durch die Veräußerung sämtliche Nutzungs- und Verfügungsbefugnisse hinsichtlich der Erfindung verliert. Faktisch könnte sich im Bereich der Immaterialgüter ein Veräußerer zwar stets so verhalten, als bestünde seine Position unverändert fort. Unter dieser abwegigen Annahme würde für derartige Güter aber wohl kein Markt in der jetzt bestehenden Form mehr existieren.

---

[631] Böhme (1965), S. 54, der aus diesem Grund nur die auf ein bestimmtes Sachgebiet beschränkten, konkret beschreib- und abgrenzbaren Geheimverfahren der zeitlich begrenzten Überlassung fähig sieht.

Ginge man somit von einer generellen Nichtbeachtung bestehender Verwertungsbefugnisse bzw. -verbote aus, wäre nicht nur die Möglichkeit zeitlicher Befristung einer ungeschützten Erfindung ausgeschlossen, sondern widersinniger Weise auch eine Übertragung der Substanz – verstanden als die Gesamtheit der dafür bestehenden Befugnisse. Für den Veräußerer ginge dann nämlich mit der Veräußerung faktisch überhaupt kein Verlust einher, d. h., sein Vermögensbereich wäre bei einer Veräußerung unter dieser Annahme überhaupt nicht betroffen.

e) Fazit

Der gesamte für die Überlassung oder Veräußerung immaterieller Güter bestehende Markt „lebt" also davon, dass Verwertungsverbote nicht missachtet bzw. bestehende Verwertungsbefugnisse nicht überschritten werden. Die Beurteilung der Überlassung von ungeschützten Erfindungen ist somit nur dann „greifbar", wenn man diesbezüglich geschlossene vertragliche Regelungen bzw. den hierfür geschaffenen gesetzlichen Rahmen respektiert und der steuerrechtlichen Wertung zugrunde legt. Die steuerrechtliche Beurteilung kann nicht vor dem Hintergrund eines rechtsfreien Raumes erfolgen, sondern es muss davon ausgegangen werden, dass vertragliche und gesetzliche Verbote grundsätzlich geachtet werden.
Somit ist eine zeitliche Beschränkung der Überlassung von ungeschützten Erfindungen und Betriebsgeheimnissen dadurch möglich, dass die Verwertungsbefugnis durch eine vertragliche Befristung zeitlich eingeschränkt wird.

> „Eine „zeitlich begrenzte Überlassung" kann nur als endgültige Übertragung mit der Verpflichtung zu zeitlich begrenzter Nutzung verstanden werden."[632]

Grundsätzlich ist somit i. S. d. § 21 Abs. 1 S. 1 Nr. 3 EStG eine durch Vertrag zeitlich beschränkte Überlassung von geheimen technischen Kenntnissen möglich.

2. Anderweitige zeitliche Beschränkung der Know-how-Überlassung

Ein Lizenzvertrag über die Überlassung von ungeschützten Erfindungen und Betriebsgeheimnissen endet grundsätzlich automatisch, wenn das zur Nutzung überlassene Wissen offenkundig wird, selbst dann, wenn die vertraglich vereinbarte Laufzeit noch nicht abgelaufen ist.[633] Aus diesem Grund stellt sich die Frage, ob die zeitliche Beschränkung der Nutzungsüberlassung nur durch vertragliche Befristung erfolgen kann oder ob eine zeitliche Begrenzung der Überlassung auch durch Offenkundigwerden des Wissens gegeben ist.
Böhme sieht eine Beendigung der Wissensüberlassung durch Offenkundigwerden der gewerblichen Erfahrungen aufgrund der bei Vertragsschluss ungewissen

---

632 Böhme (1965), S. 53.
633 Knoppe (1972), S. 30; Henn (1999), Anlage 4 „Lizenzvertrag", Punkt 11.1; Stumpf / Groß (1998), Rn. 484.

Dauer der Überlassung nicht als ausreichende zeitliche Begrenzung an. Nach seiner Ansicht kommt eine Anwendung des § 21 EStG nur auf Verträge mit festgelegter zeitlicher Befristung bzw. vertraglicher Kündigungsklausel in Frage.[634]

a) Keine „Überlassung“ nach Offenkundigwerden des Wissens

Mit Eintritt der Offenkundigkeit des vorher geheimen Wissens wird das bis dahin bestehende Verbot der Weiterbenutzung gegenstandslos.[635] Damit ergibt sich eine Situation, die der bei Auslaufen eines Schutzrechts vergleichbar ist. Das zugrunde liegende Wissen kann dann von jedem, und infolgedessen auch fortgesetzt vom ehemaligen Lizenznehmer, genutzt werden. Auch in dieser Konstellation liegt m. E. von diesem Zeitpunkt des Offenkundigwerdens an keine „Überlassung“ durch einen Lizenzgeber mehr vor (s. o., B.I.2)[636], sondern Nutzung allgemein bekannten Wissens.
Somit erfährt die Überlassung nicht geschützter Erfindungen und sonstigen geheimen Wissens spätestens durch das Offenkundigwerden eine zeitliche Begrenzung.

b) Gewissheit über den endgültigen Verbleib der Erfindung

Für die Frage, ob die Überlassung endgültig oder zeitlich beschränkt erfolgt, wird bei der Überlassung von Schutzrechten darauf abgestellt, ob bereits bei Vertragsschluss zwischen den Parteien Gewissheit über den endgültigen Verbleib des Rechtes herrscht. Nur in diesem Fall wird eine Veräußerung angenommen. Die Ungewissheit über das Ob und Wie der Beendigung steht somit der Annahme einer zeitlichen Beschränkung nicht entgegen. Ferner kommt es bei der Überlassung von Schutzrechten auch nicht darauf an, ob die zeitliche Limitierung letztlich durch vertragliche Regelungen oder Gesetz[637] eintritt. Auch bei der Überlassung einer ungeschützten Erfindung muss es folglich darauf ankommen, ob bei Vertragsschluss Gewissheit über den endgültigen Übergang der Erfindung besteht. Das Vorliegen einer Veräußerung kann somit nur angenommen werden, wenn der bisherige Inhaber der Erfindungsrechte entsprechend der vertraglichen Vereinbarung fortan von jeglicher weiterer Nutzung der Erfindung ausgeschlossen sein soll.
Auch die Tatsache, dass das Wegschmelzen von Wissensvorsprüngen einem allgemeinen Erfahrungswert entspricht, kann m. E. nicht als anfängliche Gewissheit der Vertragsparteien über den endgültigen Übergang einer Erfindung angesehen werden. Die Rechtsprechung geht davon aus, dass beim Eigentümer grundsätzlich nur der Eigentumsverlust in den Vermögensbereich fällt. Dagegen

[634] Böhme (1965), S. 56 f.
[635] Böhme (1965), S. 55.
[636] So auch Böhme (1965), S. 56: „Da Know-how als solches über diesen Zeitpunkt hinaus nicht besteht, kann es auch nicht länger „überlassen“ werden.“
[637] D. h. infolge der maximalen Schutzrechtsdauer laut PatG oder GebrMG.

werden sonstige Wertminderungen, z. B. Ausbeutung eines Vermögensgegenstandes bis zur Erschöpfung seines wirtschaftlichen Wertes während der Nutzungsdauer, dem Nutzungsbereich zugeordnet.[638]
Dem ist m. E. die Überlassung von (noch) geheimem Wissen vergleichbar. Beiden Parteien eines entsprechenden Lizenzvertrages ist von vornherein klar, dass im Laufe der Überlassung eine Entwertung des Lizenzgegenstandes eintreten wird, da der Wert von ungeschützten Erfindungen und Betriebsgeheimnissen von der Größe des Wissensvorsprunges und der Geheimhaltung abhängt. Dadurch ist jedoch in Anwendung der dargestellten Zuordnungsregel nicht der Vermögensbereich, sondern der Nutzungsbereich betroffen. Dieses von vornherein zu erwartende Aufzehren des Wertes des Lizenzgegenstandes betrifft somit nicht den Vermögensbereich des Überlassenden und rechtfertigt folglich auch nicht die Annahme einer Veräußerung.

c) Fazit

Bei ungeschützten Erfindungen bzw. Betriebsgeheimnissen (geheimgehaltenem technischen Wissen) kann eine zeitliche Limitierung der „Überlassung" nicht nur durch entsprechende vertragliche Regelungen erfolgen, sondern auch tatsächlich durch Offenkundigwerden des überlassenen Wissens im Laufe der andauernden Nutzungsüberlassung. Die Überlassung ungeschützter Erfindungen und sonstigen geheimen technischen Wissens führt folglich nur dann nicht zu Einkünften nach § 21 Abs. 1 S. 1 Nr. 3 EStG, wenn nach dem Willen der Parteien Gewissheit über den endgültigen Erfindungsübergang herrscht. Eine solche Veräußerung ist jedenfalls anzunehmen, wenn dem Überlassenden die weitere Erfindungsnutzung vertraglich untersagt ist.

III. Vergütungen für die Überlassung von Know-how

Zahlungen für die Überlassung von Know-how fallen nach allgemeiner Ansicht nicht unter die Einkunftsart der Vermietung und Verpachtung.[639] „Know-how" wird vom BFH definiert als

> „die Vermittlung von Kenntnissen und Erfahrungen zu eigener Nutzanwendung durch den Know-how-Nehmer."[640]
>
> „Die Vermittlung von Know-how soll dem Abnehmer die Möglichkeit eröffnen, das ihm vermittelte (meist ergänzende) Erfahrungswissen selbst anzuwenden."[641]

Die Möglichkeit der zeitlich begrenzten Überlassung dieser Kenntnisse und Erfahrungen wird dabei als ausgeschlossen angesehen, weil dem Empfänger die

[638] Zu den Rechtsprechungsnachweisen im Einzelnen: Schmidt / Wacker, EStG, § 22 Rn. 137, 150 „Belastungen".
[639] BFH, BStBl II 1971, 235; Littmann / Bitz / Pust / v. Reden, EStG, § 21 Rn. 87; Jakob (2003), § 3 Rn. 389.
[640] BFH, BStBl II 1971, 235.
[641] BFH, BStBl II 1971, 235, 237; sich dem anschließend: FG München, EFG 1983, 353, 354.

übermittelten Erfahrungen auf Dauer verbleiben.[642] Bei der Überlassung von Know-how wird somit offenbar (generell) von einer zwischen den Vertragsparteien von vornherein bestehenden Gewissheit über den endgültigen Verbleib des vermittelten Wissens ausgegangen. Eine derartige Annahme ist jedoch nur zutreffend, wenn man unter „Know-how" lediglich offenkundige Kenntnisse, d. h. nicht geheimes Erfahrungswissen, versteht.

Da kein Verbietungsrecht für die Anwendung allgemein bekannter technischer Kenntnisse besteht[643], lässt sich die weitere Verwertung nicht geheimen Wissens, d. h. des jeweils branchenspezifischen Grundwissens[644], nicht einmal durch eine vertragliche Regelung[645] unterbinden. Jedem, der einmal Kenntnis von diesem nicht geheimen Erfahrungswissen hat, steht dessen Nutzung uneingeschränkt frei.[646] Die Möglichkeit, die Wissensnutzung zeitlich zu beschränken, scheidet somit nur bei Vermittlung nicht geheimen Wissens von vornherein aus. Aus diesem Grund besteht schon bei Überlassung dieses Wissens generell Gewissheit darüber, dass das vermittelte Wissen dauerhaft beim „Abnehmer" verbleibt.

Know-how, verstanden als das gesamte nicht geheime Erfahrungswissen, ist somit einer zeitlich begrenzten Überlassung nicht zugänglich. Die aus der Überlassung von Know-how resultierenden Einkünfte sind folglich keine Einkünfte aus Vermietung und Verpachtung gemäß § 21 Abs. 1 S. 1 Nr. 3 EStG.

IV. Vergütungen für Beratungsleistungen

Eine Überlassung von Know-how liegt jedoch nicht vor, wenn Erfahrungswissen nicht vermittelt, sondern vom Wissensträger selbst angewendet wird."[647] Eine derartige Beratungsleistung zeichnet sich dadurch aus, dass der Berater sein eigenes Wissen und seine Berufserfahrung im Interesse des Auftraggebers zu einer von diesem erwarteten Tätigkeit einsetzt, z.B. um Vorschläge für eine Betriebsrationalisierung zu unterbreiten.[648]

Eine solche Übermittlung von Kenntnissen im Wege einer laufenden Beratung

---

[642] BFH, BStBl II 1977, 623; BFH, BStBl II 1970, 567; Blümich / Stuhrmann, § 21 EStG Rn. 97 b. Das FG Münster, EFG 1999, 1282, 1283 vertritt nur auf den ersten Blick eine abweichende Ansicht („Know-how ist einer zeitlich begrenzten Überlassung fähig."). Dem Sachverhalt nach wurde ein Gebrauchsmuster für ein Produkt, die Konstruktionsunterlagen und „das mit der Entwicklung zusammenhängende Know-how" überlassen. Damit verwendet das FG Münster den Begriff „Know-how" offenbar auch für geheimgehaltene technische Kenntnisse, die (s. o., Abschnitt 3 Kapitel 6 C.II) der zeitlich begrenzten Überlassung fähig sind.

[643] Bartenbach / Gennen (2001), Rn. 2545; Gerlach (1966), S. 16.

[644] Bartenbach / Gennen (2001), Rn. 2545.

[645] Befristung oder Kündigungsmöglichkeit.

[646] BFH, HFR 1970, 426.

[647] BFH, BStBl II 1971, 235, 237.

[648] BFH, BStBl II 1971, 235, 237.

fällt nicht unter § 21 Abs. 1 S. 1 Nr. 3 EStG, wenn die Verwertung dieser Kenntnisse nicht durch Vertrag zeitlich begrenzt ist.[649] An einer solchen zeitlichen Begrenzung durch Vertrag wird es jedoch in diesen Fällen meist fehlen.[650] Die dabei von dem Berater erwartete Tätigkeit fällt i.d.R. unter die Einkunftsart selbständiger Arbeit (§ 18 EStG).[651]

[649] BFH, BStBl II 1970, 567, 568.
[650] HHR / Jansen, § 21 EStG Anm. 113.
[651] BFH, BStBl II 1971, 235, 237.

Kapitel 7 Endgültige Überlassung von Erfindungen und Know-how

In Fällen, in denen von Anfang an Gewissheit darüber besteht, dass die vermittelten Erfindungen zum endgültigen Verbleib bestimmt sind oder in denen sich die Nutzung des Wissens nicht zeitlich begrenzen lässt (s. o., Kapitel 6 C.III), scheidet eine Besteuerung des für die Wissensnutzung gezahlten Entgeltes als Einkünfte aus Vermietung und Verpachtung aus.

Wird derivativ erworbenes technisches Wissen endgültig überlassen, kommt dabei i. d. R. nur eine Besteuerung als privates Veräußerungsgeschäft in Betracht (s. u., II). Hat jedoch eigene erfinderische Tätigkeit zur Entstehung der Erfindung im Privatvermögen geführt, stellt sich bei Nichtvorliegen eines privaten Veräußerungsgeschäftes die Frage, ob diese als sonstige Leistung i. S. v. § 22 Nr. 3 EStG (noch) in den Nutzungsbereich fällt oder dem Vermögensbereich zuzuordnen ist und damit Einkünfte nach §§ 22 Nr. 2, 23 EStG in Betracht kommen (s. u., I).

A. Veräußerung von Schutzrechten, ungeschützten Erfindungen und geheimem technischen Wissen

I. Veräußerung selbst erstellter Erfindungen

Im Folgenden soll zunächst dargestellt werden, welcher Einkunftsart nach Rechtsprechung und Literatur die Veräußerung einer Zufallserfindung, die als stellvertretender Fall einer selbst erstellten Erfindung im Privatvermögen angesehen werden kann, zuzuordnen ist. Anschließend soll unter Anwendung der allgemeinen Abgrenzungskriterien diskutiert werden, ob dabei Einkünfte nach § 22 Nr. 3 oder nach §§ 22 Nr. 2, 23 EStG in Betracht kommen.

1. Veräußerung von Erfindungen im Privatvermögen in Literatur und Rechtsprechung

Das Veräußern von Zufallserfindungen wurde in der Rechtsprechung des RFH den Einkünften aus sonstigen Leistungen i. S. d. § 22 Nr. 3 EStG zugeordnet.[652] Bei Verwertung der Erfindung durch die Veräußerung dafür erwirkter Schutzrechte stelle der erzielte Veräußerungspreis einen Erlös dar, den der Erfinder für seine Tätigkeit erhält. Dies könne im Einzelnen eine selbständige Tätigkeit (§ 18 EStG[653]) oder, bei Vorliegen einer Zufallserfindung, eine gelegentliche Tätigkeit (§ 22 Nr. 3 EStG[654]) sein. Jedenfalls liege aber kein Veräußerungsgeschäft

---

652 RFH StuW 1932, Nr. 267 Sp. 552, 553; RFH RStBl 1933, 958, 959; weiter weist Mohr (1985), S. 73 auch auf Rechtsprechung des BFH (vom 22.7.1966 VI 10/65, vom 28.11. 1969 VI R 26/66, beide amtlich nicht veröffentlicht) hin, nach der Veräußerungserlöse als Einkünfte nach § 22 Nr. 3 EStG behandelt wurden.

653 Damals § 35 EinkStG.

654 Damals § 41 Abs. 1 Nr. 2 EinkStG.

(i. S. d. §§ 22 Nr. 2, 23[655]) vor.[656] Dieser Einordnung des Entgeltes für veräußerte Zufallserfindungen bzw. allgemein von Erfindungen im Privatvermögen als sonstige Leistung schlossen sich einige Stimmen in der Literatur an.[657]
Die Gegenansicht hält einer Einordnung als sonstige Leistung jedoch entgegen, dass es sich auch in den Fällen der endgültigen Überlassung einer Zufallserfindung um die Veräußerung von Gegenständen des Privatvermögens handele, die nur unter der Voraussetzung des § 23 EStG steuerpflichtig sei.[658]

2. Abgrenzung einer sonstigen Leistung gegen privates Veräußerungsgeschäft

Eine sonstige Leistung i. S. d. § 22 Nr. 3 EStG kann in jeder Tätigkeit – einem Tun, Dulden oder Unterlassen – bestehen, die als Gegenstand eines entgeltlichen Vertrages in Betracht kommt und um des Entgelts willen erbracht wird.[659]
Nach ständiger Rechtsprechung des BFH wird dieser Tatbestand jedoch so weit eingeschränkt, als Veräußerungen oder veräußerungsähnliche Vorgänge im privaten Bereich von der Besteuerung nach § 22 Nr. 3 EStG ausgeklammert werden. Darunter sind Vorgänge zu verstehen, bei denen das Entgelt für die Aufgabe der Substanz erbracht wird.[660] Unter Leistungen i. S. d. § 22 Nr. 3 EStG sollen dagegen nur Erwerbstätigkeiten und Vermögensnutzungen ohne Aufgabe der Vermögenssubstanz fallen.[661] Zur Begründung dieser Einschränkung wird die Sonderregelung der §§ 22 Nr. 2, 23 EStG herangezogen. Die in § 23 EStG enthaltenen Fristen für die Besteuerung von Einkünften aus privaten Veräußerungsgeschäften wären überflüssig, wenn Veräußerungsvorgänge schon nach § 22 Nr. 3 EStG zu versteuern wären. Bei diesen ist demnach die Sonderregelung der §§ 22 Nr. 2, 23 EStG vorrangig zu § 22 Nr. 3 EStG.[662]

3. Abgrenzung bei Veräußerung selbst erstellter Erfindungen

Bei der Selbsterstellung einer Erfindung kann unter den o. g. Voraussetzungen (s. o., Abschnitt 2 Kapitel 3 C.II) eine dem Privatvermögen zuzurechnende Erfindung entstehen. Wird diese veräußert, d. h. einem anderen endgültig überlassen, so liegt darin eine Aufgabe der Vermögenssubstanz. Im Folgenden soll

---

[655] Damals § 41 Abs. 1 Nr. 1 EinkStG.
[656] RFH StuW 1932, Nr. 267 Sp. 552, 553.
[657] HWB StRe / Boeker, Bd. 1, „Erfindung"; Littmann / Bitz / Pust / Stephan, EStG, § 22 Rn. 114; Jakob (2003), § 3 Rn. 389; Schindele, DStZ 1964, 65.
[658] Felix / Stahl (1981), Rn. 26; Richter, NWB 1979, Fach 3, 4633 (1979).
[659] Littmann / Bitz / Pust / Stephan, EStG, § 22 Rn. 100; HHR / Jansen, § 22 EStG Anm. 372, 380.
[660] BFH in st. Rspr., BFH, BStBl II 1985, 264; II 1983, 201; HHR / Jansen, § 22 EStG Anm. 380 m. w. Nachw.
[661] HHR / Jansen, § 22 EStG Anm. 380, 383.
[662] HHR / Jansen, § 22 EStG, Anm. 390 m. w. Nachw.

zunächst gezeigt werden, dass in diesem Fall trotzdem kein privates Veräußerungsgeschäft vorliegt, und anschließend diskutiert werden, welche Konsequenzen sich daraus für die Anwendbarkeit des „nachrangigen" § 22 Nr. 3 EStG ergeben.

a) Kein privates Veräußerungsgeschäftes i. S. d. § 22 Nr. 2 i.V.m. § 23 EStG

Ein privates Veräußerungsgeschäft setzt nach § 23 EStG die Anschaffung und Veräußerung eines Wirtschaftsgutes des Privatvermögens innerhalb einer bestimmten Frist voraus.[663] Anschaffung ist der entgeltliche Erwerb eines Wirtschaftsgutes von einem Dritten. Die Herstellung eines Wirtschaftsgutes ist kein Anschaffungsvorgang bzw. kein diesem nach § 23 Abs. 1 S. 2 EStG gleichgestellter Vorgang.[664] Damit liegt bei Veräußerung einer Erfindung, die aus eigener erfinderischer Tätigkeit des Veräußerers hervorgegangen ist, schon mangels Anschaffung kein privates Veräußerungsgeschäft i. S. d. § 22 Nr. 2 EStG vor[665], d. h., selbst wenn man ohne Rücksicht auf die sog. „Spekulationsfrist" alle Veräußerungseinkünfte im privaten Bereich besteuern wollte[666], könnte die Veräußerung einer selbst erstellten Erfindung oder sonstigen selbst generierten Wissens mangels Anschaffungsvorgang kein solches privates Veräußerungsgeschäft darstellen.

b) § 22 Nr. 3 EStG kein Auffangtatbestand bei Überschreitung der Spekulationsfrist

Nach § 22 Nr. 3 EStG sind Einkünfte aus Leistungen steuerbar, „soweit sie weder zu anderen Einkunftsarten [...] noch zu den Einkünften im Sinne der Nummern 1, 1a, 2 oder 4 gehören [...]".
Da die Sonderregelung des § 22 Nr. 2 i.V.m. § 23 EStG bei Veräußerung selbst erstellter Erfindungen aber gerade nie eingreift, wäre es denkbar, dass damit der Weg zur Anwendung der subsidiären Regelung des § 22 Nr. 3 EStG wieder frei ist, da „soweit" ja kein privates Veräußerungsgeschäft i. S. d. § 22 Nr. 2 EStG vorliegt. Fraglich ist somit, ob bei einer Veräußerung, die kein Veräußerungsgeschäft i. S. d. Nr. 2 ist, § 22 Nr. 3 EStG als Auffangtatbestand fungiert oder ob die Anwendung des § 22 Nr. 3 EStG über seinen Wortlaut hinaus nicht nur bei privaten Veräußerungsgeschäften, sondern bei allen Geschäften, bei denen ein Eingriff in die Vermögenssubstanz vorliegt, ausgeschlossen sein soll.
Gegen eine Besteuerung nach § 22 Nr. 3 EStG spricht, dass die Veräußerung von Gegenständen des Privatvermögens eben nur unter Voraussetzungen des § 22 Nr. 2 i.V.m. § 23 EStG steuerbar sein soll. § 22 Nr. 3 soll also gerade kein

663 Schmidt / Heinicke, EStG, § 23 Rn. 2.
664 Blümich /Stuhrmann, EStG, § 23 Rn. 73; Schmidt / Heinicke, EStG, § 23 Rn. 16; Littmann / Bitz / Pust / Jacobs-Soyka, EStG, § 23 Rn. 40.
665 BFH / NV 2004, 257, 258.
666 HHR / Jansen, § 23 EStG Anm. 8 letzter Absatz.

allgemeiner Auffangtatbestand sein, nach dem all das besteuert wird, was an anderen Tatbeständen „vorbeifällt".[667] Sinn und Zweck des § 23 EStG ist es, die innerhalb der Frist zwischen Anschaffung und Veräußerung realisierten Werterhöhungen eines Wirtschaftsgutes im Privatvermögen des Steuerpflichtigen der Einkommensteuer zu unterwerfen.[668] Deshalb erfolgt jedenfalls dann keine Besteuerung als sonstige Leistung (§ 22 Nr. 3 EStG), wenn ein privates Veräußerungsgeschäft aufgrund Überschreitens der in § 23 EStG bestimmten Haltefristen ausscheidet.

Hier scheidet aber eine Besteuerung als privates Veräußerungsgeschäft schon deshalb aus, weil weder eine Anschaffung noch ein ihr nach § 23 Abs. 1 S. 2 EStG gleichgestellter Vorgang vorliegt. Somit würde nie eine für die Veräußerung relevante Frist zu laufen beginnen. § 22 Nr. 3 EStG würde also bei der Veräußerung selbst erstellter Gegenstände des Privatvermögens – entgegen der zur Einschränkung des § 22 Nr. 3 EStG herangezogenen Begründung – nicht dazu dienen, die in § 23 EStG bestimmten Fristen auszuhebeln.

Die subsidiäre Anwendung des § 22 Nr. 3 EStG scheidet bei der Veräußerung selbst erstellter Erfindungen somit nicht bereits aufgrund dieses „Umgehungsargumentes" aus. Demzufolge soll nachfolgend für die Veräußerung einer selbst erstellten Erfindung anhand anderer Anhaltspunkte erschlossen werden, ob die aus der Veräußerung einer selbst erstellten Erfindung resultierenden Einkünfte eine Leistung i. S. d. § 22 Nr. 3 EStG darstellen.

c) Sonstige Leistung i. S. v. § 22 Nr. 3 EStG

Der Tatbestand des § 22 Nr. 3 EStG ist erfüllt, wenn die erfolgte Entgeltzahlung durch eine „Leistung" ausgelöst worden ist.[669]

Typisch für sonstige Leistungen i. S. v. § 22 Nr. 3 ist eine Entgeltzahlung, die als Gegenleistung für Leistungen erbracht werden, die den in Nr. 3 S. 1 genannten Beispielen ähneln. Unter diesem Tatbestand werden folglich Einnahmen für Leistungen im Tätigkeitsbereich (Tätigkeitsvergütungen) oder im Bereich der Vermögensnutzung erfasst.[670] Letztgenannte Variante scheidet bei Veräußerung einer Erfindung von vornherein aus, da die Zurechnung einer Leistung zum Bereich der Vermögensnutzung voraussetzt, dass kein Eingriff in die Vermögenssubstanz vorliegt (s. o., Kapitel 6 A), auf der Seite des veräußernden Erfinders jedoch ein Substanzverlust eintritt.

Für eine sonstige Leistung i. S. d. § 22 Nr. 3 EStG kommt somit nur noch eine im Tätigkeitsbereich liegende Leistung des Erfinders in Betracht. Das gezahlte Entgelt müsste sich dann als echte wirtschaftliche Gegenleistung für die erfin-

---

[667] BFH, BStBl II 1994, 96, 97; Korn / Hild, EStG, § 22 Rn. 89.

[668] BFH, BStBl II 1989, 652 m. w. Nachw.; HHR / Jansen, § 23 EStG Anm. 8.; Schmidt / Heinicke, EStG, § 23 Rn. 2.

[669] Schmidt / Wacker, EStG, § 22 Rn. 133.

[670] HHR / Jansen, § 22 EStG Anm. 380.

derische Tätigkeit, aus der die verkaufte Erfindung hervorgegangen ist, darstellen. In diesem Falle wäre es naheliegend, dass sich die für die Erfindung erbrachte Gegenleistung nach den für Tätigkeitsvergütungen üblichen Parametern, wie dem (zeitlichen) Entwicklungsaufwand bzw. der Qualifikation des Erfinders, bemisst.
Dafür sind jedoch keine Anhaltspunkte ersichtlich. Für eine Erfindung wäre am Markt c. p. kein höherer Preis erzielbar, wenn die dahinterstehende Entwicklungstätigkeit bedeutend mehr Zeit in Anspruch genommen oder eine höhere Qualifikation des Erfinders erfordert hätte. Vielmehr wird sich der Preis in erster Linie am Inhalt der Erfindung, d. h. anhand der von ihr erwarteten Marktchancen, orientieren. Das erzielte Entgelt stellt auch keine erfolgsbezogene Vergütung für eine Tätigkeit dar. Denn grundsätzlich wird es dem Erwerber sogar völlig gleichgültig sein, ob hinter der verkauften Erfindung eine eigene Tätigkeit des Veräußerers steht, oder ob dieser die Erfindung selbst derivativ erworben hat. Das für das Schutzrecht gezahlte Entgelt ist somit nicht als wirtschaftliche Gegenleistung für die vom Erfinder vollbrachte Tätigkeit anzusehen, sondern stellt einzig einen Ausgleich dafür dar, dass ein Vermögensgegenstand in seiner Substanz endgültig aufgegeben wird.

d) Fazit

Damit liegt bei der Veräußerung einer selbst hergestellten Erfindung m. E. ein Veräußerungsgeschäft vor, das nie unter §§ 22 Nr. 2, 23 EStG fällt. Da die Entgeltzahlung für die veräußerte Erfindung nicht durch die Tätigkeit des Erfindens, sondern durch die Überlassung der „Substanz“ der Erfindung veranlasst ist, scheidet eine Besteuerung als sonstige Leistung nach § 22 Nr. 3 EStG ebenso aus.
In der Konsequenz stellt der Veräußerungserlös für eine selbst erstellte Erfindung, sollte diese originär im Privatvermögen entstehen, mangels Vorliegen eines Einkünftetatbestandes nach § 2 Abs. 1 EStG eine nicht steuerbare Einnahme dar.

II. Veräußerung einer nicht selbst erstellten Erfindung

Bei Veräußerung einer nicht selbst erstellten Erfindung kommt eine Besteuerung als privates Veräußerungsgeschäft (§§ 22 Nr. 2 i.V.m. § 23 EStG) in Betracht. Dieses setzt die Anschaffung und Veräußerung eines Wirtschaftsgutes innerhalb von einem Jahr (§ 23 Abs. 1 S. 1 Nr. 2 EStG) voraus. Eine solche steuerrechtliche Einordnung steht aber dann in Frage, wenn an der erworbenen Erfindung vor der Weiterveräußerung wesentliche Änderungen vorgenommen werden.

1. Anschaffung eines Wirtschaftgutes

Wirtschaftsgut i. S. d. § 23 Abs. 1 S. 1 Nr. 2 EStG ist jeder vermögenswerte Vorteil, der einer selbständigen Bewertung zugänglich und von längerfristigem

Nutzen ist. Neben Sachen und Rechten i. S. d. bürgerlichen Rechts können darunter auch tatsächliche Zustände und konkrete Möglichkeiten fallen.[671] Damit kommen nicht nur Schutzrechte als Veräußerungsobjekte in Betracht, sondern auch ungeschützte Erfindungen.[672]
Als Anschaffung i. S. d. § 23 EStG Abs. 1 S. 1 EStG gilt nur der entgeltliche Erwerb[673] bzw. diesem nach S. 2 gleichgestellte Vorgänge, wie Überführung ins Privatvermögen durch Entnahme oder Betriebsaufgabe. § 23 EStG wird aber jedenfalls auch dann als erfüllt angesehen, wenn zwischen Anschaffung durch den Erblasser und Veräußerung durch den Erben die sog. Spekulationsfrist noch nicht abgelaufen ist.[674] Nach Einführung des § 23 Abs. 1 S. 3 EStG wird bei unentgeltlichem Erwerb auch dem Einzelrechtsnachfolger generell die Anschaffung des Rechtsvorgängers für die Fristberechnung zugerechnet.

2. Identität zwischen angeschafftem und veräußertem Wirtschaftsgut

Der Tatbestand des § 23 Abs. 1 S. 1 Nr. 2 EStG ist nur dann erfüllt, wenn es sich beim veräußerten Wirtschaftsgut um dasselbe handelt wie das, was angeschafft worden ist, d. h., es muss eine Identität zwischen angeschafftem und veräußertem Wirtschaftsgut im wirtschaftlichen Sinne („Nämlichkeit“) bestehen.[675] Diese Anforderung könnte bei der Veräußerung von Erfindungen dann nicht mehr erfüllt sein, wenn eine ungeschützte Erfindung erworben wird und diese vor dem Verkauf technisch weiterentwickelt wurde bzw. für diese ein oder mehrere Schutzrechte erwirkt wurden.

a) Kriterien zur Beurteilung der „Nämlichkeit“

Für die wirtschaftliche Identität wird es als ausreichend angesehen, wenn angeschafftes und veräußertes Wirtschaftsgut nach der Verkehrsauffassung gleichartig, funktionsgleich und gleichwertig sind.[676] Aus der Erwähnung der Herstellungskosten bei der Ermittlung des Veräußerungsgewinns in § 23 Abs. 2 S. 4 EStG wird aber abgeleitet, dass nicht jede, sondern nur wesentliche Herstellungsmaßnahmen die Identität zwischen angeschafftem und veräußertem Wirtschaftsgut beseitigen.[677] Auch bei der Aufteilung eines Wirtschaftsgutes

---

[671] Der Begriff des Wirtschaftsgutes wird damit in § 23 EStG im gleichen Sinne verwendet wie im Bilanzsteuerrecht (§§ 4 ff. EStG). Littmann / Bitz / Pust / Jacobs-Soyka, EStG, § 23 Rn. 26; Schmidt / Heinicke, EStG, § 23 Rn. 4.
[672] BFH, BStBl II 1976, 666, 667; Mohr (1985), S. 1.
[673] Littmann / Bitz / Pust / Jacobs-Soyka, EStG, § 23 Rn. 39; Schmidt / Heinicke, EStG, § 23 Rn. 12.
[674] Str., Schmidt / Heinicke, EStG, § 23 Rn. 40.
[675] Littmann / Bitz / Pust / Jacobs-Soyka, EStG, § 23 Rn. 31 m. w. Nachw.; Schmidt / Heinicke, EStG; § 23 Rn. 6.
[676] BFH, BStBl II 1989, 652.
[677] Littmann / Bitz / Pust / Jacobs-Soyka, EStG, § 23 Rn. 32 zu alter Rechtslage bei Gebäudeerrichtung.

bleibt nach allgemeiner Ansicht die wirtschaftliche Identität erhalten, wenn dazu keine aufwendigen technischen Maßnahmen durchzuführen sind, sondern es z.B. nur eines Rechtsaktes bedarf.[678]
So wurde nach der alten Rechtslage zur Bebauung von Grundstücken[679] in einem grundlegenden Umbau eines Gebäudes mit wesentlicher Zustandsänderung die Herstellung eines neuen Wirtschaftsgutes gesehen, da das angeschaffte Wirtschaftsgut dabei nach wirtschaftlicher Betrachtung in ein anderes Wirtschaftsgut umgestaltet wird. Dies hatte zur Folge, dass bei der Veräußerung auf das Gebäude kein Spekulationsgewinn anfiel. Dagegen wurde die wirtschaftliche Identität bei nach der Anschaffung erfolgender Fertigstellung eines Rohbaus bejaht und somit auch die Wertsteigerung des Gebäudes der Besteuerung nach § 23 EStG unterworfen.[680]

b) Relevanz der „Nämlichkeit“ bei der Weiterentwicklung von Erfindungen

Bei der Weiterentwicklung einer derivativ erworbenen Erfindung im Privatvermögen bzw. Schutzrechtserwirkung für dieselbe kann ein privates Veräußerungsgeschäft schon deshalb ausscheiden, weil die Tätigkeit des Steuerpflichtigen unter die Einkunftsarten selbständige Arbeit oder Gewerbebetrieb fällt.

aa) Weiterentwicklung als selbständige oder gewerbliche Tätigkeit

Tätigkeiten der technischen Weiterentwicklung der Erfindung, die zu einer Veränderung ihrer Identität führen, d. h. die sie in ihrer Funktion so verändern oder verbessern, dass sie eine wesentliche Herstellungsmaßnahme darstellen, werden i. d. R. schon als selbständige bzw. gewerbliche Tätigkeit zu qualifizieren sein.
In diesem Fall wird eine Einlage der unveränderten („nämlichen“) Erfindung ins Betriebsvermögen vorliegen. Diese stellt keinen Veräußerungsvorgang nach § 23 Abs. 1 S. 5 EStG dar, da jene Veräußerungsfiktion nur für die unter § 23 Abs. 1 S. 1 Nr. 1 genannten Veräußerungsobjekte, Grundstücke u. ä. Rechte, gilt, nicht jedoch für alle sonstigen Wirtschaftsgüter.[681]

bb) Weiterentwicklung im Privatbereich

Werterhöhende, die Erfindung modifizierende Vorgänge, die unterhalb der Schwelle einer selbständigen oder gewerblichen Tätigkeit liegen[682] und somit

678 BFH, BStBl II 1984, 26; Littmann / Bitz / Pust / Jacobs-Soyka, EStG, § 23 Rn. 33.
679 Nach alter Rechtslage (Veräußerungen vor dem VZ 1999) wurden Grund und Boden sowie Gebäude als selbständige Wirtschaftsgüter behandelt, so dass bei Weiterverkauf nach Bebauung nur hinsichtlich des Bodens ein Spekulationsgeschäft vorlag.
680 BFH, BStBl II 1989, 652.
681 Schmidt / Heinicke, EStG, § 23 Rn. 52.
682 Dies ist der Fall, wenn sich die Tätigkeiten bis zur angestrebten Verwertungsreife als nicht nachhaltig herausstellen sollten und den Rahmen privater Vermögensverwaltung nicht überschreiten.

noch zu einer Veräußerung eines Gegenstandes des Privatvermögens führen, sind damit nur in einem engen Rahmen vorstellbar, so beispielsweise, wenn nur noch der rechtliche Vorgang der Schutzrechtserteilung nach der Anschaffung der Erfindung stattfindet, weil der Vorgang der Schutzrechtserwirkung in den wesentlichen Zügen bereits vom Rechtsvorgänger durchgeführt wurde. Folglich erlangt die Frage der wirtschaftlichen Identität der Erfindung nur in diesem Fall Relevanz.

c) Identität von Erfindungen und dafür erwirkten Schutzrechten

Nach Ansicht des BFH gibt es kein Wirtschaftsgut „patentierte Erfindung". Zwar könne

> „auch eine ungeschützte Erfindung ein Wirtschaftsgut sein. Sobald aber die Erfindung durch Erteilung eines Patentes geschützt wird [...], spaltet sich von dem Wirtschaftsgut „ungeschützte Erfindung" das selbständige Wirtschaftsgut „Patent" ab.
>
> Die rechtlichen Wirkungen des Patents sind [...] beschränkt auf das Land, in dem es erteilt wird. Das hat zur Folge, daß die Patente der einzelnen Länder verschiedene Wirtschaftsgüter sind. Abgesehen davon, daß die Rechte aus ihnen einen unterschiedlichen Inhalt haben können, kann sie der Patentinhaber auch in unterschiedlicher Weise verwerten." [683]

Diesen Ausführungen zufolge entsteht durch eine Schutzrechtserteilung jeweils ein neues Wirtschaftsgut, das fortan neben dem Wirtschaftsgut der ursprünglichen Erfindung existiert. Danach könnten also das Schutzrecht und die Erfindung schon denknotwendig nicht ein identisches Wirtschaftsgut sein.
Im Kontext privater Veräußerungsgeschäfte zeigt ein Blick auf die Rechtsprechung zur Aufteilung eines Wirtschaftsgutes vor Weiterveräußerung, z. B. der Parzellierung von Grundstücken oder Teilung von Gesellschaftsanteilen, dass Parallelen zum Vorgang der Schutzrechtserteilung bestehen. Diese könnten dafür sprechen, dass die wirtschaftliche Identität des Wirtschaftsgutes Erfindung durch die Schutzrechtserteilung nicht verloren ginge.

aa) Technische Identität

Die Schutzrechtserteilung stellt, vergleichbar der Grundstücksparzellierung oder Teilung von Gesellschaftsanteilen, lediglich einen Rechtsakt dar; die dafür zu erfüllenden Anforderungen sind eher rechtlich-formaler Art. Von ihrem technischen Stand her wird die Erfindung bei der Schutzrechtserteilung nicht verändert, d. h., es sind keine weiteren technischen, einem Herstellungsprozess vergleichbaren Maßnahmen durchzuführen. Das erteilte Schutzrecht und die ungeschützte Erfindung sind somit funktionsgleich, damit aus technischer Sicht identisch.

[683] BFH, BStBl II 1976, 666, 667.

bb) Keine rechtliche Identität

Die ursprüngliche Erfindung und die für mehrere Länder erteilten Schutzrechte können unterschiedlichen Schicksalen[684] unterliegen. Ein Vergleich mit der Aufteilung eines Grundstückes oder Gesellschaftsanteiles spricht dabei auf den ersten Blick noch nicht gegen die Erhaltung der wirtschaftlichen Identität, da auch bei der Aufteilung anderer Wirtschaftsgüter die entstehenden Teile[685] unterschiedlichen Schicksalen folgen können.[686]
In rechtlicher Hinsicht bestehen jedoch auch große Unterschiede zwischen der Abspaltung verschiedener Schutzrechte von der ungeschützten Erfindung und den anderen Fällen der Aufteilung eines Wirtschaftsgutes. So gehen beispielsweise bei der Grundstücksparzellierung oder Aufteilung eines Gesellschaftsanteils vom ursprünglichen Wirtschaftsgut und von dem nach der Spaltung entstehenden Wirtschaftsgut-Teil noch dieselben rechtlichen Wirkungen aus. Bei diesen erfolgt somit nur eine rein quantitative Aufteilung des Wirtschaftsgutes. Dagegen ergeben sich durch die „Abspaltung" der Schutzrechte von der ursprünglichen Erfindung hinsichtlich der rechtlichen Wirkungen wesentliche Abweichungen zwischen ungeschützter Erfindung und den „abgespaltenen" Schutzrechten. Das Schutzrecht verleiht seinem Inhaber ein Quasi-Monopolrecht. Das Recht aus dem Schutzrecht erweist sich somit als ein absolutes Recht mit gesetzlich vorgegebenem Inhalt. Die von ihm ausgehenden Rechtswirkungen unterscheiden sich somit maßgeblich von denen einer ungeschützten Erfindung.[687] Folglich bleibt die rechtliche Identität der Erfindung bei Erwirkung eines Schutzrechtes nicht erhalten.

cc) Fazit für die wirtschaftliche Identität

Für § 23 EStG kommt es auf die *wirtschaftliche* Identität an. Deshalb ist zu entscheiden, welchem der genannten gegenläufigen Argumente in wirtschaftlicher Hinsicht durchschlagende Bedeutung zukommt. Trotz unverändertem technischen Stand wird sich für ein Schutzrecht, da es für ein bestimmtes Territorium ein Ausschließlichkeitsrecht verleiht, ein weitaus höherer Preis erzielen lassen als bei Veräußerung der ungeschützten Erfindung. Denn letztere könnte zum einen in naher Zeit bekannt werden, so dass sie dann alle nutzen können und sie folglich keinen Marktvorteil mehr darstellt. Zum anderen könnte im Falle einer Doppelerfindung[688] der andere Erfinder ein Schutzrecht erwirken und dadurch den Erwerber der ungeschützten Erfindung von der weiteren Nutzung ausschließen. Beim Erwerb eines Schutzrechtes und dessen Bewertung wird

684 Unterschiedliche Laufzeiten, Veräußerung an verschiedene Erwerber etc.
685 Z.B. Parzellen; Geschäftsanteile.
686 Veräußerung an unterschiedliche Rechtsnachfolger, Einziehung von entstandenen Gesellschaftsanteilen etc.
687 So auch die Begründung des BFH, BStBl II 1997, 666, 667.
688 D.h. zwei Erfinder machen unabhängig voneinander dieselbe Erfindung.

folglich die rechtliche Wirkung im Vordergrund stehen und auch das wirtschaftlich schlagende Argument sein.
Somit liegen auch aus Sicht des § 23 EStG bei ungeschützter Erfindung und Schutzrecht unterschiedliche Wirtschaftsgüter vor. Durch die Schutzrechtserteilung geht damit die wirtschaftliche Identität der Erfindung verloren mit der Folge, dass die Erlöse aus der Veräußerung des erwirkten Schutzrechtes nicht nach § 23 EStG steuerbar sind.

3. Vorliegen eines privaten Veräußerungsgeschäftes

Lediglich wenn eine Erfindung oder ein Schutzrecht derivativ privat erworben und innerhalb der Spekulationsfrist weiterveräußert wird, ohne dass bei einer Weiterentwicklung die Tätigkeit als selbständige oder gewerbliche anzusehen ist und ohne dass für die erworbene ungeschützte Erfindung ein Schutzrecht erwirkt wurde, liegt ein privates Veräußerungsgeschäft nach §§ 22 Nr. 2 i.V.m. § 23 EStG vor.

B. Überlassung von Know-how

I. Einordnung der Einnahmen für die Überlassung von Know-how

1. Keine zeitlich begrenzte Überlassung

Wie oben bereits dargelegt (s. o., Kapitel 6 C.III), führt die Überlassung von Know-how jedenfalls nicht zu Einkünften aus Vermietung und Verpachtung, da die vermittelten Erfahrungen dem Empfänger auf Dauer verbleiben und somit eine zeitlich begrenzte Überlassung ausgeschlossen ist.

2. Nutzungsbereich (§ 22 Nr. 3 EStG) vs. Vermögensbereich (§§ 22 Nr. 2, 23 EStG)

Obwohl die Know-how-Überlassung nicht zeitlich begrenzt erfolgen kann und damit Einkünfte nach § 21 Abs. 1 S. 1 Nr. 3 EStG ausscheiden, folgt daraus noch nicht, dass diese dem Vermögensbereich zuzuordnen ist. Auch für die Überlassung von Know-how ist festzustellen, ob eine noch dem Nutzungsbereich zuzuordnende sonstige Leistung nach § 22 Nr. 3 EStG vorliegt oder ob die Überlassung schon in den Vermögensbereich fällt.

a) Einordnung der Überlassung von Know-how in Literatur und Rechtsprechung

Gegen die Einordnung der Überlassung von Know-how als Veräußerungsgeschäft wird ins Feld geführt, dass dem Vermittler das Know-how seinerseits nicht verloren gehen kann.[689] Auch habe der Gesetzgeber durch die beispielhafte Aufzählung in § 49 Abs. 1 Nr. 9 EStG entschieden, dass die Know-how-

[689] FG München, EFG 1983, 353, 354; BFH, BStBl II 1996, 4, 5.

Überlassung zu den Leistungen auf Nutzungsebene zählen soll und damit unter § 22 Nr. 3 EStG fallen könne.[690]

b) Kein Substanzverlust bei der Überlassung von Know-how

Da bei geistigem Eigentum immer die Möglichkeit der unbeschränkten Vervielfältigung besteht, geht dem Vermittler von Wissen dasselbe trotz der Übermittlung nie verloren. Die Frage eines Substanzverlustes kann deshalb, wie schon bei der Überlassung ungeschützter Erfindungen (s. o., Kapitel 6 C.II.1.d)), nur danach beurteilt werden, ob beim Vermittler ein Verlust hinsichtlich der in Bezug auf das vermittelte Wissen bestehenden Befugnisse eintritt. Eine dem Substanzverlust vergleichbare Sachlage wäre dann gegeben, wenn der Vermittler als Folge der Überlassung selbst fortan von der Nutzung ausgeschlossen, also rechtlich an der weiteren Nutzung des von ihm übermittelten Wissens gehindert wäre.
Bei nicht geheimem Wissen handelt es sich um allgemein zugängliches Basiswissen, von dessen Anwendung niemand ausgeschlossen werden kann. Der das Know-how Überlassende kann somit das von ihm vermittelte Wissen selbst weiter anwenden oder an Dritte vermitteln. Aus diesem Grund tritt kein Substanzverlust oder eine diesem vergleichbare Lage auf der Seite des Know-how-Vermittlers ein. Damit fällt die Überlassung von Know-how nie in den Vermögensbereich, sondern immer in den Nutzungsbereich. Für das dafür erzielte Entgelt kommt folglich nur eine Besteuerung nach § 22 Nr. 3 EStG in Betracht.

II. Know-how-Überlassung als wirtschaftlich notwendige Nebenverpflichtung und kombinierte Patent-Know-how-Lizenzverträge

Voraussetzung dafür, dass das Entgelt für die Überlassung von Know-how wie unter I. angedeutet als sonstige Leistung (§ 22 Nr. 3 EStG) steuerbar ist, ist die Möglichkeit einer gesonderten steuerrechtlichen Beurteilung dieses Überlassungstatbestandes. Daran fehlt es, wenn die Überlassung von Know-how notwendige Nebenverpflichtung zur Überlassung von Schutzrechten darstellt und ihr deshalb keine eigenständige wirtschaftliche Bedeutung zukommt. Dies ist beispielsweise der Fall, wenn sämtliche Konstruktionszeichnungen, Bauanweisungen und Anleitungen über Geräte, in denen die Schutzrechte Anwendung finden, überlassen werden.[691] Eine eigenständige Beurteilung der Überlassung von Know-how scheidet weiter aus, wenn das Know-how seinen Niederschlag in Schutzrechten gefunden hat und diese insgesamt übertragen werden. Dann liegt nämlich über die Schutzrechte hinaus kein abtrennbares Erfahrungswissen vor, das Gegenstand einer separaten Übertragung sein könnte.[692]

[690] FG München, EFG 1983, 353, 354; Littmann / Bitz / Pust / Stephan, EStG, § 22 Rn. 114.
[691] BFH, BStBl II 1977, 623, 624.
[692] BFH, BStBl II 1977, 623; FG München, EFG 1983, 353, 354.

In diesen Fällen erfolgt eine einheitliche Beurteilung der Überlassung von Schutzrecht und Know-how, wobei die steuerrechtliche Behandlung der Know-how-Überlassung der der Überlassung der Schutzrechte folgt.[693]

Werden Schutzrechte oder ungeschützte Erfindungen, die dem Privatvermögen zuzuordnen sind[694], im Rahmen eines Lizenzvertrages überlassen, so sind die daraus anfallenden Lizenzeinnamen der Einkunftsart Vermietung und Verpachtung (§ 21 Abs. 1 S. 1 Nr. 3 EStG) zuzurechnen. Bei deren endgültiger Überlassung fallen die Veräußerungsgewinne steuerfrei an, wenn die Erfindung selbst entwickelt wurde. Eine Einordnung als privates Veräußerungsgeschäft kommt nur in Betracht, wenn eine Erfindung im Rahmen privater Vermögensverwaltung derivativ erworben wurde.
Die Überlassung von Know-how ist als sonstige Leistung (§ 22 Nr. 3 EStG) steuerbar, wenn diese nicht nur als Nebenverpflichtung im Rahmen eines Patentlizenzvertrages anzusehen ist und die Know-how-Vermittlung nicht im Rahmen einer selbständigen Tätigkeit (§ 18 EStG) erfolgt.

693 BFH, BStBl II 1977, 623; FG München, EFG 1983, 353, 354.

694 D. h., Erfindungen, die das Ergebnis einer als Liebhaberei eingeordneten oder einer gelegentlichen Tätigkeit sind, siehe Abschnitt 2 .

Abschnitt 4 Erfindungen im Betriebsvermögen

In diesem Abschnitt soll auf steuerrechtliche Probleme, die im Zusammenhang mit erfinderischem Tätigwerden im Bereich der Gewinneinkunftsarten auftreten können, eingegangen werden. Eine Tätigkeit ist dann im Rahmen der Gewinneinkunftsarten steuerbar, wenn neben der Beteiligung am allgemeinen wirtschaftlichen Verkehr und der Gewinnerzielungsabsicht die Merkmale der Selbständigkeit und Nachhaltigkeit gegeben sind (s. o., Abschnitt 2 Kapitel 3 B.II).
Dabei soll in Kapitel 8 die Einordnung in die Einkunftsarten selbständige Arbeit und Gewerbebetrieb dargestellt werden. Kapitel 9 soll diese Einordnung für die erfinderische Tätigkeit im Rahmen der Mitunternehmerschaft darstellen.
Die spezifischen Probleme, die bei Erfindungen von Gesellschaftern bzw. Gesellschafter-Geschäftsführern oder Gesellschafter-Vorständen von Kapitalgesellschaften und im Rahmen einer Betriebsaufspaltung auftreten können, sind schließlich Gegenstand der Untersuchungen in den Kapiteln 10 und 11.

Kapitel 8 Abgrenzung selbständiger und gewerblicher Erfindertätigkeit

Die Tätigkeit eines Erfinders ist nicht per se einer bestimmten Einkunftsart zuzuordnen. Die erfinderische Tätigkeit ist, um bereits in der Entwicklungsphase eine einkommensteuerrechtliche Einordnung vornehmen zu können, zunächst im Kontext zu der bisher vom Steuerpflichtigen ausgeübten Tätigkeit zu betrachten. Dabei kann sie sich in den Rahmen eines bereits bestehenden Betriebes einfügen, so dass die Einkunftsart auf diese Weise vordeterminiert ist. Die erfinderische Tätigkeit kann aber auch den Beginn einer auf die Erzielung von Einkünften gerichteten Tätigkeit darstellen. Die Einkunftsart ist dabei u. U. aus der Zielrichtung der angestrebten Verwertungsmodalitäten ableitbar.[695]
Schließlich besteht die weitere Möglichkeit, dass die erfinderische Tätigkeit erst mit Beginn der Verwertungsphase einkommensteuerrechtliche Relevanz erlangt. Dies wird neben den bereits dargestellten Möglichkeiten der Verwertung insbesondere der Fall sein, wenn eine bisher dem Privatvermögen zuzuordnende Erfindung in einen Betrieb eingebracht und dort verwertet wird.[696]

A. Entwicklung als typisch freiberufliche Tätigkeit

Liegen die o. g. die Gewinneinkunftsarten kennzeichnenden Merkmale vor, ist eine Betätigung gemäß § 15 Abs. 2 S. 1 EStG dann kein Gewerbebetrieb, wenn sie nicht als selbständige Arbeit (§ 18 EStG) anzusehen ist. Für einen Erfinder kommt dabei im Rahmen der Einkunftsart selbständige Arbeit eine Einordnung

---

[695] BFH, BStBl II 1970, 317, 318.
[696] Ebd.

als freiberufliche Tätigkeit nach § 18 Abs. 1 Nr. 1 EStG oder als sonstige selbständige Arbeit i. S. d. § 18 Abs. 1 Nr. 3 EStG in Betracht.

I. Erfindertätigkeit der „Natur nach" selbständige Tätigkeit

Nach Ansicht des BFH stellt die Tätigkeit des Erfindens schon „ihrer Natur nach" selbständige Arbeit i. S. d. § 18 EStG dar.[697] Dabei wird für die Arbeit eines Erfinders davon ausgegangen, dass sie für sich betrachtet die Ausübung eines freien Berufes darstellt.[698]
Dies kann zum einen schon dann der Fall sein, wenn der Erfinder den „Katalogberuf" des Ingenieurs ausübt und die erfinderische Tätigkeit im Rahmen seines selbständig ausgeübten Berufes betreibt.[699]
Da die Erfindertätigkeit darauf gerichtet ist, etwas Neues auf dem Gebiet der Technik zu schaffen, wird es sich dabei zum anderen um eine wissenschaftliche Tätigkeit i. S. d. § 18 Abs. 1 Nr. 1 EStG handeln[700], denn diese werde in der Regel „mit wissenschaftlicher Methode dergestalt ausgeübt, daß ihr Ergebnis [...] als Frucht einer angestrengten geistigen Arbeit mit den Merkmalen einer Forschungstätigkeit angesehen werden kann."[701] Im Hinblick auf die anderen im Gesetz aufgeführten freiberuflichen Tätigkeiten – wie die künstlerischen, schriftstellerischen, erziehenden oder unterrichtenden – sei es dabei auch nicht gerechtfertigt, an den Begriff der wissenschaftlichen Tätigkeit besonders strenge Anforderungen zu stellen. Ferner spreche auch eine Vermutung für das Vorliegen einer wissenschaftlichen Tätigkeit, da bei dem gegenwärtigen Stand der technischen Entwicklung eine erfolgreiche planmäßige Erfindertätigkeit auch nicht anders als durch wissenschaftliche Tätigkeit vorstellbar sei.[702]

II. Einsatz von Mitarbeitern

Wesentliches Merkmal der freiberuflichen in Abgrenzung zur gewerblichen Tätigkeit ist die unmittelbare persönliche Arbeitsleistung des Freiberuflers. Der Einsatz von Mitarbeitern wirft somit die Frage auf, ob der an sich selbständigen Arbeit dadurch insgesamt ein gewerbliches Gepräge verliehen wird.[703]
Nach § 18 Abs. 1 Nr. 1 S. 3 EStG wird eine freiberufliche Tätigkeit nicht deshalb zu einer gewerblichen, weil sich der Steuerpflichtige fachlich vorgebildeter Arbeitskräfte bedient. Dies setzt allerdings voraus, dass er aufgrund eigener Fachkenntnisse leitend und eigenverantwortlich tätig ist. Die Leistungs-

---

697 BFH, BStBl II 1976, 666, II 1978, 545, BFH / NV 1988, 737.
698 BFH, BStBl II 1976, 666, 667; II 1978, 545, 547; BFH / NV 1988, 737, 738.
699 BFH / NV 1988, 737, 738.
700 BFH, BStBl II 1978, 545, 547; BFH / NV 1988, 737, 738.
701 BFH, BStBl III 1967, 310.
702 BFH, BStBl III 1967, 310. Von dieser Annahme wird man heute wohl erst recht ausgehen müssen.
703 BFH, BStBl II 1995, 732, 734.

und Verantwortungsfunktion des Berufsträgers muss sich dabei auf die gesamte Tätigkeit erstrecken. Diese Anforderung ist erfüllt, wenn die Mitarbeiter nur Leistungen untergeordneter Art erbringen, also die als freiberuflich einzuordnende Tätigkeit nur um schematische Arbeiten ergänzen. Im Ergebnis muss das Werk des Freiberuflers als wesentliches Element des Endproduktes erhalten bleiben, d. h., die Leistung des Unternehmens muss den Stempel der Persönlichkeit des Steuerpflichtigen tragen.[704]

Ein Erfinder kann sich somit der Mithilfe fachlich vorgebildeter Kräfte bedienen, solange seine eigenverantwortliche fachliche Leitung gewährleistet ist. Er muss somit zum maßgeblichen Teil durch eigene Tätigkeit an der am Markt angebotenen, auf der Erfindung basierenden Leistung beteiligt sein. Dies ist gegeben, wenn Erfindungen oder Schutzrechte veräußert oder in Lizenz vergeben werden, bei deren Erstellung Mitarbeiter beispielsweise nur mit Versuchsbauten oder Testdurchführungen unter Anleitung und nach den Ideen des Erfinders betraut waren bzw. Mitarbeiter nur mit ausführenden oder organisatorischen Arbeiten betraut sind, die sich nicht unmittelbar in der technischen Leistung der Erfindung niederschlagen.

B. Verwertung der Erfindung

Um die erfinderische Tätigkeit der Einkunftsart selbständiger Arbeit zuzuordnen, muss neben der Entwicklungsarbeit die Verwertung der Erfindung auf das Erzielen freiberuflicher Einkünfte gerichtet sein, d.h. darf sich auch die Verwertung selbst nicht als gewerblich darstellen.

I. Verwertung als noch freiberufliche Tätigkeit

Die bloße, unmittelbare Verwertung der Ergebnisse wissenschaftlicher Arbeit wird dabei als noch zur freiberuflichen Tätigkeit gehörend angesehen. Eine derartige unmittelbare Verwertung ist nur gegeben, wenn eine Erfindung ausschließlich durch Lizenzvergabe oder im Wege des Verkaufs verwertet wird.[705]

Auch die Übermittlung von Know-how kann unter den Begriff der selbständigen Arbeit fallen. Da aus den in § 18 EStG aufgezählten Beispielen abgeleitet wird, dass darunter im wesentlichen solche Tätigkeiten fallen sollen, die überwiegend durch die Persönlichkeit des Ausübenden geprägt sind, ist auch für die Überlassung von Know-how vorauszusetzen, dass es sich dabei um Erfahrungen oder Verfahren handelt, die bei einer Tätigkeit i. S. d. § 18 EStG generiert wurden.[706]

---

[704] BFH, BStBl II 1995, 776, 778; Littmann / Bitz / Pust / Steinhauff, EStG, § 18 Rn. 63; Blümich / Stuhrmann, § 15 EStG Rn. 84.

[705] BFH, BStBl III 1967, 310; II 1970, 317, 318; II 1978, 545, 547; II 1990, 377, 378; BFH / NV 1994, 89, 90.

[706] BFH, BStBl II 1970, 428, 430.

Die Zuordnung der erfinderischen Tätigkeit zur Einkunftsart selbständige Arbeit kann dabei auch nachträglich eintreten, z. B. wenn eine im Rahmen eines Gewerbebetriebes entwickelte Erfindung, die zunächst zur gewerblichen Nutzung gedacht war, ausschließlich durch Lizenzvergabe genutzt wird.[707]

II. Gewerbliche Verwertung einer „an sich freiberuflich" entwickelten Erfindung

Auch die für sich betrachtet freiberufliche erfinderische Tätigkeit kann dadurch zu einer gewerblichen werden, dass die Auswertung der Erfindung als gewerbliche Tätigkeit anzusehen ist[708] bzw. das Ergebnis der an sich freiberuflichen Erfindertätigkeit nicht unmittelbar verwertet wird, sondern die Erfindung mittelbar im Rahmen eines (vom Erfinder betriebenen) gewerblichen Betriebes verwertet wird.[709]

Unter einer gewerblichen Verwertung ist die Nutzbarmachung der Erfindung oder des Schutzrechtes zu verstehen. Dabei nimmt der Erfinder seine Befugnisse als Patentinhaber (§ 9 PatG) in eigener Person wahr, indem er den Gegenstand der Erfindung selbst herstellt, in Verkehr bringt, feilhält oder gebraucht.[710] Eine gewerbliche Verwertung liegt auch dann vor, wenn der Erfinder die geschützte oder ungeschützte Erfindung im Rahmen einer Betriebsaufspaltung an eine von ihm beherrschte Kapitalgesellschaft zur Verwertung überlässt.[711]

C. Erfindertätigkeit bei bestehendem Gewerbebetrieb

Strebt ein Gewerbetreibender auch die Entwicklung technischer Neuerungen an, stellt sich die Frage, ob diese für sich betrachtet selbständige erfinderische Tätigkeit insgesamt zu gewerblichen Einkünften führt bzw. ob und inwieweit die Einkünfte aus der Erfindertätigkeit separat als Einkünfte aus selbständiger Arbeit erfasst werden können.

Grundsätzlich kann eine natürliche Person gewerblich *oder* freiberuflich tätig sein, sie kann aber auch beide Einkunftsarten nebeneinander erzielen. Dabei ist zunächst festzustellen, ob die vom Steuerpflichtigen nebeneinander ausgeübten gewerblichen und freiberuflichen Betätigungen getrennt oder einheitlich zu beurteilen sind. Für den Fall einer einheitlichen Beurteilung ist anschließend zu klären, welcher Einkunftsart die Tätigkeit zuzurechnen ist.

---

707 BFH, BStBl II 1970, 317, 318.

708 BFH, BStBl III 1967, 310.

709 BFH, BStBl II 1978, 545, 547; BFH / NV 1994, 89, 90; BFH, BStBl II 1995, 776, 777.

710 BFH, BStBl II 1978, 545, 547 sowie BStBl II 1971, 710, 712 und II 1973, 827 im Hinblick auf § 5 ErfVO, wonach bei Verwertung der Erfindung im eigenen gewerblichen Betrieb der ermäßigte Steuersatz (§ 4 Nr. 3 ErfVO) nicht zu gewähren war.

711 BFH, BStBl II 1978, 545, 547.

I. Nebeneinander von selbständiger und gewerblicher Tätigkeit

Ein Steuerpflichtiger bezieht gewerbliche und freiberufliche Einkünfte, wenn zwischen der ausgeübten selbständigen und der gewerblichen Tätigkeit keine sachlichen oder wirtschaftlichen Berührungen bestehen.[712] Auch wenn der Steuerpflichtige im Rahmen eines Betriebes in typologisch abweichenden Aufgabenbereichen tätig ist, ist für den jeweiligen Bereich gesondert zu prüfen, ob eine freiberufliche oder eine gewerbliche Tätigkeit vorliegt.[713]
Weist demnach eine vom Gewerbetreibenden entwickelte Erfindung keinen sachlichen Zusammenhang zum Gegenstand seines Gewerbebetriebes auf, d. h., lässt sich im Gewerbebetrieb weder technisch anwenden, noch leistet sie sonst zu diesem einen fördernden Beitrag, sind die aus der Erfindertätigkeit bezogenen Einkünfte separat als solche aus selbständiger Arbeit zu erfassen[714], wenn diese in der unter B.I beschriebenen Weise verwertet wird. Eine erfinderische Tätigkeit ist in diesem Fall hinsichtlich der Einordnung in die Einkunftsarten des EStG separat zu beurteilen.

II. Einkunftsart bei gemischter Tätigkeit eines Erfinders

Bestehen zwischen der jeweils für sich betrachtet gewerblichen und selbständigen Tätigkeit eines Steuerpflichtigen gewisse sachliche und wirtschaftliche Berührungspunkte, liegt eine sog. *gemischte Tätigkeit* vor.[715] Eine derartige Sachlage ist bei erfinderischen Tätigkeiten gegeben, wenn ein Einzelunternehmer innerhalb seines bestehenden Gewerbebetriebes Erfindungen entwickelt[716] oder ein an sich selbständig tätiger Erfinder seine Erfindungen nicht nur durch Lizenzvergabe, sondern auch gewerblich verwertet.

1. Grundsätze der steuerrechtlichen Einordnung gemischter Tätigkeiten

a) Grundsätzlich getrennte Erfassung selbständiger und gewerblicher Einkünfte

Nach der Rechtsprechung des BFH sind bei gemischten Tätigkeiten die Einkünfte grundsätzlich getrennt als freiberufliche bzw. gewerbliche zu behandeln, wenn die Tätigkeiten trennbar sind.[717] Diese Rechtsprechung dient in erster Linie dem Bestreben, die eigentlich selbständig Tätigen so weit als möglich als solche anzuerkennen, auch wenn ihre Tätigkeit zum (eventuell sogar über-

---

[712] HHR / Brandt, § 18 EStG Anm. 75; Schmidt / Weber-Grellet, EStG, § 15 Rn. 97.
[713] HHR / Brandt, § 18 EStG Anm. 75; Blümich / Stuhrmann, § 15 EStG Rn. 96.
[714] DB 1954, 271 o. V.: Dabei beschäftigte sich ein Textilwarenhändler in seinen Mußestunden mit technischen Erfindungen, die sich auf Spielwaren für Kinder bezogen.
[715] HHR / Brandt, § 18 EStG Anm. 75, 76; Schmidt / Weber-Grellet, EStG, § 15 Rn. 97.
[716] BFH, BStBl III 1967, 310; II 1970, 302, 304; BFH / NV 1988, 737, 739.
[717] BFH, BStBl II 1970, 319; BFH, BStBl II 1984, 129, 131 m. w. Nachw.; Schmidt / Wacker, EStG, § 18 Rn. 50; Blümich / Stuhrmann, § 15 EStG Rn. 81, 96.

wiegenden) Teil eine gewerbliche ist. „Solange der Gesetzgeber an der Unterscheidung zwischen Gewerbetreibenden und Freiberuflern festhält, müsse dem auch steuerlich Rechnung getragen werden und rechtfertigt es sich, den noch verbleibenden freiberuflichen Rest als solchen zu behandeln, vorausgesetzt, er ist aussonderbar.“[718]

Die Trennbarkeit setzt aber voraus, dass der Freiberufler mit einer vom Gewerbebetrieb verschiedenen Tätigkeit nach außen so in Erscheinung tritt, dass er mit diesen verschiedenen Tätigkeiten jeweils selbst am allgemeinen wirtschaftlichen Verkehr teilnimmt.[719] Diese Anforderung ist dann erfüllt, wenn für die verschiedenen Aufträge des Steuerpflichtigen steuerrechtlich unterschiedlich einzuordnende Tätigkeiten durchzuführen sind.[720]

Eine steuerlich getrennte Behandlung ist jedenfalls dann problemlos möglich, wenn für beide Betätigungen gesondert Buch geführt wird. Umgekehrt ist leichte Trennbarkeit jedoch nicht als Voraussetzung für die getrennte Behandlung zu sehen, denn die Trennung der Tätigkeiten kann grundsätzlich auch im Wege der Schätzung geschehen.[721]

b) Einheitlich zu beurteilende Tätigkeit

Eine getrennte Erfassung scheidet jedoch dann aus, wenn sich freiberufliche und gewerbliche Tätigkeit gegenseitig unlösbar bedingen und derart miteinander verflochten sind, dass der gesamte Betrieb nach Verkehrsauffassung als einheitlicher Betrieb angesehen werden muss.[722] Dies ist der Fall, wenn sich die freiberufliche Tätigkeit lediglich als Ausfluss der gewerblichen Betätigung darstellt oder ein einheitlicher Erfolg geschuldet wird und in der dafür erforderlichen gewerblichen Tätigkeit auch freiberufliche Leistungen enthalten sind. Eine einheitliche steuerrechtliche Beurteilung ist somit angezeigt, wenn das Ergebnis der einen Tätigkeit für sich allein ohne die jeweils andere Tätigkeit nicht brauchbar bzw. erreichbar ist.[723] Sind im Rahmen ein und desselben Auftrages sowohl

---

[718] BFH, BStBl II 1970, 319.

[719] BFH, BStBl II 1979, 236; BFH / NV 1994, 89, 90 f; HHR / Brandt, § 18 EStG Anm. 75.

[720] BFH, BStBl II 1993, 324, 326; HHR / Brandt, § 18 EStG Anm. 76 m. w. Nachw. Z. B. Restaurator und Steinmetz, die bei verschiedenen Aufträgen entweder künstlerische (selbständige) oder handwerkliche (gewerbliche) Tätigkeiten ausführen. Nach BFH, BStBl II 1976, 152, 154 kann auch bei einem einheitlich abgewickelten Geschäft bei zumindest bürgerlich-rechtlicher Aufteilbarkeit in verschiedene Verträge eine getrennte einkommensteuerliche Beurteilung erfolgen.

[721] HHR / Brandt, § 18 EStG Anm. 75, 76; Blümich / Stuhrmann, § 15 EStG Rn. 96; Schmidt / Weber-Grellet, EStG, § 15 Rn. 97.

[722] BFH, BStBl II 1970, 319; II 1984, 129, 131; BFH / NV 1988, 737, 739; HHR / Brandt, § 18 EStG Anm. 75; Schmidt / Wacker, EStG, § 18 Rn. 50; Blümich / Stuhrmann, § 15 EStG Rn. 98.

[723] BFH, BStBl II 1970, 319; HHR / Brandt, § 18 EStG Anm. 75 m. w. Nachw.; Blümich / Stuhrmann, § 15 EStG Rn. 98.

freiberufliche als auch gewerbliche Tätigkeiten durchzuführen, ist nämlich eine derart enge Verflechtung beider Tätigkeiten gegeben, dass deren getrennte einkommensteuerliche Beurteilung ausscheidet.[724]
Für die Zuordnung der Einkünfte zu einer Einkunftsart (freiberuflich oder gewerblich) kommt es bei Unmöglichkeit der Aufspaltung der gemischten Tätigkeit dann darauf an, wie sich das Gesamtbild der Tätigkeit im Geschäftsverkehr darstellt. Entscheidend dafür ist nicht der jeweilige geschätzte Anteil der Tätigkeitsarten am Gesamtumsatz oder an den gesamten Einkünften.[725] Das bedeutet, dass auch ein umsatz- oder gewinnmäßig weniger bedeutender Anteil den Gesamteindruck prägen und damit die Zuordnung zu einer Einkunftsart bestimmen kann.[726] Die Beurteilung der Tätigkeit auf einem bestimmten Gebiet hängt dann nicht davon ab, wie jede einzelne Einnahme zu beurteilen ist, sondern wie sich das Gesamtschaffen darstellt.[727]

2. Beurteilung der gemischten Tätigkeit des Erfinders

Bestehen im Unterschied zu der unter I (Seite 159) beschriebenen Konstellation zwischen dem Gewerbebetrieb und der erfinderischen Tätigkeit gewisse Berührungspunkte, liegt also eine *gemischte Tätigkeit* des Erfinders vor, kommt es zunächst auf die Trennbarkeit der (für sich gesehen) selbständigen erfinderischen Tätigkeit des Steuerpflichtigen und der im übrigen unstreitig gewerblichen Tätigkeit an.[728] Ist eine Trennbarkeit nicht gegeben, ist die Einkunftsart für die einheitlich zu beurteilende Tätigkeit des Erfinders festzustellen (s. u., d)).

a) Nutzung von Erfahrungen oder Anregungen aus dem gewerblichen Bereich

Die an sich als selbständige Arbeit zu beurteilende Tätigkeit eines Erfinders ist unter Umständen dem gewerblichen Betrieb des Steuerpflichtigen untrennbar zuzuordnen, wenn sie einen Zusammenhang zu dem schon bestehenden Betrieb aufweist. Dazu ist es jedoch nicht schon ausreichend, dass die Erfindung im selben Fachgebiet angesiedelt ist wie der bestehende Betrieb. Ebenso wie es dem Steuerpflichtigen nicht verwehrt ist, berufliche Erfahrungen und Kenntnisse im privaten Bereich zu nutzen[729], ohne diesen privaten Bereich beruflich zu „infizieren“, kann dieses Ausnutzen betrieblicher Erfahrungen m. E. auch keinen untrennbaren Zusammenhang zu einem schon bestehenden Gewerbebetrieb herstellen.
Die Untrennbarkeit der erfinderischen Tätigkeit eines Steuerpflichtigen von seiner gewerblichen Tätigkeit kann jedoch dadurch indiziert sein, dass die

---

[724] BFH, BStBl II 1993, 324, 326.
[725] BFH, BStBl II 1974, 383, 385; BFH / NV 1988, 737, 739.
[726] HHR / Brandt, § 18 EStG Anm. 77; Blümich / Stuhrmann, § 15 EStG Rn. 98; Schmidt / Weber-Grellet, EStG, § 15 Rn. 98.
[727] BFH, BStBl II 1974, 383, 384.
[728] BFH, BStBl II 1970, 319.
[729] FG Hamburg, DStRE 2002, 1493.

Anregung zu einer technischen Neuerung bzw. zu deren Weiterentwicklung aus dem gewerblichen Betrieb des Steuerpflichtigen stammt, wenn der Erfinder also ohne seinen Gewerbebetrieb nicht auf den Gedanken der Entwicklung einer neuen technischen Lösung gekommen wäre.[730] Solche Anregungen aus dem Gewerbebetrieb erfüllen für sich allein jedoch noch nicht die Voraussetzungen einer vom Gewerbebetrieb untrennbaren Tätigkeit. Hierfür müssen die im Folgenden dargestellten darüber hinausgehenden Umstände dazukommen.[731]

b) Keine Trennbarkeit bei Anwendung der Erfindung im Gewerbebetrieb

Der Zusammenhang einer erfinderischen Tätigkeit zum Gewerbebetrieb ist beispielsweise dann anzunehmen, wenn die Entwicklungstätigkeit auf technische Verbesserungen im Gewerbebetrieb gerichtet ist. Bei der Verwertung der entwickelten Erfindung manifestiert sich dieser Zusammenhang schließlich durch die unmittelbare Nutzbarmachung der Erfindung oder des Schutzrechtes im eigenen Betrieb, indem die produzierten und veräußerten Produkte auf eigenen Erfindungen basieren oder die Neuentwicklungen in das Produktionsverfahren eingehen.[732]

Auch die Art und Weise der Entwicklung kann auf den unmittelbaren Zusammenhang zur gewerblichen Tätigkeit des Steuerpflichtigen hinweisen, und zwar dann, wenn die Neuentwicklung im praktischen Zusammenwirken mit dem gewerblichen Betrieb erfolgt und dort erprobt wird.[733]

Bei einer aufgrund der Erfordernisse und für die Anwendung innerhalb des Gewerbebetriebes entwickelten Erfindung bedingen sich somit gewerbliche und selbständige Tätigkeit gegenseitig und sind auf einen einheitlichen Gesamterfolg gerichtet. Eine Trennung beider Tätigkeiten ist folglich nicht möglich, wenn eine Erfindung zur eigengewerblichen Anwendung entwickelt wurde und daneben auch in Lizenz vergeben wird, denn hinter beiden am Markt angebotenen Leistungen (Produktvertrieb und Lizenzvergabe) steht die Entwicklung dieser Erfindung als gemeinsame, damit gewissermaßen „klammernde“ Tätigkeit.

c) Trennbarkeit bei Entwicklungsarbeit im „Zwei-Säulen-Modell“

Ein anderes Ergebnis kann sich meiner Ansicht nach jedoch dann ergeben, wenn in einem Betrieb neben den Erfindungen für die eigengewerbliche Nutzung *andere* technische Neuerungen ausschließlich für die externe Verwertung, d. h. für die Lizenzvergabe oder den Verkauf, entwickelt werden. Dies ist daraus zu schließen, dass auch in anderen Fällen eine auftragsbezogene Beurteilung[734]

[730] BFH, BStBl II 1970, 319, 320; BFH / NV 1988, 737, 739.
[731] BFH, BStBl II 1970, 319; II 1976, 666, 667.
[732] BFH, BStBl II 1970, 319, 320; II 1976, 666, 667; BFH / NV 1988, 737, 739; Schmidt / Weber-Grellet, EStG, § 15 Rn. 99.
[733] BFH / NV 1988, 737, 739.
[734] BFH, BStBl II 1993, 324, 326; II 1976, 152, 154.

erfolgt, wenn hinter den unterschiedlichen Aufträgen verschiedene Tätigkeiten stehen, die auch wesensgleich sein können.
In gleicher Weise ist eine Trennbarkeit gegeben, wenn neben den in einer (gewerblichen) Säule entwickelten Erfindungen zur (auch) eigengewerblichen Anwendung in einer zweiten (freiberuflichen) Säule andere Erfindungen exklusiv für den Lizenzmarkt bzw. zum Verkauf entwickelt werden. In diesem Fall beteiligt sich der Erfinder als Freiberufler mit einer vom Gewerbebetrieb verschiedenen Tätigkeit am allgemeinen wirtschaftlichen Verkehr. Die als selbständige Arbeit anzusehende Entwicklung für den Lizenzmarkt lässt sich von der Entwicklungstätigkeit und Nutzung für den (auch) eigengewerblichen Bedarf trennen, denn hinter dem Auftreten am Markt als Freiberufler[735] steht eine andere Tätigkeit (Entwicklung einer Erfindung „A“) als hinter dem Auftreten am Markt als Gewerbetreibender[736] (Entwicklung einer Erfindung „B“).
Die aus den *verschiedenen* Erfindungen erzielten freiberuflichen und gewerblichen Einkünfte können dann einkommensteuerlich *getrennt* beurteilt werden, wogegen die aus *einer* Erfindung resultierenden Einkünfte *einheitlich* einer Einkunftsart zuzuordnen sind.

d) Steuerrechtliche Einordnung einer einheitlich zu beurteilenden Tätigkeit

Bei Unmöglichkeit der Aufspaltung einer gemischten Tätigkeit kommt es für die einheitliche Zuordnung zu einer Einkunftsart darauf an, welches Gesamtbild der Tätigkeit sich im Geschäftsverkehr ergibt. Zeigt sich bei Berücksichtigung aller Umstände das Bild eines Gewerbetreibenden, der sich die bei dieser Tätigkeit empfangenen Ideen für seine gewerbliche Tätigkeit zunutze macht und für betriebliche Zwecke eine Erfindung entwickelt, so führen die Verwertung dieser Erfindung und die Überlassung der dabei gesammelten Erfahrungen grundsätzlich, wie der Verkauf eines jeden anderen Erzeugnisses eines gewerblichen Betriebes zu gewerblichen Einkünften.[737] Die gemischte Tätigkeit ist in diesen Fällen insgesamt als gewerbliche zu beurteilen.[738] Dadurch, dass der seinem Berufsbild nach gewerblich Tätige innerhalb dieser gewerblichen Betätigung eine damit verbundene untrennbare Tätigkeit entfaltet, die für sich betrachtet freiberuflichen Charakter haben könnte, kann er den Charakter des Gewerbetreibenden auch nicht verlieren.[739]
Wird eine innerhalb des Gewerbebetriebes entwickelte Erfindung somit nicht nur eigengewerblich genutzt, sondern daneben auch anderweitig, insbesondere durch Lizenzvergabe, verwertet, kann die gesamte unzerlegbare Tätigkeit selbst

---

[735] Als Lizenzgeber oder Veräußerer von Erfindungen oder Schutzrechten.
[736] Wenn Erfindungen in Produkte oder in deren Herstellungsprozess eingeflossen sind.
[737] BFH, BStBl II 1970, 319, 320; II 1970, 428, 430; BFH / NV 1988, 737, 739.
[738] BFH, BStBl II 1970, 319, 320; II 1993, 324, 326.
[739] BFH, BStBl II 1970, 319, 320; II 1974, 383, 384.

dann nicht als eine freiberufliche angesehen werden, wenn die aus der Lizenzvergabe fließenden Einkünfte die übrigen Einkünfte überwiegen.[740]

Eine von einem Gewerbetreibenden entwickelte Erfindung führt bei diesem neben den Einkünften aus seinem Gewerbebetrieb (§ 15 EStG) zu Einkünften aus selbständiger Arbeit (§ 18 EStG), wenn der Gegenstand der Erfindung keinerlei sachlichen und wirtschaftlichen Zusammenhang zum Gewerbebetrieb aufweist und die Verwertung der Erfindung sich im Rahmen dieser Einkunftsart (s. o., B.I, Seite 157) bewegt.

Weist die entwickelte Erfindung sachliche Berührungspunkte zum Gewerbebetrieb des Erfinders auf (gemischte Tätigkeit), sind die Einkünfte aus einer Erfindung, die sowohl im Gewerbebetrieb als auch durch Lizenzvergabe genutzt wird, nicht getrennt zu beurteilen. Aufgrund des in einem solchen Fall erzeugten Gesamteindrucks der Tätigkeit ist diese unabhängig von den jeweiligen Nutzungsanteilen einheitlich als gewerbliche zu behandeln. Eine Trennbarkeit von der gewerblichen Tätigkeit ist unter diesen Umständen nur gegeben, wenn neben den Erfindungen für die (auch) eigengewerbliche Anwendung andere Erfindungen ausschließlich für die Lizenzvergabe oder Veräußerung entwickelt werden. In diesem Fall erfolgt trotz der Sachnähe zum Gewerbebetrieb eine getrennte Erfassung gewerblicher und freiberuflicher Einkünfte.

---

[740] BFH, BStBl II 1970, 319, 320; BFH / NV 1988, 737, 739; FG München, EFG 1957, 366.

Kapitel 9 Erfinderische Tätigkeiten in Mitunternehmerschaft

Werden mehrere Steuerpflichtige tätig, indem sie sich gemeinsam erfinderisch betätigen, oder erfolgen sowohl die Entwicklung als auch die Verwertung einer Erfindung in Mitunternehmerschaft, ist die Einordnung der Tätigkeit der Mitunternehmerschaft in die Einkunftsarten des EStG gegenüber der Betätigung eines Einzelunternehmers an zusätzliche Merkmale geknüpft. Aus diesem Grund soll im Folgenden dargestellt werden, unter welchen Voraussetzungen die Tätigkeit von Mitunternehmern zu Einkünften aus selbständiger Arbeit (§ 18 EStG) führen oder als gewerblich einzustufen ist.

A. Einkünftequalifikation bei Mitunternehmerschaft

I. Gemeinsame freiberufliche Tätigkeit der Mitunternehmer

Die Art der Einkünfte der Gesellschafter einer Personengesellschaft wird in erster Linie durch die Tätigkeit der Gesellschafter in ihrer gesamthänderischen Verbundenheit, demnach durch die Tätigkeit der Gesellschaft selbst, bestimmt.[741] Schließen sich mehrere freiberuflich tätige Personen zu einer Personengesellschaft zusammen, die am Markt ausschließlich als selbständige Arbeit zu qualifizierende Leistungen anbietet, erzielt die Personengesellschaft grundsätzlich Einkünfte aus selbständiger Arbeit.[742] Zu den Voraussetzungen der Qualifizierung der Tätigkeit eines Erfinders als selbständige Arbeit wird auf die obigen Ausführungen (Kapitel 8 B.I) verwiesen.

II. Freiberufler-Stellung der Mitunternehmer

Neben der Qualifizierung nach am Markt angebotener Leistung können zum gesetzlichen Tatbestand einer Einkunftsart Merkmale gehören, die weniger im Bereich der Tätigkeit eines Steuerrechtssubjekts liegen als in persönlichen Eigenschaften, die nur eine natürliche Person haben kann.[743] Bei der Einkünfteerzielung im Rahmen einer Mitunternehmerschaft müssen diese persönlichen Eigenschaften entsprechend bei den Mitunternehmern gegeben sein.

1. „Infektion“ durch Mitunternehmerstellung Berufsfremder

Für die Behandlung der Mitunternehmerschaft als freiberuflichen Betrieb müssen sämtliche Mitunternehmer die qualifizierten Anforderungen des § 18 EStG erfüllen, d. h. einer der genannten Berufsgruppen angehören sowie bei der Beschäftigung von Mitarbeitern aufgrund eigener Fachkenntnisse zumindest in

---

741 BFH, BStBl II 1985, 584, 585; II 1993, 324, 325.

742 Blümich / Stuhrmann, § 15 EStG Rn. 99; Littmann / Bitz / Pust / Bitz, EStG, § 15 Rn. 163.

743 BFH, BStBl II 1985, 584, 585.

ihrem eigenen Fachgebiet leitend und eigenverantwortlich tätig sein (s. o., Kapitel 8 A.II). Bei einer Kommanditgesellschaft gilt diese Anforderung sowohl für die persönlich haftenden Gesellschafter als auch für die Kommanditisten.[744] Sobald jedoch nur eine Person, die die Anforderungen des § 18 Abs. 1 Nr. 1 EStG nicht erfüllt, mitunternehmerisch an der Personengesellschaft beteiligt ist, erzielen aufgrund der davon ausgehenden „Abfärbewirkung" (§ 15 Abs. 3 Nr. 1 EStG) alle Gesellschafter aus dieser Mitunternehmerschaft Einkünfte aus Gewerbebetrieb (§ 15 Abs. 1 Nr. 2 EStG).[745]

2. Persönliche Arbeitsleistung jedes Mitunternehmers

Für eine leitende und eigenverantwortliche Tätigkeit i. S. d. § 18 Abs. 1 Nr. 1 S. 3 Hs. 2 EStG ist die persönliche Arbeitsleistung des selbständig Tätigen kennzeichnend. Auch wenn ein Gesellschafter dem Beruf nach unter die Aufzählungen in § 18 Abs. 1 Nrn. 1 bis 3 EStG fällt, liegt deshalb bei diesem keine Tätigkeit i. S. d. § 18 EStG vor, wenn er nur Tätigkeiten ausführt, die keine freiberuflichen sind oder es an seiner persönlichen Arbeitsleistung fehlt und sein Gewinn im Wesentlichen auf seinem Kapitaleinsatz beruht. Letzteres wird vor allem dann angenommen, wenn für die Ausübung der Tätigkeit finanzielle Mittel in sonst nicht üblichem Umfang eingesetzt werden, so dass sich der Gewinn eher als Kapitalverzinsung und Risikoprämie darstellt denn als Ergebnis eigenpersönlicher Tätigkeit.[746] Eine an einer KG als Mitunternehmer beteiligte Kapitalgesellschaft ist stets als berufsfremde Person anzusehen. Dies gilt selbst dann, wenn sämtliche an der Kapitalgesellschaft beteiligten Gesellschafter Angehörige freier Berufe sind und ohne dass die Voraussetzungen des § 15 Abs. 3 Nr. 2 EStG vorliegen müssen.[747] Bei einer GmbH & Co. KG sind Einkünfte aus selbständiger Arbeit folglich von vornherein ausgeschlossen.

Eine freiberufliche Mitunternehmerschaft liegt somit nur dann vor, wenn ausnahmslos alle Mitunternehmer ihren gesellschaftlichen Beitrag in Form von erfinderischer – und damit i. S. d. § 18 Abs. 1 Nr. 1 EStG wissenschaftlicher – Tätigkeit leisten. Auch die Fortsetzung einer Mitunternehmerschaft mit einem berufsfremden Erben führt dazu, dass die von der Gesellschaft erzielten Einkünfte insgesamt als gewerbliche zu qualifizieren sind, ohne dass es dafür auf die Mitarbeit des berufsfremden Erben ankommt.[748]

---

[744] BFH, BStBl II 1985, 584, 585.

[745] Schmidt, EStG, § 15 Rn. 208; Schmidt / Wacker, EStG, § 18 Rn. 43; BFH, BStBl II 1987, 124, 125.

[746] BFH, BStBl II 1985, 584, 585; II 1987, 124, 125; Littmann / Bitz / Pust / Steinhauff, EStG, § 18 Rn. 63; Blümich / Stuhrmann, § 15 EStG Rn. 100.

[747] Schmidt / Wacker, EStG, § 18 Rn. 43; Blümich / Stuhrmann, § 15 EStG Rn. 100; Littmann / Bitz / Pust / Bitz, EStG, § 15 Rn. 163; Schulze zur Wiesche, FR 1986, 198, 200; BFH / NV 1987, 509.

[748] Blümich / Hutter, § 18 EStG Rn. 81. Etwas anderes ist aber für den nicht freiberuflich tätigen Erben anzunehmen, soweit dessen Tätigkeit nur auf die Veräußerung des

B. Gemischte Tätigkeit der Mitunternehmerschaft

I. Abfärbewirkung, § 15 Abs. 3 Nr. 1 EStG

Die Tätigkeit einer Mitunternehmerschaft kann nur einheitlich entweder als gewerbliche oder als nichtgewerbliche qualifiziert werden.[749] Bei der gemischten Tätigkeit einer Personengesellschaft wird die oben (Kapitel 8 C.II) für die betriebliche Betätigung eines Einzelnen geschilderte Trennung von freiberuflicher und gewerblicher Tätigkeit nicht anerkannt, selbst wenn alle Gesellschafter als Träger eines freien Berufes qualifiziert sind.[750] Eine Aufteilung in einen freiberuflichen und einen gewerblichen Bereich ist somit nicht möglich.[751] Sind die Gesellschafter einer Personengesellschaft in ihrer Verbundenheit oder nur einige Gesellschafter auch gewerblich tätig, fällt die Mitunternehmerschaft unter die Abfärbewirkung des § 15 Abs. 3 Nr. 1 EStG, was die Gewerblichkeit sämtlicher Einkünfte der Personengesellschaft zur Folge hat.[752] Selbst bei nur geringfügiger gewerblicher Tätigkeit der Mitunternehmerschaft werden somit deren andere nichtgewerbliche Tätigkeiten überlagert.[753]

II. „Ausgliederungsmodell“

Die im Hinblick auf die Gewerbesteuer für Mitunternehmerschaften nachteilige Rechtsfolge des § 15 Abs. 3 Nr. 1 EStG kann vermieden werden, indem eine zweite, zivilrechtlich getrennte, beteiligungsidentische Personengesellschaft gegründet wird, wobei jede der Gesellschaften nur innerhalb einer Einkunftsart, d. h. die eine nur gewerblich, die andere nur freiberuflich, tätig wird, sog. Ausgliederungsmodell.[754] Da die Mitunternehmerschaft stets nur auf eine einzelne Personengesellschaft bezogen ist, liegen somit bei mehreren gesellschafteridentischen Personengesellschaften, selbst bei wirtschaftlicher Verflechtung, mehrere Mitunternehmerschaften vor, wobei für jede gesondert zu entscheiden ist, ob eine gewerbliche oder nichtgewerbliche Tätigkeit vorliegt.[755] Werden von

freiberuflichen Betriebsvermögens gerichtet ist und somit beim Erben zu nachträglichen Einkünften aus selbständiger Arbeit (§ 18 Abs. 1 Nr. 1, Abs. 3 i.V.m. § 24 Nr. 2 EStG) führt, BFH, BStBl II 1993, 716, 717; FG Bremen, EFG 1994, 1003, 1004.

[749] Blümich / Stuhrmann, § 15 EStG Rn. 228.

[750] HHR / Brandt, § 18 EStG, Anm. 79; Blümich / Stuhrmann, § 18 EStG Rn. 83; Littmann / Bitz / Pust / Bitz, EStG, § 15 Rn. 162.

[751] EStR H 136 „Gemischte Tätigkeit“.

[752] BFH, BStBl II 1989, 797, 799; II 1993, 324, 326; BFH / NV 1994, 89 f.; Schmidt / Wacker, EStG, § 18 Rn. 39, 44; Blümich / Stuhrmann, § 15 EStG Rn. 100; 228, § 18 EStG Rn. 83.

[753] Schmidt / Wacker, EStG, § 18 Rn. 44; Blümich / Stuhrmann, § 15 EStG Rn. 228, § 18 EStG Rn. 84; a. A. Schulze zur Wiesche FR 1986, 198, 199.

[754] Blümich / Stuhrmann, § 15 EStG Rn. 228, § 18 EStG Rn. 84; Littmann / Bitz / Pust / Bitz, EStG, § 15 Rn. 162.

[755] Blümich / Stuhrmann, § 15 EStG Rn. 231 m. w. Nachw.

mitunternehmerisch tätigen Erfindern somit Erfindungen ausschließlich für den Lizenzmarkt entwickelt (s. o., Kapitel 8 C.II.2.c)), so muss diese als selbständige Arbeit einzustufende Tätigkeit innerhalb einer anderen Gesellschaft betrieben werden als die Entwicklung von Erfindungen, die auch zur eigengewerblichen Anwendung bestimmt sind und mithin insgesamt zu gewerblichen Einkünften dieser (zweiten) Gesellschaft führen.
Dabei muss jedoch sichergestellt sein, dass der ausgegliederten Gesellschaft nicht wesentliche Betriebsgrundlagen überlassen werden und es infolgedessen zu einer Betriebsaufspaltung kommt (s. u., Kapitel 11).

C. Erfindungen von Mitunternehmern

Bei Erfindungen von Gesellschaftern einer Mitunternehmerschaft stellt sich die Frage, unter welchen Umständen selbst entwickelte Erfindungen dem Betriebsvermögen der Mitunternehmerschaft zuzuordnen sind. Bei den Erfindungen von Mitunternehmern sind zwei Szenarien zu unterscheiden, zum Ersten die von allen Gesellschaftern einer Personengemeinschaft gemeinschaftlich durchgeführte Erfindungsentwicklung und zum Zweiten die Entwicklung einer Erfindung durch einen einzelnen Mitunternehmer.

I. Gesellschaftserfindung

Unter einer Gesellschaftserfindung wird hier die von allen Gesellschaftern einer Personengesellschaft im Rahmen des Gesellschaftszweckes entwickelte Erfindung verstanden. Die Rechtsbeziehungen vermögensrechtlicher Art zwischen den Miterfindern zueinander richten sich dabei nach der zwischen den Erfindern getroffenen Vereinbarung (Gesellschaftsvertrag) bzw. bei Fehlen einer solchen nach den Regeln über die Bruchteilsgemeinschaft (§§ 741 ff. BGB).[756]
Aus diesem Grund soll im Folgenden zunächst darauf eingegangen werden, unter welchen Voraussetzungen bei Miterfindern vom Entstehen einer Personengesellschaft auszugehen ist (s. u., 1). Für das Bestehen einer solchen soll anschließend darauf eingegangen werden, wem die Rechte an einer in der Personengesellschaft entstandenen Erfindung zustehen (s. u., 2).

1. Anforderungen an das Entstehen einer Personengesellschaft

Bei einer geplant stattfindenden gemeinsamen Erfindungsentwicklung werden die Erfinder ihre Beziehungen vorher zumindest in Form einer BGB-Gesellschaft vereinbaren, deren Errichtung lediglich die wechselseitige Verpflichtung der Gesellschafter zur Förderung eines gemeinsamen Zwecks erfordert (§ 705 BGB).[757] Dies kann ausdrücklich oder auch formfrei und stillschweigend erfolgen. Im Allgemeinen wird es dafür als ausreichend erachtet, wenn Projekte von

[756] Benkard / Bruchhausen; § 6 PatG Rn. 34; Schulte, PatG, § 6 Rn. 22.
[757] Blümich / Stuhrmann, § 15 EStG Rn. 232. Das Bewusstsein zur Gründung einer derartigen Gesellschaft ist dafür nicht erforderlich; Palandt / Sprau, BGB, § 705 Rn. 11.

nicht nur untergeordneter Bedeutung auf gemeinsame Rechnung durchgeführt werden.[758] Der BFH sah beispielsweise in der gemeinsamen Entwicklung von Software durch zwei Ingenieure, deren wirtschaftliches Ergebnis beiden zu gleichen Teilen zugute kam, ohne dass eine ausdrückliche Vereinbarung über die Rechtsfolgen der Zusammenarbeit getroffen wurde, die stillschweigende Gründung einer GbR gegeben.[759] Bei dem gemeinsamen Tätigwerden mehrerer Personen mit dem Ziel der Erfindungsentwicklung und der sich anschließenden gemeinsamen Verwertung ist somit zumindest die Gründung einer GbR gegeben.[760]

Der Abschluss eines solchen Gesellschaftsvertrages stellt steuerrechtlich den Beginn einer Mitunternehmerschaft dar.[761] Neben der GbR (§§ 705 ff. BGB), die die Grundform der Mitunternehmerschaft darstellt, kommen als Gesellschaften, bei der die Gesellschafter als Mitunternehmer anzusehen sind, weiter die OHG und KG und die (atypische) stille Gesellschaft in Frage.[762]

2. Erfindung als Gesellschaftsvermögen

Bei einer gemeinsamen Erfindung erwerben die Miterfinder nach §§ 6 S. 2 PatG, 13 Abs. 3 GebrMG das Recht an der Erfindung gemeinschaftlich. Das Vermögensrecht aus der Erfindung entsteht damit grundsätzlich in der Person der Miterfinder, die an der Erfindung einen schöpferischen Anteil haben.[763]

Sind die Miterfinder als Personengesellschaft zu qualifizieren, entstehen die Rechte an einer von ihnen gemeinsam entwickelten Erfindung damit originär im Gesamthandsvermögen der Personengesellschaft (§ 718 Abs. 1 BGB).[764] Dieses Gesellschaftsvermögen ist steuerrechtlich als notwendiges Betriebsvermögen der GbR anzusehen.[765]

II. Gesellschaftererfindung

Von der Gesellschaftserfindung zu unterscheiden ist die Erfindung eines einzelnen Gesellschafters. Während bei einer Gesellschaftserfindung alle Gesellschafter Miterfinder (§ 6 S. 2 PatG) sind und die Erfindungsrechte damit originär im Gesamthandsvermögen erwachsen, bedarf es bei der Erfindung eines

---

[758] MüKo / Ulmer, BGB, § 705 Rn. 17, 23.

[759] BFH / NV 2001, 1547, 1548.

[760] Von dem Fehlen einer Vereinbarung ist auszugehen, wenn die Miterfinder keinen gemeinsamen Zweck verfolgen und die Miterfinder nur auf Grund der bloßen Tatsache einer gemeinsam entwickelten Erfindung in einem Verhältnis zueinander stehen, so z.B. bei Freigabe einer Arbeitnehmererfindung mehrerer angestellter Miterfinder; Benkard / Bruchhausen; § 6 PatG Rn. 34.

[761] Blümich / Stuhrmann, § 15 EStG Rn. 226.

[762] Schmidt, EStG, § 15 Rn. 169; Blümich / Stuhrmann, § 15 EStG Rn. 232.

[763] Benkard / Bruchhausen, § 6 PatG Rn. 33.

[764] BFH / NV 2001, 1547, 1548; Hubmann / Götting (2002), S. 145.

[765] BFH / NV 2001, 1547, 1548.

einzelnen Mitunternehmers, bei der die Rechte an der Erfindung originär bei ihm als Erfinder entstehen, einer Übertragung der Erfinderrechte auf die Gesellschaft.[766]

1. Anwendbarkeit des ArbNErfG

Auf Kommanditisten, die in einem Arbeitsverhältnis zur Gesellschaft stehen, finden dabei die Bestimmungen des ArbNErfG Anwendung[767], d. h., die Rechte an der Erfindung gehen bei Inanspruchnahme durch den Arbeitgeber auf diesen über und Vorausverfügungen über ihre Erfindungen sind nach § 22 S. 1 ArbNErfG unwirksam.
Auf vertretungs- oder geschäftsführungsberechtigte, d. h., auf die i. d. R. persönlich haftenden Gesellschafter von Personengesellschaften sind die Bestimmungen des ArbNErfG dagegen nicht anwendbar.[768].

2. Verfügungen über Gesellschaftererfindungen

Die persönlich haftenden Gesellschafter können über bestehende oder künftige Erfinderrechte frei verfügen. Dies kann entweder im Wege einer Vorausverfügung des Gesellschafters zugunsten der Gesellschaft geschehen oder aufgrund einer schuldrechtlichen Verpflichtung (s. u., 3) des Gesellschafters zur Rechtsübertragung bei Fertigstellung einer Erfindung.[769]
Im Voraus erfolgende Verfügungen der Gesellschafter über künftige Erfindungen zugunsten der Gesellschaft setzen voraus, dass die Erfindungen ihrem Gegenstande nach hinreichend bestimmt bzw. bestimmbar sind. Bei Fertigstellung der Erfindung erwirbt die Gesellschaft dann ohne weiteren Übertragungsakt das Recht an der Erfindung.[770]

3. Schuldrechtliche Verpflichtungen zur Übertragung der Erfinderrechte

Besteht zwischen der Gesellschaft und dem Gesellschafter keine derartige dinglich wirkende Vertragsgestaltung, kann sich eine schuldrechtliche Verpflichtung zur Übertragung ergeben. Eine derartige Übertragungspflicht kann ausdrücklich oder stillschweigend[771] vereinbart worden sein. Sie kann sich aber auch aus der gesellschaftsrechtlichen Treuepflicht ergeben.[772]

---

[766] BGH, GRUR 1955, 286, 288 f..
[767] Bartenbach / Volz, ArbNErfG, § 1 Rn. 71; Bartenbach / Volz (1996), C.II. Rn. 56.
[768] Per Gesetz oder Gesellschaftsvertrag; Bartenbach / Volz, ArbNErfG, § 1 Rn. 68, 100; Bartenbach / Volz (1996), C.II. Rn. 55.
[769] Schulte, PatG, § 6 Rn. 24.
[770] BGH, GRUR 1955, 286, 289; Schulte, PatG, § 6 Rn. 24.
[771] Schulte, PatG, § 6 Rn. 24 m. w. Nachw.
[772] BFH, BStBl II 1976, 666, 667; Hubmann / Götting (2002), S. 145; Schulte, PatG, § 6 Rn. 25.

a) Erfindung in der Eigenschaft als Gesellschafter

Hat ein Erfinder eine Erfindung in seiner Eigenschaft als Gesellschafter entwickelt und fertiggestellt, kann die Gesellschaft vom Erfinder verlangen, dass er ihr die ihm an der Erfindung zustehenden Rechte überlässt. Eine solche Übertragungspflicht ist gegeben, wenn der Erfinder und Mitunternehmer mit der Entwicklung der Erfindung einen gesellschaftsrechtlichen Beitrag leistet (§ 105 Abs. 2 HGB, § 706 BGB) oder eine Tätigkeit im Dienst der Gesellschaft ausübt und damit einen wirtschaftlichen Beitrag zur Förderung des Gesellschaftszwecks (§ 15 Abs. 1 S. 1 Nr. 2 EStG) leistet.[773] Dabei ist davon auszugehen, dass eine Übertragungspflicht des Gesellschafters besteht, soweit die Gesellschaft, würde die Erfindung die Diensterfindung eines Arbeitnehmers darstellen, ein Recht zur Inanspruchnahme hätte:

> „Ob, unter welchen Voraussetzungen und in welchem Umfange der Gesellschaft an den Erfindungen eines Gesellschafters Rechte zustehen, lässt sich im einzelnen, soweit dafür nicht ausdrückliche Abreden getroffen sind, nur aus Inhalt und Zweck des Gesellschaftsvertrages beurteilen. Dabei kann insbesondere von Bedeutung sein, ob und in welchem Umfange der Gesellschafter verpflichtet ist, für die Gesellschaft erfinderisch tätig zu werden. "[774]

Bei Fehlen entsprechender ausdrücklicher Abreden ist dementsprechend aus dem Gesellschaftsvertrag abzuleiten, ob die Verpflichtung des Gesellschafters darin besteht, der Gesellschaft die Rechte an der Erfindung der Substanz nach zu übertragen oder unter Umständen darauf beschränkt ist, der Gesellschaft ein Recht zu Benutzung einzuräumen und zwar entweder ein Recht zur ausschließlichen Benutzung oder ein Recht zur Mitbenutzung.[775]

b) Erfindung außerhalb der Mitunternehmerschaft

Lassen sich die Tätigkeit als Gesellschafter (Mitunternehmer) und als Erfinder trennen, sind sie auch steuerrechtlich getrennt zu behandeln.[776] Auch wenn die Anregungen für die Erfindung aus dem Gewerbebetrieb stammen, besteht damit noch kein untrennbarer Zusammenhang zwischen Erfindertätigkeit und Gewerbebetrieb (der Gesellschaft) und damit keine Übertragungspflicht für den Gesellschafter-Erfinder. Anregungen erfüllen für sich allein nicht die Voraussetzungen einer vom Gewerbebetrieb untrennbaren Tätigkeit. „Das Wesen der Erfindung besteht in der eigenen geistigen Leistung des Erfinders. Der Anreger ist daher nicht Miterfinder."[777]

Eine Verpflichtung des Gesellschafter-Erfinders zur Überlassung der Erfinderrechte an die Gesellschaft nach Treu und Glauben kann sich jedoch dann

[773] BFH, BStBl II 1976, 666, 667.
[774] BGH, GRUR 1955, 286, 289.
[775] BGH, GRUR 1955, 286, 289.
[776] BFH, BStBl II 1976, 666, 667.
[777] Hubmann / Götting (2002) S. 143; BFH, BStBl II 1976, 666, 667.

ergeben, wenn die Erfindung überwiegend auf Mitteln, Erfahrungen und Vorarbeiten des Betriebs beruht.[778]

Bei erfinderischem Tätigwerden im Rahmen einer Mitunternehmerschaft kommt nur eine einheitliche Qualifikation der durch die Mitunternehmerschaft erzielten Einkünfte in Betracht. Nur wenn alle von der Mitunternehmerschaft am Markt erbrachten Leistungen der Art nach solche aus selbständiger Tätigkeit sind und sämtliche Mitunternehmer sowohl eine berufliche Qualifikation nach § 18 Abs. 1 Nr(n). 1 (bis 3) EStG aufweisen als auch ihren gesellschaftlichen Beitrag durch persönliche Arbeitsleistung erbringen, erzielt die Mitunternehmerschaft Einkünfte aus selbständiger Arbeit (§ 18 EStG).
Eine von Mitunternehmern gemeinsam entwickelte Erfindung entsteht originär im Gesamthandsvermögen der Gesellschaft (Betriebsvermögen). Rechte an den von einzelnen Mitunternehmern entwickelten Erfindungen können als gesellschaftlicher Beitrag auf die Mitunternehmerschaft zu übertragen sein.

[778] BFH, BStBl II 1976, 666, 667.

Kapitel 10 Erfindungen von Gesellschaftern in Kapitalgesellschaften

Nachdem im vorigen Kapitel auf die Zuordnung der Erfindungen von Mitunternehmern eingegangen wurde, soll in diesem Kapitel dargestellt werden, wem die Rechte an Erfindungen von gesetzlichen Vertretern und von Anteilseignern juristischer Personen zustehen bzw. welche Ansprüche der Gesellschaft auf Übertragung bzw. Nutzungsüberlassung in diesen Fällen bestehen. Von zentraler steuerrechtlicher Bedeutung ist in diesem Zusammenhang die Untersuchung des Vorliegens von verdeckten Gewinnausschüttungen.

Unter einer verdeckten Gewinnausschüttung (vGA) ist ein Vermögensvorteil zu verstehen, den eine Kapitalgesellschaft einem Gesellschafter außerhalb der gesellschaftsrechtlichen Gewinnverteilung zuwendet, der bei der Gesellschaft eine Vermögensminderung bzw. verhinderte Vermögensmehrung bewirkt und den ein ordentlicher und gewissenhafter Geschäftsleiter einem Nichtgesellschafter c. p. nicht zugewandt hätte.[779] Als vGA zu beurteilende Zahlungen dürfen nach § 8 Abs. 3 S. 2 KStG bei der Kapitalgesellschaft das Einkommen nicht mindern. Soweit Zahlungen an einen Gesellschafter demnach ihre Ursache im Gesellschaftsverhältnis haben, sind sie dem Gewinn der Kapitalgesellschaft außerhalb der Bilanz zuzurechnen und unterliegen somit der Körperschaftsteuer.[780] Beim Gesellschafter führen sie nach § 20 Abs. 1 Nr. 1 S. 2 EStG zu Einnahmen aus Kapitalvermögen.[781] Von der Gesellschaft an den Gesellschafter fließende Zahlungen bzw. Verzichtshandlungen sind somit stets unter dem Aspekt der verdeckten Gewinnausschüttungen zu betrachten.

A. Abgrenzung zum ArbNErfG

I. Diensterfindungen nach dem ArbNErfG

Ist der Gesellschafter bei seiner Gesellschaft gleichzeitig als Arbeitnehmer angestellt, so findet auf ihn das ArbNErfG Anwendung (§ 1 ArbNErfG). Auf gesetzliche Vertreter einer juristischen Person sind die Bestimmungen des Arbeitnehmererfindungsgesetzes dagegen nicht anwendbar.[782]

Diensterfindungen eines Arbeitnehmer-Gesellschafters können nach dem ArbNErfG von der Gesellschaft als Arbeitgeber in Anspruch genommen werden, wofür eine Vergütung entsprechend §§ 9, 11 ArbNErfG i. V. m. RL 1959 zu zahlen ist. Die auf der Grundlage des ArbNErfG an den als Arbeit-

[779] Schmidt / Heinicke, EStG, § 20 Rn. 61 m. w. Nachw.

[780] Bei einem Zufluss ab 2001 mit einem Tarif von 25%.

[781] Dabei gilt ab dem Veranlagungszeitraum 2002 das sog. „Halbeinkünfteverfahren", § 3 Nr. 40 EStG.

[782] S.o., Kapitel 1, A.II.2.b); Gaul, GmbHR 1982, 101 m. w. Nachw.; Lahr, GRuR 1971, 134, 135.

nehmer angestellten Gesellschafter erfolgenden Erfindervergütungen sind stets als angemessen anzusehen und können somit nicht zu verdeckten Gewinnausschüttungen führen. Sie fallen jedoch aufgrund des zu berücksichtigenden Anteils der Gesellschaft an der Erfindung geringer aus als die Vergütungen eines freien Erfinders.[783]

II. Freie Erfindungen des Arbeitnehmer-Gesellschafters

Bei einer nach § 4 Abs. 3 ArbNErfG freien Erfindung eines als Arbeitnehmer angestellten Gesellschafters ist dem Arbeitgeber unter den Voraussetzungen des § 19 Abs. 1 ArbNErfG ein nichtausschließliches Recht zur Benutzung anzubieten. Nimmt der Arbeitgeber dieses Angebot an, so kommt zwischen Arbeitgeber, der Gesellschaft, und Arbeitnehmer ein Lizenzvertrag zustande, der selbständig neben dem Arbeitsvertrag steht. Für diese einfache Lizenz hat der Arbeitgeber eine angemessene Vergütung zu zahlen.
Da diese Vergütung für die freie Erfindung auf einem eigenständigen Lizenzvertrag beruht, ist deren Angemessenheit an den Marktverhältnissen und nicht am ArbNErfG und den RL 1959 zu messen (s. o., Kapitel 1, B.II.3.b)). Bei freien Erfindungen eines Arbeitnehmers, der an der arbeitgebenden Körperschaft zugleich kapitalistisch beteiligt ist, tritt folglich nur hinsichtlich der Höhe der an den Gesellschafter fließenden Lizenzzahlungen die Problematik der verdeckten Gewinnausschüttungen auf (dazu unten, D).

B. Überlassung von Erfindungen durch den Anteilseigner

I. Erfindungen von Gesellschaftern mit Organ- bzw. Arbeitnehmerstellung

Ist der Gesellschafter gleichzeitig Arbeitnehmer oder Geschäftsführer der Gesellschaft, kann sich aus dem Arbeits- bzw. Dienstverhältnis die Pflicht ergeben, der Gesellschaft Erfindungen anzubieten bzw. zu überlassen. Verzichtet die Gesellschaft bei einem Verstoß gegen Anbietungs- und Überlassungspflicht auf die Geltendmachung des ihr daraus erwachsenden Schadensersatzanspruches, kann darin eine vGA liegen (s. u., 1). Eine vGA kommt weiter in Betracht, wenn bei Überlassung der Erfindung an die Gesellschaft eine Erfindungsvergütung dem Grunde nach nicht gerechtfertigt ist (s. u., 2). Schließlich sind auch der Verzicht auf Inanspruchnahme oder nachträgliche Freigabe der Erfindung eines Gesellschafters auf das Vorliegen einer vGA hin zu untersuchen (s. u., 3).

---

[783] FG Rheinland-Pfalz, rkr., EFG 1972, 603, 604; Richter, NWB F 3, 4631, 4640; Streck, KÖSDI 1978, 3012, 3017; Die GmbH in der Steuerberatung / Streck, Rn. 504; Streck, KStG, § 8 Rn. 150 ABC zur vGA und verdeckten Einlage „Erfinder".

1. Verstoß gegen eine Anbietungs- und Überlassungspflicht

a) Bestehen einer Anbietungspflicht

Eine Anbietungs- und Überlassungspflicht ergibt sich für einen als Arbeitnehmer angestellten Gesellschafter aus dem ArbNErfG (s. o., A.I). Auf Organmitglieder einer juristischen Person ist zwar das ArbNErfG nicht anwendbar), jedoch können auch diese aufgrund ihres Dienstverhältnisses zur Überlassung ihrer Erfindung an die Gesellschaft verpflichtet sein.
Eine derartige Pflicht kann im Dienstvertrag des GmbH-Geschäftsführers oder Vorstandes ausdrücklich festgelegt sein. Fehlt es an einer Vertragsabsprache, kann sie sich aus der ihm obliegenden Treuepflicht ergeben.[784] Nach Ansicht von *Gaul* ist der Geschäftsführer bzw. Vorstand aufgrund dieser Treuepflicht genötigt, die erkennbaren und schutzwerten Belange des Unternehmens auch bei der Verwertung einer von ihm entwickelten Erfindung zu berücksichtigen. Die Gesichtspunkte des § 4 ArbNErfG für die Beurteilung des Vorliegens einer Diensterfindung sind dabei nach seiner Ansicht zwar allenfalls mittelbar heranzuziehen. Grundsätzlich gebiete jedoch die Treuepflicht im Hinblick auf das Unternehmensinteresse, dass der Geschäftsführer bzw. der Vorstand Erfindungen, die in den Geschäftsbereich des Unternehmens fallen, der Gesellschaft zur Nutzung anzubieten hat.[785] Auch der BFH sah es als Ausfluss der besonderen Treuepflicht an, Erfindungen nicht anders als im Interesse des von ihm vertretenen Unternehmens zu verwenden und folgerte daraus eine Pflicht des Geschäftsführers bzw. Vorstandes, der Gesellschaft die Erfindung anzubieten.[786]

b) Folgen des Verstoßes gegen eine Anbietungspflicht

Verstößt der Gesellschafter gegen eine bestehende Anbietungs- und Überlassungspflicht, ist darin m. E. nicht allein deshalb eine vGA zu sehen, weil die Erfindung in den Geschäftsbereich der Gesellschaft fällt. Das Vorliegen einer vGA würde zumindest voraussetzen, dass überhaupt ein wirtschaftliches Interesse der Gesellschaft an der Nutzung der Erfindung des geschäftsführenden Gesellschafters besteht, d. h., dass sie das Angebot betreffend der Erfindungsrechte angenommen hätte. Ansonsten würde zum einen die Frage auftreten, ob der Gesellschaft aus dem Pflichtverstoß überhaupt ein zu ersetzender Schaden entstanden ist. Zum anderen wäre der Verzicht auf die Durchsetzung eines Schadensersatzanspruches in diesem Fall nicht durch das Gesellschaftsverhältnis veranlasst, sondern würde auch gegen einen angestellten Nicht-Gesellschafter nicht forciert werden.

---

[784] Gaul, GmbHR 1982, 101, 102 f.; Streck, KStG, § 8 Rn. 150 ABC zur vGA und verdeckten Einlage „Erfinder".
[785] Gaul, GmbHR 1982, 101, 103.
[786] BFH, BStBl II 1970, 824, 825 re. Sp.

2. Rechtfertigung einer Erfindungsvergütung

Wie oben erwähnt, ist bei einer nach dem ArbNErfG erfolgenden Erfindungsvergütung, da diese gewissermaßen durch Gesetz dem Grunde und der Höhe nach vorgeschrieben ist, nie eine vGA gegeben.[787] Für eine an den Geschäftsführer fließende Erfindungsvergütung fehlt es dagegen an einer gesetzlichen Anspruchsgrundlage, weshalb sich die Frage stellt, ob der Geschäftsführer oder Vorstand, wenn er aufgrund seiner Position zur Überlassung seiner Erfindung verpflichtet ist, dafür neben seinem Gehalt eine gesonderte Erfindervergütung verlangen kann. Bestände ein solcher Vergütungsanspruch nicht, wäre eine dennoch an den Gesellschafter-Geschäftsführer bzw. kapitalmäßig beteiligten Vorstand erfolgende Zahlung durch das Gesellschaftsverhältnis veranlasst und somit als vGA anzusehen.

Nach der vom RFH[788] und *Streck*[789] vertretenen Ansicht kann zwar das Entgelt für die Einräumung des Nutzungsrechtes an einer „frei verwertbaren" Erfindung im Rahmen des Geschäftsführerdienstvertrages mitvereinbart werden, diese treffen jedoch keine Aussage dahingehend, ob dies genauso für anbietungspflichtige Erfindungen gelten soll bzw. ob bei Fehlen einer solchen Vereinbarung die Überlassung der Erfindungsrechte als mit dem Geschäftsführergehalt abgegolten anzusehen sind.

Nach Ansicht von *Gaul* wird ein Geschäftsführer regelmäßig nicht die Aufgabe haben, sich selbst um die Entwicklung technischer Neuerungen bemühen zu müssen. Zu seinen Obliegenheiten gehörten eher organisatorische Aufgaben und Leitungsfunktionen – selbst dann, wenn er den Verantwortungsbereich Forschung und Entwicklung zu betreuen hat.[790] Des weiteren kann eine Verpflichtung, schutzwürdige Erfindungen zu entwickeln, ohnehin durch Dienstvertrag nicht wirksam erfolgen.[791] Folglich stellt das Geschäftsführer- bzw. Vorstandsgehalt allein einen Ausgleich für die Organtätigkeit dar und ist nicht gleichzeitig als Gegenleistung für die überlassene Erfindung anzusehen. Für jede der Gesellschaft überlassene Erfindung besteht demzufolge ein Vergütungsanspruch des Geschäftsführers oder Vorstandes.[792]

Eine an einen Gesellschafter-Geschäftsführer oder Vorstand, der gleichzeitig Aktionär ist, erfolgende Erfindungsvergütung hat somit ihre Ursache nicht im Gesellschaftsverhältnis und stellt damit zumindest dem Grunde nach keine vGA

787 S.o., A.I.

788 RFH RStBl 1940, 889.

789 Streck, KStG, § 8 Rn. 150 ABC zur vGA und verdeckten Einlage „Erfinder" unter 3.

790 Gaul, GmbHR 1982, 101, 102.

791 S.o., Abschnitt 1 Kapitel 2 C.I.6; Gaul, GmbHR 1982, 101, 102.

792 Dabei kann dahinstehen, ob die Vergütung auf dem Sonderleistungsprinzip beruht (so Gaul, GmbHR 1982, 101, 103) oder für dass eingeräumte Nutzungsrecht erfolgt (Monopolprinzip), s. o. Kapitel 1 E.III.2.

dar. Diese kann sich dann nur durch die Bemessung der Höhe des Entgeltes ergeben (s. u., D).

3. Verzicht auf Inanspruchnahme bzw. Freigabe der Erfindung

Nach der von *Stahl, Felix* und *Streck*[793] vertretenen Ansicht können ein Verzicht der Gesellschaft auf eine vor Antritt der Organstellung bereits vorhandene[794] bzw. auf die Inanspruchnahme einer vom Organ erstellten Erfindung[795] sowie deren nachträgliche Freigabe zu einer vGA führen. Dem ist m. E. nicht zuzustimmen.

a) Nichtinanspruchnahme vorhandener Erfindungen

Es besteht grundsätzlich, d. h. sofern keine entsprechende vertragliche Vereinbarung besteht, schon keine Pflicht des Geschäftsführers oder Vorstandes, der Gesellschaft seine vor Beginn seiner Organstellung fertiggestellten Erfindungen anzubieten. Denn eine Anbietungs- und Überlassungspflicht des Organs einer juristischen Person kann mangels Anwendbarkeit des ArbNErfG und entsprechender vertraglicher Vereinbarung nur auf dessen Treuepflicht beruhen. Eine solche Treuepflicht besteht jedoch erst ab Beginn der Organstellung und kann folglich nur für die während der Organstellung entstandenen Erfindungen zu einer Anbietungs- und Überlassungspflicht führen.
Das Ausscheiden einer Überlassungspflicht an solchen bei Antritt der Organstellung vorhandenen Erfindungen ergibt sich auch daraus, dass ein GmbH-Geschäftsführer oder Vorstand vor Antritt seiner Organstellung möglicherweise den Arbeitnehmerstatus innehatte, so dass das ArbNErfG bis dahin auf ihn anwendbar war. Für diese vor Antritt der Organstellung fertiggestellten Erfindungen könnte es dann nämlich zu einer Kollision der Anbietungs- und Überlassungspflichten gegenüber dem früheren Arbeitgeber nach dem ArbNErfG einerseits und gegenüber der nun vertretenen Gesellschaft andererseits kommen. Da bezüglich der zu Beginn der Organstellung vorhandenen Erfindungen grundsätzlich kein Überlassungsanspruch der Gesellschaft besteht, ist folglich ein Verzicht der Gesellschaft auf die Inanspruchnahme dieser Erfindungen nicht als vGA anzusehen, weil es schon an einer Vermögenszuwendung durch die Gesellschaft fehlt.

b) Nichtinanspruchnahme oder Freigabe der während der Organstellung gemachten Erfindungen

Auch in einem Verzicht auf die Inanspruchnahme einer während der Organstellung fertiggestellten Erfindung bzw. deren nachträglicher Freigabe liegt nicht per se eine vGA. Wie aus den Regelungen des ArbNErfG ersichtlich ist, ist der

[793] Streck, KÖSDI 1978, 3012, 3017; Stahl, KÖSDI 1984, 5628, 5630; Die GmbH in der Steuerberatung, Rn. 503.
[794] Stahl, KÖSDI 1984, 5628, 5630.
[795] Streck, KÖSDI 1978, 3012, 3017.

Verzicht auf die Inanspruchnahme oder die Freigabe einer Arbeitnehmererfindung (§§ 8 Abs. 1, 14 Abs. 2, 16 Abs. 1, 2 ArbNErfG)[796] auch gegenüber einem Arbeitnehmer, und damit einem für die Gesellschaft fremden Dritten (d. h. gegenüber einem Nichtgesellschafter), als üblicher Vorgang anzusehen.
Dies gilt meiner Ansicht nach genauso im Verhältnis zwischen Gesellschaft und Vorstand bzw. Geschäftsführer. Denn geht man davon aus, dass letzterem für die Überlassung der Erfindung bzw. der Nutzungsrechte ein Vergütungsanspruch zusteht (s. o., 2), können Verzicht oder Freigabe gegenüber der (weiteren) Inanspruchnahme für die Gesellschaft durchaus die wirtschaftlich vorteilhaftere Alternative darstellen. Dies ist beispielsweise denkbar, wenn der Einsatz der Erfindung durch die Gesellschaft erst nach aufwendigen Umgestaltungsmaßnahmen möglich ist, so dass die aus der Inanspruchnahme der Erfindung folgenden Kosten deren Nutzen überwiegen würden, bzw. eine Erfindung für die Gesellschaft aus anderen Gründen keine sinnvolle technische Lösung darstellt. Der Verzicht auf die Nutzung der Erfindung beruht in einem solchen Fall allein auf gewinnorientierten Überlegungen und nicht auf dem Gesellschaftsverhältnis.
Vom Vorliegen einer vGA ist somit nur dann auszugehen, wenn konkrete Anhaltspunkte dafür bestehen, dass der Verzicht bzw. die Freigabe durch das Gesellschaftsverhältnis veranlasst waren, gegenüber einem Dritten also nicht erfolgt wären. Den Beweis dafür müsste das Finanzamt antreten[797], etwa dahingehend, dass die Nutzung der Erfindung für die Gesellschaft (weiter) technisch notwendig und wirtschaftlich sinnvoll war, so dass Verzicht oder Freigabe durch einen ordentlichen und gewissenhaften Geschäftsleiter nicht erfolgt wäre.

II. Erfindungen von Gesellschaftern ohne Dienstverhältnis zur Gesellschaft

Auch bei Erfindungen von Gesellschaftern, die in keiner weiteren Rechtsbeziehung zur Gesellschaft stehen, d. h. bei ihr keine Organ- bzw. Arbeitnehmerstellung innehaben, können sich Abgrenzungsprobleme zwischen der Sphäre der Körperschaft und der Sphäre ihrer Gesellschafter ergeben, die vGA nach sich ziehen können.
Bei der Erfindung eines Anteilseigners stellt sich deshalb zunächst die Frage, ob diese originär dem Gesellschafter oder der Gesellschaft zuzurechnen ist (s. u., 1). Diese Zurechnung gibt den Ausschlag dafür, ob die Zahlung einer Erfindungsvergütung an den Erfinder-Gesellschafter dem Grunde nach gerechtfertigt ist, was nur dann der Fall ist, wenn der Gesellschaft die entstandene Erfindung nicht ohnehin schon zuzurechnen ist.
Anschließend soll diskutiert werden, welche Zuordnungsfolgen sich aus der

[796] Zu den Möglichkeiten des Freiwerdens einer Diensterfindung s.o. Kapitel 1 B.I.4 e)aa).
[797] Da es sich dabei um eine steuererhöhende Tatsache handelt. Schmidt / Heinicke, EStG, § 20 Rn. 73.

Weiterentwicklung der Anteilseignererfindung in der Gesellschaft ergeben. Dabei soll jeweils auf die sich hinsichtlich des Vorliegens verdeckter Gewinnausschüttungen ergebenden Konsequenzen eingegangen werden.

1. Originäre Zurechnung der fertiggestellten Erfindung

Die Frage der originären Zurechnung einer von einem Gesellschafter entwickelten Erfindung ist insbesondere problematisch, wenn die Gesellschaft die für die Erfindungsentwicklung notwendige Ausstattung zur Verfügung gestellt und die gesamten Entwicklungskosten getragen hat. In diesem Fall scheint auf den ersten Blick eine Vergütungszahlung durch die Gesellschaft für die Überlassung der Erfindung nicht gerechtfertigt und liegt somit der Verdacht einer vGA nahe.

a) Zurechnung nach dem Erfinderprinzip

Nach dem *patentrechtlichen Erfinderprinzip* entstehen die Rechte an einer Erfindung originär immer beim Erfinder. Als Erfinder ist dabei jedoch nie der finanzielle Sponsor der Erfindungstätigkeit anzusehen. Die Qualifikation als Erfinder ist vielmehr unabhängig davon, wer die Erfindung finanziell oder durch Bereitstellung eines entsprechenden Umfeldes ermöglicht hat.[798] Nach dem Erfinderprinzip stehen die Rechte an einer Erfindung damit immer allein ihrem *geistigen* Urheber zu.[799]
Die Erfindung eines Anteilseigners ist somit entsprechend dem Erfinderprinzip originär, d. h. im Zeitpunkt ihrer Fertigstellung, stets dem Erfinder zuzuordnen, unabhängig davon, ob die Entwicklungskosten durch die Gesellschaft getragen worden sind.

b) Kein Vorliegen von vGA durch Erfindungsvergütung

Somit muss eine Übertragung der Erfindungsrechte auf die Gesellschaft erfolgen, wenn sich diese das Ergebnis der von ihr gesponserten Entwicklungstätigkeit zunutze machen will. Eine für diese Übertragung erfolgende Vergütung ist damit dem Grunde nach trotz der Finanzierung der Entwicklung durch die Gesellschaft gerechtfertigt. Da nach dem Erfinderprinzip die Erfindungsrechte allein dem geistigen Urheber der Erfindung zugerechnet werden, ist diese geistige Urheberschaft der entstandenen Erfindung dabei als Rechtfertigungsgrund für die Zahlung anzusehen. Auch einem fremden Dritten, beispielsweise einem an der Gesellschaft nicht kapitalmäßig beteiligten Arbeitnehmer, müsste eine Erfindervergütung selbst dann gezahlt werden, wenn die Erfindungsentwicklung mit Ressourcen der Gesellschaft betrieben worden wäre.
Bei Übertragung der Erfindungsrechte auf die Gesellschaft ist somit in der dafür erfolgenden Entgeltzahlung, solange diese der Höhe nach angemessen ist, keine

---

[798] Schulte, PatG, § 6 Rn. 21.

[799] Damit wird der Tatsache Rechnung getragen, dass Erfindungen nicht das Ergebnis einer vertretbaren, planbaren Tätigkeit sind, sondern eine höchstpersönliche geistige schöpferische Leistung darstellen.

vGA zu sehen. Eine vGA kann jedoch vorliegen, wenn der wirtschaftliche Beitrag der Gesellschaft zur Erfindung bei der Ermittlung der Höhe des von der Gesellschaft zu zahlenden Entgelts nicht hinreichend berücksichtigt wird.

2. Weiterentwicklung der fertigen Erfindung in der Gesellschaft

Ein Anteilseigner lässt seine initialen Erfindungen häufig in der Gesellschaft, die i. d. R. über die nötigen Ausstattungen und das technische Know-how verfügt, bis zur Patent- oder Produktreife weiterentwickeln.
Um das Vorliegen einer vGA bei Fortführung der Entwicklungsarbeiten in der Gesellschaft feststellen zu können, muss m. E. zunächst festgestellt werden, ob nach Fertigstellung der Erfindung eine Übertragung der originär beim Gesellschafter entstandenen Erfindung auf die Gesellschaft stattgefunden hat und auf wessen Rechnung die Weiterentwicklung erfolgt ist. Somit sind m. E. drei praktisch denkbare Szenarien zu unterscheiden. Der Erfinder-Gesellschafter kann die Rechte an seiner Erfindung auf die Gesellschaft übertragen, die Weiterentwicklung kann dann unter seiner Regie, aber auf Rechnung der Gesellschaft betrieben werden (s. u., a)). Der Gesellschafter kann aber auch weiterhin Inhaber der Erfindungsrechte bleiben und unter Nutzung der Ressourcen der Gesellschaft, aber auf eigene Rechnung die Weiterentwicklung der Erfindung betreiben (s. u., b)). Schließlich ist es aber auch denkbar, dass nach Fertigstellung der Erfindung zwischen Gesellschafter und Gesellschaft zunächst keine vertraglichen Regelungen über den Übergang der Erfinderrechte und die Übernahme der Entwicklungskosten getroffen werden (s. u., c))

a) Übertragung der Erfindung auf die Gesellschaft

Nach der Fertigstellung der Erfindung kann eine Übertragung der originär in der Person des Gesellschafter-Erfinders entstandenen Erfindungsrechte auf die Gesellschaft erfolgen. Raum für eine vGA besteht dabei, wie unter 1.b) dargestellt, nur bei der Bemessung der dafür gewährten Vergütung.
Die Weiterentwicklung der Erfindung bis zur Verwertungsreife kann dann unter der „geistigen Führung“ des Erfinders, aber auf Rechnung der Gesellschaft betrieben werden. Es stellt sich dabei die Frage, wem in dieser Konstellation die Einkünfte aus der Erfindung zuzurechnen sind – dem Erfinder nach dem patentrechtlichen Gedanken der geistigen Urheberschaft der danach verwertungsreifen Erfindung oder der Gesellschaft, auf deren Rechnung die Weiterentwicklung durchgeführt wurde.
M. E. ist die Zurechnung der Erfindung dabei nach dem *einkommensteuerrechtlichen Zuordnungsprinzip* vorzunehmen. Nach diesem sind die aus einer Erfindung hervorgehenden Einkünfte demjenigen zuzurechnen, auf dessen Rechnung die Tätigkeit erfolgt ist.
Dieses Ergebnis steht, obwohl der Gesellschafter-Erfinder die gesamte Weiterentwicklung in eigener Person durchgeführt hat, auch nicht im Widerspruch zum *Erfinderprinzip*. Nach diesem sollen nur Rechte an geistig-schöpferischen

Leistungen ihrem „Urheber" zustehen. Test- und Entwicklungstätigkeiten, die nach Fertigstellung der Erfindung erfolgen, gehören dagegen nicht mehr zur eigentlichen erfinderisch-schöpferischen Tätigkeit.[800] Diese Leistungen können zu Marktpreisen zugekauft werden[801], der „Lieferant" der Leistung „Weiterentwicklung" ist mithin als *austauschbar* anzusehen. Der dem Erfinderprinzip zugrunde liegende Gedanke, geistiges Eigentum als Ergebnis einer *höchstpersönlichen* Leistung seinem Schöpfer zuzuordnen, passt auf derartige Leistungen der Weiterentwicklung einer fertigen Erfindung folglich nicht. Das Erfinderprinzip ist somit auf die Tätigkeit der Weiterentwicklung nicht anwendbar und kann demzufolge auch für die Zurechnung der weiterentwickelten Erfindung nicht maßgeblich sein. Es steht damit der Zuordnung der verwertungsreifen Erfindung nach den Grundsätzen der Einkünftezurechnung nicht entgegen. Im hier angenommenen Fall wäre die Erfindung folglich der Gesellschaft zuzuordnen, wenn der Gesellschafter diese mit den Ressourcen und damit „auf Rechnung" der Gesellschaft entwickelt.

Die Einkünfte aus der verwertungsreifen Erfindung stehen somit der Gesellschaft zu. Der Gesellschafter hat dabei lediglich einen Anspruch darauf, dass ihm seine Entwicklungstätigkeit zum Marktpreis vergütet wird. Eine darüber hinausgehende Beteiligung des Gesellschafters am Verwertungserfolg der Erfindung wird damit wohl i. d. R. einem Fremdvergleich nicht standhalten, würde demnach also eine vGA darstellen.

b) Weiterentwicklung auf Rechnung des Gesellschafters

Alternativ hat der Gesellschafter die Möglichkeit, die Weiterentwicklung seiner Erfindung in der Gesellschaft betreiben zu lassen, indem er weiterhin Inhaber der Rechte an der Erfindung bleibt und mit der Gesellschaft von vornherein eine klare Regelung über die Kostenübernahme für die durch ihn betriebene Entwicklungsarbeit trifft. Dabei sind ihm, da er die Weiterentwicklung auf eigene Rechnung betreibt, die Erlöse aus der verwertungsreifen Erfindung zuzurechnen. Überträgt er dann nach Herstellung der Verwertungsreife Rechte an der Erfindung auf die Gesellschaft, hat diese den Marktwert der verwertungsreifen Erfindung[802] zu vergüten. Hält die durch die Gesellschaft gezahlte Vergütung in Form eines einmaligen Kaufpreises oder einer Lizenzgebühr einem Fremdvergleich stand, stellt die Erfindungsvergütung keine vGA dar.

Im Hinblick auf die bei der Weiterentwicklung angefallenen Kosten kann eine vGA jedoch dadurch auftreten, dass diese entgegen der Vereinbarung tatsächlich nicht vom Gesellschafter getragen werden. Dies kann z.B. der Fall sein, wenn

[800] Benkard / Bruchhausen, § 1 PatG Rn. 51, 53, 70; List DB 1999, 1085, 1087.

[801] D. Jakob, DStR 2000, 1122, 1123.

[802] Inklusive des durch die Weiterentwicklung geschaffenen Mehrwertes und der sich inzwischen konkretisierten Marktchancen, der seinem Wert nach den Wert der „zugekauften" Entwicklungsarbeit weit übersteigen kann.

die Lizenzgebühren bzw. Kaufpreis nicht entsprechend den angefallenen und verzinsten[803] Entwicklungskosten reduziert werden oder im Falle des Misserfolges die gegen den Gesellschafter entstandenen Forderungen für die Entwicklungstätigkeit diesem endgültig erlassen werden.

c) Weiterentwicklung ohne Regelung der Kostenübernahme

Als dritte Möglichkeit kann der Gesellschafter schließlich die Entwicklungsarbeit in seiner Gesellschaft durchführen lassen, ohne eine konkrete Absprache über Erfindungsübergang und Kostenübernahme zu treffen. Durch diese Vorgehensweise kann er die Zurechnung der finanziellen Konsequenzen hinsichtlich der Erfindung offen lassen, also im Erfolgsfall unter Übernahme der Entwicklungskosten den Erlös aus der patent- bzw. verwertungsreifen Erfindung einstreichen, jedoch im Falle des Misserfolges die Erfindung als auf die Gesellschaft übergegangen betrachten und damit die Entwicklungskosten „bei der Gesellschaft belassen". Dabei ist m. E. schon allein in diesem Offenlassen der Risikozuteilung stets eine vGA zu sehen. Gegenüber einem fremden Dritten hätte nämlich ein gewissenhafter Geschäftsführer ein derart risikobehaftetes Geschäft nicht durchgeführt, ohne vorher klare Regelungen über Rechtsübergang und Kostentragung zu treffen, d. h. er hätte dieses Risiko (Misserfolg der Weiterentwicklung) für die Gesellschaft nur übernommen, wenn dem auch eine entsprechende Chance (des durchschlagenden Erfolges der Erfindung) gegenüberstände.

C. Verstoß gegen ein Wettbewerbsverbot

Neben Vergütungszahlungen für die Erfindungen eines Gesellschafters, die einem Fremdvergleich nicht standhalten, kommen verdeckte Gewinnausschüttungen in Betracht, wenn ein Gesellschafter durch die Entwicklung oder Verwertung der Erfindung neben der Gesellschaft gegen ein bestehendes Wettbewerbsverbot verstößt oder als Geschäftsführer in Geschäftschancen der Gesellschaft eingreift und die Gesellschaft auf die Geltendmachung eines ihr dadurch entstandenen Schadensersatzanspruch verzichtet.

I. Entwicklung der Rechtsprechung

Für die Abgrenzung der Handlungsbereiche von Gesellschafter und Gesellschaft stellte der BFH bis 1987 auf die in einem Abgrenzungsvertrag mit dem beherrschenden Gesellschafter-Geschäftsführer klar vorzunehmende Sphärenabgren-

[803] Da eine verwertungsreife Erfindung i.d.R. erst lange Zeit nach dem Anfall der Entwicklungskosten vorliegt, hätte ein ordentlicher und gewissenhafter Geschäftsleiter einem fremden Dritten einen Zahlungsaufschub nicht kostenlos gewährt.

zung[804] und anschließend auf die Verletzung des Wettbewerbsverbotes durch den nicht notwendig beherrschenden Gesellschafter-Geschäftsführer ab.[805]
Seit seinem Urteil vom 30.8.1995 nimmt der BFH eine vGA grundsätzlich an, wenn ein Gesellschafter gegen ein Wettbewerbsverbot verstößt und die Gesellschaft auf die Durchsetzung eines infolgedessen entstandenen Schadensersatzanspruches gegen den Gesellschafter verzichtet.[806]

II. Gesellschaftsrechtliches Wettbewerbsverbot

Das Bestehen eines gesellschaftsrechtlichen Wettbewerbsverbotes richtet sich nach den Umständen des Einzelfalles. Dabei wird grundsätzlich davon ausgegangen, dass die Gesellschafter völlig frei darin sind, ihre gesellschaftsrechtlichen Verhältnisse und damit auch die Abgrenzung des Aufgabenbereiches der Gesellschaft zu regeln. Das Steuerrecht soll fortan diese Aufgabenzuweisung durch die Gesellschafter im Grundsatz akzeptieren.[807] Folglich können die Gesellschafter Wettbewerbsverbote ausdrücklich regeln[808]; anderenfalls wird aus der mitgliedschaftlichen Treuepflicht eine Unterlassungspflicht analog § 112 HGB abgeleitet.[809]

1. Kein Wettbewerbsverbot eines Alleingesellschafters

Bei einer Ein-Mann-GmbH unterliegt der Alleingesellschafter keinem Wettbewerbsverbot, da Mitgesellschafter fehlen und gegenüber der Gesellschaft keine Treuepflicht besteht. Damit wird der Wille des Alleingesellschafters grundsätzlich als über dem Willen der Gesellschaft stehend angesehen. Der Alleingesellschafter kann somit über die Zuordnung von Geschäften frei entscheiden.[810] Ein gesellschaftsrechtliches Wettbewerbsverbot greift in diesem Fall erst ein, wenn er der GmbH das zur Deckung des Stammkapitals nötige Vermögen entzieht.[811]

2. Wettbewerbsverbot nur im Rahmen der gesellschaftsrechtlichen Treuepflicht

Bei mehreren Gesellschaftern wird ein Wettbewerbsverbot als Ausfluss der Treuepflicht nur bei einer personalistisch strukturierten Gesellschaft ange-

[804] BFH, BStBl II 1981, 448, 449; BFH, BStBl II 1983, 487, 489.
[805] BFH, BStBl II 1987, 461, 462; II 1990, 386. Zu Entwicklung und Kritiken an dieser Rechtsprechung des BFH siehe D. Jakob, DStR 2000, 1122, 1124 in Fn. 16 und 18 m. w. Nachw.
[806] BFH, DStR 1995, 1873.
[807] BFH, BFHE 182, 190.
[808] Michalski, GmbHG, § 13 Rn. 194, 204; Scholz / Emmerich, GmbHG, § 3 Rn. 50.
[809] Lutter / Hommelhoff, GmbHG, § 14 Rn. 23; Michalski, GmbHG, § 13 Rn. 237.
[810] Lutter / Hommelhoff, GmbHG, § 14 Rn. 24.
[811] BGH, BGHZ 122, 333, 336.

nommen.[812] Bei nicht personalistischer Ausgestaltung besteht eine solche Ausprägung der Treuepflicht nicht. Die Vereinbarung eines Wettbewerbsverbotes für nur kapitalistisch beteiligte Gesellschafter wird dabei sogar als unzulässig angesehen.[813] Nur für Gesellschafter, die auf die Geschäftsführung der Gesellschaft bestimmenden Einfluss nehmen, ist die Vereinbarung eines Wettbewerbsverbotes zulässig.[814]

Das Bestehen eines Wettbewerbsverbotes für einen Gesellschafter wird außerdem dann als ausgeschlossen angesehen, wenn alle anderen Gesellschafter seine Tätigkeit im Geschäftsfeld der Gesellschaft zumindest dulden.[815] In diesem letztgenannten Fall ist damit das Vorliegen einer vGA praktisch von vornherein ausgeschlossen.[816] Bei Kenntnis und Duldung der Paralleltätigkeit eines Gesellschafters durch die Mitgesellschafter fehlt es schon an einem (Verstoß gegen ein) Wettbewerbsverbot. Wenn die Mitgesellschafter anderenfalls den Wettbewerbsverstoß nicht kennen bzw. nicht dulden, fehlt es an dem für die Annahme einer vGA notwendigen endgültigen Verzicht auf die Geltendmachung eines gegen den Gesellschafter bestehenden Schadensersatzanspruches.

III. Wettbewerbsverbot und Geschäftschancenbindung bei Geschäftsführern

Ist der Gesellschafter zugleich Geschäftsführer der GmbH bzw. Vorstand einer AG, unterliegt er schon aufgrund seiner Organstellung einem Wettbewerbsverbot sowie dem Verbot, Geschäftschancen der Gesellschaft an sich zu ziehen.[817] Im Folgenden soll kurz der Umfang dieser Verbote dargestellt und darauf eingegangen werden, ob diese durch das erfinderische Tätigsein eines Gesellschafter-Geschäftsführers bzw. –Vorstandes überhaupt tangiert sein können.

1. Wettbewerbsverbot von Geschäftsführern und Vorständen

Parallel zu einem eventuell bestehenden gesellschaftsrechtlichen Wettbewerbsverbot kann sich somit aufgrund der Organstellung eines Gesellschafters ein weiteres Wettbewerbsverbot ergeben. Während Vorständen einer AG schon durch § 88 AktG ein Wettbewerbsverbot auferlegt ist, fehlt eine entsprechende gesetzliche Regelung für Geschäftsführer einer GmbH. Die Pflicht zu loyalem

[812] Lutter / Hommelhoff, GmbHG, § 14 Rn. 23 m. w. Nachw.

[813] Michalski, GmbHG, § 13 Rn. 238, 197 – 201.

[814] Lutter / Hommelhoff, GmbHG, § 14 Rn. 23 m. w. Nachw.; Michalski, GmbHG, § 13 Rn. 201.

[815] BFH, DStR 1997, 323, 325.

[816] D. Jakob, DStR 2000, 1122, 1125.

[817] Zum Verhältnis von Wettbewerbsverbot und Geschäftschancenlehre siehe Michalski / Haas, GmbHG, § 45 Rn. 117, 118, der von einer Eigenständigkeit beider Verbote ausgeht.

Verhalten verbietet jedoch auch diesem, unabhängig von einer ausdrücklichen vertraglichen Regelung, während seiner Amtszeit im Geschäftszweig der Gesellschaft jede Teilnahme am geschäftlichen Verkehr für eigene oder fremde Rechnung.[818] Der Umfang des Wettbewerbsverbotes soll sich dabei aus dem satzungsmäßig festgelegten Unternehmensgegenstand und den Geschäftsbereichen, in denen die Gesellschaft darüber hinaus tatsächlich tätig ist, ergeben.[819] Auch hier soll der Gesellschafter-Geschäftsführer einer Einmann-Gesellschaft wiederum keinem Wettbewerbsverbot unterliegen.[820]
Es ist fraglich, ob der Gesellschafter-Geschäftsführer bzw. -Vorstand durch eine neben der Gesellschaft betriebene erfinderische Tätigkeit gegen das Wettbewerbsverbot verstößt.

a) Gewerbliche Nutzung einer Erfindung im Geschäftsfeld der Gesellschaft

Bewegt sich die erfinderische Tätigkeit im Geschäftsfeld der Gesellschaft wird man einen Verstoß gegen das Wettbewerbsverbot bejahen müssen, wenn der Geschäftsführer respektive Vorstand seine erfinderisch-schöpferische Tätigkeit zur eigenen gewerblichen Nutzung oder zugunsten einer anderen Gesellschaft, an der er in leitender Stellung mitwirkt oder wesentlich beteiligt ist[821], ausübt. In dieser Weise wird der Geschäftsführer dann nämlich auf demselben Markt tätig wie die Gesellschaft. Er stellt durch seine Geschäftstätigkeit, die gewerbliche Nutzung seiner Erfindung, eine direkte Konkurrenzsituation zwischen seinem Betrieb und der Gesellschaft her.
Bei einem solchen Verstoß kann die Gesellschaft vom Geschäftsführer Unterlassung, Schadensersatz oder Herausgabe der Vergütung verlangen.[822] Dementsprechend liegt eine vGA vor, wenn die Gesellschaft diese Ansprüche unter sonst gleichen Umständen einem Fremd-Geschäftsführer bzw. kapitalmäßig nicht beteiligten Vorstand gegenüber durchgesetzt hätte, dies aber bei einem gleichzeitig als Anteilseigner Beteiligten unterlässt.

b) Anbieten von Ingenieursleistungen außerhalb der Gesellschaft

Dagegen liegt m. E. ein Verstoß gegen ein Wettbewerbsverbot nicht schon allein dadurch vor, dass der Gesellschafter-Geschäftsführer neben der gewerblich tätigen Gesellschaft im selben technischen Gebiet erfinderisch tätig ist, ohne dass er die daraus hervorgehenden Erfindungen zur gewerblichen Anwendung bringt.

---

818 Scholz / Schneider, GmbHG, § 43 Rn. 126; Lutter / Hommelhoff, GmbHG, Anh § 6 Rn. 22; Baumbach / Hueck / Zöllner, GmbHG, § 35 Rn. 22.
819 Scholz / Schneider, GmbHG, § 43 Rn. 127; Baumbach / Hueck / Zöllner, GmbHG, § 35 Rn. 22a.
820 Lutter / Hommelhoff, GmbHG, Anh § 6 Rn. 20.
821 Scholz / Schneider, GmbHG, § 43 Rn. 128, 129.
822 Lutter / Hommelhoff, GmbHG, Anh § 6 Rn. 24.

Das Wettbewerbsverbot kann nicht dazu dienen, dass dem Geschäftsführer jeglicher Erwerb neben seiner Geschäftsführertätigkeit untersagt ist. Es muss folglich auf solche Betätigungen des Geschäftsführers beschränkt sein, durch die sich der Geschäftsführer (selbst oder durch eine eigene Gesellschaft) in Konkurrenz zu der von ihm als Geschäftsführer geleiteten Gesellschaft setzt. Eine Konkurrenzsituation ist jedoch nur dann gegeben, wenn sich der Geschäftsführer auf demselben Markt betätigt wie die Gesellschaft. Ist Geschäftsgegenstand der Gesellschaft die Produktion und der Vertrieb von Waren auf einem bestimmten Gebiet, ist eine das Wettbewerbsverbot tangierende Tätigkeit folglich nur gegeben, wenn der Geschäftsführer dieselben o. ä. Produkte anbietet und somit dieselben Abnehmer adressiert.
Gehen aus der erfinderischen Tätigkeit des Gesellschafters jedoch nur Ingenieurs- bzw. ingenieursähnliche Leistungen und Erfindungen hervor, ohne dass diese in einem Produktionsprozess eingesetzt werden, so betätigt sich der Geschäftsführer gerade nicht auf dem Absatzmarkt für Produkte, auf dem die Gesellschaft tätig ist, sondern auf einem Markt, an dem technische Lösungen angeboten werden[823], die in Produkte oder in Produktionsprozesse eingehen können. Er tritt damit nicht zu der Gesellschaft in Konkurrenz, da er eben nicht um dieselben Nachfrager wirbt.

Die Tatsache, dass die Gesellschaft ein immenses Interesse daran haben kann, dass Erfindungen, die dasselbe Geschäftsfeld betreffen und somit zu einer Produkt- bzw. Verfahrensverbesserung der Gesellschaft führen könnten, bei ihr und nicht bei anderen Unternehmen zum Einsatz kommen, ist somit keine Frage eines Verstoßes gegen das Wettbewerbsverbot, sondern über die für das Organ bestehende Anbietungs- und Überlassungspflicht zu lösen (s. o., B.I.1).
Aus dem Bestehen einer solchen Anbietungs- und Überlassungspflicht folgt zum einen, dass die Entwicklung von Erfindungen außerhalb der Gesellschaft nicht schon per se einen Verstoß gegen das Wettbewerbsverbot darstellt, denn es wäre paradox, einerseits von einer Anbietungspflicht auszugehen, wenn die erfinderische Tätigkeit andererseits einen Verstoß gegen ein Wettbewerbsverbot darstellen würde.[824] Die Interessen der Gesellschaft sind somit dadurch gewahrt, dass diese über die bestehende Anbietungspflicht des Organmitglieds die Rechte an dessen Erfindung erwerben kann, um diese entweder selbst aktiv zu nutzen oder zumindest über ein Sperrpatent[825] die Nutzung durch andere zu blockieren.
Zum anderen ergibt die Lösung über die Anbietungs- und Überlassungspflicht auch dann eine sachgerechte Lösung, wenn die Gesellschaft kein Interesse an einer eigenen Nutzung der vom Organmitglied entwickelten Erfindung bzw. an

[823] D. h., einem Markt für Nutzungsrechte, Schutzrechte bzw. Know how.
[824] Das Anbieten der Erfindungsrechte gegenüber der Gesellschaft käme dann einer Selbstanzeige wegen eines Verstoßes gegen das Wettbewerbsverbot gleich.
[825] S. o., Einleitung B.II.2.a), (Seite 5).

der Verhinderung der Nutzung durch Dritte hat. Verzichtet die Gesellschaft in einem solchen Fall auf eine Inanspruchnahme, ist kein Grund sichtbar, warum es dem Gesellschafter verwehrt sein soll, seine Erfindung Dritten anzubieten und auf diese Weise Einkünfte zu erzielen.

c) Fazit

In der erfinderischen Betätigung eines Organmitgliedes neben der Gesellschaft ist somit nur dann ein Verstoß gegen das Wettbewerbsverbot zu sehen, wenn das Organmitglied eine selbst entwickelte Erfindung in der Weise verwertet, dass es in direkte Konkurrenz zur Gesellschaft tritt. Eine solche Konkurrenzsituation ist gegeben, wenn der Geschäftsführer bzw. Vorstand einer produzierend tätigen Gesellschaft seine Erfindung einsetzt, um dieselben oder artverwandte Produkte herzustellen und somit denselben Markt adressiert. Ein derartiger Verstoß begründet einen Schadensersatzanspruch der Gesellschaft gegen den Geschäftsführer oder Vorstand, in dessen Nichtdurchsetzung eine vGA zu sehen ist.
Wendet der außerhalb der Gesellschaft erfinderisch tätige Geschäftsführer eine Erfindung, die im Geschäftsfeld der Gesellschaft einsetzbar wäre, dagegen nicht selbst gewerblich an, ist darin keine unerlaubte Wettbewerbstätigkeit zu sehen, da das Interesse der Gesellschaft an der Nutzung dieser Erfindung durch das für sie bestehende Inanspruchnahmerecht gewahrt ist.

2. Geschäftschancenlehre

Als weitere Teilausprägung der Treuepflicht, nach der ein GmbH-Geschäftsführer bzw. Vorstand einer AG seine Organstellung nicht zu eigenen Gunsten auf Kosten der Gesellschaft ausnutzen darf, ist es diesem verboten, Geschäftschancen der Gesellschaft an sich zu ziehen.[826] Dieses Verbot gründet auf seiner genauen Kenntnis der Gesellschaftsinterna und Geschäftsbeziehungen und der dadurch für die Gesellschaft bestehenden besonderen Gefahr der Ausnutzung.[827] Es betrifft nicht nur den Tätigkeitsbereich der Gesellschaft, sondern alle sich der Gesellschaft bietenden Chancen.[828] Der Geschäftsführer bzw. Vorstand verstößt gegen dieses Verbot, wenn er eine der Gesellschaft zuzurechnende Geschäftschance auf eigene Rechnung oder auf Rechnung von ihm beherrschter anderer Gesellschaften nutzt.[829]
In diesem Zusammenhang ist problematisch, ob das selbständige erfinderische Tätigwerden neben der Gesellschaft gegen das Verbot, Geschäftschancen der Gesellschaft an sich zu ziehen, verstößt und in dieser Hinsicht einen Schadensersatzanspruch der Gesellschaft begründen kann.

---

[826] Baumbach / Hueck / Zöllner, GmbHG, § 35 Rn. 22; Lutter / Hommelhoff, GmbHG, Anh § 6 Rn. 20; Michalski / Haas, GmbHG, § 45 Rn. 116.
[827] Lutter / Hommelhoff, GmbHG, Anh § 6 Rn. 20.
[828] Baumbach / Hueck / Zöllner, GmbHG, § 35 Rn. 22a; Michalski / Haas, GmbHG, § 45 Rn. 118.
[829] Michalski / Haas, GmbHG, § 45 Rn. 119 – 122..

a) Erkenntnis von Verbesserungspotential als Geschäftschance

Die Wahrnehmung der erfinderischen Tätigkeit durch den Geschäftsführer müsste sich dafür als eine Geschäftschance der Gesellschaft darstellen. Die Geschäftschancenlehre ist ein Verbot der Ausnutzung von Vorteilen, die auf einem Informationsvorsprung über Gesellschaftsinterna beruhen. M. E. kann ein Geschäftsführer oder Vorstand Kenntnis über bestehende Schwierigkeiten oder kritische technische Probleme bezüglich eines Produktes oder Herstellungsverfahrens erlangen und dadurch u. U. einen Entwicklungsbedarf erkennen. Bei dieser Erkenntnis, kann es sich auch durchaus um eine Geschäftschance handeln. Denn durch die Realisierung dieser Verbesserung kann sich ein Marktvorteil ergeben, so dass die Erkenntnis des Entwicklungsbedarfs Verdienstmöglichkeiten (Chancen) eröffnen könnte.
Dafür, dass es sich bei der Erkenntnis eines bestimmten technischen Entwicklungsbedarfes um einen für die Geschäftschancenlehre relevanten Informationsvorsprung handelt, spricht, dass es bei Vorliegen einer Geschäftschance egal ist, ob die Gesellschaft sie unter den momentanen Gegebenheiten tatsächlich realisieren kann, denn es liege in der Entscheidungsgewalt der Gesellschafter, ob sie die nötigen Mittel beschaffen wollten, um diese Chance wahrzunehmen.[830]

b) Keine Wahrnehmung einer Geschäftschance durch eine Erfindung

Gegen die Möglichkeit, die Entwicklung einer Erfindung als „Wegnahme" einer Geschäftschance der Gesellschaft anzusehen, spricht m. E., dass der Zweck der Geschäftschancenlehre, die Gesellschafter über die Wahrnehmung der sich bietenden Chance entscheiden zu lassen, nicht tangiert wird.
Auch wenn sich die Gesellschafter entschließen, die technische Verbesserungsmöglichkeit wahrnehmen zu wollen und dafür Entwicklungskapazitäten aufbauen, haben sie es bei diesem nicht planbaren „Geschäft" der Erfindungsentwicklung grundsätzlich nicht „in der Hand", diese tatsächlich zu dem Ziel der Erfindung zu bringen. Die Realisierung einer derartigen Entwicklungschance durch die Gesellschaft ist somit nicht von der Entscheidung der Gesellschafter und den *momentanen Gegebenheiten* abhängig, sondern aufgrund des Wesens der Erfindung *grundsätzlich* als durch die Gesellschaft nicht in planbarer Weise wahrnehmbar anzusehen.
Außerdem spricht m.E. das Erfinderprinzip dagegen, dass es sich bei der Entwicklung einer Erfindung um eine Geschäftschance der Gesellschaft handeln könnte. Da nach diesem die Rechte an einer fertigen Erfindung ohnehin stets dem Erfinder zustehen und dieser, da auf den geistig-schöpferischen Akt abgestellt wird, immer eine natürliche Person ist, kann es sich bei einer Erfindung schon gar nicht um ein „Geschäft" der Gesellschaft handeln.

---

[830] Lutter / Hommelhoff, GmbHG, Anh § 6 Rn. 22.

3. Fazit

Entwickelt ein GmbH-Geschäftsführer bzw. Vorstand einer AG Erfindungen, die zu der Tätigkeit der Gesellschaft in der Weise einen Zusammenhang aufweisen, dass sie auch in der Gesellschaft einsetzbar sind und dieser einen wirtschaftlichen Vorteil bringen können, so verstößt der Geschäftsführer bzw. Vorstand durch diese Tätigkeit nicht gegen die auf der Treuepflicht basierenden Verbote der Wettbewerbstätigkeit bzw. der eigennützigen Geschäftschancennutzung. M. E. sind Konflikte, die sich aus derartigen Berührungspunkten der erfinderischen Tätigkeit zur Tätigkeit der Gesellschaft ergeben können, über die auch der Treuepflicht entspringende Anzeige- und Überlassungspflicht zu lösen. Mit dieser kann man die Tatsachen, dass mit einer Erfindung zum einen geistiges Eigentum des Erfinders entsteht, zum anderen aber aufgrund des wirtschaftlichen und unterstützenden Anteils der Gesellschaft ihrerseits ein Interesse an der Inanspruchnahme bestehen kann, in Einklang bringen.

D. VGA aufgrund der Höhe der Lizenzzahlungen an Gesellschafter

Bei der an einen Gesellschafter erfolgenden Erfindervergütung können vGA schließlich auch dadurch erfolgen, dass diese der Höhe nach unangemessen sind, d. h. einem Drittvergleich nicht standhalten. Aus diesem Grunde soll in diesem Abschnitt darauf eingegangen werden, welche Vergütungs- bzw. Lizenzzahlungen an den Gesellschafter als angemessen anzusehen sind.

I. Abgrenzung von Lizenzverträgen und Dienstverträgen

Um die Angemessenheit der an einen Gesellschafter erfolgten Erfindervergütung beurteilen zu können, muss zunächst festgestellt werden, auf welcher rechtlichen Grundlage diese basiert. Ist der Anteilseigner einer Kapitalgesellschaft freier Erfinder, so kann er seine in dieser Eigenschaft gemachten Erfindungen der Körperschaft aufgrund eines Lizenzvertrages zur Nutzung überlassen.[831] Steht der Gesellschafter darüber hinaus in einem Geschäftsführer-Dienstverhältnis zur Gesellschaft, sind die im Rahmen des Dienstverhältnisses und im Rahmen des Lizenzvertrages gezahlten Entgelte gegeneinander abzugrenzen. Dafür ist zu untersuchen, ob die Erfindung in einem unmittelbaren Zusammenhang zum Dienstverhältnis des Gesellschafters steht.

1. Erfindungsüberlassung im Rahmen des Arbeitsverhältnisses

Der GmbH-Geschäftsführer oder Vorstand kann aufgrund seines Dienstverhältnisses verpflichtet sein, der arbeitgebenden Gesellschaft die Ergebnisse seiner erfinderischen Tätigkeit im Rahmen des Arbeitsverhältnisses zur Verfügung zu stellen. In diesem Falle können die Parteien des Dienstvertrages einen Teil des

[831] Streck, KStG, § 8 Rn. 150 ABC zur vGA und verdeckten Einlage „Erfinder“.

Gehaltes als pauschales Entgelt für die Nutzung der Erfindung durch die Gesellschaft vereinbaren.[832]

2. Einräumung eines Nutzungsrechtes aufgrund Lizenzvertrag

Ist der Geschäftsführer bzw. Vorstand nach seinem Dienstvertrag verpflichtet, der Gesellschaft seine Erfindungen zur Nutzung anzubieten, kann dafür aber auch eine gesonderte Vergütung vorgesehen sein. Sehen die Vertragsparteien demnach die Geschäftsführertätigkeit und die erfinderische Tätigkeit als zwei verschiedene Bereiche an, werden sie neben dem Dienstvertrag einen gesonderten Lizenzvertrag abschließen. Unter diesen Umständen sind die Lizenzvergütungen[833] von den Geschäftsführerbezügen[834] getrennt zu beurteilen.[835]
Eine solche getrennte vertragliche Regelung wird getroffen, wenn sich die Erfahrungen, auf denen die erfinderische Tätigkeit des Gesellschafter-Geschäftsführers beruht, nicht oder nicht ausschließlich auf seine Geschäftsführertätigkeit, sondern auch auf eine daneben bestehende einzelunternehmerische Tätigkeit zurückführen lassen.[836] Als Anzeichen für das Fehlen eines unmittelbaren Zusammenhanges der Erfindung zum Dienstverhältnis wurde beispielsweise die Entwicklung im eigenen Gewerbebetrieb des Erfinders, der auch die Entwicklungskosten trug, angesehen, da er anderenfalls die Gesellschaft mit den Entwicklungskosten belasten und keinen eigenen Gewerbebetrieb unterhalten würde.

3. Keine Anwendbarkeit der RL 1959

Die Bestimmungen des ArbNErfG und die RL 1959 sind zur Beurteilung der Angemessenheit der an den Geschäftsführer im Rahmen eines (eigenständigen) Lizenz- oder Überlassungsvertrages gezahlten Vergütungen nicht anwendbar, da der gesetzliche Vertreter einer juristischen Person kein Arbeitnehmer i. S. d. ArbNErfG ist. Auch für deren analoge Anwendbarkeit ist kein Raum, da die Sachlage bei Diensterfindungen nach dem ArbNErfG, die zu einem großen Anteil auf den Ressourcen des Arbeitgebers beruhen, eine andere ist als bei der Entwicklung im eigenen Betrieb des Geschäftsführers, bei welcher die arbeitgebende Gesellschaft keinen nennenswerten Anteil an den Erfindungen hat.[837]

II. Angemessenheit der Lizenzgebühren

Die an einen Gesellschafter gezahlten Lizenzgebühren führen dann zu verdeckten Gewinnausschüttungen, wenn sie unangemessen hoch sind. Dies ist

832 RFH RStBl 1940, 889; BFH, BStBl II 1970, 824, 825.
833 Betriebliche Einkünfte des Gesellschafters.
834 Einkünfte aus nichtselbständiger Arbeit.
835 FG Rheinland-Pfalz, rkr., EFG 1972, 603, 604; Kröger (1977), S. 117.
836 FG Rheinland-Pfalz, rkr., EFG 1972, 603, 604.
837 FG Rheinland-Pfalz, rkr., EFG 1972, 603, 604 f.; Kröger (1977), S. 117; Streck, KÖSDI 1978, 3012, 3017; Gaul, GmbHR 1982, 101 m. w. Nachw.

i. d .R. anhand eines Fremdvergleiches festzustellen. Die Durchführung eines Fremdvergleiches scheidet jedoch in der Praxis bei Lizenzverträgen meist schon deshalb aus, weil es an vergleichbaren Fällen fehlt. Da Lizenzen über technische Neuerungen gewährt werden, wie sie bis dato noch nicht eingesetzt wurden, und außerdem nach Nutzungsarten und Umfang stark variieren, sind in der Wirtschaft keine echten Vergleichmöglichkeiten anzutreffen.[838] Aus diesem Grund werden andere Bezugsgrößen herangezogen, um die Angemessenheit der Lizenzzahlungen beurteilen zu können.

1. Rahmensätze für Umsatzlizenzen

Zur Überprüfung der Angemessenheit werden häufig sogenannte „Rahmenangaben ‚erfahrungsgemäßer' Hundertsätze für Lizenzgebühren" herangezogen. Da in der Praxis die Umsatzlizenz[839] den Regelfall der Abrechnung für Lizenzverträge darstellt, wurden die im Anhang 5 dargestellten, auf den Umsatz bezogenen Lizenzsätze für die einzelnen Wirtschaftssparten festgestellt.[840] Diese sog. Lizenzkartei wurde aufgrund von Umfragen bei führenden Industriefirmen über die „übliche" Lizenzhöhe statistisch ermittelt[841] und wird von der Finanzverwaltung zur Prüfung der Angemessenheit von Lizenzgebühren herangezogen.[842] Dabei werden Sätze bis zu 5 % des Umsatzes von der Verwaltung i. d. R. ohne Schwierigkeiten anerkannt. Bei Sätzen zwischen 5 und 10 % verlangt die Finanzverwaltung bereits eine genaue Erklärung und Begründung des Steuerpflichtigen, wodurch die Beweislast de facto umgekehrt wird. Darüber liegende Sätze zwischen 10 und 15 % werden – selbst bei sehr guter Gewinnlage der lizenznehmenden Gesellschaft – nur in ganz außergewöhnlichen Fällen anerkannt.[843]

2. Brauchbarkeit der Lizenzkartei-Rahmenangaben

Diese Rahmensätze können jedoch in der Mehrzahl der Fälle nur einen völlig unverbindlichen und vagen Anhaltspunkt für die Angemessenheit einer Lizenzgebühr im konkreten Fall bilden und geben damit nur eine ungefähre Bandbreite an.[844] Dabei wird dafür plädiert, selbst nicht unerhebliche Austritte aus dieser Bandbreite zu akzeptieren.[845]

---

[838] Knoppe (1972), S. 99; HHR / Wrede, § 20 EStG Anm. 300 „Lizenzgebühren".

[839] Die Höhe der Lizenzgebühr ist dabei an den Umsatz gekoppelt, siehe Einleitung B.II.2 b)cc).

[840] Knoppe (1972), S. 100.

[841] Lüdecke (1955), S. 73 f.

[842] Knoppe (1972), S. 99; Kröger (1977), S. 117; HHR / Wrede, § 20 EStG Anm. 300 „Lizenzgebühren".

[843] KÖSDI 1981, 4042; Strobl RIW 1980, 741, 745.

[844] Knoppe (1972), S. 101; HHR / Wrede, § 20 EStG Anm. 300 „Lizenzgebühren".

[845] Kröger (1977), S. 116.

Eine pauschale Anwendbarkeit der Rahmenangaben wird auch allein schon deshalb bezweifelt, weil es zum einen die Vielzahl der den Wert einer Erfindung beeinflussenden Faktoren notwendig macht, auf die besonderen Umstände des Einzelfalles abzustellen, und zum anderen die Bezugsgrößen und Begriffe für die Anwendung der angegebenen Hundertsätze zu unbestimmt seien.[846]
Des Weiteren hänge der Wert einer Lizenz auch stark von den wirtschaftlichen Interessen und dem vom Lizenznehmer vorgesehenen Einsatz ab. Die Bereitschaft des einzelnen Lizenznehmers zur Zahlung einer bestimmten Lizenzgebühr ist somit völlig losgelöst von Durchschnittssätzen eines Industriezweiges oder dem wissenschaftlich-technischen Wert einer Erfindung und orientiert sich allein an innerbetrieblich-wirtschaftlichen Erwägungen. Da diese Überlegungen beim Abschluss zwischen fremden Vertragspartnern im Vordergrund stehen, werden sie in der Literatur auch als geeignetes Kriterium zur Beurteilung der Angemessenheit von Lizenzgebühren angesehen.[847] Dementsprechend wird auch eine Lizenzgebühr von 25 bis 33 ⅓ des vom Lizenznehmer vorkalkulierten Gewinnes, der dabei bei Fremdvertragsverhältnissen wohl regelmäßig als Richtschnur dient, als angemessene Lizenzgebühr angesehen.[848]
Ist schließlich (auch) Know-how Gegenstand eines Lizenzvertrages, gestaltet sich eine Angemessenheitsprüfung als noch schwieriger, da Erfahrungen in der Regel weder ihrem Umfang noch ihrem wirtschaftlichen Wert nach fassbar sind. Auch bei Vertragsverhältnissen unter Fremden wird sich die ausgehandelte Vergütung dabei regelmäßig als Zufallspreis erweisen. Eine Entwicklung von Erfahrungszahlen oder Rahmensätzen scheidet somit in diesem Bereich von vornherein aus.[849] Einziger Vorbehalt der Anerkennung kann in diesem Fall sein, dass der zahlenden Gesellschaft (überhaupt) ein echter wirtschaftlicher Wert zufließen muss.
Neben diesen Leistungen, die vom Gesellschafter über die Nutzungsüberlassung von Erfindungen hinaus erbracht werden, ist bei der Beurteilung der zwischen Gesellschaft und Gesellschafter fließenden Lizenzgebühren zu berücksichtigen, wer die Versuchs-, Anmeldungs- und Abwehrkosten sowie die Patentgebühr trägt.[850] Werden diese Kosten von der Gesellschaft getragen, so muss die gezahlte Lizenzgebühr vergleichsweise geringer ausfallen.[851]

3. Fazit

Ausgehend von den Rahmenangaben für Lizenzgebühren können vGA zum

[846] Knoppe (1972), S. 101; Kröger (1977), S. 117.
[847] Knoppe (1972), S. 102.
[848] Knoppe (1972), S. 102; Kröger (1977), S. 116 f.
[849] Knoppe (1972), S. 104.
[850] Kröger (1977), S. 116.
[851] Streck, KÖSDI 1978, 3012, 3017; Richter, NWB F 3, 4631, 4640; Kölner Handbuch Betriebsaufspaltung / Korn, S. 194; Felix / Stahl (1981), Rn. 187.

einen dann anzunehmen sein, wenn eine Abweichung nach oben nicht hinreichend durch eine entsprechende Gegenleistung des Gesellschafters, beispielsweise die Erbringung von Zusatzleistungen oder die Vermittlung eines überdurchschnittlichen Wissensvorsprunges, gerechtfertigt werden kann. Zum anderen sind vGA dann anzunehmen, wenn die Bemessung der Vergütung für eine Gesellschaftererfindung nicht berücksichtigt, dass auf Grundlage eines mit dem Gesellschafter-Erfinder bestehenden Geschäftsführerdienstvertrages neben der als üblich anzusehenden Geschäftsführervergütung bereits regelmäßig eine pauschale Erfindervergütung gezahlt wird, oder wenn der von der Gesellschaft getragene Anteil an der Entstehung der Erfindung nicht zum Abzug gebracht wurde.

Kapitel 11 Erfindungen in der Betriebsaufspaltung

Wird eine Erfindung allein durch die Vergabe von Lizenzen verwertet, führt dies, wenn die Erfindung dem Privatvermögen zuzuordnen ist, grundsätzlich zu Einkünften aus Vermietung und Verpachtung, bei einem selbständig tätigen Erfinder grundsätzlich zu Einkünften aus selbständiger Arbeit (s. o., Kapitel 8 B.I). Eine durch Lizenzvergabe erfolgende Verwertung der Ergebnisse erfinderischer Tätigkeit – von Erfindungen bzw. Schutzrechten – kann jedoch dann zu gewerblichen Einkünften führen, wenn die Voraussetzungen des durch die Rechtsprechung entwickelten Instituts der Betriebsaufspaltung[852] gegeben sind.

A. Wesen und Bedeutung der Betriebsaufspaltung

I. Wesen und Rechtfertigung der Betriebsaufspaltung

Eine Betriebsaufspaltung ist dann gegeben, wenn Gegenstand der Vermietung und Verpachtung die Nutzungsüberlassung einer wesentlichen Betriebsgrundlage an ein gewerbliches (Betriebs-) Unternehmen ist und eine oder mehrere Personen gemeinsam in der Lage sind, in beiden Unternehmen einen einheitlichen geschäftlichen Betätigungswillen durchzusetzen.[853]

Somit wird bei der echten Betriebsaufspaltung ein (ursprünglich) einheitliches Unternehmen in zwei rechtlich selbständige Gesellschaften aufgespaltet. Eine dieser Gesellschaften dient als sog. Besitzunternehmen lediglich der Verwaltung des Anlagevermögens und überlässt der anderen, die als sog. Betriebsgesellschaft der Produktion und dem Vertrieb dient, dieses Anlagevermögen miet- oder pachtweise.[854] Die Qualifizierung der Besitzgesellschaft als gewerbliches Unternehmen wird damit begründet, dass die hinter Besitz- und Betriebsunternehmen stehende(n) Person(en) einen einheitlichen geschäftlichen Betätigungswillen haben, der über das Betriebsunternehmen auf die Ausübung einer gewerblichen Betätigung gerichtet ist.[855]

Die „klassische“ Betriebsaufspaltung ist die Kombination von einem Besitzunternehmen in Form einer Personengesellschaft und einem Betriebsunternehmen in der Rechtsform einer Kapitalgesellschaft. Dementsprechend werden bei der kapitalistischen Betriebsaufspaltung beide Unternehmen als Kapitalgesellschaft und bei der mitunternehmerischen Betriebsaufspaltung beide als Personengesellschaft geführt.[856]

---

[852] Zur Entwicklung des Instituts der Betriebsaufspaltung: Söffing (1999), A.III.

[853] Schmidt, EStG, § 15 Rn. 800 m. w. Nachw.

[854] Die Betriebsaufspaltung ist somit quasi durch ein Doppelunternehmen gekennzeichnet, Schmidt, EStG, § 15 Rn. 800.

[855] BFH, BStBl II 1997, 569; II 1998, 254; Söffing (1999), B.II.

[856] Schmidt, EStG, § 15 Rn. 803; Söffing (1999), C. IV, V.

II. Beweggründe für die Betriebsaufspaltung

1. Historisch: steuerliche Begünstigung durch die ErfVO

Ursprünglich kam der Betriebsaufspaltung im Zusammenhang mit der Überlassung von Erfindungen an die Betriebsgesellschaft durch die steuerrechtliche Vergünstigung des § 4 Nr. 3 ErfVO[857] – der Halbierung der Einkommensteuer – eine weitgehendere Bedeutung als heute zu. Diese Vergünstigung wurde nur gewährt, wenn die Erfindung *nicht im eigenen* gewerblichen Betrieb verwertet wurde (sog. Fremdverwertung). Als problematisch im Zusammenhang mit der Betriebsaufspaltung war somit die Frage anzusehen, ob bei der Verwertung der Erfindung durch die Betriebsgesellschaft diese als ein dem Erfinder (Besitzunternehmen) fremder Betrieb anzusehen war.

Da mit der Voraussetzung der Fremdverwertung lediglich der Zweck verfolgt wurde, den auf der Erfindung beruhenden Gewinn von den übrigen Einkünften klar trennen zu können, und dieses Ziel auch bei Auswertung der Erfindung durch eine vom Erfinder beherrschte Betriebskapitalgesellschaft erfüllt war, konnte somit über den Weg der Betriebsaufspaltung die Vergünstigung nach § 4 Nr. 3 ErfVO in Anspruch genommen werden.[858]

Da die Geltung der ErfVO über den 31.12. 1988 nicht mehr verlängert wurde, ist dieser Vorteil der Betriebsaufspaltung jedoch hinfällig geworden.

2. Steuerrechtliche und zivilrechtliche Beweggründe

Somit kommt der Betriebsaufspaltung bei der Nutzung von Erfindungen nur noch die für alle anderen Tätigkeiten ebenso bestehende Bedeutung zu. Beweggründe für die Betriebsaufspaltung können dabei in steuerrechtlicher Hinsicht die unmittelbare Zurechnung von Verlusten der Betriebsgesellschaft bei den Gesellschaftern der Besitzgesellschaft, bei einer Betriebskapitalgesellschaft die Gewerbesteuerersparnis durch Abzugsfähigkeit der Gesellschafter-Geschäftsführergehälter und Bildung von Pensionsrückstellungen für Gesellschafter-Geschäftsführer sowie der Nichtanfall der Kirchensteuer sein. Bei der mitunternehmerischen Betriebsaufspaltung ergibt sich der Vorteil der Verdoppelung des Gewerbesteuerfreibetrages.[859]

Zivilrechtliche Vorteile der Betriebsaufspaltung ergeben sich beispielsweise hinsichtlich der Haftung, durch Betreiben des Betriebsunternehmens in Form einer Kapitalgesellschaft oder indem beispielsweise wertvolle Teile des

[857] Siehe Anlage 4.

[858] BFH, BStBl II 1977, 821, II 1978, 545, 548; anders noch BFH, BStBl II 1970, 722 m. w. Nachw.

[859] Schmidt, EStG, § 15 Rn. 804; Blümich / Stuhrmann, § 15 EStG Rn. 598; Zenthöfer / Schulze zur Wiesche (2001), Teil K, 2.9.3 b).

Betriebsvermögens aus der Haftungsmasse für Verbindlichkeiten der Betriebsgesellschaft herausgehalten werden.[860]

III. Entstehung der Betriebsaufspaltung

1. Echte und unechte Betriebsaufspaltung

Nach der Entstehung der Doppelunternehmen unterscheidet man echte und unechte Betriebsaufspaltung. Bei der echten wird der bisher einheitliche Gewerbebetrieb in oben beschriebener Weise in ein Betriebs- und ein Besitzunternehmen aufgespaltet. Bei der unechten Betriebsaufspaltung überlassen ein oder mehrere Gesellschafter Wirtschaftsgüter ihres Privatvermögens der Betriebsgesellschaft zur Nutzung und werden dadurch zur Besitzgesellschaft. Da die Rechtsfolgen beider Formen übereinstimmen, ist diese Unterscheidung nur formeller Art.[861]

2. Hervorgehen aus freiberuflicher Tätigkeit

Zur Anwendung der Grundsätze der Betriebsaufspaltung ist es nicht erforderlich, dass sich, wie im typischen Fall der echten Betriebsaufspaltung, der bzw. die Inhaber schon vor der Betriebsaufspaltung gewerblich betätigt haben müssen. Auch wenn Besitz- und Betriebsunternehmen aus einer freiberuflichen Tätigkeit hervorgehen, ist dieser Fall nicht anders zu beurteilen als eine unechte Betriebsaufspaltung, bei der Besitz- und Betriebsunternehmen von vornherein getrennt sind. Denn wer die an das Betriebsunternehmen verpachteten Wirtschaftsgüter früher für eine freiberufliche Tätigkeit eingesetzt hat, könne nicht anders gestellt werden als derjenige, der sie seither im Privatvermögen hält und an das Betriebsunternehmen verpachtet.[862]
Somit ist das Rechtsinstitut der Betriebsaufspaltung auch auf einen freien Erfinder anwendbar, der seine Erfindung an eine zu diesem Zweck gegründete Gesellschaft verpachtet. Der Erfinder steht in diesem Fall nicht anders als bei Verwertung im eigenen Gewerbebetrieb.[863]

B. Voraussetzungen und Rechtsfolgen der Betriebsaufspaltung

Voraussetzung der Betriebsaufspaltung ist ein enger wirtschaftlicher und sachlicher Zusammenhang zwischen Besitz- und Betriebsunternehmen. Ein solcher ist gegeben, wenn zwischen beiden Unternehmen eine sachliche und personelle Verflechtung besteht.[864]

---

[860] Zenthöfer / Schulze zur Wiesche (2001), Teil K, 2.9.3 a); ausführlicher zu zivilrechtlichen Aspekten der Betriebsaufspaltung: Schmidt, EStG, § 15 Rn. 805 m. w. Nachw.
[861] Schmidt, EStG, § 15 Rn. 802; Söffing (1999), C. III.
[862] BFH, BStBl II 1981, 39, 40.
[863] BFH / NV 1990, 522, 523; BFH, BStBl II 1977, 821, 822; II 1989, 455; II 1992, 415, 417.
[864] Söffing (1999), D.I.

I. Sachliche Verflechtung

Eine sachliche Verflechtung liegt vor, wenn Wirtschaftsgüter, die zu den wesentlichen Grundlagen des Betriebsunternehmens gehören, diesem vom Besitzunternehmen miet- oder pachtweise überlassen werden. Die vom Besitzunternehmen überlassenen Wirtschaftsgüter müssen dabei nicht die alleinige wesentliche Grundlage des Betriebsunternehmens darstellen. Es genügt die Überlassung *einer* wesentlichen Betriebsgrundlage durch das Besitzunternehmen.[865]

II. Personelle Verflechtung

Für die personelle Verflechtung ist nicht unbedingt eine Beteiligungskongruenz bei beiden Gesellschaften erforderlich, es genügt vielmehr, dass dieselbe Person oder Personengruppe, die das Besitzunternehmen tatsächlich beherrscht, auch in der Betriebsgesellschaft ihren Willen durchzusetzen vermag. Dabei ist auf einen einheitlichen geschäftlichen Betätigungswillen abzustellen, der sich insbesondere auf das Nutzungsverhältnis hinsichtlich der wesentlichen Betriebsgrundlage bezieht.[866]

III. Rechtsfolge

Als Folge der Betriebsaufspaltung stellen die Miet- bzw. Pachteinkünfte der Besitzgesellschaft gewerbliche Einkünfte dar. Die Qualifizierung als Gewerbebetrieb trifft die Besitzgesellschaft als einheitliches Unternehmen, d. h., die Gewerblichkeit wird zum einen für alle Einkünfte des Besitzunternehmens angenommen und trifft zum anderen auch die Gesellschafter des Besitzunternehmens, die an der Betriebsgesellschaft nicht beteiligt sind.[867]
Die Anteile an der Betriebsgesellschaft stellen notwendiges Betriebsvermögen der Besitzgesellschaft dar.[868] Ferner können neben den als wesentliche Betriebsgrundlage überlassenen Wirtschaftsgütern auch alle anderen an die Betriebsgesellschaft überlassenen Wirtschaftsgüter notwendiges Betriebsvermögen der Besitzgesellschaft sein.[869]

---

[865] BFH, BStBl II 1973, 869, 871; II 1986, 299; BFH, HFR 1986, 367.

[866] Blümich / Stuhrmann, § 15 EStG, Rn. 600 – 620.

[867] Blümich / Stuhrmann, § 15 EStG Rn. 635; krit. Söffing (1999), G.III.2.b)(2).

[868] Denn die Anteile dienen der Durchsetzung des einheitlichen geschäftlichen Betätigungswillens und damit der gesicherten Nutzung des Vermögens des Besitz- durch das Betriebsunternehmen. Blümich / Stuhrmann, § 15 EStG, Rn. 631 m. w. Nachw.

[869] Blümich / Stuhrmann, § 15 EStG Rn. 632.

C. Umqualifizierung der Vergütungen für die Überlassung von Erfindungen

Im Folgenden soll dargestellt werden, wann bei der Überlassung einer Erfindung in einem solchen sog. Doppelunternehmen die Voraussetzungen der Betriebsaufspaltung erfüllt sind und die Lizenzeinnahmen damit als gewerbliche Einkünfte zu qualifizieren sind.
Dies kann zum einen der Fall sein, wenn die überlassene Erfindung eine wesentliche Grundlage des Betriebsunternehmens ist (s. u., I), zum anderen aber, wenn die Erfindung aus anderen Gründen notwendiges (gewerbliches) Betriebsvermögen der Besitzgesellschaft darstellt (s. u., II - IV).

I. Erfindungen als wesentliche Betriebsgrundlage

Wesentliche Grundlage eines Betriebes sind diejenigen Wirtschaftsgüter, die für den Betrieb von besonderer Bedeutung sind, die also vom Betriebszweck erfordert werden und ein besonderes wirtschaftliches Gewicht für die Betriebsführung besitzen.[870] Dies ist vor allem für Wirtschaftsgüter des Anlagevermögens anzunehmen, die für den Betriebsablauf unerlässlich sind, so dass der Betrieb nur unter Einsatz dieser Wirtschaftsgüter in der bisherigen Form fortgeführt werden kann.[871] Als solche kommen nach allgemeiner Ansicht auch immaterielle Wirtschaftsgüter, insbesondere Erfindungen, in Frage[872], wobei sich eine sachliche Verflechtung nur ergeben kann, wenn die Patente bzw. das Know-how nicht i. S. e. Veräußerung endgültig an die Betriebsgesellschaft überlassen wurden.[873]

1. Vorliegen besonderer wirtschaftlicher Bedeutung der Erfindung

Für die Beurteilung von Wirtschaftsgütern als wesentliche Betriebsgrundlage ist es nicht erforderlich, dass diese ihrem Wert nach einen bedeutenden Anteil am Anlagevermögen der Betriebsgesellschaft ausmachen.[874] Die vom Besitzunternehmen überlassenen ungeschützten Erfindungen und Schutzrechte begründen in sachlicher Hinsicht dann eine Betriebsaufspaltung, wenn die Produktion des Betriebsunternehmens in erheblichem Umfang auf diesen Wirtschaftsgütern basiert.[875] Aber auch wenn die gewerbliche Betriebsgesellschaft zwar auf Grundlage der Erfindungen nicht selbst produziert, sondern ihr Geschäft durch die Verwertung im Wege der Lizenzvergabe in erheblichem Maße durch die

---

[870] BFH, BStBl II1978, 545, 547; II 1989, 455, II 1999, 281, 282 f.
[871] BFH, BStBl II 1989, 1014.
[872] BFH, BStBl II 1973, 869, 871; II 1989, 455.
[873] Fichtelmann (1999), Rn. 122.
[874] BFH, BStBl II 1973, 869, 871.
[875] BFH, BStBl II 1973, 869, 871; II 1978, 545, 547; II 1989, 455; BFH / NV 1990, 99, 100; BFH / NV 1990, 522, 523; BFH, BStBl II 1994, 168.

Nutzung der Erfindung bestimmt ist, kann diese eine wesentliche Betriebsgrundlage darstellen.[876]

a) Beurteilung aufgrund von Umsatzanteilen

Diese Voraussetzung sieht der BFH gegeben, wenn der überwiegende Teil des Umsatzes des Betriebsunternehmens auf die Auswertung der überlassenen Erfindungen zurückzuführen ist. In diesem Fall werden die überlassenen Erfindungen (ohnehin) als wesentliche Grundlage des Betriebsunternehmens angesehen.[877] Unterschreitet der auf die überlassenen Erfindungen entfallende Umsatzanteil hingegen deutlich die 50 %-Grenze, soll dadurch zwar das Vorliegen einer wesentlichen Betriebsgrundlage nicht von vornherein ausgeschlossen sein. Die Nutzungsrechte sind aber in diesem Fall für die unternehmerische Tätigkeit der Betriebsgesellschaft nur dann von besonderer wirtschaftlicher Bedeutung und damit geeignet, eine sachliche Verflechtung zu begründen, wenn die fraglichen Umsätze ohne die überlassenen Erfindungen nicht erzielt werden können.[878] So sah der BFH in einem Fall eine Betriebsaufspaltung begründet, in dem erst infolge der Verpachtung eines Schutzrechtes die Ausweitung der Produktion eines bestimmten Produktes möglich wurde, so dass dessen Anteil am Gesamtumsatz von 8,1 % auf über 25 % stieg.

> „Deshalb wurden die gepachteten Schutzrechte ein wesentlicher Teil des Anlagevermögens der GmbH und bildeten eine notwendige Grundlage für ihren derzeitigen auf eine große X-Produktion ausgerichteten Betrieb.“ [879]

Dieses Urteil wurde fortan von Literatur und Rechtsprechung scheinbar dahingehend verstanden, das starre Kriterium eines 25 %igen Umsatzanteiles als ausreichend für die Einstufung als wesentliche Betriebsgrundlage anzusehen.[880] Dabei wurde zum Teil zur Begründung auch die gesetzliche Parallele zur damaligen Fassung des § 17 EStG herangezogen, der eine Beteiligung von mehr als 25 % als wesentlich definierte.[881] Dass jedoch der Begriff der Wesentlichkeit nicht notwendig den Schluss auf einen Anteil von 25 % zulässt, zeigt schon die Änderung des § 17 Abs. 1 S. 4 EStG[882], nach welcher der Gesetzgeber anschließend eine Beteiligung von mindestens 10 % als wesentlich ansah.

---

[876] BFH, BStBl II 1992, 415, 417.

[877] Umsätze beruhten fast ausschließlich, BFH, BStBl II 1978, 545, 547; Anm. Schwendy DStZ 1978, 396 f.; BFH / NV 1990, 522, 523, oder zwischen 61 und 82 % BFH, BStBl II 1989, 455, auf der überlassenen Erfindung.

[878] BFH / NV 1990, 99, 100.

[879] BFH, BStBl II 1973, 869, 871.

[880] BFH, BStBl II 1992, 415, 417; II 1999, 281, 282; Anm. Wendt, FR 1999, 29, 30; Söffing (1999), D.II.3.f)(1); Fichtelmann (1999), Rn. 122; Kaligin (1995), S. 109.

[881] Söffing (1999), D.II.3.f)(1); Fichtelmann (1999), Rn. 122.

[882] Durch Gesetz vom 24.3.1999, BGBl I, 402 für die VZ 1999 bis 2000/1.

b) Hinzuziehung zusätzlicher Kriterien

aa) Technischer Anteil am Umfang der Gesamtlösung

Nach Ansicht von *Fichtelmann* sollte über die schematische Zugrundelegung des Umsatzanteiles hinaus bei der Beurteilung der Wesentlichkeit eines Patentes berücksichtigt werden, ob das Produkt des Betriebsunternehmens ausschließlich oder nur in einem bestimmten Teil auf dem überlassenen Patent beruht.[883]
Dieser „technische Anteil" einer Erfindung am Endprodukt kann aber m. E. kein ausschlaggebendes Beurteilungskriterium bilden. Denn auch ohne die Überlassung von Know-how oder einem Patent, das für die Produktion einer kleinen Produktkomponente ausschlaggebend ist, kann u.U. das gesamte Produkt nicht produziert und können folglich die Umsätze aus diesem Produkt nicht erzielt werden. Somit kann aus diesem Kriterium nicht auf eine geringere wirtschaftliche Bedeutung der überlassenen Erfindung geschlossen werden. Der „technische Anteil" der überlassenen Erfindung am Umfang der produzierten Gesamtlösung ist damit als Zusatzkriterium nicht ausreichend.

bb) Austauschbarkeit der technischen Lösung

Etwas anderes kann aber bei zusätzlicher Einbeziehung des Kriteriums der Austauschbarkeit solcher Nutzungsrechte folgen. Grundsätzlich lässt zwar die Tatsache, dass das Betriebsunternehmen anstelle der vom Besitzunternehmen überlassenen Erfindung auch Erfindungen Dritter einsetzen könnte, nicht den Schluss auf deren mangelndes wirtschaftliches Gewicht für die Führung des Betriebsunternehmens zu.[884] Diese Wertung lässt sich jedoch dann nicht aufrecht erhalten, wenn ein Einzelteil von untergeordneter Bedeutung durch eine äquivalente technische Lösung ausgetauscht werden kann, ohne dass sich dadurch der Charakter des Endproduktes ändert. Somit könnte das Betriebsunternehmen auch ohne Überlassung dieser Erfindung *in der gegenwärtigen Form*, d. h. ohne bedeutende Umstellungen, fortgeführt werden. In einem solchen Fall, dass nur ein unbedeutendes Teil des vom Betriebsunternehmen hergestellten Endproduktes auf der überlassenen Erfindung beruht und diese zusätzlich technisch problemlos austauschbar ist, ist die überlassene Erfindung m. E. – zumindest wenn der Umsatzanteil des Endproduktes deutlich unter 50% liegt – nicht mehr als wesentliche Betriebsgrundlage anzusehen.

c) Ermittlung des Umsatzanteils

Bei der Ermittlung des auf den überlassenen Lizenzrechten basierenden Umsatzvolumens sind nur die Zusatz- und Nebenarbeiten mit einzubeziehen, die zu dem eigentlichen vom Betriebsunternehmen angebotenen Produkt einen funktionalen Zusammenhang aufweisen, d. h., denen im Hinblick auf die Erbringung der

---

[883] Fichtelmann (1999), Rn. 122.
[884] FG Bremen, EFG 1994, 1003, 1004.

eigentlichen Leistung komplementäre Bedeutung zukommt.[885] Der BFH ließ jedoch offen, ob ausnahmsweise dann etwas anderes gelten könne, wenn das Betriebsunternehmen auch den sonstigen Teil seiner Angebotspalette, der keinerlei funktionalen Zusammenhang zu den auf Lizenzgrundlage produzierten Produkten aufweist, auf das lizenzbasierte Endprodukt ausrichtet.[886]

2. Überlassung ungeschützter Erfindungen

Für die Begründung einer Betriebsaufspaltung spielt es keine Rolle, ob für die von der Besitzgesellschaft überlassenen Erfindungen Schutzrechte bestehen oder nicht.[887] Auch eine ungeschützte Erfindung kann somit eine wesentliche Grundlage des Betriebsunternehmens darstellen.

Dabei wurde in einem BFH-Urteilsfall[888] die Problematik tangiert, ob eine ungeschützte Erfindung bei Nutzungsüberlassung für verschiedene territoriale Geltungsbereiche in mehrere selbständige Wirtschaftsgüter „zerfallen"[889] kann. Dies hätte zur Folge, dass sie verschiedenen Betriebsvermögen zugeordnet werden könnte und damit neben der Überlassung an die Betriebsgesellschaft auch andere als gewerbliche Einkünfte generieren könnte.

a) Territorial unbeschränktes Nutzungsrecht

In dem entschiedenen Fall[890] wurde der Betriebsgesellschaft die ungeschützte Erfindung ohne territoriale Begrenzung des Nutzungsrechtes überlassen. Der BFH sah jedenfalls bei dieser Sachlage die ungeschützte Erfindung einheitlich als gewerbliches Betriebsvermögen an:

> „Von der einheitlichen Zuordnung zu nur einem Betriebsvermögen ist jedenfalls dann auszugehen, wenn [...] der Erfinder im Rahmen einer Betriebsaufspaltung der Betriebsgesellschaft das Recht einräumt, selbständige Lizenzverträge über die Erfindung mit allen denkbaren in- und ausländischen Partnern abzuschließen. In einem solchen Fall führt der Erfinder selbst die ungeschützte Erfindung mit allen ihr anhaftenden Nutzungsmöglichkeiten dem gewerblichen Betriebsvermögen innerhalb der Betriebsaufspaltung zu."[891]

b) Territoriale Beschränkung des eingeräumten Nutzungsrechtes

Dieselbe Folge ergibt sich m. E. jedoch auch dann, wenn der Betriebsgesellschaft durch die Besitzgesellschaft das Nutzungsrecht an der unge-

---

[885] BFH / NV 1990, 99, 101.

[886] BFH / NV 1990, 99, 101.

[887] BFH, BStBl II 1992, 415, 417; II 1994, 168, 169.

[888] BFH, BStBl II 1994, 168.

[889] Ein Abspalten selbständiger Wirtschaftgüter vom Wirtschaftsgut „ungeschützte Erfindung" wird vom BFH jeweils dann angenommen, wenn für eine Erfindung Schutzrechte für verschiedene Länder erwirkt werden. BFH, BStBl II 1976, 666, 667.

[890] BFH, siehe Fn. 888.

[891] BFH, BStBl II 1994, 168, 169.

schützten Erfindung nur für ein beschränktes Territorium eingeräumt wird und für andere Territorien lediglich eine Lizenzvergabe an Dritte erfolgt.
Für eine Besitzpersonengesellschaft folgt dies m. E. schon daraus, dass diese in der Betriebsaufspaltung als einheitliches Unternehmen von der Qualifikation als Gewerbebetrieb betroffen ist.[892] Nicht gewerbliche Einkünfte aus der ungeschützten Erfindung kämen für diese somit allenfalls dann in Betracht, wenn sie das in Kapitel 9 B.II beschriebene Ausgliederungsmodell praktiziert.
Bei einem Erfinder als Einzelbesitzunternehmer ist eine derartige gemischte Tätigkeit mit der in Kapitel 8 C.II.2.b) dargelegten Begründung deshalb *einheitlich* als gewerbliche einzustufen, weil bei Vorliegen *einer* Erfindung beide am Markt angebotenen Leistungen – die gewerbliche Lizenzvergabe an das Betriebsunternehmen und die separat betrachtet nichtgewerbliche Lizenzvergabe an Dritte – auf derselben Tätigkeit des Erfinders basieren[893] und eine Trennbarkeit der Tätigkeit des Erfinders aus diesem Grunde ausscheidet.

3. Überlassung nicht patentfähiger, allgemein angewandter Verfahren

Ein Wirtschaftsgut hat für das Betriebsunternehmen dann ein besonderes wirtschaftliches Gewicht, wenn dessen Betrieb bei Wegfall der Nutzungsüberlassung durch das Besitzunternehmen nicht in der gegenwärtigen Form fortgeführt werden kann. Die Austauschbarkeit einer vom Besitzunternehmen überlassenen Erfindung durch Erfindungen Dritter soll zwar grundsätzlich keine Aussage über die Bedeutung eines Wirtschaftsgutes für den gegenwärtig bestehenden Betrieb zulassen[894], eine Erfindung ist jedoch dann nicht als wesentlich anzusehen, wenn das von der Betriebsgesellschaft zur Verfügung gestellte technische Wissen jederzeit ebenso durch Vertrag mit einem Dritten[895] oder gar ohne jede vertragliche Vereinbarung anwendbar ist.[896]
Dementsprechend ist eine Lizenz über ein nicht patentfähiges Verfahren, das von anderen Unternehmen auch angewendet wird, nicht als wesentliche Betriebsgrundlage anzusehen. Denn diese technischen Kenntnisse könnten durch die Betriebsgesellschaft auch angewendet werden, wenn sie ihr anderweitig, d. h. nicht von der Besitzgesellschaft, zur Nutzung überlassen worden wären.[897]

4. Überlassung von Nutzungsrechten

Der sachlichen Verflechtung steht es nicht entgegen, dass die verpachteten wesentlichen Betriebsgrundlagen nicht im Eigentum der Besitzgesellschaft

---

[892] S. o., Abschnitt 4 Kapitel 11 B.III. Nähere Ausführungen zur Abfärbewirkung bei der Besitzpersonengesellschaft s. u., III. So auch Knoppe (1985), S. 214 f.
[893] Dies gilt somit auch dann, wenn man die ungeschützte Erfindung je nach Territorium des dafür erteilten Nutzungsrechtes in mehrere Wirtschaftsgüter aufsplitten würde.
[894] FG Bremen, EFG 1994, 1003, 1004.
[895] BFH, HFR 1989, 145, 146; FG Bremen, EFG 1994, 1003, 1004.
[896] BFH, HFR 1989, 145, 146.
[897] BFH, HFR 1989, 145, 146; Tiedtke / Gareiss, GmbHR 1991, 202, 208.

stehen, sondern ihrerseits von Dritten gemietet oder gepachtet wurden. Eine sachliche Verflechtung ist somit auch dann gegeben, wenn das verpachtende Besitzunternehmen lediglich Nutzungsberechtigter der verpachteten wesentlichen Betriebsgrundlagen ist. Rechtspositionen, die ausreichende Grundlage für ein werbendes Unternehmen seien, sind es auch bei einem Pachtunternehmen, sofern der Verpächter zur Nutzungsüberlassung befugt ist.[898]

II. Erfindungen als (notwendiges) Betriebsvermögen des Besitzunternehmens

Bei gegebener Betriebsaufspaltung wird die Überlassung der wesentlichen Betriebsgrundlagen an das Betriebsunternehmen als gewerbliche Tätigkeit des Besitzunternehmens angesehen. Die verpachteten wesentlichen Betriebsgrundlagen stellen somit notwendiges gewerbliches Betriebsvermögen der Besitzgesellschaft dar.[899]

Die Einkünfte aus der Lizenzvergabe an das Betriebsunternehmen sind jedoch nicht nur dann gewerbliche, wenn die zur Nutzung überlassenen Erfindungen für das Betriebsunternehmen wesentliche Grundlagen bilden. Denn für die Annahme einer sachlichen Verflechtung und damit die Begründung der Betriebsaufspaltung ist es ausreichend, wenn das Besitzunternehmen dem Betriebsunternehmen zumindest ein Wirtschaftsgut als wesentliche Betriebsgrundlage überlässt.

1. Umqualifizierung anderer von der Betriebsgesellschaft erhaltenen Leistungsvergütungen

Die vom Betriebsunternehmen an die Besitzgesellschaft gezahlten Leistungsvergütungen sind auch dann in gewerbliche Einkünfte umzuqualifizieren, wenn der zwischen Betriebs- und Besitzunternehmen stattfindende Leistungsaustausch spezifisch auf der Betriebsaufspaltung beruht, d. h. der wirtschaftlich betrachtet einheitliche Organismus beider Unternehmen die Grundlage für die Leistung bildet.[900] Die Verpachtung von für die Betriebsgesellschaft nichtwesentlichen Wirtschaftsgütern führt somit ebenfalls zu gewerblichen Einkünften der Besitzgesellschaft, wenn diese Wirtschaftsgüter durch die Nutzung zu notwendigem oder gewillkürtem Betriebsvermögen der Besitzgesellschaft werden.[901]

Erfüllen die der Betriebsgesellschaft überlassenen Erfindungen somit nicht die Merkmale einer wesentlichen Betriebsgrundlage, sind sie aber aus anderen Gründen dem Betriebsvermögen der gewerblich tätigen Besitzgesellschaft zuzurechnen, sind die der Besitzgesellschaft daraus zufließenden Lizenzeinkünfte gewerblicher Art.

---

[898] BFH, BStBl II 1989, 152, 154.

[899] BFH, BStBl II 1978, 67, 68.

[900] BFH, BStBl II 1970, 722, 723; BFH / NV 1989, 321, 322.

[901] BFH, BStBl II 1991, 405, 407; II 1993, 233, 234; II 1999, 281, 282.

2. Zugehörigkeit zum Betriebsvermögen der Besitzgesellschaft

Notwendiges Betriebsvermögen sind alle Wirtschaftsgüter, die objektiv erkennbar zum unmittelbaren Einsatz im Betrieb selbst bestimmt sind. Bei der Betriebsaufspaltung ist für die Tätigkeit des Besitzunternehmens die gewerbliche Verpachtung an die Betriebsgesellschaft prägend.[902] Ein Wirtschaftsgut ist somit dann notwendiges Betriebsvermögen der Besitzgesellschaft, wenn es dazu dient, die Vermögens- und Ertragslage der Betriebsgesellschaft zu verbessern und damit den Wert der Beteiligung des Besitzunternehmens an der Betriebsgesellschaft zu erhalten oder zu erhöhen.[903] Dagegen ist es nicht erforderlich, dass das Wirtschaftsgut dem Besitzunternehmen unmittelbar dient oder dass es notwendig, wesentlich oder unentbehrlich ist.[904]

Zum notwendigen Betriebsvermögen der Besitzgesellschaft gehören somit bei der Betriebsaufspaltung regelmäßig neben den verpachteten wesentlichen Betriebsgrundlagen auch die an die Betriebsgesellschaft überlassenen Wirtschaftsgüter, die mit der Verpachtung oder Vermietung der wesentlichen Betriebsgrundlagen an die Betriebsgesellschaft in einem unmittelbaren Zusammenhang stehen und diese ergänzen.[905]

3. Unmittelbarer Zusammenhang bei der Überlassung von Erfindungen

Die Überlassung von Patenten und Erfindungen ist dann als Ergänzung der Verpachtung wesentlicher Betriebsgrundlagen anzusehen, wenn dadurch die Marktchancen und somit auch die Umsätze der Betriebsgesellschaft steigen und der auf den Lizenzen beruhende Umsatzanteil nicht von lediglich untergeordneter Bedeutung ist.[906]

Die an das Betriebsunternehmen überlassenen Patente und Erfindungen bilden unter diesen Bedingungen notwendiges Betriebsvermögen der Besitzgesellschaft, unabhängig davon, ob sie bereits bei Begründung der Betriebsaufspaltung oder zu einem späteren Zeitpunkt an das Betriebsunternehmen überlassen werden.[907] Für das Bestehen des erforderlichen unmittelbaren Zusammenhanges zur Verpachtung der wesentlichen Betriebsgrundlagen sah es der BFH sogar als unbeachtlich an, dass die Überlassung von Patenten erst über zehn Jahre nach Begründung der Betriebsaufspaltung erfolgte.[908] Der zur Überlassung von wesentlichen Betriebsgrundlagen erforderliche unmittelbare Zusammenhang muss somit kein zeitlicher bzw. örtlicher sein.[909]

---

[902] BFH, BStBl II 1991, 405, 408.
[903] BFH, BStBl II 1978, 378, 379; II 1995, 452, 453; II 1999, 281, 282.
[904] BFH BStBl II 1999, 281, 282.
[905] BFH, BStBl II 1978, 67, 68; II 1991, 405, 408.
[906] BFH, BStBl II 1999, 281, 282.
[907] BFH / NV 1989, 321, 322; BFH, BStBl II 1999, 281, 282.
[908] BFH, BStBl II 1999, 281; krit. Anm. Götz, KFR Fach 3 EStG § 15, 4/99, S. 123 f.
[909] Wendt, FR 1999, 29, 31.

Nach diesen Grundsätzen sind die von der Betriebs- an die Besitzgesellschaft fließenden Miet- und Pachtzinsen somit regelmäßig in vollem Umfang als (gewerbliche) Betriebseinnahmen bei der Besitzgesellschaft zu erfassen.[910]

III. Abfärbewirkung bei der Besitzpersonengesellschaft

Eine Personengesellschaft, die nicht ausschließlich darauf ausgerichtet ist, dem Betriebsunternehmen Wirtschaftsgüter im Rahmen der Betriebsaufspaltung zu überlassen, erzielt aufgrund der Abfärbewirkung (§ 15 Abs. 3 Nr. 1 EStG) der durch die Betriebsaufspaltung begründeten Gewerblichkeit mit all ihren Tätigkeiten gewerbliche Einkünfte. Ist im Rahmen einer Betriebsaufspaltung das Besitzunternehmen eine Personengesellschaft, ist somit deren gesamte Tätigkeit als gewerblich anzusehen mit der Folge, dass auch die sonstigen, nicht an die Betriebsgesellschaft überlassenen, zur Vermögensverwaltung genutzten Wirtschaftsgüter zum (gewillkürten) gewerblichen Betriebsvermögen gehören.[911] Ist somit an einer Betriebsaufspaltung eine Besitzpersonengesellschaft beteiligt, in deren Betriebsvermögen sich Erfindungen bzw. Patente zur Vermögensverwaltung befinden, die nicht der Betriebsgesellschaft überlassen werden, so stellen folglich die durch Lizenzvergabe an Dritte erzielten Einnahmen gewerbliche Einkünfte dar.

Diese Abfärbewirkung bei der Besitzpersonengesellschaft kann durch Gründung einer zweiten personenidentischen Personengesellschaft vermieden werden, in deren Rahmen dann die als gewerblich (um)qualifizierten Tätigkeiten ausgeübt werden.[912]

Ist die Besitzgesellschaft ein Einzelunternehmer, findet von vornherein keine Infektion der sonstigen Vermögensverwaltung statt. Bei der Überlassung eines Wirtschaftsgutes an die Betriebsgesellschaft und Überlassung weiterer, gleichartiger Wirtschaftsgüter an Dritte sind nur die an die Betriebsgesellschaft überlassenen Wirtschaftsgüter dem notwendigen Betriebsvermögen des Besitzunternehmens zuzurechnen.[913]

IV. Erfindungsüberlassung durch einen Gesellschafter der Besitzpersonengesellschaft

Eine Umqualifizierung von Lizenzeinkünften wird nicht nur dann in Erwägung gezogen, wenn das Besitzunternehmen dem Betriebsunternehmen eine Erfindung überlässt, sondern auch, wenn lediglich ein an der Besitzpersonen-

---

[910] BFH, BStBl II 1993, 233, 235.

[911] BFH, BStBl II 1998, 254, 256; Wendt, FR 1999, 29, 31 m. w. Nachw.; Brandmüller (1994), E 13.

[912] Damit liegt keine verfassungswidrige Ungleichbehandlung von Personengesellschaften gegenüber einem Einzelunternehmer vor. BFH, BStBl II 1998, 254, 256 m. w. Nachw.; Söffing (1999), G.III.2.a).

[913] Wendt, FR 1999, 29, 31.

gesellschaft als Gesellschafter beteiligter Erfinder seine Erfindung der Betriebsgesellschaft zur Nutzung überlässt.[914] Denn die im Eigentum eines Mitunternehmers (und damit nicht im Gesamthandseigentum) stehenden Wirtschaftsgüter gehören auch dann zum Betriebsvermögen einer Personengesellschaft, wenn sie dazu geeignet und bestimmt sind, dem Betrieb der Personengesellschaft (Sonderbetriebsvermögen I) oder der Beteiligung des Gesellschafters an der Personengesellschaft (Sonderbetriebsvermögen II) zu dienen.[915]
Somit stellt sich die Frage, unter welchen Umständen eine im Eigentum des Gesellschafters stehende Erfindung dem notwendigen Sonderbetriebsvermögen (§ 4 Abs. 1, § 15 Abs. 1 Nr. 2 EStG) der Besitzgesellschaft zuzurechnen ist.

1. Keine Überlassung an die Personengesellschaft (Sonderbetriebsvermögen I)

Die Einordnung eines Wirtschaftsgutes als Sonderbetriebsvermögen I erfordert, dass es objektiv erkennbar zum unmittelbaren Einsatz im Betrieb der Personengesellschaft selbst bestimmt ist, was insbesondere bei der Nutzung durch die Personengesellschaft für ihre eigengewerbliche Tätigkeit der Fall ist.[916] Überlässt ein Mitunternehmer der *Besitz*gesellschaft ein ihm gehörendes Wirtschaftsgut dem *Betriebs*unternehmen, so liegt damit jedoch keine Überlassung an die Besitzgesellschaft vor. Selbst bei Bestehen einer Betriebsaufspaltung wird, da die rechtliche Selbständigkeit der verflochtenen Gesellschaften erhalten bleibt, darin auch keine mittelbar über die Betriebsgesellschaft an die Besitzgesellschaft erfolgende Überlassung gesehen.[917]
Die Überlassung der Erfindung durch einen Gesellschafter des Besitzunternehmens an das Betriebsunternehmen kann somit auch bei bestehender Betriebsaufspaltung keine Zurechnung der Erfindung zum Sonderbetriebsvermögen I bewirken.

2. Voraussetzungen zur Begründung von Sonderbetriebsvermögen II

Aktives Sonderbetriebsvermögen II kommt nur in Betracht, wenn das Wirtschaftsgut – wie die Anteile eines Kommanditisten an der Komplemetär-GmbH – ein Mittel darstellt, um besonderen Einfluss auf die Personengesellschaft auszuüben und damit *unmittelbar* die Stellung des Mitunternehmers in der Gesellschaft zu stärken.[918] Bloß mittelbare Effekte oder Reflexwirkungen scheiden dabei als beachtliche Vorteile aus.[919]

---

[914] BFH, BStBl II 1998, 254, 256.
[915] BFH in st. Rspr., z.B. BFH, BStBl II 1995, 452, 453; II 1999, 357, 358 m. w. Nachw.
[916] BFH, BStBl II 1991, 789, 790.
[917] BFH, BStBl II 1999, 357, 358 m. w. Nachw.
[918] BFH, BStBl II 1993, 864, 866; II 1997, 530, 531; II 1999, 357, 358; Fichtelmann (1999), Rn. 183.
[919] BFH, BStBl II 1992, 721, 723.

Eine Stärkung der Mitunternehmerstellung kann auch durch Wirtschaftsgüter eintreten, die zwar nicht in den Verfügungsbereich der Personengesellschaft übergehen, die der Gesellschafter aber für eine Tätigkeit benötigt, die er *ausschließlich* im Interesse der Gesellschaft ausübt.[920] Dies gilt jedoch nicht ohne weiteres für Wirtschaftsgüter, die daneben in *nicht unerheblichem Umfang für anderweitige* geschäftliche oder private Tätigkeiten des Gesellschafters eingesetzt werden. Für deren Zuordnung ist zu berücksichtigen, dass der Gesellschafter einen gleichrangigen, neben dem Interessenbereich der Gesellschaft stehenden eigenen (privaten oder betrieblichen) Interessenbereich haben kann. Dementsprechend ist darauf abzustellen, ob die Überlassung durch private oder andere betriebliche Interessen des Gesellschafters veranlasst ist.[921]

3. Sonderbetriebsvermögen II bei Betriebsaufspaltung

Wird ein Wirtschaftsgut von einem Gesellschafter des Besitzunternehmens unmittelbar der Betriebsgesellschaft zur Nutzung überlassen, so erfordert die Zurechnung zum Sonderbetriebsvermögen II des Gesellschafters der Besitzgesellschaft, dass dadurch eine unmittelbare Stärkung seiner Mitunternehmerstellung in der *Besitzgesellschaft* eintritt. Die Beteiligung an der Besitzpersonengesellschaft kann dadurch gestärkt werden, dass der Besitz des Wirtschaftsgutes für das Unternehmen der Personengesellschaft wirtschaftlich vorteilhaft ist oder dadurch, dass dieses der Mitunternehmerstellung des Gesellschafters selbst dient.[922]

a) Rechtsprechung des BFH

aa) Nur mittelbare Auswirkung durch gesteigerten Beteiligungswert

Mit Urteil vom 23. Januar 1980 (I R 33/77) hat der BFH eine derartige unmittelbare Stärkung der Mitunternehmerstellung durch die Überlassung von Schutzrechten an die Betriebs-GmbH verneint, obwohl der Gesellschafter, der an Besitzgesellschaft und Betriebs-GmbH mehrheitlich beteiligt war, die überlassenen Schutzrechte fast ausschließlich in der GmbH auswerten ließ.

> „Nur mittelbare Auswirkungen etwa in der Hinsicht, dass die Erträgnisse der Besitzgesellschaft weiterhin stabil bleiben oder die Besitzgesellschaft an einer günstigen Entwicklung der Betriebsgesellschaft partizipieren kann, genügen nicht."[923]

bb) Unmittelbare Auswirkung bei Überlassung zu Vorteilskonditionen

Dagegen wurde das Darlehen eines Besitzgesellschafters an die Betriebs-GmbH vom IV. Senat des BFH im Urteil vom 10. November 1994 (IV R 15/93)[924] als

---

920 Tätigkeit i. S. d. § 15 Abs. 1 Nr. 2 EStG: „im Dienst der Gesellschaft". BFH, BStBl II 1988, 667, 669; II 1997, 530, 532; II 1999, 357, 358.

921 BFH, BStBl II 1997, 530, 532.

922 BFH, BStBl II 1998, 383, 385.

923 BFH, BStBl II 1980, 356, 357.

Sonderbetriebsvermögen II des Besitzgesellschafters angesehen. Im Falle einer Betriebsaufspaltung gehört

> „... die Darlehensforderung des Besitzunternehmens gegen die Betriebsgesellschaft zum notwendigen Betriebsvermögen des Besitzunternehmens, wenn das Darlehen dazu dient, die Vermögens- und Ertragslage der Betriebsgesellschaft zu verbessern und damit den Wert der Beteiligung des Besitzunternehmens an der Betriebsgesellschaft zu erhalten oder zu erhöhen. [...].“[925]

Die Ausführungen des I. Senats (s. o., aa)), der in der Teilhabe der Besitzgesellschaft an der günstigen Entwicklung der GmbH über einen gesteigerten Wert der GmbH-Beteiligung nur eine mittelbare, für die Zurechnung zum Sonderbetriebsvermögen II nicht ausreichende, Auswirkung sah, versteht der IV. Senat dabei in dem Sinne,

> „daß lediglich solche Rechtsbeziehungen zwischen der Betriebs-GmbH und den Gesellschaftern des Besitzunternehmens nicht zu Betriebseinnahmen der Gesellschafter führen, die [...] in gleicher Weise zwischen Fremden abgeschlossen würden.“[926]

Im Urteilsfall entsprachen die von Gesellschaftern des Besitzunternehmens an die Betriebs-GmbH gewährten Darlehen nicht den marktüblichen Bedingungen:

> „Solche Darlehen sind nicht austauschbar. Vielmehr zeigt die Bindung ihrer Laufzeit an die Beteiligung an der GmbH, daß sie [...] auf der Betriebsaufspaltung beruhen und dazu dienen, die beherrschende Stellung der Gesellschafter sowohl in der Betriebs- als auch in der Besitzgesellschaft zu verstärken.“[927]

cc) Veranlassung durch Interessen der Besitzgesellschaft

In seiner späteren Rechtsprechung beurteilt der BFH die Stärkung der Beteiligung des Gesellschafters an der Besitzgesellschaft durch Überlassung eines Wirtschaftsgutes an die Betriebsgesellschaft danach, ob sein Einsatz durch den Betrieb der Besitz-Personengesellschaft oder durch anderweitige private oder betriebliche Tätigkeiten des Gesellschafters veranlasst ist. Als Indiz für die Veranlassung durch die betrieblichen Interessen der Besitzgesellschaft gelten dabei die Überlassung des Wirtschaftsgutes an die Betriebsgesellschaft, die zu günstigeren Konditionen erfolgt als unter Fremden üblich, eine zeitliche Begrenzung der Nutzungsüberlassung auf die Dauer der Beteiligung an der Betriebsgesellschaft sowie ein enger zeitlicher Zusammenhang des Beginns der Nutzungsüberlassung mit der Begründung der Betriebsaufspaltung.[928]

---

[924] BFH, BStBl II 1995, 452.
[925] BFH, BStBl II 1995, 452, 453 f.
[926] BFH, BStBl II 1995, 453, 455.
[927] BFH, BStBl II 1995, 453, 455.
[928] BFH, BStBl II 1999, 357, 359.

b) Meinungen in der Literatur

Brandmüller rechnet in Übereinstimmung mit dem erstgenannten BFH-Urteil[929] Wirtschaftsgüter, die durch einen Gesellschafter der Besitzpersonengesellschaft nach Begründung der Betriebsaufspaltung an die Betriebs-GmbH überlassen werden, nicht dem Sonderbetriebsvermögen II, sondern dessen Privatvermögen zu.[930] Nach der von *Fichtelmann* vertretenen Ansicht ist für die Zuordnung von Wirtschaftsgütern, die sowohl in der Betriebs-GmbH als auch für sonstige geschäftliche und private Tätigkeiten eingesetzt werden, darauf abzustellen, ob der Gesellschafter mit der entgeltlichen Überlassung an die Betriebs-GmbH eigene wirtschaftliche Interessen verfolgt oder damit seine Beteiligung an der Besitzgesellschaft stärkt.[931]

Nach anderer Ansicht soll es dagegen bei bestehender Betriebsaufspaltung keine Rolle spielen, ob das dem Gesellschafter der Besitzgesellschaft gehörende Wirtschaftsgut dem Betriebsunternehmen von der Besitzgesellschaft oder unmittelbar vom Besitzgesellschafter überlassen wird.[932] Die Rechtsprechung, nach der ein Wirtschaftsgut, das von einem Gesellschafter, der an Besitz- und Betriebsgesellschaft beteiligt ist, an die Betriebsgesellschaft vermietet wird, nicht grundsätzlich notwendiges Betriebsvermögen der Besitzgesellschaft bilde, wird deshalb als Systembruch kritisiert, weil bereits die Überlassung allein eines Wirtschaftsgutes als wesentliche Betriebsgrundlage für sich betrachtet die Voraussetzung einer Betriebsaufspaltung erfülle.[933]

c) Kein Sonderbetriebsvermögen II der Besitzgesellschaft

aa) Kein Einsatz für Tätigkeit im Dienst der Gesellschaft, § 15 Abs. 1 Nr. 2 EStG

Die Erfindung eines Gesellschafters des Besitzunternehmens, die lediglich durch Lizenzvergabe an die Betriebsgesellschaft oder Dritte genutzt wird, stellt kein Wirtschaftsgut dar, das der Gesellschafter für seine Tätigkeit im Dienst der (Besitz-) Gesellschaft nach § 15 Abs. 1 Nr. 2 EStG[934] benötigt. Folglich kann die Erfindung, selbst wenn sie ausschließlich zum Nutzen der Betriebsgesellschaft eingesetzt wird, jedenfalls nicht nach diesem Aspekt dem Sonderbetriebsvermögen II des Gesellschafters der Besitzgesellschaft zugeordnet werden.

Es muss somit untersucht werden, ob die Überlassung der Erfindung durch einen Gesellschafter des Besitzunternehmens an die Betriebs-GmbH eine unmittelbare

---

929 Siehe Fn. 923.
930 Brandmüller (1994), E 13.
931 Fichtelmann (1999), Rn. 183 – 185.
932 Söffing (1999), D.II.4.b).
933 Kaligin (1995), S. 137; Knoppe (1985), S. 219.
934 S. o., 2 im zweiten Absatz, Fn. 920.

Stärkung seiner Mitunternehmerstellung in der Besitzgesellschaft bewirkt, indem sich die Erfindung für das Unternehmen der Personengesellschaft als wirtschaftlich vorteilhaft erweist (s. u., bb)) oder der Mitunternehmerstellung des Gesellschafters selbst dient (s. u., cc)).

bb) Kein unmittelbarer wirtschaftlicher Vorteil für die Besitzgesellschaft

Der für das Besitzunternehmen u.U. eintretende wirtschaftliche Vorteil eines stabilen oder gestiegenen Wertes der GmbH-Beteiligung tritt stets nur mittelbar ein (s. o., a)). Auch andere denkbare wirtschaftliche Vorteile kann die Besitzgesellschaft, da sie an der Überlassung des Wirtschaftsgutes nicht beteiligt ist, stets nur von der Betriebs-GmbH ableiten.
Somit ist eine unmittelbare Stärkung der Mitunternehmerstellung nur noch in der Weise denkbar, dass die Überlassung der Erfindung an die Betriebsgesellschaft der Mitunternehmerstellung des Erfinders in der Besitzgesellschaft selbst dient.

cc) Keine unmittelbare Stärkung der Mitunternehmerstellung in der Besitzgesellschaft

Für eine Stärkung der Mitunternehmerstellung selbst ist keine Mehrung der Kapital- oder Stimmrechte erforderlich, sondern es genügt, wenn die Zurverfügungstellung des Wirtschaftsgutes faktisch geeignet ist, auf die Personengesellschaft, insbesondere ihre Geschäftsführung, einen besonderen zusätzlichen Einfluss, der über die Beteiligungsrechte hinausgeht, auszuüben.[935] Ein derartiger faktischer Einfluss wird nur für die Überlassung eines Wirtschaftsgutes angenommen, das nach den zugrunde liegenden Konditionen und den gesamten Umständen nicht austauschbar ist.[936] Nach der BFH-Rechtsprechung sollen Indizien wie die Überlassung zu nicht marktüblichen Bedingungen, Koppelung an die Dauer der Betriebs-GmbH-Beteiligung und Überlassung bei Begründung der Betriebsaufspaltung darauf hinweisen, dass solche Wirtschaftsgüter nicht austauschbar sind und ihre Überlassung deshalb auf der Betriebsaufspaltung beruht.[937]
M. E. sind die genannten Indizien jedoch nicht grundsätzlich geeignet, auf die Veranlassung durch den Betrieb der Besitzgesellschaft hinzuweisen. Zum einen ist Überlassung zu nicht marktüblichen Bedingungen bzw. gekoppelt an die Beteiligungsdauer bei der Betriebsgesellschaft genauso gut denkbar, wenn der Lizenzgeber nicht an der Besitz-, sondern ausschließlich an der Betriebsgesellschaft beteiligt wäre und er sich dadurch lediglich eine größere faktische Einflussnahme in der Betriebsgesellschaft erhofft. Zum anderen bedeuten die besonders günstigen Überlassungskonditionen, aus denen der BFH auf die sog.

[935] BFH, BStBl II 1993, 864, 866.
[936] BFH, BStBl II 1993, 864, 866.
[937] BFH, BStBl II 1999, 357, 359.

„Nichtaustauschbarkeit" des überlassenen Wirtschaftsgutes schließt, jedoch nur, dass dasselbe Wirtschaftsgut sonst nur zu ungünstigeren Konditionen erhältlich ist, nicht jedoch, dass es der Sache nach nicht ersetzbar wäre.
Somit kann sich auch eine Stärkung der Mitunternehmerstellung selbst lediglich *mittelbar* ergeben. Die Möglichkeit, durch die Überlassung des Wirtschaftsgutes an das *Betriebs*unternehmen auf die Geschäftsführung in der *Besitz*gesellschaft einen stärkeren Einfluss auszuüben, kann dann nämlich nur aus der Kausalkette vorteilhafter Überlassungskonditionen, eines daraus folgenden wirtschaftlichen Vorteils der Betriebsgesellschaft und eines somit gesteigerten Wertes der Betriebsgesellschaft-Beteiligung resultieren. Die Voraussetzungen des Vorliegens von Sonderbetriebsvermögen II sind damit nicht erfüllt.

dd) Umgehung der Anforderungen an eine Betriebsaufspaltung

Nach z. T. in der Literatur vertretener Ansicht[938] müsse jede Überlassung eines Wirtschaftsgutes von einem Gesellschafter, der an Besitz- und Betriebsgesellschaft beteiligt ist, an die Betriebsgesellschaft grundsätzlich dazu führen, jenes Wirtschaftsgut als Betriebsvermögen der Besitzgesellschaft anzusehen. Eine derart weite Fassung des Sonderbetriebsvermögens II führt m. E. auch zu einer Umgehung der Anforderungen an die Betriebsaufspaltung. Überlässt ein Gesellschafter der Besitzgesellschaft ein Wirtschaftsgut an die Betriebsgesellschaft, so kann sich – da daraus wie gezeigt keine unmittelbare Stärkung für seine Besitzgesellschafterstellung folgt – eine Umqualifizierung in gewerbliche Einkünfte nur dann ergeben, wenn die Voraussetzungen einer Betriebsaufspaltung auch zwischen dem Betriebsunternehmen und dem Überlassenden erfüllt sind. In diesem Fall würde eine zweite Betriebsaufspaltung zwischen dem das Wirtschaftsgut Überlassenden als Einzel-Besitzunternehmer und der Betriebsgesellschaft vorliegen.
Sind die Voraussetzungen der Betriebsaufspaltung in diesem direkten Überlassungsverhältnis jedoch nicht gegeben, scheidet eine Umqualifizierung in gewerbliche Einkünfte aus.

ee) Fazit

Die Überlassung eines Wirtschaftsgutes durch einen Gesellschafter der Besitzgesellschaft direkt an die Betriebsgesellschaft führt somit nicht zur Begründung von Sonderbetriebsvermögen II. Sowohl ein wirtschaftlicher Vorteil für die Besitzgesellschaft als auch eine Stärkung der Mitunternehmerstellung in der Besitzgesellschaft selbst können sich auch bei einer Überlassung zu Vorteilskonditionen allenfalls mittelbar ergeben, selbst, wenn der Gesellschafter nur an der Besitz- und nicht an der Betriebsgesellschaft beteiligt ist.

938 Siehe Fn. 933.

V. Erfinder als Geschäftsführer der Betriebs-GmbH

Oftmals überlässt der Erfinder seine Erfindung einer eigens dafür von ihm gegründeten GmbH zur Auswertung. Für den Fall, dass er dabei auch als Geschäftsführer der GmbH fungiert, kam die Frage auf, ob dies der Begründung einer Betriebsaufspaltung entgegensteht bzw. welchen Einkunftsarten die dem Erfinder von der Betriebskapitalgesellschaft zufließenden Vergütungen für die Überlassung der Erfindung und für seine Geschäftsführertätigkeit zuzuordnen sind.

Eine persönliche Dienstleistung allein kann nach allgemeiner Ansicht eine Betriebsaufspaltung nicht begründen. Für die sachliche Verflechtung muss dem Betriebsunternehmen vielmehr ein für dessen Betrieb wesentliches Wirtschaftsgut miet- oder pachtweise überlassen werden. Eine „pachtweise Überlassung" der Erfindung wäre jedoch dann nicht gegeben, wenn man die an den Erfinder gezahlte Vergütung allein als Gegenleistung für seine Dienstleistung als Geschäftsführer der Betriebs-GmbH und für die Überlassung des Wirtschaftsgutes Erfindung ansehen würde (s. u., 1). Außerdem liegt gerade keine pachtweise Überlassung der Erfindung an die Betriebsgesellschaft vor, wenn die Betriebsgesellschaft die Rechte an der Erfindung bereits endgültig erworben hat (s. u., 2).[939]

1. Keine Vergütungen für persönliche Dienstleistungen

Bei Vorliegen einer Betriebsaufspaltung sind bei der Besitzgesellschaft nicht nur die für die Überlassung wesentlicher Betriebsgrundlagen gezahlten Miet- bzw. Pachtzinsen in gewerbliche Einkünfte umzuqualifizieren, sondern auch die sonstigen an das Besitzunternehmen gezahlten Vergütungen, sofern die dahinterstehenden Leistungen spezifisch auf der Betriebsaufspaltung beruhen, d.h. ihre Grundlage in den einheitlichen geschäftlichen Betätigungswillen von Besitz- und Betriebsunternehmen haben. Das Dienstverhältnis des Geschäftsführers der Betriebs-GmbH wird jedoch nicht als Ausfluss der Betriebsaufspaltung angesehen, da die GmbH jemanden braucht, der ihre Geschäfte führt, und die einheitliche wirtschaftliche Betrachtung von Betriebs- und Besitzunternehmen unabhängig davon ist, wer diese Position ausfüllt.[940] Die Vergütungen des GmbH-Geschäftsführers zählen somit nicht zu den gewerblichen Einkünften des Besitzunternehmens.[941]

a) Meinungsstand zur Erfindungsüberlassung als persönliche Dienstleistung

Nach der allein von *Ahmann* vertretenen Ansicht seien auch die von der Betriebskapitalgesellschaft an den Erfinder gezahlten Vergütungen für die Überlassung seiner Erfindungen dem Geschäftsführerdienstverhältnis und somit den

[939] Tiedtke / Gareiss, GmbHR 1991, 202, 208.
[940] BFH, BStBl II 1970, 722, 723.
[941] BFH, BStBl II 1989, 455, 456.

Einkünften aus nichtselbständiger Arbeit zuzurechnen, welche folglich nicht in gewerbliche umzuqualifizieren sind.[942] Die an den Geschäftsführer geleisteten Lizenzzahlungen würden nicht auf der Betriebsaufspaltung basieren, sondern hätten ihre Ursache im Erfinderprinzip. Da Erfindungen stets originär beim Erfinder entständen, könne die Nutzungsmöglichkeit einer Kapitalgesellschaft immer nur als ein von einem Dritten abgeleitetes Recht zustehen.[943]
Die Gegenansicht sieht demgegenüber die Überlassung einer Erfindung nicht als persönliche Dienstleistung des Erfinder-Geschäftsführers an, sondern als Gewährung der Nutzung immaterieller Wirtschaftsgüter. Die Tatsache, dass persönliche Dienstleistungen allein eine Betriebsaufspaltung nicht begründen können, steht somit einer sachlichen Verflechtung durch die Überlassung von Erfindungen nicht entgegen.[944]

b) Keine Veranlassung der Erfindungsvergütung durch das Dienstverhältnis

Die von *Ahmann* vertretene Ansicht, die dem Erfinder und zugleich GmbH-Geschäftsführer gezahlte Erfindervergütung sei den Einkünften aus nichtselbständiger Arbeit zuzurechnen, würde voraussetzen, dass diese Vergütung durch das Dienstverhältnis des Geschäftsführers veranlasst wäre. Dem steht jedoch schon das Wesen des Dienstvertrages entgegen, nach dem kein Erfolg, sondern lediglich eine Tätigkeit geschuldet wird. Das Betriebsunternehmen könnte zwar, sofern im Rahmen des Dienstverhältnisses eine Pflicht zu *erfinderischem Tätigwerden* besteht, auch eine solche mit dem Geschäftsführergehalt abgelten.[945] Diese Vergütung wäre dann durch eine nichtselbständige Dienstleistung des Geschäftsführers veranlasst.
Soweit die Betriebsgesellschaft jedoch eine Erfindung nutzt und vergütet, ist sie lediglich an dem *Ergebnis der erfinderischen Tätigkeit* – nämlich der fertigen Erfindung oder dem Schutzrecht – interessiert, da ihr nur dadurch ein Objekt zur Verfügung steht, das sich wirtschaftlich verwerten lässt. Die vom Betriebsunternehmen dafür gezahlte Vergütung ist somit gerade durch die Überlassung des Wirtschaftsgutes Erfindung und nicht durch eine Dienstleistung des Geschäftsführers veranlasst. Eine Zurechnung der Erfindervergütung zu den Einkünften aus nichtselbständiger Arbeit scheidet somit aus.

c) Fazit

Somit zahlt die Betriebsgesellschaft die Vergütung für die Nutzungsüberlassung eines Wirtschaftsgutes. Die Position des Erfinders als GmbH-Geschäftsführer

---

942 Ahmann, DStR 1988, 595, 597.

943 Ahmann, DStR 1988, 595, 597.

944 BFH, BStBl II 1989, 455, 456; BFH / NV 1990, 522, 523; Tiedtke / Gareiss, GmbHR 1991, 202, 207.

945 Damit einhergehend wäre im Dienstvertrag wohl eine Pflicht des Geschäftsführers vorgesehen, sämtliche Rechte an fertiggestellten Erfindungen auf die Gesellschaft zu übertragen.

steht also der Begründung einer Betriebsaufspaltung durch Überlassung einer Erfindung als wesentlicher Betriebsgrundlage nicht entgegen und ändert auch nichts daran, dass die an den Erfinder als Besitzunternehmer dafür gezahlten Erfindungsvergütungen zu gewerblichen Einkünften des Erfinders führen.

2. Keine endgültige Übertragung der Erfindungsrechte

Eine Betriebsaufspaltung läge auch dann nicht vor, wenn die Vergütung durch die verwertende GmbH an den Erfinder dafür gezahlt wird, dass dieser ihr die Erfindungsrechte veräußert, statt wie für die sachlichen Verflechtung erforderlich, pachtweise überlässt.[946]

Eine solche endgültige Überlassung kann ihren Grund im Dienstverhältnis oder in anderweitigen vertraglichen Vereinbarungen zwischen dem Erfinderunternehmen und der GmbH haben. Zwar ist das ArbNErfG grundsätzlich auf gesetzliche Vertreter juristischer Personen nicht anwendbar, jedoch können dessen Anwendbarkeit bzw. eine Pflicht zur Übertragung der Erfindungsrechte auf die Gesellschaft im Dienstvertrag ausdrücklich vereinbart werden oder sich anderweitig aus dem Geschäftsführerdienstverhältnis ergeben. Gehen die Rechte an der Erfindung des Geschäftsführers durch Inanspruchnahme oder durch einen Übertragungsakt unter Mitwirkung des Geschäftsführererfinders an die GmbH über, so ist in dieser endgültigen Erfindungsüberlassung keine Betriebsaufspaltung zu sehen.

Liegt ein derartiger endgültiger Rechtsübergang jedoch nicht vor, wird durch die zeitlich begrenzte Überlassung der Erfindung eine Betriebsaufspaltung begründet mit der Folge, dass die Erfindungsvergütungen an den Geschäftsführer der Betriebskapitalgesellschaft, der als Erfinder gleichzeitig das Besitzunternehmen bildet, in gewerbliche Einkünfte umzuqualifizieren sind.

946 BFH, BStBl II 1989, 455, 456; Fichtelmann (1999), Rn. 122.

Schlussteil

Sämtliche auf der Grundlage des ArbNErfG vom Arbeitgeber an den Arbeitnehmer erfolgenden Vergütungen, die für die Inanspruchnahme von Diensterfindungen und die Prämien für Verbesserungsvorschläge, werden in bisher nicht angegriffener Position als Arbeitslohn angesehen und folglich in gängiger Praxis dem Lohnsteuerabzug unterworfen.
Es wurde untersucht, ob diese Einordnung, die vermutlich aus der in der ArbNErfVO manifestierten Einkünftequalifikation resultiert, tatsächlich dem Einkunftstatbestand des § 19 EStG entspricht. Dazu wurde gezeigt, dass das zeitlich nach der ArbNErfVO (aus dem Jahr 1951) in Kraft getretene ArbNErfG (aus dem Jahr 1957) im Hinblick auf Diensterfindungen und ihre Inanspruchnahme auf dem Monopolprinzip beruht. Nach diesem ist der Grund der vom Arbeitgeber erfolgenden Vergütung in der Übertragung der Rechte aus der Erfindung zu sehen und nicht in einer besonderen, vertraglich nicht geschuldeten Leistung des Arbeitnehmers (Sonderleistungsprinzip). Die Arbeitnehmererfindervergütung stellt mithin mangels Veranlassung durch eine nichtselbständige Arbeitsleistung keinen Arbeitslohn dar.

Hinsichtlich der Abgrenzung von Erwerbs- und Privatsphäre wurden die bei einer erfinderischen Tätigkeit insbesondere im Brennpunkt stehenden Themen der steuerrechtlichen Liebhaberei und der sog. „Zufallserfindung" untersucht.
Hierbei wurde die Anwendung der allgemein praktizierten zweistufigen Prüfung der Liebhaberei auf die Erfindertätigkeit einer kritischen Betrachtung unterzogen. In deren Ergebnis bleibt festzuhalten, dass die Erfindertätigkeit in zwei Phasen unterteilt werden muss – die erste Phase des Forschens bzw. Suchens nach einer Erfindung und die sich an das „Entdecken" der Erfindung anschließenden Phase der Weiterentwicklung zur Patent- bzw. Verwertungsreife. Während in der zweiten Phase die Planungsunsicherheit nicht über die bei anderen Tätigkeiten bestehenden Risiken hinausgeht und demzufolge ab dem Zeitpunkt des Vorliegens einer fertigen Erfindung die herkömmliche Liebhabereiprüfung durchgeführt werden kann, ist diese für die Anwendung in der ersten Phase des Forschens und Suchens nach einer Erfindung unpassend. Da das Entstehen einer Erfindung selbst bei planmäßigem Vorgehen der Vorhersehbarkeit durch den Erfinder entzogen ist und in diesem Sinne gewissermaßen ein Zufallsprodukt darstellt, ist zum einen auf der ersten Prüfungsstufe eine Totalgewinnprognose mangels jeglicher Anhaltspunkte, die eine Schätzung des Erfolgszeitpunktes und –ausmaßes auch nur annähernd ermöglichen würden, ausgeschlossen. Auch auf der zweiten Stufe lassen die für eine persönliche Motivation üblicherweise herangezogenen Beweisanzeichen die Spezifika der Erfindertätigkeit unberücksichtigt. Die Anwendung der herkömmlichen Liebhabereigrundsätze führt somit in dieser ersten Phase der Erfindertätigkeit nach

einer Mehrzahl erfolgloser Jahre zur Verneinung der Einkünfteerzielungsabsicht und damit zur Nichtanerkennung der Verluste. Dies kann für einen Erfinder, der in dieser Phase wohl i. d. R. auf Eigenfinanzierung durch anderweitige Einkünfte angewiesen ist, zur Unmöglichkeit der weiteren Finanzierung und damit zwangsweise zur Einstellung seiner Tätigkeit führen. Stellen sich nach Weiterbetreiben der „Liebhaberei" schließlich doch noch Erfolge ein, kann der Staat bei Annahme einer einsetzenden oder doch von Beginn an bestehenden Gewinnerzielungsabsicht an diesen partizipieren. Im letztgenannten Fall ist jedoch eine Korrektur der bislang nicht anerkannten Verluste nur bei noch nicht abgelaufener Festsetzungsfrist möglich.
Im Hinblick darauf, dass die steuerliche bevorzugte Behandlung der Erfindereinkünfte eingestellt wurde, aber auf der anderen Seite Erfindungen von herausragender volkswirtschaftlicher Bedeutung sind, sollte dieser, durch unmodifizierte Anwendung der Liebhabereigrundsätze hervorgerufenen erfindungshemmenden Wirkung Einhalt geboten werden.
Die Untersuchung der Problematik jahrelanger Forschungsverluste bei Kapitalgesellschaften ergab, dass es bei der Ausübung der Erfindertätigkeit in dieser Rechtsform mangels privater Sphäre einer Körperschaft weder zur Nichtanerkennung der Verluste wegen Liebhaberei kommen kann, noch eine Qualifikation als verdeckte Gewinnausschüttung in Frage kommt, da in der Tragung von Forschungskosten keine Zuwendung an einen Gesellschafter zu sehen ist, soweit die Gesellschaft selbst die Erfindung auswertet. Dieselben jahrelangen Verluste, die bei einem Erfinder u. U. die Liebhaberei-Einstufung nach sich ziehen können, werden somit bei Kapitalgesellschaften steuerrechtlich als Betriebsausgaben anerkannt.

Auch die in der Literatur und „Erfinder-Rechtsprechung" vieldiskutierte „Zufallserfindung" ist im Hinblick darauf, ob diese Erfindung dem Privatvermögen zuzurechnen ist oder in steuerverstricktes Betriebsvermögen erwachsen ist, untersucht worden. Das Abstecken des Tätigkeitsrahmens, der für die Beurteilung der Nachhaltigkeit in Betracht zu ziehen ist, ergab dabei, dass sämtliche die Einnahmen aus der Erfindung bedingenden Tätigkeiten einzubeziehen sind, unabhängig davon, ob sie noch als erfinderische anzusehen sind oder ob sie auf Dritte ausgelagert wurden. Infolge dessen war im Ergebnis festzustellen, dass selbst, wenn eine Blitzidee zum Auffinden der Erfindung führt, eine insgesamt gelegentliche Tätigkeit i. d. R. nicht vorliegt. Da die Verwertung der ursprünglichen, unmodifizierten Erfindung nicht gängig ist, wird die Nachhaltigkeit der Tätigkeit in den meisten Fällen durch Herstellung der Verwertungsreife, d. h. technische Weiterentwicklung bzw. Durchführung des Schutzrechtsverfahrens, begründet. Die Besteuerung der aus einer selbst entwickelten Erfindung hervorgehenden Einkünfte erfolgt somit regelmäßig i. R. d. Gewinneinkunftsarten.

Der Schwerpunkt des dritten Abschnitts lag auf der Qualifikation der Verwertungseinkünfte aus dem Privatvermögen zuzuordnenden Erfindungen. In diesem Zusammenhang ist zunächst die Möglichkeit zeitlich begrenzter Überlassung von Schutzrechten und nicht geschützten Erfindungen diskutiert worden. Diese ist im Ergebnis für beide bejaht worden, obwohl die Zurverfügungstellung von technischem Wissen an und für sich irreversibel ist, da nach der hier vertretenen Ansicht zur Beurteilung der Möglichkeit zeitlicher Begrenzung auch die rechtlich bestehende Befugnis zur Nutzung des Wissens heranzuziehen ist, und nicht allein auf die faktisch bestehende Möglichkeit gesetzes- bzw. vertragswidriger Weiternutzung abgestellt werden kann.
Bei Veräußerung einer selbst erstellten Erfindung – sollte sie wegen Fehlen der Gewinnerzielungsabsicht (Liebhaberei) oder der Nachhaltigkeit (Zufallserfindung nach BFH) dem Privatvermögen zuzuordnen sein – unterliegt der Veräußerungsgewinn nicht der Einkommensteuer. Denn neben einem Spekulationsgeschäft, welches bei der Selbsterstellung der Erfindung wegen des Fehlens eines Anschaffungstatbestandes nicht gegeben ist, scheidet auch eine sonstige Leistung nach § 22 Nr. 3 EStG als Besteuerungsgrund aus, da die Zahlung des Erwerbers durch den Substanzerwerb und nicht durch eine Tätigkeit des Erfinders veranlasst ist.

Für die Tätigkeit im Bereich der Gewinneinkunftsarten ist sowohl für den einzeln als auch für den in Mitunternehmerschaft tätigen Erfinder eine Abgrenzung zwischen selbständiger und gewerblicher Tätigkeit vorgenommen worden. Bei der gemischten Verwertung einer selbst erstellten Erfindung – durch eigengewerbliche Nutzung und Lizenzvergabe – wurde dabei die Trennbarkeit dieser Tätigkeiten verneint und aufgrund des Gesamtbildes eine einheitlich gewerbliche Tätigkeit angenommen. Eine Trennung ist nur für Einkünfte, die auf verschiedenen Erfindungen basieren möglich, wobei in der Mitunternehmerschaft zu diesem Ziel aufgrund der in § 15 Abs. 3 Nr. 1 EStG festgeschriebenen „Abfärbewirkung“ eine Ausgliederung auf eine zweite Personengesellschaft erforderlich ist.

Die erfinderische Tätigkeit von Anteilseignern einer Kapitalgesellschaft ist hinsichtlich des Vorliegens von verdeckten Gewinnausschüttungen (vGA) beleuchtet worden. Ist ein Anteilseigner aufgrund seines Arbeits- oder Geschäftsführerdienstverhältnisses zur Überlassung der originär in seiner Person entstandenen Erfindungsrechte verpflichtet, so stellt die dafür erfolgende Zahlung durch die Gesellschaft zumindest dem Grunde nach kein vGA dar. Bei einem Verstoß des Anteilseigners gegen diese Überlassungspflicht liegt in dem Verzicht der Gesellschaft auf die Durchsetzung eines Schadensersatzanspruches jedenfalls dann keine vGA, wenn eine Inanspruchnahme der fraglichen Erfindung für die Gesellschaft ohnehin keinen wirtschaftlichen Vorteil begründet

hätte. Dasselbe gilt auch für den Verzicht auf Inanspruchnahme bzw. die Freigabe der Erfindung.
Bei der Erfindung eines „Nur"-Gesellschafters, können vGA auftreten, wenn dieser bei der Entwicklung oder Weiterentwicklung Ressourcen der Gesellschaft genutzt hat, ihm die entsprechenden Aufwendungen jedoch von der Gesellschaft erlassen werden. Weiterhin wurde bei Weiterentwicklung in der Gesellschaft das Vorliegen einer vGA bejaht, wenn zwischen Anteilseigner und Gesellschaft keine klare Regelung über die Zurechnung der Erfindung getroffen wird und somit bis zum Feststehen des wirtschaftlichen Erfolges oder Misserfolges der Erfindung die Tragung von Chancen und Risiken offen ist.
Ein Anteilseigner mit Organstellung verstößt auch nicht gegen die Verbote der Wettbewerbstätigkeit bzw. der eigennützigen Geschäftschancennutzung, wenn seine erfinderische Tätigkeit neben der Gesellschaft deren Geschäftsgegenstand tangiert. In derartigen Fällen ist somit keine vGA infolge der Nichtdurchsetzung diesbezüglicher Schadensersatzforderungen gegeben. Die Gesellschaftsinteressen an Erfindungen ihres Geschäftsführers sind vielmehr über Anzeige- und Überlassungspflichten ausreichend gewahrt.

Nach Wegfall der Erfinderverordnung hat Betriebsaufspaltung, die man zur Erfüllung des Tatbestandsmerkmals der „Fremdverwertung" für die Inanspruchnahme des hälftigen Einkommensteuertarifes und der Bewertungsfreiheit für die der Erfindertätigkeit dienenden Wirtschaftsgüter nutzte, ihre herausragende Bedeutung für die Erfindungsverwertung verloren.
Unverändert können Erfindungen – als Schutzrechte oder ungeschützt – jedoch zur sachlichen Verflechtung und damit zu einer Betriebsaufspaltung führen. Die Einkünfte aus der Erfindung sind dann ebenso als gewerbliche anzusehen, wie bei Zugehörigkeit der Erfindung zum notwendigen Betriebsvermögen der Besitzgesellschaft, wenn diese nicht selbst eine wesentliche Grundlage des Betriebsunternehmens darstellt.
Dagegen erfolgt keine gewerbliche Umqualifizierung der Erfindungserlöse, wenn ein Gesellschafter der Besitzgesellschaft bei bestehender Betriebsaufspaltung seine Erfindung direkt an die Betriebsgesellschaft überlässt. In diesem Fall ist die Erfindung mangels Überlassung an die Besitzgesellschaft nicht dem Sonderbetriebsvermögen I und mangels unmittelbarer Stärkung der Besitzgesellschafter-Stellung auch nicht dem Sonderbetriebsvermögen II zuzurechnen.
Außerdem wurde gezeigt, dass die Geschäftsführerstellung eines Erfinders, der seine Erfindung einer eigens dafür gegründeten GmbH zur Verwertung überlässt, entgegen einer in der Literatur vertretenen Ansicht der Begründung einer Betriebsaufspaltung und damit der Gewerblichkeit der Einkünfte aus der Erfindungsüberlassung nicht entgegensteht. Zwar kann eine Dienstleistung – wie sie auch vom Geschäftsführer gegenüber der Betriebs-GmbH erbracht wird – zum einen keine Betriebsaufspaltung begründen und es erfolgt zum anderen keine

steuerrechtliche Umqualifizierung des nicht durch die Betriebsaufspaltung veranlassten Geschäftsführergehaltes. Jedoch ist die Erfindungsüberlassung nicht Bestandteil des Geschäftsführerverhältnisses. Die für die Erfindung gezahlte Vergütung ist somit auch nicht durch die Geschäftsführerdienstleistung, sondern durch die Überlassung des Wirtschaftsgutes Erfindung veranlasst.

Anhang 1: Vergütung von Arbeitnehmererfindungen

Die Berechnung der Vergütung nach RL 1959 richtet sich nach der in RL Nr. 39 angegebenen Berechnungsformel:

$$V = E * A * M$$

wobei
V ....zu zahlende Vergütung
E ....Erfindungswert
A ....Anteilsfaktor in %
M ....Miterfinderanteil in %

A. Ermittlung des Erfindungswertes E

I. Erfindungswert bei externer Verwertung, RL Nrn. 14 – 17

Der Erfindungswert wird bei externer Verwertung entsprechend RL Nrn. 14 – 17 ermittelt. Bei der Nutzung durch Lizenzvergabe auf Schutzrechte oder Know-how entspricht der Erfindungswert den Nettolizenzeinnahmen (RL Nr. 14), bei deren Verkauf dem Nettoverkaufserlös (RL Nr. 16). Bei Lizenzaustauschverträgen entspricht der Erfindungswert dem quotenmäßigen Anteil der Arbeitnehmererfindung am Gesamtnutzen des Austauschvertrages für den Arbeitgeber.

II. Erfindungswert bei betrieblicher Nutzung der Erfindung, RL Nrn. 3 und 4

Bei betrieblicher Nutzung der Erfindung kann die Ermittlung gem. RL Nrn. 3 und 4 nach der Lizenzanalogie, nach dem erfassbaren betrieblichen Nutzen, durch Schätzung oder in Analogie zum Kaufpreis erfolgen.

1. Lizenzanalogie, RL Nrn. 6 ff. und 39

Bei der Bewertung betrieblich genutzter Erfindungen nach der Lizenzanalogie erfolgt die Ermittlung des Erfindungswertes durch Vergleich mit marktüblichen Lizenzsätzen. Hat der Arbeitgeber bezogen auf dieselbe Erfindung an Dritte Lizenzen vergeben, so kann auf deren Sätze abgestellt werden, sonst müssen Informationen des Arbeitgebers über übliche Lizenzsätze im entsprechenden Wirtschaftszweig genutzt werden.[947]

---

[947] Bartenbach / Volz, RL, RL Nr. 6 Rn. 4.

Nach RL Nr. 39 ergibt sich der Erfindungswert nach Lizenzanalogie gemäß der Formel:

$$E = B * L$$

wobei

	bei stück- o. a. mengenbezogenen Lizenzen:	bei umsatz- oder gewinnbezogenen Lizenzen:
B	... Bezugsgröße (Mengeneinheit)	... Bezugsgröße (Geldeinheit)
L	... Geldbetrag je Mengeneinheit	... Lizenzsatz in %

Bei der Ermittlung des Erfindungswertes E muss dabei sichergestellt werden, dass sich die Bezugsgröße B entweder auf die gesamte Laufzeit J der Lizenz bezieht oder nach der Formel

$$\sum_{j=1}^{J} B_j * L$$

die Summe für die für die jeweiligen Zeitabschnitte j ermittelten Erfindungswerte zu bilden ist, RL Nr. 39.

2. Nach dem erfassbaren betrieblichen Nutzen, RL Nr. 12

Der erfassbare betriebliche Nutzen wird verstanden als Differenz der aus der Erfindung resultierenden „Erträge"[948] und der durch sie verursachten Kosten (ab deren Fertigstellung[949]). Dabei ist für die Wertermittlung im Einzelnen auf die Grundsätze für die Preisbildung bei öffentlichen Aufträgen zurückzugreifen, RL Nr. 12.

3. Schätzung, RL Nr. 13

Die Schätzung des Erfindungswertes hat zu erfolgen, wenn die anderen Methoden zu keinem adäquaten Ergebnis führen. Dabei ist von einem Preis auszugehen, den der Betrieb für den Erwerb der Erfindung von einem freien Erfinder hätte ausgeben müssen, RL Nr. 13.

---

[948] Gemeint ist wohl, da hier insgesamt auf Größen des internen Rechnungswesens („Kosten", „kalkulatorische Zinsen", ...) abgestellt wird, der Begriff „Leistungen". Bartenbach / Volz, RL, Nr. 12 Rn. 43 – 53.

[949] Die bis zur Fertigstellung entstandenen Kosten gehen in die Ermittlung des Anteilsfaktors A ein.

III. Erfindungswert bei passiver Verwertung bzw. nicht verwerteten Erfindungen

1. Sperrpatente, RL Nr. 18

Ein Sperrpatent soll lediglich Wettbewerber an der Nutzung einer Erfindung hindern, mit der eine im Betrieb bereits angewandtes Patent umgangen werden könnte. Da demnach ein dem Sperrpatent gleichartiges Patent betrieblich genutzt wird, soll sich der Erfindungswert des Sperrpatents an dessen Wert orientieren, wobei mangels praktischer Bewährung und Markteinführung für den Wert des Sperrpatents ein Abschlag vorzunehmen ist, RL Nr. 18.

2. Schutzrechtskomplexe, RL Nr. 19

Kommen bei einem Erzeugnis oder Verfahren mehrere Erfindungen in einem einheitlich zu wertenden Gesamtkomplex zum Einsatz, so ist zunächst der Gesamtwert dieses Komplexes zu ermitteln. Dieser ist auf die einzelnen Erfindung nach deren Einfluss auf die Gestaltung des Verfahrens bzw. Erzeugnisses aufzuteilen, RL Nr. 19.

B. Ermittlung des Anteilsfaktors A, RL Nrn. 30 ff.

Nach RL Nr. 30 ist der Anteilsfaktor A abhängig von

a .... Wertzahl, die sich aus der Stellung der Aufgabe ergibt
b .... Wertzahl, die sich aus der Lösung der Aufgabe ergibt
c .... Wertzahl, aus Aufgaben und Stellung des Arbeitnehmers im Betrieb

I. Abhängigkeit von der Stellung der Aufgabe a, RL Nr. 31

Nach RL Nr. 31 Abs. 1 S. 1 ist Wertzahl a umso größer je größer der Anteil des Arbeitnehmers am Zustandekommen der Diensterfindung ist. Die Ermittlung der Wertzahl erfolgt, indem für jede der in Abs. 1 S. 3 Nrn. 1 bis 6 bezüglich der Erfindungsveranlassung getroffenen Aussagen ihre Erfülltheit prozentual p bewertet wird. Auf diese Weise ergibt sich die Wertzahl a:

$$a = \frac{\sum_{i=1}^{6} p_i * i}{\sum_{i=1}^{6} p_i}$$

wobei:
i .... Nr. und somit auch entsprechende Wertzahl der in RL Nr. 31 Abs. 1 S. 3 getroffenen Aussagen
p ....Erfülltheit der jeweiligen Aussage in %

II. Abhängigkeit von dem Weg der Lösung der Aufgabe b, RL Nr. 32

Die Wertzahl b berücksichtigt den Umfang der geistigen und materiellen Hilfe des Betriebes bei der Lösung der technischen Aufgabe. Dabei ist die Wertzahl $b = 6$, wenn für die Erfindung keine betriebliche Unterstützung i. S. d. in RL Nr. 31 Abs. 1 Nrn. 1 bis 3 getroffenen Aussagen vorlag; sie beträgt 1, wenn alle aufgeführten Unterstützungsmöglichkeiten zu ($p =$) 100 % genutzt wurden.

$$b = 6 - \frac{\sum_{j=1}^{3} p_j}{60}$$

wobei:
j ....Nr. der in RL Nr. 32 Abs. 1 getroffenen Aussagen
p ....Erfülltheit der jeweiligen Aussage in %

III. Abhängigkeit von Aufgaben und Stellung des Arbeitnehmers im Betrieb c, RL Nrn. 33 - 36

Gem. RL Nr. 33 sinkt der Anteil des Arbeitnehmers c bei steigendem, auf seiner betrieblichen Stellung beruhendem Einblick in Erzeugung und Entwicklung des Betriebes sowie bei steigendem Arbeitsentgelt. Die Ermittlung der Wertzahl erfolgt, indem für jede der in RL Nr. 34 Abs. 1 aufgezählten Aussagen zur Gruppenzugehörigkeit des Arbeitnehmers die Erfülltheit prozentual (p) bewertet wird. Auf diese Weise ergibt sich die Wertzahl c:

$$c = \frac{\sum_{k=1}^{8} p_k * k}{\sum_{k=1}^{8} p_k}$$

wobei:
k ....Nr. der in RL Nr. 34 Abs. 1 bezeichneten Gruppe
p ....Erfülltheit der jeweiligen Aussage in %

IV. Transformation in den Anteilsfaktor A, RL Nr. 37

Die auf oben beschriebene Weise ermittelten Wertzahlen a, b und c werden schließlich in ihrer Summe anhand der Tabelle in RL Nr. 37 in den Anteilsfaktor A transformiert:

$a+b+c$	3	4	5	6	7	8	9	10	11	12	13	14	15	16	17	18	19	(20)
A	2	4	7	10	13	15	18	21	25	32	39	47	55	63	72	81	90	(100)

... wobei jedoch zumindest bei einem Anteilsfaktor von $A = 100$ vom Vorliegen einer freien Erfindung (§ 4 Abs. 3 ArbNErfG) ausgegangen werden kann.

Anhang 2: BMBF-Patentserver 01/2002

Änderung des § 42 des Arbeitnehmererfindungsgesetzes

Zum 7. Februar 2002 haben sich die rechtlichen Rahmenbedingungen für Erfindungen an Hochschulen (niedergelegt im § 42 des Arbeitnehmererfindungsgesetzes - ArbNErfG -) in grundlegender Weise geändert. Das vom Bundestag am 30. November 2001 verabschiedete Gesetz zur Änderung des Arbeitnehmererfindungsgesetzes ist am 24. Januar 2002 im Bundesgesetzblatt verkündet worden und trat zum 7. Februar 2002 in Kraft.

Die zentrale Neuerung: **Das alte "Hochschullehrerprivileg" gibt es in Zukunft nicht mehr.** Bisher standen dem Lehrpersonal der Hochschulen an Erfindungen, die sie in ihrer dienstlichen Tätigkeit gemacht haben, alle Rechte in eigener Person zu. Das bedeutet: Früher entschied der Wissenschaftler selbst - ohne dass die Hochschule hierauf rechtlich hätte Einfluss nehmen können - darüber, ob ein naturwissenschaftlichtechnisches Forschungsergebnis wirtschaftlich genutzt werden soll oder nicht. Die Folge: In den meisten Fällen wurden keine Aktivitäten zur Kommerzialisierung des Forschungsergebnisses unternommen - etwa, weil dem Professor das finanzielle Risiko zu groß war. Das unter Einsatz oft erheblicher öffentlicher Mittel erarbeitete neue Wissen hatte damit keine Chance, zu einem neuen Produkt oder Verfahren weiterentwickelt zu werden. Viele Möglichkeiten zur Schaffung wirtschaftlicher Werte, zur Existenzgründung, zur Sicherung vorhandener oder zur Schaffung neuer Arbeitsplätze gingen so unwiederbringlich verloren.
Diesen verschwenderischen Umgang mit der wertvollen Ressource "Hochschulerfindungen" können wir uns im 21. Jahrhundert nicht mehr leisten. Daher gilt: Alle Erfindungen von Hochschulangehörigen sind dem Dienstherrn zu melden. Die Hochschule kann sie binnen einer Frist von 4 Monaten in Anspruch nehmen mit der Folge, dass dann alle kommerziellen Verwertungsrechte an dem Forschungsergebnis auf sie übergehen. Das versetzt die Hochschule in die Lage, die Erfindung zum Patent anzumelden und auf der Basis dieser schutzrechtlichen Sicherung die Erfindung zu vermarkten - zum Nutzen für den Erfinder, für die Hochschule und für die Wirtschaft. Die Reform stellt damit im Hochschulbereich einen Zustand her, der in der außeruniversitären Forschung schon immer galt und zu einer beeindruckenden Patentbilanz aus den HGF-Zentren und den Instituten der Fraunhofer-Gesellschaft und der Max-Planck-Gesellschaft geführt hat.

Das neue Recht trägt weiterhin durch eine Reihe von Sonderregelungen der spezifischen Situation an Hochschulen Rechnung:
Der Konflikt "Veröffentlichung contra Patentanmeldung" wird gesetzlich gelöst.

Jede Publikation, die eine patentfähige Erfindung enthalten kann, ist dem Dienstherrn rechtzeitig, in der Regel 2 Monate vorher, anzuzeigen. Dies gibt der Hochschule die Möglichkeit, bei wirtschaftlich interessanten Forschungsergebnissen eine vorsorgliche Patentanmeldung vorzunehmen. Nach Ablauf dieser Informationsfrist kann die geplante Publikation erscheinen. Das Gesetz gibt der Hochschule weder das Recht, die wissenschaftliche Veröffentlichung zu untersagen, noch, auf ihren Inhalt Einfluss zu nehmen; es bedarf für die angezeigte Publikation auch keiner "Genehmigung" der Hochschule, der schlichte Fristablauf genügt (alles andere wäre verfassungswidrig).

Das Gesetz regelt noch einen weiteren Konfliktfall: Lehnt der Erfinder aus wissenschaftlichethischen Gründen eine Veröffentlichung seiner Forschungsergebnisse ab, so kann die Hochschule dies nicht durch eine - zwingend zu veröffentlichenden - Patentanmeldung unterlaufen. In solchen Fällen wird der Forscher von seiner Meldepflicht befreit, die Hochschule erfährt von dieser Erfindung also gar nichts. Kehrseite: Auch der Hochschullehrer darf nicht veröffentlichen. Es geht also nicht, unter Berufung auf die negative Publikationsfreiheit eine Patentanmeldung der Hochschule zu verhindern, dann aber selbst Verwertung zu betreiben.
Auch wenn die Hochschule eine Erfindung in Anspruch nimmt, behält der Forscher das Recht, sein Forschungsergebnis im Rahmen seiner Lehr- und Forschungstätigkeit weiter zu nutzen. Weder ein von der Hochschule erlangtes Patent noch dessen Verkauf oder Lizensierung können dieses gesetzlich verliehene Nutzungsrecht ausschließen oder einschränken.
Wichtig für den Erfinder ist die Höhe der Erfindervergütung bei Inanspruchnahme durch den Dienstherrn. Hier stellt das neue Recht Hochschulangehörige deutlich günstiger als andere Erfinder. Was in der Industrie oder in der außeruniversitären Forschung zum Teil freiwillig gewährt wird - eine signifikant bessere Erfindervergütung als der gesetzliche Mindeststandard -, wird im Hochschulbereich zum Normalfall. Verwertet der Dienstherr die Erfindung, so erhält der Erfinder 30 % der durch die Verwertung erzielten Einnahmen. Die von der Hochschule in die Patentierung und Vermarktung investierten Mittel werden vor Auskehrung nicht abgezogen; Basis für die 30 %ige Beteiligung sind also die Brutto-Einnahmen der Hochschule z.B. aus Lizenzvergabe oder Patentverkauf. Erfindergemeinschaften teilen sich die Erlösbeteiligung.
Das neue Recht nach § 42 Arbeitnehmererfindungsgesetz gilt für alle Hochschulangehörigen. Von der günstigen Erfindervergütung profitieren also nicht nur Professoren und andere Lehrpersonen, sondern alle, die in einem Beschäftigungsverhältnis zur Hochschule stehen.
Schließlich blockiert das neue Recht im Hochschulbereich die Inanspruchnahme einer Erlösbeteiligung durch den Dienstherrn. Anders als sonstige öffentliche

Stellen dürfen Hochschulen nicht eine Erfindung dem Erfinder freigeben, sich aber gleichzeitig an dem vom Erfinder erzielten Verwertungserlös prozentual beteiligen lassen. Hochschulen sollen eine klare Entscheidung treffen: entweder Inanspruchnahme der Erfindung mit allen Konsequenzen oder Erfindungsfreigabe mit der Folge, dass der Erfinder dann alle in eigener Initiative und auf eigenes Risiko erlangten Kommerzialisierungserlöse behalten darf. Eine Erlösbeteiligung lässt dagegen den Erfinder das ganze Risiko von Verwertungsbemühungen tragen; hat der Erfinder Erfolg, profitiert der Dienstherr ohne eigenes finanzielles Engagement. Dies ist für den Hochschulbereich unangemessen.

Was wird aus bestehenden Drittmittelverträgen? Sie treten nicht automatisch außer Kraft, aber mit dem Ende des Hochschullehrerprivilegs ändert sich eine Randbedingung für solche Vereinbarungen. Eine Übergangsvorschrift im Gesetz trug dem Rechnung: 1 Jahr lang galt für solche Verträge (Forschungsaufträge, Kooperationen, "Lehrstuhlverträge" u.ä.) noch altes Arbeitnehmererfinderrecht. Das gab den Vertragsparteien ausreichend Zeit, ihre Vereinbarungen entweder dem neuen Recht (unter Beteiligung der Hochschule) anzupassen oder abzuwickeln. Inzwischen ist die Übergangsfrist abgelaufen. Jetzt unterliegen alle Erfindungen dem neuen Recht.

Auf die Frage „Was ist im Hochschulbereich eine Diensterfindung und eine freie Erfindung?" finden Sie hier eine Antwort.

Weitere Informationen finden Sie auch in der Neuen Juristischen Wochenzeitschrift, Heft 13, 2002, S. 952-954.

Anhang 3: Verordnung über die steuerliche Behandlung der Vergütungen für Arbeitnehmererfindungen vom 6. Juni 1951

(BStB1.1951 I S. 184)

Auf Grund des Artikels II Ziffer 2 Buchstabe e des Gesetzes zur Änderung des Einkommensteuergesetzes und des Körperschaftsteuergesetzes vom 29. April 1950 (Bundesgesetzblatt S. 95) verordnet die Bundesregierung mit Zustimmung des Bundesrates:

§ 1
Vergütungen für Arbeitnehmererfindungen

Zahlt ein Arbeitgeber auf Grund gesetzlicher Vorschriften seinem Arbeitnehmer Vergütungen für eine schutzfähige Erfindung, die aus der Arbeit des Arbeitnehmers im Betrieb entstanden ist, so werden der Steuerabzug vom Arbeitslohn und die Veranlagung zur Einkommensteuer nach Maßgabe der §§ 2 bis 4 vorgenommen, es sei denn, daß die Besteuerung nach den allgemeinen Vorschriften zu einer niedrigeren Steuer führt.

§ 2
Steuerabzug vom Arbeitslohn

(1) Die Lohnsteuer von den gesamten Vergütungen eines Kalenderjahres für Arbeitnehmererfindungen ist nach den Anordnungen zu berechnen, die für sonstige, insbesondere einmalige Bezüge bei einer Aufteilung dieser Bezüge auf ein volles Jahr getroffen sind. Die so errechnete Lohnsteuer wird zur Hälfte erhoben.

(2) Auf Verlangen des Finanzamts hat der Arbeitgeber, der den Steuerabzug vom Arbeitslohn nach Absatz 1 vorzunehmen hat, nachzuweisen, daß die gezahlten Vergütungen für Arbeitnehmererfindungen nicht unangemessen hoch sind. Das Finanzamt entscheidet, gegebenenfalls nach Anhörung von Sachverständigen, im Rahmen bestehender Anordnungen und unter Berücksichtigung kaufmännischer Übung nach billigem Ermessen.

§ 3
Lohnkonto, Lohnsteuerbelege

Der Arbeitgeber hat die Vergütungen für Arbeitnehmererfindungen und die davon einbehaltene Lohnsteuer im Lohnkonto (§ 31 der Lohnsteuer-Durchführungsverordnung 1950), in der Lohnsteuerbescheinigung (§ 47 der Lohnsteuer-Durchführungsverordnung 1950) und im Lohnzettel (§ 48 der Lohnsteuer-Durchführungsverordnung 1950) je besonders anzugeben.

§ 4
Veranlagung

(1) Durch den Steuerabzug vom Arbeitslohn ist, vorbehaltlich der Vorschrift in Absatz 2, die auf die Vergütungen für Arbeitnehmererfindungen entfallende Einkommensteuer abgegolten. Die Vergütungen bleiben bei der Veranlagung des Arbeitnehmers zur Einkommensteuer außer Betracht. Die von den Vergütungen einbehaltene Lohnsteuer wird auf die Einkommensteuerschuld des Arbeitnehmers nicht angerechnet.

(2) Der Arbeitnehmer kann beantragen, daß die Vergütungen für Arbeitnehmererfindungen in eine nach § 46 des Einkommensteuergesetzes vorzunehmende Veranlagung einbezogen werden. In diesem Fall ist die anteilige Einkommensteuer, die sich für die Vergütungen für Arbeitnehmererfindungen im Verhältnis zum Gesamtbetrag der Einkünfte auf Grund der Steuer ergibt, die für das gesamte Einkommen nach der Einkommensteuertabelle festzusetzen wäre, nur zur Hälfte zu erheben. Die von den Vergütungen einbehaltene Lohnsteuer ist auf die Einkommensteuerschuld des Arbeitnehmers anzurechnen.

§ 5
Anwendungszeitraum

Die Vorschriften dieser Verordnung finden auf alle Vergütungen für Arbeitnehmererfindungen Anwendung, die dem Arbeitnehmer nach dem Inkrafttreten dieser Verordnung gezahlt werden.

§ 6
Inkrafttreten

Diese Verordnung tritt am Tage nach ihrer Verkündung in Kraft.

Bonn, den 6. Juni 1951.

Der Bundeskanzler
Adenauer

Der Bundesminister der Finanzen
Schäffer

Anhang 4: Verordnung über die einkommensteuerliche Behandlung der freien Erfinder vom 30. Mai 1951

(BStBl. 1951 I S. 181).

Auf Grund des Artikels II Ziffer 2 Buchstabe e des Gesetzes zur Änderung des Einkommensteuergesetzes und des Körperschaftsteuergesetzes vom 29. April 1950 (Bundesgesetzbl. S. 95) verordnet die Bundesregierung mit Zustimmung des Bundesrates:

§1
Freie Erfinder und Erfindertätigkeit

(1) Freie Erfinder im Sinn dieser Verordnung sind natürliche Personen, die ihre Erfindertätigkeit nicht im Rahmen eines Arbeitsverhältnisses ausüben. Wird die Erfindertätigkeit im Rahmen eines Arbeitsverhältnisses ausgeübt, dann wird der Arbeitnehmer als freier Erfinder behandelt, soweit er die Erfindung außerhalb des Arbeitsverhältnisses verwertet.

(2) Erfindertätigkeit im Sinn dieser Verordnung ist eine Tätigkeit, die auf die Erzielung einer patentfähigen Erfindung gerichtet ist. Ob es tatsächlich zur Erteilung eines Patentes kommt ist ohne Bedeutung.

§2
Zurechnung der Einkünfte aus Erfindertätigkeit

Die Einkünfte der freien Erfinder aus der Erfindertätigkeit gehören zu den Einkünften aus selbständiger Arbeit oder, soweit sie im Rahmen eines Gewerbebetriebes anfallen, zu den Einkünften aus Gewerbebetrieb.

§3
Voraussetzungen für die Begünstigung

Die Einkünfte der freien Erfinder aus der Erfindertätigkeit werden nach Maßgabe der §§ 4 und 5 behandelt, wenn folgende Voraussetzungen sämtlich erfüllt sind:

1. Die oberste Wirtschaftsbehörde des Landes, in dem die Erfindertätigkeit ausgeübt wird, muß mit Zustimmung des Bundesministers für Wirtschaft bestätigt und die oberste Finanzbehörde des Landes muß anerkannt haben, daß der Versuch oder die Erfindung volkswirtschaftlich wertvoll ist.
2. Die Betriebseinnahmen und Betriebsausgaben, die sich auf die Versuche und Erfindungen beziehen, müssen gesondert aufgezeichnet werden.

§4
Begünstigung der nicht im eigenen gewerblichen Betrieb verwerteten Erfindung

Liegen die Voraussetzungen des § 3 vor und wird die Erfindung nicht im eigenen gewerblichen Betrieb verwertet, gilt folgendes:

1. Der Steuerpflichtige darf Aufwendungen, die durch seine Erfindertätigkeit veranlaßt sind, z. B. Aufwendungen zur Entwicklung, Verbesserung oder rechtlichen Sicherung der Erfindung, als Betriebsausgaben absetzen, wenn sie nach dem 31. Dezember 1949 entstanden sind. Diese Aufwendungen brauchen bei einer Gewinnermittlung nach § 4 Absatz 1 und § 5 des Einkommensteuergesetzes nicht aktiviert und bei einer Gewinnermittlung nach § 4 Absatz 3 des Einkommensteuergesetzes durch einen Zuschlag nicht berücksichtigt zu werden.

2. Der Steuerpflichtige darf bei der Gewinnermittlung nach § 4 Absatz 1 und § 5 des Einkommensteuergesetzes nach Maßgabe der Sätze 2, 3 und 5 Verluste, die sich durch die steuerliche Behandlung der Aufwendungen nach Ziffer 1 in den 5 vorangegangenen Veranlagungszeiträumen ergeben haben, von den Einkünften aus selbständiger Arbeit oder aus Gewerbebetrieb absetzen, soweit sie nicht schon bei den Veranlagungen für die vorangegangenen Veranlagungszeiträume gemäß § 2 Absatz 2 des Einkommensteuergesetzes ausgeglichen oder gemäß § 10 Absatz 1 Ziffer 4 des Einkommensteuergesetzes abgezogen worden sind oder bei der Veranlagung für den laufenden Veranlagungszeitraum gemäß § 10 Absatz 1 Ziffer 4 des Einkommensteuergesetzes abgezogen werden. Die nicht ausgeglichenen oder nicht abgezogenen Verluste sind bis zur Höhe der Einkünfte aus selbständiger Arbeit oder aus Gewerbebetrieb in den Veranlagungszeiträumen zu berücksichtigen, in denen die Berücksichtigung frühestens möglich ist. Sie vermindern, wenn Einkünfte aus Erfindungen erzielt worden sind, zunächst diese Einkünfte und danach die anderen Einkünfte aus selbständiger Arbeit oder aus Gewerbebetrieb. Entsprechendes gilt bei einer Gewinnermittlung nach § 4 Absatz 3 des Einkommensteuergesetzes. Die Bestimmungen dieser Ziffer gelten erstmalig für Verluste, die nach dem 31. Dezember 1949 entstanden sind.

3. Die anteilige Einkommensteuer, die sich für die Einkünfte aus freier Erfindertätigkeit im Verhältnis zum Gesamtbetrag der Einkünfte auf Grund der Steuer, die für das gesamte Einkommen nach der Einkommensteuertabelle festzusetzen wäre, ergibt, wird auf Antrag für die Versuchszeit und für den Veranlagungszeitraum, in dem die Verwertung beginnt, und für die 8 folgenden Veranlagungszeiträume, bei patentierten Erfindungen höchstens aber für die Laufzeit des Patents, nur zu Hälfte erhoben. Voraussetzung dafür ist, daß der Steuerpflichtige die Steuer-

begünstigung des § 34 Absatz 5 des Einkommensteuergesetzes für Einkünfte aus freier Erfindertätigkeit für den in Betracht kommenden Veranlagungszeitraum nicht in Anspruch nimmt.

§5
Begünstigung bei Verwertung der Erfindung im eigenen gewerblichen Betrieb

Liegen die Voraussetzungen des § 3 vor und wird die Erfindung im eigenen gewerblichen Betrieb des Erfinders oder in einem gewerblichen Betrieb verwertet, an dem der Erfinder als Mitunternehmer beteiligt ist, so findet § 4 Ziffer 1 und 2 sinngemäß Anwendung. Aufwendungen, die nach dem 20. Juni 1948 für Versuche oder für Erfindungen entstanden und aktiviert worden sind, dürfen über die Absetzungen nach § 7 des Einkommensteuergesetzes hinaus vom Zeitpunkt der Verwertung der Erfindung ab während der Restnutzungsdauer zu Lasten des Erfolgs jährlich in beliebiger Höhe abgesetzt werden (volle Bewertungsfreiheit).

§6
Schlußvorschriften

1. Diese Verordnung gilt erstmalig für den Veranlagungszeitraum 1950.
2. Soweit die in § 3 Ziffer 2 geforderten Aufzeichnungen der Betriebseinnahmen und Betriebsausgaben nicht nachgeholt werden können, müssen die bis zur Verkündung dieser Verordnung entstandenen Betriebseinnahmen und Betriebsausgaben schätzungsweise ermittelt und die Grundlagen der Schätzung festgehalten werden.
3. Ist die Erfindertätigkeit vor Verkündung dieser Verordnung bereits auf Grund einer landesrechtlichen Regelung zur sinngemäßen Anwendung des Erlasses des früheren Reichsministers der Finanzen vom 11. September 1944 (Reichssteuerblatt S. 586) von den hierfür zuständigen Wirtschafts- und Finanzbehörden des Landes als volkswirtschaftlich wertvoll anerkannt worden, kann von einem erneuten Anerkennungsverfahren nach § 3 Ziffer 1 abgesehen werden.

§7
Inkrafttreten

Diese Verordnung tritt am Tage nach ihrer Verkündung in Kraft.

Bonn, den 30. Mai 1951.

Der Bundeskanzler
Adenauer

Der Bundesminister der Finanzen
Schäffer

Anhang 5: Rahmenangaben „erfahrungsgemäßer" Hundertsätze für Lizenzgebühren

sog. „Lizenzkartei" des Bundesamtes für Finanzen

Industriezweig		**Umsatzlizenz**		
Elektroindustrie		½	-	4 %[950]
	oder	½	-	5 %[951]
Maschinenindustrie		⅓	-	10 %
	oder	¼	-	3 %
	oder	2	-	6 %
Bergbau		½	-	4 %
Feinmechanik		⅓	-	10 %
Werkzeugbau		½	-	3 %
Pharmazeutik		2	-	5 %
Kabelindustrie		½	-	5 %
Metallindustrie		1	-	3 ½ %
	oder	1	-	4,4 %
Rundfunkindustrie				
vom Preis der ganzen Geräte gerechnet		½	-	1 %
auf die einzelnen Schutzrechte umgelegt selbst für Pioniererfindungen höchstens				0,3%

Quellen:
Knoppe (1972), S. 100
Kröger (1977), S. 116

950 Knoppe (1972), S. 100.
951 Kröger (1977), S. 116.

Literaturverzeichnis

Kommentare und Monographien

Bartenbach / Gennen (2001)	Kurt Bartenbach, Klaus Gennen; Patentlizenz- und Know-how-Vertrag; 5. Aufl.; Köln, 2001.
Bartenbach / Volz (1996)	Kurt Bartenbach und Franz-Eugen Volz; Arbeitnehmererfindungsrecht einschließlich Verbesserungsvorschlagswesen; Berlin, 1996.
Bartenbach / Volz, ArbNErfG	Kurt Bartenbach und Franz-Eugen Volz; Arbeitnehmererfindungsgesetz: Kommentar zum Gesetz über Arbeitnehmererfindungen; 4. Aufl., Köln, Berlin, Bonn, München, 2002.
Bartenbach / Volz, RL	Kurt Bartenbach und Franz-Eugen Volz; Arbeitnehmererfindervergütung: Kommentar zu den Amtlichen Richtlinien für die Vergütung von Arbeitnehmererfindungen; 2. Aufl.; Köln, Berlin, Bonn, München, 1999.
Baumbach / Hueck, GmbHG	GmbH-Gesetz, Gesetz betreffend die Gesellschaften mit beschränkter Haftung; begr. von Adolf Baumbach, fortgef. von Alfred Hueck; 17. Aufl., München, 2000.
Benkard, PatG	Patentgesetz, Gebrauchsmustergesetz, Kurz-Kommentar; begr. von Georg Benkard; fortgef. von Karl Bruchhausen, Rüdiger Rogge, Alfons Schäfers, Eike Ullmann; 9. Aufl., München, 1993.
Blümich	Einkommensteuergesetz, Körperschaftsteuergesetz, Gewerbesteuergesetz: Kommentar; begr. von Walter Blümich, hrsg. von Klaus Elbling; München, Losebl., Stand Okt. 2003. *(zitiert Blümich / Verfasser)*
Böhme (1965)	Werner Böhme; Die Besteuerung der Know-how-Verträge; Diss.; Würzburg, 1965.
Bordewin / Brandt, EStG	Kommentar zum Einkommensteuergesetz; hrsg. von Arno Bordewin und Jürgen Brandt; Heidelberg, Losebl., Stand Feb. 2004.
Brandmüller (1994)	Gerhard Brandmüller; Die Betriebsaufspaltung nach Handels- und Steuerrecht; 6. Aufl., Heidelberg, 1994.
DABEI-Handbuch	DABEI-Handbuch für Erfinder und Unternehmer: von der Idee zum Produkt und zur Vollbeschäftigung; hrsg. von DABEI, Deutsche Aktionsgemeinschaft Bildung – Erfindung – Innovation; Düsseldorf, 1987.
Die GmbH in der Steuerberatung	Die GmbH in der Steuerberatung; hrsg. von Günther Felix, Köln, 1979.

Felix / Stahl (1981) — Günther Felix und Rudolf Stahl; Erfinder in der Besteuerungspraxis; 2. Aufl., Köln, 1981.

Fichtelmann (1999) — Helmar Fichtelmann; Die Betriebsaufspaltung im Steuerrecht; 10. Aufl., Heidelberg, 1999.

Gerlach (1966) — Klaus Gerlach; Besteuerung des Know-how: Steuerliche Behandlung des Know-how sowie der Einkünfte aus der Überlassung von Know-how nach dem innerdeutschen Steuerrecht und dem deutschen Außensteuerrecht; Diss.; München, 1966.

Henn (1999) — Günter Henn; Patent- und Know-how-Lizenzvertrag: Handbuch für die Praxis; 4. Aufl., Heidelberg, 1999.

HHR — Herrmann / Heuer / Raupach, Einkommensteuer- und Körperschaftsteuergesetz, Kommentar; begr. von Alfons Mrozek und Albert Kennerknecht; fortgef. von Gerhard Heuer und Carl Herrmann; hrsg. von Arndt Raupach; 21. Aufl., Köln, Losebl., Stand Dez 2003.
(zitiert HHR / Verfasser)

Hubmann / Götting (2002) — Gewerblicher Rechtsschutz, ein Studienbuch; begr. von Heinrich Hubmann, fortgef. von Horst-Peter Götting; 7. Aufl., München, 2002.

Huttegger (1986) — Thomas Huttegger; Die steuerliche Behandlung von Einkünften aus Erfindungen: Ein internationaler Vergleich; Frankfurt am Main, Bern, New York, 1986.

HWB StRe — Handwörterbuch des Steuerrechts; hrsg. von Georg Strickrodt, Günter Wöhe, Christian Flämig, Günther Felix, Heinz Sebiger; 2. Aufl., München, Bonn, 1981.

Jakob (2003) — Wolfgang Jakob; Einkommensteuer; 3. Aufl., München, 2003.

Kaligin (1995) — Thomas Kaligin; Die Betriebsaufspaltung: ein Leitfaden für die Rechts-, Steuer- und Wirtschaftspraxis; 3. Aufl., Bielefeld, 1995.

Kirchhof, EStG — Einkommensteuergesetz: Kompaktkommentar; hrsg. von Paul Kirchhof; 4. Aufl., Heidelberg, 2004.

Klein / Flockermann / Kühr, EStG — Kommentar zum Einkommensteuergesetz; hrsg. von Franz Klein, Paul Flockermann, Christian Kühr; 3. Aufl., Neuwied, Darmstadt, 1981.

Klein, AO — Abgabenordnung, einschließlich Steuerstrafrecht; begr. von Franz Klein und Gerd Orlopp, bearb. von Hans Bernhard Brockmeyer u. a.; 8. Aufl.; München, 2003.

Knoppe (1972) — Helmut Knoppe; Die Beteuerung der Lizenz- und know-how-Verträge; 2. Aufl., Köln, 1972.

Knoppe (1985)	Helmut Knoppe; Betriebsverpachtung, Betriebsaufspaltung: Pachtverhältnisse gewerblicher Betriebe im Steuerrecht; 7. Aufl.; Düsseldorf, 1985.
Kolle / Strebel, EPÜ	Gert Kolle, Johann Strebel; Europäisches Patentübereinkommen: Übereinkommen über die Erteilung europäischer Patente; 3. Aufl., Köln, Berlin, Bonn, München, 1998.
Kölner Handbuch Betriebsaufspaltung	Kölner Handbuch der Betriebsaufspaltung und Betriebsverpachtung; hrsg. von Günther Felix; 4. Aufl.; Köln, 1979.
Korn, EStG	Einkommensteuergesetz, Kommentar; hrsg. von Klaus Korn, Dieter Carlé, Rudolf Stahl, Martin Strahl; Bonn, Berlin, Losebl., Stand Sept. 2003. *(zitiert Korn / Verfasser, EStG)*
Kröger (1977)	Fritz J. Kröger; Forschungskosten, Erfindungen, Lizenzen und Know-how im Steuerrecht; 2. Aufl.; Herne, Berlin, 1977.
Lang (1981/88)	Die Bemessungsgrundlage der Einkommensteuer: rechtssystematische Grundlagen steuerlicher Leistungsfähigkeit im deutschen Einkommensteuerrecht; Joachim Lang; Köln, 1988. Zugl. Köln, Habil.-Schr., 1981.
Littmann / Bitz / Pust, EStG	Das Einkommensteuerrecht: Kommentar zum Einkommensteuerrecht; begr. von Eberhard Littmann, hrsg. von Horst Bitz und Hartmut Pust; 15. Aufl., Stuttgart, Losebl.; Stand Nov. 2003. *(zitiert Littmann / Bitz / Pust / Verfasser, EStG)*
Lüdecke (1955)	Wolfgang Lüdecke; Lizenzgebühren für Erfindungen; Darmstadt, 1955.
Lutter / Hommelhoff, GmbHG	Marcus Lutter, Peter Hommelhoff; GmbH-Gesetz, Kommentar; 15. Aufl., Köln, 2000.
Mes, PatG / GebrMG	Peter Mes; Patentgesetz – Gebrauchsmustergesetz; München, 1997.
Michalski, GmbHG	Kommentar zum Gesetz betreffend die Gesellschaften mit beschränkter Haftung (GmbH-Gesetz); hrsg. von Lutz Michalski; Band I, §§ 1 – 34 GmbHG, München, 2002; Band II, §§ 35 – 86 GmbHG, München, 2002.
Mohr (1985)	Hartmut Mohr; Die Besteuerung der Erfinder und Erfindungen; München, 1985.
MüKo, BGB	Münchener Kommentar zum Bürgerlichen Gesetzbuch; hrsg. von Kurt Rebmann und Franz Jürgen Säcker; Bd. 1. Allgemeiner Teil; 3. Aufl., München, 1993.
Palandt, BGB	Palandt Bürgerliches Gesetzbuch; bearb. von Peter Bassenge u. a.; 62. Aufl., München, 2003.

Rau / Dürrwächter, UStG — Kommentar zum Umsatzsteuergesetz; begr. von Günter Rau, bearb. von Wolfram Reiss; 8. Aufl., Köln, Losebl., Stand Okt. 2003.
(zitiert Rau / Dürrwächter / Verfasser, UStG)

Rebel (1997) — Dieter Rebel; Gewerbliche Schutzrechte: Anmeldung – Strategie – Verwertung: Ein Praxishandbuch; 2. Aufl.; Köln, Berlin, Bonn, München, 1997.

Reimer / Schade / Schippel (1993) — Das Recht der Arbeitnehmererfindung: Kommentar zu dem Gesetz über Arbeitnehmererfindungen vom 25.07.1957 und deren Vergütungsrichtlinien; begr. von Eduard Reimer; weitergeführt von Hans Schade und Helmut Schippel; 6. Aufl., Berlin, 1993.

Schaub (2000) — Günter Schaub; Arbeitsrechts-Handbuch: systematische Darstellung und Nachschlagewerk für die Praxis; 9. Aufl., München, 2000.

Schmidt, EStG — Ludwig Schmidt; Einkommensteuergesetz; Kommentar; 22. Aufl., München, 2003.

Schöll / Leopold / Madle / Rader, AO — Abgabenordnung: Praktikerkommentar; hrsg. von Werner Schöll, fortgef. von Peter Leopold, Ulrich Madle, Jürgen Rader; München, Berlin, Losebl., Stand Sept. 2003.
(zitiert Schöll / Leopold / Madle / Verfasser, AO)

Scholz, GmbHG — Scholz Kommentar zum GmbH-Gesetz mit Anhang Konzernrecht; bearb. von Georg Crezelius u. a.; I. Band, §§ 1 – 44; 9. Aufl., Köln, 2000.

Schricker, UrhG — Urheberrecht: Kommentar; hrsg. von Gerhard Schricker; 2. Aufl., München, 1999.

Schulte, PatG — Rainer Schulte; Patentgesetz mit Europäischem Patentübereinkommen: Kommentar auf der Grundlage der deutschen und europäischen Rechtsprechung; 6. Aufl., Köln, Berlin, Bonn, München, 2001.

Söffing (1999) — Günter Söffing; Die Betriebsaufspaltung: Formen, Voraussetzungen, Rechtsfolgen; Herne, Berlin, 1999.

Sölch / Ringleb, UStG — Sölch / Ringleb Umsatzsteuergesetz; hrsg. von Gerhard Mößlang, bearb. von Friedrich Klenk u. a.; 4. Aufl., München; Losebl., Stand Sept. 2003.
(zitiert Sölch / Ringleb / Verfasser, UStG)

Streck, KStG — Körperschaftsteuergesetz mit Nebengesetzen; hrsg. von Michael Streck; 6. Aufl., 2003.

Stumpf / Groß (1998) — Herbert Stumpf, Michael Groß; Der Lizenzvertrag; 7. Aufl., Heidelberg, 1998.

Tipke / Kruse, AO	Klaus Tipke, Heinrich Wilhelm Kruse; Abgabenordnung, Finanzgerichtsordnung: Kommentar zur AO 1977 und FGO (ohne Steuerstrafrecht); 16. Aufl., Köln, Losebl., Stand Aug. 2003. *(zitiert Tipke / Kruse / Verfasser, AO)*
Tipke / Lang (1998)	Steuerrecht; begr. von Klaus Tipke, fortgef. von Joachim Lang; 16. Aufl.; Köln, 1998.
Tipke / Lang (2002)	Steuerrecht; begr. von Klaus Tipke, fortgef. von Joachim Lang; 17. Aufl.; Köln, 2002.
Volmer / Gaul, ArbNErfG	Bernhard Volmer, Dieter Gaul; Arbeitnehmererfindungsgesetz: Kommentar; 2. Aufl., München, 1983.
Zenthöfer / Schulze zur Wiesche (2001)	Wolfgang Zenthöfer, Dieter Schulze zur Wiesche; Einkommensteuer; 6. Aufl., Stuttgart, 2001.

Aufsätze

Ahmann, DStR 1998, 595	Karin-Renate Ahmann; Der gespaltene Erfinder – oder: Gewerbesteuerpflicht eines Freiberuflers bei Betriebsaufspaltung?; DStR 1988, 595.
Berz, DStR 1997, 358	Stefan Berz; Liebhaberei und Segmentierung einer einheitlichen gewerblichen Tätigkeit von Personengesellschaften - Anmerkung zum BFH-Urteil vom 25.6.1996, VIII R 28/94 -; DStR 1997, 358.
Braun, EFG Beilage 1999 Nr. 24, 95	R. Braun; Gebrauchsmuster: Veräußerung oder Nutzungsüberlassung; EFG-Beilage 1999, Nr. 24, 95.
Dietrich, DB 1976, 309	Gerhard Dietrich; Entgeltlichkeit als Kriterium steuerbaren Arbeitslohns; DB 1976, 309.
Frieling, GRUR 1987, 407	Roland Frieling; Forschungstransfer: Wem gehören universitäre Forschungsergebnisse?; GRUR 1987, 407.
Gaul, BB 1983, 1357	Dieter Gaul; Der Verbesserungsvorschlag in seiner Abgrenzung zur Arbeitnehmererfindung; BB 1983, 1357.
Gaul, GmbHR 1982, 101	Dieter Gaul; Die Behandlung von schutzwürdigen Erfindungen durch GmbH-Geschäftsführer; GmbHR 1982, 101.
Groh, DB 1984, 2424	Manfred Groh, Gewinnerzielungsabsicht und Mitunternehmerschaft – Anmerkungen zum Beschluß des Großen Senats des BFH vom 25.6.1984 GrS 4/82; DB 1984, 2424.
Halbach, AuR 1960, 371	Günter Halbach; Die Pflicht zur Mitteilung von technischen Verbesserungsvorschlägen; AuR 1960, 371.
Hueck, BB 1948, 437	Alfred Hueck; Das Recht der Angestelltenerfindung; BB 1948, 437.

Hutter, DStZ 1998, 344 — Ulrich Hutter; Die persönlichen Motive und deren Feststellung in der Liebhaberei-Rechtsprechung des Bundesfinanzhofes; DStZ 1998, 344.

D. Jakob, DStR 2000, 1122 — Dominique Jakob; Erfindungen eines Gesellschafters oder Gesellschafter-Geschäftsführers im Geschäftsbereich der GmbH; DStR 2000, 1122.

D. Jakob, DStZ 2000, 317 — Dominique Jakob; Der patentrechtliche und der steuerrechtliche Erfinder – Gedanken zum „Rentner-Urteil" des BFH v. 18.6. 1998, IV R 29/97; DStZ 2000, 317.

Labus, BB 1951, 331 — Otto Labus; Steuerrechtliche Behandlung der Vergütungen für Arbeitnehmererfindungen; BB 1951, 331.

Lahr, GRUR 1971, 134 — Günther Lahr; Zu der Frage der steuerrechtlichen Behandlung der Vergütungen der Erfindungen von gesetzlichen Vertretern juristischer Personen, z.B. Vorstandsmitgliedern einer Aktiengesellschaft oder Geschäftsführern einer Gesellschaft mit beschränkter Haftung; GRUR 1971, 134.

List, DB 1999, 1085 — Heinrich List; Die Zufallserfindung und die Einkommensteuer; DB 1999, 1085.

Lohaus, StuW 1989, 358 — Jochen Lohaus; Zur außerbetrieblichen Sphäre der Kapitalgesellschaft; StuW 1989, 358.

Mönig, GRUR 1972, 518 — Anton Mönig; Der technische Verbesserungsvorschlag im Sinne von § 20 Abs. 1 ArbEG; GRUR 1972, 518.

Offerhaus BB 1982, 1061 — Klaus Offerhaus; Was gehört zum Arbeitslohn?; BB 1982, 1061.

Richter, NWB, F 3, 4631 — Heinz Richter; Die einkommensteuerliche Behandlung freier Erfinder; NWB Nr. 28 v. 9.7.1978, Fach 3, Seite 4631.

Ringleb, NWB Fach 3, S. 2337 — Ringleb; Die Einkommensbesteuerung der freien Erfinder; NWB Fach 3, S. 2337 (Stand: 25.5.1964).

Röpke, DB 1962, 369 — Otto Röpke; Arbeitsrechtliche Verpflichtungen bei Verbesserungsvorschlägen (I); DB 1962, 369.

Rüd, DStR 1994, 1874 — Eberhard Rüd; Kapitalgesellschaft und Liebhaberei; DStR 1995, 1974.

Schindele, DStZ 1964, 65 — Wilhelm Schindele; Die ertragsteuerliche Behandlung der Lizenzgebühren und Know-how-Vergütungen; DStZ 1964, 65.

Schuck, DStR 1993, 975 — Stephan Schuck; Veranlassung als Kriterium der „Liebhaberei" – Kritische Auseinandersetzung mit der Rechtsprechung des BFH; DStR 1993, 975.

Schulze zur Wiesche, FR 1986, 198 — Dieter Schulze zur Wiesche; Gemischte Tätigkeiten einer Personengesellschaft und die vermögensverwaltende GmbH & Co. KG nach § 15 Abs. 3 Nr. 1 und 2 EStG; FR 1986, 198.

Stahl, KÖSDI 1984, 5628 — Rudolf Stahl; Lizenzen, Know-how und Erfinder im Steuerrecht; KÖSDI 1984, 5628.

Stollenwerk, GmbH-StB 1997, 113 — Arnd Stollenwerk; Steuerliche Berücksichtigung von Anlaufverlusten insbesondere bei innovativen GmbH-Unternehmen; GmbH-StB 1997, 113.

Streck, KÖSDI 1978, 3012 — Michael Streck; Erfinderfragen in der Steuerberatung; KÖSDI 1978, 3012.

Strobl, RIW 1980, 741 — Jakob Strobl; Die Praxis bei der steuerlichen Prüfung ausländischer Tochtergesellschaften in Deutschland; RIW/AWD 1980, 741.

Thiel / Eversberg, DStR 1993, 1881 — Jochen Thiel, Horst Eversberg; Die Privatsphäre der Kapitalgesellschaft – Das Atlantis des Körperschaftsteuerrechts (Zugleich Besprechung des BFH-Urteils vom 24.3.1993 – I R 131/90); DStR 1993, 1881.

Tiedtke / Gareiss, GmbHR 1991, 202 — Klaus Tiedtke, Thomas Gareiss; Die Betriebsaufspaltung im Spiegel der neueren Rechtsprechung; GmbHR 1991, 202.

Tullius, DB 1960, Beilage Nr. 10 — H. Tullius; Die Begünstigung der freien Erfinder bei der Einkommensteuer; DB 1960, Beilage Nr. 10.

Van der Velde, DB 1959, 1205 — Kurt van der Velde; Sind Einkünfte aus der Überlassung betrieblicher Erfahrungen (know-how) beschränkt steuerpflichtig?; DB 1959, 1205.

Vinzenz, DStR 1993, 550 — Klaus Vinzenz; Der Fiskus noch auf dem Boden des Grundgesetzes? – Zur Beurteilung der „Gewinnerzielungsabsicht" im Einkommensteuerrecht; DStR 1993, 550.

Volmer, BB 1960, 1332 — Bernhard Volmer; Zur Problematik des technischen Verbesserungsvorschlages – Zugleich eine Entgegnung zu den Ausführungen von May BB 1960, S. 628; BB 1960, 1332.

Volmer, RdA 1956, 212 — Bernhard Volmer; Das Monopolprinzip und das Leistungsprinzip im Arbeitnehmererfindungsrecht (Eine neue Auseinandersetzung über die tragenden Grundsätze des künftigen Arbeitnehmererfindungsgesetzes); RdA 1956, 212.

Volmer, RdA 1956, 212 — Bernhard Volmer; Das Monopolprinzip und das Leistungsprinzip im Arbeitnehmererfindungsrecht (Eine neue Auseinandersetzung über die tragenden Grundsätze des künftigen Arbeitnehmererfindungsgesetzes); RdA 1956, 212.

Weber-Grellet, DStR 1992, 561; 602	Heinrich Weber-Grellet; Wo beginnt die Grenze zur „Liebhaberei"; DStR 1992, 561 (Teil I); 602 (Teil II).
Weber-Grellet, DStR 1994, 12	Heinrich Weber-Grellet; Das Gestüt im Körperschaftsteuerrecht – Zur Privatsphäre der Körperschaft; DStR 1994, 12.
Weber-Grellet, DStR 1998, 873	Heinrich Weber-Grellet; Liebhaberei im Ertragsteuerrecht; DStR 1998, 873.
Wendt, FR 1999, 29	Michael Wendt; Überlassung von Wirtschaftsgütern im Rahmen einer Betriebsaufspaltung kann zu gewerblichen Einkünften führen; FR 1999, 29.
Westhoff, RdA 1976, 353	Stefan Westhoff; Wirtschaftliche und verfassungsrechtliche Legitimität von Wettbewerbsverboten; RdA 1976, 353.

Internetseiten

BMBF	Änderung des § 42 des Arbeitnehmererfindungsgesetzes: <http://www.patente.bmbf.de/de/pdf/Aenderung_des_Paragraphen_42.doc>; (Stand: Januar 2002; Abfrage: 16.01.2004).

FSC
www.fsc.org
MIX
Papier | Fördert
gute Waldnutzung
FSC® C083411

Kolibri 360 GmbH
Ferdinand-Jühlke-Straße 7
99095 Erfurt, Deutschland
produktsicherheit@kolibri360.de

Druck:
CPI Druckdienstleistungen GmbH
im Auftrag der
Kolibri 360 GmbH
Ferdinand-Jühlke-Str. 7
99095 Erfurt